编者：

考试须知	刘超英
听力理解	刘超英
阅读理解	龙清涛
综合表达	蔡云凌
作　　文	金舒年
口　　试	金舒年
统　　稿	刘超英

HSK 速成强化教程

An Intensive Course of HSK

（高等）
Advanced

刘超英　龙清涛
金舒年　蔡云凌　编著

北京语言大学出版社

（京）新登字 157 号

图书在版编目（CIP）数据

HSK 速成强化教程·（高等）/刘超英等编著 .
–北京：北京语言大学出版社，2004 重印
（北语社 HSK 书系）
ISBN 7 – 5619 – 1086 – X

Ⅰ. H…

Ⅱ. 刘…

Ⅲ. 汉语 – 对外汉语教学 – 教材

Ⅳ. H195. 4

中国版本图书馆 CIP 数据核字（2002）第 045610 号

责任印制：乔学军
出版发行：北京语言大学出版社
社　　址：北京市海淀区学院路 15 号　邮政编码：100083
网　　址：http：// www. blcup. com
印　　刷：北京北林印刷厂
经　　销：全国新华书店
版　　次：2002 年 8 月第 1 版　2004 年 7 月第 3 次印刷
开　　本：787 毫米 ×1092 毫米　1/16　印张：19　插页：2
字　　数：260 千字　印数：11001 – 21000 册
书　　号：ISBN 7 – 5619 – 1086 – X/H · 02072
　　　　　 2002 DW 0013
定　　价：44. 00 元
出版部电话：010 – 82303590
发行部电话：010 – 82303648　82303591
　　　 传真：010 – 82303081
E-mail：fxb@ blcu. edu. cn

编 写 说 明

　　这是一套 HSK 应试辅导教材。可用作 HSK 考前辅导班培训教材,也可作自测用书。

　　丛书由两部分组成:一部分为"主干教程",包括:

　　　　HSK 速成强化教程(初、中等)

　　　　HSK 速成强化教程(高等)

这套教程请专家详细讲解题型特点、考点与难点,指出考生常犯错误和应采取的应试技巧和策略,采用课上随堂练习的形式,讲一点练一点,使学生学一点会一点;再加上课后辅助练习,使学习效果更好。两套仿真试题,给学生提供临场应试感觉。

　　一部分为"辅助教程",包括:

　　　　HSK 单词速记速练(初级篇)

　　　　HSK 单词速记速练(中级篇)

　　　　HSK 单词速记速练(高级篇)

　　　　HSK 语法点速记速练(初、中级篇)

　　　　HSK 语法点速记速练(高级篇)

　　　　HSK 易混淆单位速记速练

这部分以词汇和语法为核心,旨在通过短期强化记忆训练,帮助考生打牢应试基础,与前一部分相辅相成,既可配套使用,也可针对薄弱项有选择地使用。

　　编写本教材的四位教师龙清涛、刘超英、金舒年、蔡云凌(以姓氏笔画为序)是北京大学对外汉语中心中青年教师,曾担任过多年 HSK 应试辅导工作,有比较丰富的教学经验。本教材曾在辅导班中试用过,并根据教学反馈做了修正。模拟试题也试用过,难度与真正的 HSK 考试难度接近。

　　本教材听力理解部分所有采访的实现录音的素材均从电视上录取,主要录自中央电视台和北京电视台的采访类节目。在此向这些电视台表示诚挚的谢意。

编　者

目　录

目 录

第一单元　考试须知

一、HSK（高等）

　　HSK 是"汉语水平考试"的拼音"Hànyǔ Shuǐpíng Kǎoshì"的缩写。中国汉语水平考试是为测试母语不是汉语的人（包括外国人、华侨和中国国内少数民族）的汉语水平而设立的国家级标准化考试。汉语水平考试每年定期在中国国内和海外举办，凡是考试成绩达到标准的人，可以获得相应等级的《汉语水平证书》。

　　汉语水平考试由三个各自相对独立的考试组成：

　　基础汉语水平考试，简写为 HSK（基础）；

　　初、中等汉语水平考试，简写为 HSK（初、中等）；

　　高等汉语水平考试，简写为 HSK（高等）。

　　在你准备参加考试之前，先要根据自己的汉语水平选择参加哪一个考试。如果你只受过 100～800 学时的现代汉语正规教育，也就是只正规地学过五个星期到一年的汉语，或差不多是这个水平，或你的目的是进中国的大学学习理工科专业，你适合于考 HSK（基础）。如果你受过 400～2000 学时的现代汉语正规教育，也就是正规地学过半年到两年半的汉语，或差不多是这个水平，或你的目的是进中国的大学学习文科专业，你适合于考 HSK（初、中等）。如果你受过 3000 学时以上的现代汉语正规教育，也就是正规地学过约四年以上的汉语，或差不多是这个水平，或你的目的是到中国的大学报考研究生或使用汉语做一般性的工作，你适合于考 HSK（高等）。

　　本书是为参加 HSK（高等）的考生编写的。

二、HSK（高等）的考试内容和材料

　　HSK（高等）包括客观性考试和主观性考试两种类型：

类别	考试项目	试题数量	答题时间
客观性考试	听力理解	40 题	约 25 分钟
	阅读理解	40 题	40 分钟
	综合表达	40 题	40 分钟
	总　计	120 题	约 105 分钟
主观性考试	作　文	1 篇（400～600 字）	30 分钟
	口　试	10 分钟录音	准备 10 分钟，考试 10 分钟，共 20 分钟
	总　计		50 分钟
合　计			155 分钟

1

考试的材料是三套相对独立的试卷和答卷:

(1)120题客观性考试

考试的材料有两种:试卷,上面印着考试题目;答卷,考生在上面写答案。

根据不同的题型要求,答卷的写法有四种:

① 多项选择题:

每一题有四个可以选择的答案,要求在答卷上找到题号,在代表正确答案的字母上画一横道。例如:

【例1】

[试卷] 92.南京_____冬今春的第一场大雪,为早开的梅花增添了_____。3月1日,天气晴朗,南京人纷纷_____雪前往中山陵梅花山_____梅。

   A.昨 精神 冒 观   B.前 神采 迎 看

   C.去 风采 踏 赏   D.上 意境 顶 望

[答卷] 92.[A] [B] [■] [D]   (样题"综合表达"第92题)

② 简答题:

"阅读理解"的第44~55题,答案用汉字写在答卷的横线上。例如:

【例2】

[试卷] 55.海外人才来该省工作多长时间,可取得永久居留权?

[答卷] 55._____一年以上_____   (样题"阅读理解"第55题)

③ 排列句子顺序题:

"综合表达"的第101~110题,每题有四个句子,要求按一定的顺序排列成一段话,按照排列的顺序把 A、B、C、D 写在答卷上。例如:

【例3】

[试卷] 107.A.生长的稻米色、香、味俱佳 B.在市场上有较强的竞争力

      C.这里土质肥沃、水资源丰富 D.梅河流域是吉林省水稻的重点产区

[答卷] 107.D C A B   (样题"综合表达"第107题)

④ 汉字填空题:

"综合表达"的第111~120题,每段话中都有几个空儿(空儿中标有题目序号),要求在答卷上的每一个空格中填写一个恰当的汉字。例如:

【例4】

[试卷] 《中外书摘》是全国第一家书摘杂志,创刊9年来,[111]知识分子、干部、青年学生及其他读书爱好者中,享有良好的声誉。

[答卷] 111 [H][S][K]

        在

       (样题"综合表达"第111~114题)

(2)作文考试

试卷给出作文题目和考试要求。

作文题目有两种模式：

① 给出题目和一小段有关的材料，要求参照给的材料完成作文；

② 只给题目，要求按照题目完成作文。

这两种命题模式在各次考试中会交替使用，但每一次考试只用一种。

考试要求包括书写要求、字数要求、考试时间等。

答卷是两张 400 字的作文纸。

(3) 口语考试

试卷分两部分：

① 朗读

给出一段 250 字左右的短文，要求朗读。

② 回答问题

给出两个要求回答的问题。

答卷是一盒录音磁带。

三、HSK(高等)的考试过程

考试项目	考试题目	考试时间	开始时间	结束时间
1 听力理解	1～40 题	约 25 分钟	9:15	9:40
2 阅读理解	41～55 题	15 分钟	9:40	9:55
	56～80 题	25 分钟	9:55	10:20
3 综合表达	81～120 题	40 分钟	10:20	11:00

四、HSK(高等)的分数等级和《汉语水平证书》

在考试后的两个月内，考试主办单位会把成绩单寄到各个考点或考生本人。成绩达到标准的考生，还可以拿到《汉语水平证书》。

我们以考生金顺子的成绩单为例，看一看 HSK(高等)的分数等级。

【例 5】

HSK(高等)成绩单

姓 名	中 文		金 顺 子	
	英 文			
性 别	女	国 籍	韩 国	

HSK 分数	
听力	78
阅读	80
综合	77
作文	58
口试	56
总分	349

HSK 单项分	百分位
100	100
69	90
63	80
58	70
54	60
50	50
46	40
42	30
37	20
31	10

左边是考生的 HSK 分数,有五个单项分和一个总分。右边是一个百分位表,把自己的分数跟百分位表对照一下,就可以看出自己在考生中的相对位置。当然,这里所说的考生是曾经参加 HSK(高等)考试的一些考生,他们被称为"标准样组",他们的成绩有好有差,可以代表一般考生的成绩。

金顺子的听力、阅读、综合成绩都在 69 分以上,也就是说,每一项都有 90% 以上的考生在她后面,非常好。她的作文是 58 分,有 70% 的考生在她后面,中等。她的口试是 56 分,有 60% 的考生在她后面,一般。用这个方法可以知道,她在考生中的水平是中上的,各个单项不够平衡。

接下来再看她的各项分数在哪一级。

HSK(高等)证书等级与分数等级一览表

证书等级		分数等级	等级分数范围					
等第	级别		听力	阅读	综合	作文	口试	总分
		底线	46~57	42~53	42~53	46~57	44~55	220~279
高等证书	C	9	58~69	54~65	54~65	58~69	56~67	280~339
	B	10	70~81	66~77	66~77	70~81	68~79	340~399
	A	11	82~100	78~100	78~100	82~100	80~100	400~500

对照上表,金顺子的听力是 10 级,阅读是 11 级,综合是 10 级,作文是 9 级,口试是 9 级,总分是 10 级。

接下来要看金顺子能得哪一级证书。HSK(高等)的证书分为三个级别:

《汉语高等水平 C 级证书》,即 9 级证书。

《汉语高等水平 B 级证书》,即 10 级证书。

《汉语高等水平 A 级证书》，即 11 级证书。

获得证书的条件：

（1）总分必须达到与证书等级相对应的等级分数。

（2）五个单项分中听力、阅读、作文和口试四项，必须有三项达到相对应的等级分数。

（3）五个单项分中，允许有两项低于相对应的等级分数（听力、阅读、作文和口试四项中，只允许有一项低于相对应的等级分数），但降低幅度均不得超过 1 级，如果超过 1 级，只能得到低一个档次的证书。

（4）五个单项分数中，不能有任何一项低于 C 级以下的分数底线。

金顺子的总分达到了 10 级。五个单项中有三项达到了 10 级。她有两项低于 10 级，但这两项都在听力、阅读、作文和口试这四项中，由于这四项中只允许有一项低于相对应的等级分数，所以她只能得到低一个档次的证书，9 级证书，也就是《汉语高等水平 C 级证书》。

HSK（高等）的最低的证书是 9 级证书，如果总分低于 9 级是得不到高等证书的。单项等级分数一览表中的"底线"并不是一种证书。例如，某考生总分是 9 级，四个单项分也到了 9 级，如果他有一项分数达到了底线，他可以得到 9 级证书；如果低于底线，他就得不到 9 级证书。注意，"底线"并不等于初、中等的 8 级，它不能折成初中等的成绩，对于鉴别初、中等水平不具有任何意义。

高等《汉语水平证书》有三个用处：

（1）作为到中国的大学报考研究生所要求的实际汉语水平的证明。

（2）证明考生的汉语水平已达到了某种水平，可以不用再上某些汉语课程。

（3）如果去找以汉语为交际工具的一般性工作，可以用证书证明自己的汉语水平已达到了合格的标准。其中，9 级是合格（低）标准，10 级是合格（中）标准，11 级是合格（高）标准，11 级还可以看作是达到了中级翻译水平。

五、考生应注意什么

（1）考试的时间、地点、报名

HSK（高等）每年定期在中国国内和海外举办。在中国国内一般每年 5 月举办，北京和其他城市的考试日期不同。报名一般是从考试前一个月左右开始，到有关考点报。注意，HSK（高等）有名额的限制，应抓紧时间报名。海外的考试时间则由当地的考点通知。目前在中国国内已有 11 个城市设有 HSK（高等）考点，海外已有 22 个国家设有 HSK（高等）考点。由于具体的考试时间每年都有一些小的变动，最好的办法是向当地考点要当年的《HSK 中国汉语水平考试考生手册》（免费），手册里面对当年的具体考试时间和报名办法等都有详细的说明。如果不知道考点，可以直接和"北京语言大学汉语水平考试中心"联系。

通讯地址：北京语言大学汉语水平考试中心

邮编：100083

电话：(010)82303672，(010)82303962

传真：(008610)82303901

E-mail：HSK1@blcu.edu.cn　　HSK2@blcu.edu.cn

Homepage．http://www.hsk.org.cn　　http://www.blcu.edu

(2)考试

准考证和身份证件　报名的时候报名处会发给你"准考证",上面有你的姓名、照片、考试时间、考试地点、考场号码等,去考试时一定别忘了带。另外,还要带身份证件,如护照、身份证、学生证等。如果没有带这两样东西,你不能进入考场。另外,报完名以后一定要保管好准考证,如果丢了不补。

铅笔和橡皮　答题的时候只能用铅笔,不能用钢笔、圆珠笔等。铅笔必须考生自己带。因为是用光电阅读机判卷子,所以铅笔最好是黑一些、深一些的,比如 2B 铅笔。另外,还要带橡皮,如果发现错了可以马上改。注意,考生在考场里是不能互相说话的,如果去借橡皮,会有不必要的麻烦。

手表　考试时需要自己控制时间,有的考生忘了带手表,不得不问监考老师,这不光麻烦,而且浪费时间,也分散自己的注意力。

别迟到

HSK(高等)的考试一般是上午 9:00 开始,所以一定要早一点到考点,按照准考证上的考试地点找到考场,千万不要迟到! 按照规定,迟到 5 分钟以上,要等到下一项考试(阅读理解)开始时才能够进考场,这样整个听力理解的成绩就都没有了,后面考得再好,也很难得到证书。如果迟到 35 分钟以上,就不能进考场,取消考试资格。

答案要写在答卷上

HSK 考试的所有答案都必须写在答卷上,写在试卷上无效,因为光电阅读机只看答卷。做选择题要求在表示正确的字母上画横道,横道一定要画得粗一些、重一些,把有字母的方框填满,比如,应该这样:[A][B] [■][D],不要这样:[A][B][C][D]。有的考生喜欢先把答案写在试卷上,然后再抄到答卷上,如果时间够的话是可以的,但是"听力理解"最好直接写在答卷上,因为听力录音一完马上就开始考阅读,没有时间抄。答案只有写在答卷上才有效,但答题时在试卷上做一些记号,帮助自己记忆或分析是完全可以的,因为试卷只用一次,考完试就销毁了。

看清答卷上的题号

HSK(高等)有两种答卷。A 答卷的字母是橙色的,题号是竖着排的;B 答卷的字母是淡蓝的,题号是横着排的。例如答卷的第一项:

【例6】

A 答卷

<table>
<tr><td rowspan="8">1
1
1</td><td>1 [A] [B] [C] [D]</td><td>9 [A] [B] [C] [D]</td><td>17 [A] [B] [C] [D]</td><td>25 [A] [B] [C] [D]</td><td>33 [A] [B] [C] [D]</td></tr>
<tr><td>2 [A] [B] [C] [D]</td><td>10 [A] [B] [C] [D]</td><td>18 [A] [B] [C] [D]</td><td>26 [A] [B] [C] [D]</td><td>34 [A] [B] [C] [D]</td></tr>
<tr><td>3 [A] [B] [C] [D]</td><td>11 [A] [B] [C] [D]</td><td>19 [A] [B] [C] [D]</td><td>27 [A] [B] [C] [D]</td><td>35 [A] [B] [C] [D]</td></tr>
<tr><td>4 [A] [B] [C] [D]</td><td>12 [A] [B] [C] [D]</td><td>20 [A] [B] [C] [D]</td><td>28 [A] [B] [C] [D]</td><td>36 [A] [B] [C] [D]</td></tr>
<tr><td>5 [A] [B] [C] [D]</td><td>13 [A] [B] [C] [D]</td><td>21 [A] [B] [C] [D]</td><td>29 [A] [B] [C] [D]</td><td>37 [A] [B] [C] [D]</td></tr>
<tr><td>6 [A] [B] [C] [D]</td><td>14 [A] [B] [C] [D]</td><td>22 [A] [B] [C] [D]</td><td>30 [A] [B] [C] [D]</td><td>38 [A] [B] [C] [D]</td></tr>
<tr><td>7 [A] [B] [C] [D]</td><td>15 [A] [B] [C] [D]</td><td>23 [A] [B] [C] [D]</td><td>31 [A] [B] [C] [D]</td><td>39 [A] [B] [C] [D]</td></tr>
<tr><td>8 [A] [B] [C] [D]</td><td>16 [A] [B] [C] [D]</td><td>24 [A] [B] [C] [D]</td><td>32 [A] [B] [C] [D]</td><td>40 [A] [B] [C] [D]</td></tr>
</table>

B 答卷

<table>
<tr><td rowspan="8">1
1
1</td><td>1 [A] [B] [C] [D]</td><td>2 [A] [B] [C] [D]</td><td>3 [A] [B] [C] [D]</td><td>4 [A] [B] [C] [D]</td><td>5 [A] [B] [C] [D]</td></tr>
<tr><td>6 [A] [B] [C] [D]</td><td>7 [A] [B] [C] [D]</td><td>8 [A] [B] [C] [D]</td><td>9 [A] [B] [C] [D]</td><td>10 [A] [B] [C] [D]</td></tr>
<tr><td>11 [A] [B] [C] [D]</td><td>12 [A] [B] [C] [D]</td><td>13 [A] [B] [C] [D]</td><td>14 [A] [B] [C] [D]</td><td>15 [A] [B] [C] [D]</td></tr>
<tr><td>16 [A] [B] [C] [D]</td><td>17 [A] [B] [C] [D]</td><td>18 [A] [B] [C] [D]</td><td>19 [A] [B] [C] [D]</td><td>20 [A] [B] [C] [D]</td></tr>
<tr><td>21 [A] [B] [C] [D]</td><td>22 [A] [B] [C] [D]</td><td>23 [A] [B] [C] [D]</td><td>24 [A] [B] [C] [D]</td><td>25 [A] [B] [C] [D]</td></tr>
<tr><td>26 [A] [B] [C] [D]</td><td>27 [A] [B] [C] [D]</td><td>28 [A] [B] [C] [D]</td><td>29 [A] [B] [C] [D]</td><td>30 [A] [B] [C] [D]</td></tr>
<tr><td>31 [A] [B] [C] [D]</td><td>32 [A] [B] [C] [D]</td><td>33 [A] [B] [C] [D]</td><td>34 [A] [B] [C] [D]</td><td>35 [A] [B] [C] [D]</td></tr>
<tr><td>36 [A] [B] [C] [D]</td><td>37 [A] [B] [C] [D]</td><td>38 [A] [B] [C] [D]</td><td>39 [A] [B] [C] [D]</td><td>40 [A] [B] [C] [D]</td></tr>
</table>

拿到答卷后要看清是哪一种答卷,看清题号,要不然,即使你想对了但写在答卷上却都是错的。阅卷的机器是不会照顾你的。

要在规定的时间做规定的题

有的考生阅读做得比较快,做完以后还多出一些时间,就去做第三部分综合表达,这是不允许的。也有的考生听力的答案在试卷上,没有抄在答卷上,所以做完阅读后就回过去抄听力的答案,这也是不允许的。有的考生以为自己做别的部分老师不知道,不要有这种侥幸心理,因为试卷的每一大项的上面都有一行很大的数字,监考老师一眼就能看见。例如:

【例7】

2·2·2·2·2

二、阅读理解

3·3·3·3·3

三、综合表达

有的题没把握怎么办

考试时肯定有一些选择题,你觉得好像两个、三个都是对的,这种时候有的考生就空着

不答,有的就把两个或三个字母都画上横道,如:

[A][B][C][D]　　　　[A] [■] [■][D]　　　　[■][B] [■] [■]

这些都得不到分。注意:HSK 考试,每题只能画一个横道,多画作废,答错题不会倒扣分,所以,如果你对某些题没有把握,你就猜一猜,选一个,有可能就猜对了,即使猜不对顶多是没有分。但如果你空着或画了两个、三个字母,肯定没有分。

另外,HSK 答题的时间是有限的,如果某一道题特别难,你已经用了很多办法还是想不出来,你就不要在这一道题上浪费时间了,可以先选一个,同时在试卷上做个记号,如果有时间,可以回过头来再考虑。因为 HSK 的难题和容易的题的分是一样的,所以你应该抓紧时间把你有把握的题都做出来。

第二单元　模拟考试(一)

HSK

中国汉语水平考试试卷

[高等]

注 意 事 项

1. 高等汉语水平考试(HSK) 包括三项内容:
   - (1)听力理解(40 题,约 25 分钟)
   - (2)阅读理解(40 题,40 分钟)
   - (3)综合表达(40 题,40 分钟)
   - 全部考试时间约需 105 分钟。

2. 全部试题的答案必须写在答卷上,不能写在本试卷上。
   - (1)多项选择题,每题都有四个供选择的答案,要求在答卷上画出代表正确答案的字母,每题只能画一横道,多画作废。如:[A] [■] [C] [D]请考生注意,高等 HSK 使用阅读机阅卷,横道一定要画得粗一些,重一些,否则阅读机难以识别。
   - (2)41～55 题,答案请用汉字写在答卷的横线上。
   - (3)101～110 题,每题有四个语句,请按一定顺序排列成一段话。
   - (4)111～120 题,请在答卷的空格中,各填写一个恰当的汉字。

3. 注意看懂题目的说明,严格按照说明的要求,在规定的时间内回答问题。

4. 严格遵守考场规则,听从主考人的指挥。考试结束后,必须把试卷和答卷放在桌上,等监考人员回收、清点后,才能离场。

1 · 1 · 1 · 1 · 1

一、听 力 理 解

(40题,约25分钟)

第 一 部 分

说明:1~25题,在这部分试题中,你将听到几段讲话或对话。每段话之后,你会听到若干个问题,每个问题都有四个书面答案,请你从中选出惟一正确的答案。

例如:第8~9题,你听到:

女:李玉田的对象怎么样?

男:论人品,没的挑;论长相,不敢恭维。

女:他不是非要找个漂亮的吗?

男:这你就不懂了,这就叫"情人眼里出西施"啊!

第三个人根据这段对话提出两个问题:

8. 李玉田想找个什么样的对象? 你会在试卷上看到四个答案:

    A. 人品好的

    B. 长相好的

    C. 不爱挑毛病的

    D. 喜欢恭维人的

根据对话,第8题惟一正确的答案是B,你应在答卷上找到号码8,在字母B上画一横道:

8[A] [██][C] [D]

你又听到:

9. 男的认为李玉田的对象长得怎么样? 你会在试卷上看到四个答案:

    A. 比较漂亮

    B. 胜过西施

    C. 不太漂亮

    D. 不敢公开

根据对话,第9题惟一正确的答案是C,你应在答卷上找到号码9,在字母C上画一横道:

9[A] [B] [██][D]

1. A. 第二届中国国际钢琴比赛
    B. 第五届李斯特国际钢琴比赛
    C. 第十四届肖邦国际钢琴比赛
    D. 吉娜·巴考尔青少年国际钢琴比赛

2. A. 此前两届金奖空缺
    B. 1990、1995 连得金奖
    C. 他是第一个获奖的华人
    D. 这是他第一次出国参赛

3. A. 但昭义老师
   B. 七位音乐大师
   C. 深圳艺术学校
   D. 成都音乐学院附中

4. A. 进行艺术朝圣
   B. 研究复制古画
   C. 考察丝绸之路
   D. 欣赏传世副本

5. A. 旅行社的广告
   B. 广播节目预告
   C. 科学丛书介绍
   D. 电视节目预告

6. A. 子女
   B. 父母
   C. 丈夫
   D. 妻子

7. A. 老年心理问题
   B. 身体保健问题
   C. 家庭教育问题
   D. 子女责任问题

8. A. 郁闷无聊
   B. 自由自在
   C. 轻松和欢喜
   D. 完成了人生大事

9. A. 夫妻是家庭的中心
   B. 父母对子女关心不够
   C. 子女不回报爸爸妈妈
   D. 大人在心理上依赖孩子

10. A.20 人
    B.38 人
    C.40 多人
    D.80 人

11. A. 张顺和
    B. 船老大
    C. 船老大的父亲
    D. 张天泉的儿子

12. A. 回家过年
    B. 去看亲戚
    C. 去办喜事
    D. 长途旅行

13. A. 机器故障
    B. 天气不好
    C. 过分超载
    D. 水流太急

14. A. 作者
    B. 季体
    C. 许明
    D. 崔浩

15. A. 感到合适
    B. 很有看法
    C. 意料之中
    D. 并不关心

16. A. 外表很凶
    B. 值得同情
    C. 家丑外扬
    D. 太过分了

17. A. 两人都有责任
    B. 打了很多巴掌
    C. 应该过去劝架
    D. 不知情很难说

18. A. 商量办法
    B. 听人吵架
    C. 评论某事
    D. 议论同事

1·1·1·1·1

19. A. 做公关大嫂
    B. 给人当保姆
    C. 做公司职员
    D. 在婚姻介绍所干

20. A. 他的妻子去世了
    B. 他和妻子离婚了
    C. 大儿子住在他家
    D. 二儿子不找对象

21. A. 打听工作
    B. 请人做媒
    C. 谈论子女
    D. 寻找保姆

22. A. 愿去他家当保姆
    B. 帮他儿子找对象
    C. 可以考虑嫁给他
    D. 答应帮他找老伴

23. A. 暂不调动
    B. 同意调动
    C. 尚未决定
    D. 推荐别人

24. A. 机会难得
    B. 收入很高
    C. 常年出国
    D. 很有出息

25. A. 自责
    B. 失望
    C. 劝告
    D. 奇怪

第 二 部 分

说明:26～40题,请你听几段采访的实况录音。每段录音之后,你将听到若干个问题,每个问题都有四个供选择的书面答案,请你从四个答案中选择惟一正确的答案。

26. A. 几天以前
    B. 去年 11 月
    C. 明年 12 月
    D. 今年 1 月底

27. A. 12 亿
    B. 13 亿
    C. 12.95 亿
    D. 12.6583 亿

28. A. 要求降低失误率
    B. 流动人口增加了
    C. 计划经济体制的影响
    D. 超生的农民不愿参加普查

29. A. 男性比女性多 6.74%
    B. 男女的比例基本平衡
    C. 男女的比例严重失衡
    D. 100 个男性比 106 个女性

30. A. 男性可以找不同年龄的女性
    B. 中年以后男性的死亡率最高
    C. 在低年龄段女性才多于男性
    D. 在婚育阶段男女人数差不多

31. A. 做纺织女工
    B. 跳高打篮球
    C. 办羊毛衫厂
    D. 当时装模特

32. A. 她性格孤僻
    B. 她不爱出门
    C. 她个子太高
    D. 对她很嫉妒

33. A. 自卑
    B. 骄傲
    C. 希望再高一点
    D. 符合模特标准

34. A. 熟人介绍
    B. 自我推荐
    C. 时装队亲自来招人
    D. 拍电视片被人看中

35. A. 女子中学的情况
    B. 对女校的讨论会
    C. 各国的女子教育
    D. 教育与性别问题

36. A. 应多开一些女子学校
    B. 应研究女性潜在能力
    C. 应增加女教师的比例
    D. 对女性应有平等政策

37. A. 已经成功
    B. 瞒着学生
    C. 家长不满
    D. 学生合作

38. A. 有所改变
    B. 毫无改变
    C. 不太明确
    D. 无可奉告

39. A. 女校没有录取
    B. 父亲决不同意
    C. 本人没有要求
    D. 学校不太合适

40. A. 在女子学校比较安全
    B. 在女校受到的压抑少
    C. 女校还处在实验阶段
    D. 不可能永远在女校里

二、阅 读 理 解
(40 题,40 分钟)

第 一 部 分
(15 题,15 分钟)

> 说明:41~55 题,请你在 15 分钟的时间内,快速阅读几段文章,每段文章的后面有若干个问题,请根据文章内容,用最简洁的文字回答问题。答案要用汉字书写,汉字要写在答卷的横线上。

41~43

　　我们国家的传统膳食习惯,"吃饭"一向以粮食为主食,强调副食的多样化。而且主食、副食都选用新鲜的天然食品,不作精细加工,食糖用量极少,以植物油烹调。这种饮食方式一直被国外医学家誉为预防"富裕型疾病"的最佳膳食食谱。随着生活水平的提高,很多人开始觉得过去吃粮食是因为条件所限,现在多吃"贵"的就对身体有益;一起吃饭的时候,谁要是提出吃"饭",会被笑话的。况且爱美的女孩子也很怕粮食中的淀粉成分让自己长胖,所以餐盘里总是只见菜肴,不见米饭。蛋白质对构成人体组织来说,是不可缺少的物质,它是生成体内各种酶、抗体、某些激素及其他调节生理机能物质的原料。因此,只吃菜不吃"饭"是不行的。

　　也不要以为水果代替正餐就能达到减轻体重、降低体内脂肪的效果,水果中所含的果糖也会造成体内脂肪的堆积。还有些女孩子试图用少睡觉的办法来减肥,但睡眠不足反会导致食欲增加。因为当睡眠不足又必须保持清醒时,会产生厌烦、焦躁的情绪,吃东西被当做是缓解焦虑的一种手段。研究证明,睡眠保证在 8 小时以上的人,比少于 6 小时的人健康状况要好得多。事实上,运动量过少,才是导致肥胖的主要原因。如果女孩子能够保证一周运动三次(至少)、每次半小时以上,特别是进行全身性运动,就能很好地抑制脂肪的增长,比如游泳——即使不会游,在水中迈步,利用水的阻力达到燃烧身体脂肪的效果也是减肥的有效途径。

　　米饭、面食一类的"饭"摄入人体后,给人以饱满感,食欲中枢很快受到抑制,不会摄入过多;而且多糖类食物在肠道中被缓慢分解,逐渐被人体消化、吸收,有一部分在肝脏中转化为糖肝元,对肝脏起到保护作用(特别是酒后吃饭的益处更为显著)。所以,吃饭一定要吃"饭",水果等食物只能当做多样化的副食调配。

【41】本文共提到了几种减肥方法?

【42】肥胖的主要起因是什么?

【43】文中所说的"饭"是指什么?

44~47

　　眼看"五一"销售旺季快到，年初还信誓旦旦"不打价格战"的彩电厂商，又开始了新一轮的集体"跳水"。20世纪90年代以来，国内彩电业的大规模降价已多达八九次，市场战役一打再打，彩电价格一降再降。而且，常常是"不打价格战"的保证言犹在耳，降价风潮却已排山倒海，任凭什么保价峰会、价格联盟挡也挡不住。

　　本月13日，长虹在全国范围内，将29英寸超平彩电"国礼精品"的价格由三四千元降至2000元左右。尽管长虹一再声称此次降价针对的是正在猛力反扑的洋品牌，但迅速跟进的却是一帮国内兄弟。TCL、康佳紧接着降价，厦华、乐华、创维、熊猫等二线品牌也纷纷"跳水"，迅速演变成今年以来最大规模的一场价格战。24日，洋品牌首度跟进，飞利浦宣布将3款34英寸超平、全平彩电降价10%至13%。

　　去年的降价风，已经使大部分彩电厂家元气大伤。虽然只有厦华等少数厂家承认亏损，但利润的普遍下降已是不争的事实。两大巨头长虹、康佳去年的企业整体利润下滑均在50%左右，利润率只有3%左右；TCL号称是利润率最高的彩电企业，但也不得不承认，去年的利润比前年大幅减少。

　　在国内彩电沉湎于价格战之时，我们却发现，洋品牌的反应一般是不理不睬。索尼、东芝的纯平电视登陆之时，价格都在万元以上；等国内彩电企业几个月后跟进时，已赚够利润的洋彩电迅速放水，价格压到5000至6000元；等国内企业一哄而上的时候，洋彩电已整体战略性撤出，转而推出背投、等离子和壁挂式高清晰度彩电，利用技术速度优势开辟新市场。

　　洋品牌傲气地"不跟你玩"，其本钱正是靠了技术的力量。TCL广州分公司总经理黎惠中说，在广州，33英寸以上高清晰度超大屏幕彩电市场是索尼、东芝、松下等洋品牌的天下，而这一块市场恰恰是利润最高的，也是市场销量增长最快的；国内品牌实际上只在25英寸以下市场占有绝对优势。

　　国产品牌不提高技术含量，不加快产品更新换代，就只能在价格战的怪圈里轮回。技术创新虽已成为当前各厂家说的最多的一个名词，然而，唱得多做得少仍然是一种通病。

【44】文中"本月"是指哪个月？
【45】文中"跳水"是什么意思？
【46】洋彩电不参与价格战依靠的是什么？
【47】本文出现了哪几个洋彩电品牌？

2·2·2·2·2

48～52

人们对于是否应该给孩子上网自主权的问题一直争执不下。持反对意见的人理由有一大堆，简单归纳起来有：上网影响孩子学习；网上的暴力色情内容，会对孩子身心造成不良影响；孩子对网络的依赖会影响孩子对生活、学习、交流等基本生存技能的掌握，变得性情孤僻，在人际交往方面有障碍；经常上网的孩子视力容易近视，更容易肥胖；另外，还容易暴露真实身份，留下家庭电话号码和地址，泄露家庭隐私，很多少女还常常遭遇桃色网络陷阱。

然而，网络真的那么危险吗？上网的孩子和不上网的孩子到底有多大的差异？

中国社会科学院有关专家最近公布的2000年青少年互联网状况及影响的报告中，通过对北京、上海等五大城市部分青少年的调查，所得出的数据，再次把这个问题提出来。有关专家态度十分审慎，"本项调查对于'网络使用减少了人际交流'的结论持保留态度"。

调查报告给出了4组数据，有50%到70%的青少年用户自述其交往没有变化；在有变化的用户当中，关于"有相同爱好的人"，增加交往的比例为40%，大大高于减少交往的比例，减少交往的用户为6%；在有变化的上网青少年中，关于同学和朋友的交往，增加交往的比例为29%，也远高于减少交往的比例6%；此外，在有变化的上网青少年当中，与父母的交往，增加交往的比例为16%，也高于减少交往的9%。也就是说，在有变化的上网学生中，更多的是增加了与"有相同爱好的人"的交往，其次是增加了朋友或同学的交往，再次是与父母的交往。报告称，在与朋友、家人在一起的时间以及使用电话的时间上，用户和非用户都没有区别。但专家之所以持保留态度是因为，也许网络使用还未大规模改变用户的人际交流，毕竟使用网络的时间有限，进一步的结论有待以后的研究数据进行证实。

此外，该调查报告还得出了以下一些相关信息，这些信息从几方面表明，上网的孩子与不上网的孩子没有特别大的差异：

一、互联网使用基本上不影响学生的学习活动。用户与非用户在学习成绩、是否担任社会工作、做作业时间长短、上特长班课外学习时间长短等方面没有明显差异。

二、上网的与不上网的青少年在体育活动时间上没有显著不同。但在睡眠上二者却有显著的差异，那就是上网的孩子比不上网的孩子睡得时间短。

三、在与大众媒体接触时间方面，二者接触时间最长的均是电视、课外书和录音带，差异不大。

中国社会科学院副研究员卜卫在谈到这个问题时指出，网络这种新媒介一出现，很多成年人觉得这对孩子来说简直是洪水猛兽。其实20世纪以来任何一种媒介的出现，人们在最初的时候都有同样的担忧，比如，20年代的电影，到后来的流行音乐、电子游戏机，担心的焦点不外乎暴力、色情、颓废等等内容。大人不让孩子上网，这是一个最根本的理由。但即便不上网也照样可以从其他渠道获得这种信息。

卜卫还认为，互联网对于不同的孩子影响是不一样的，在现实生活中，往往是那些家庭不和、社会关系不好的孩子容易接触暴力等等，而且接触之后更容易受到影响。那么这样的孩子上网出了一些问题，其实责任不应该都归咎于网络。

16

【48】年轻女孩子在网络上通常会遇到什么危险?

【49】中国社科院专家对"上网会减少人际交流"的看法如何?

【50】上网学生与什么人的交往增加最多?

【51】在生活方面,上网与不上网的孩子最大的不同是什么?

【52】大人们为什么不让孩子上网?

53～55

记者日前来到广州某小学,参观了该校五年级一班的一堂课外阅读课。只见学生们读的既不是《语文》,也并非《英语》,而是人手一本《儿童中国文化导读》,亮大嗓门在"之乎者也"。老师在讲台上念一句,学生跟着念一句。不少感情投入的学生甚至还一边背诵一边摇头晃脑起来。据老师介绍,所谓"儿童读经",就是教儿童诵读中国古代的经典,包括《论语》、《大学》、《中庸》、《老子》及唐诗宋词等。这些书里的古文都是没有注释的,只在每个字上方标有汉语拼音。学生不需要完全理解教材的内容,只要把书读熟就行。当然,读熟只是合格的标准,对于有余力的孩子,如能背诵就更好,这可以说是达到了优秀的标准。老师说:"孩子们最初诵读经书时虽然一知半解,但从长远来看对于他们的人格修养和写作水平的提高都会起到非常大的作用。"

据了解,目前全国不少地区都出现了诵读"四书五经"的热潮,"读经"的学生已达到 150 万人。这一现象在学术界引起了一场争论,争论的焦点主要集中在以下两个方面:在教学内容上,"反读经派"认为,"四书五经"不适合于当代社会,甚至会妨碍中国人思想观念的现代化。而"读经派"则认为,"四书五经"里的内容并没有过时,孔子谈学习、谈做人的很多道理,依然适用于今天。至于经典中的某些糟粕,例如对妇女的歧视,可以在选材时加以删除。在教学方法上,"反读经派"认为,现在这种教法实际上是早已被抛弃了的私塾里的那一套,只是鼓励死记硬背,而不是培养学生的理解力和创造力。让孩子们记一大堆似懂非懂的东西,实在是弊大于利。而"读经派"则认为,背诵是提高记忆力的有效方式,而机械记忆是孩子们的特长,只诵读不讲解对他们来说既不难也不枯燥。随着孩子们理解力的增强,他们会像某些动物"反刍"那样,对于烂熟于心的经典逐渐加深理解。而如果等到成年之后再去接触经典,则白白浪费了人生记忆力的黄金阶段。

这所小学的校长告诉记者,该校从 1998 年起就在一个班试行"读经",几年来效果颇佳,所以他们决定从明年开始将其扩展到全校范围,并且从一年级就开始做。

【53】儿童读经的优秀标准是什么?

【54】争论的双方主要在哪些方面意见不同?

【55】从趋势上看,目前在不少学校里哪一派的观点占了上风?

第二部分

(25题,25分钟)

> **说明:** 56~80题,每段文字后都有若干个问题,每个问题都有 A B C D 四个答案,请读后根据文章内容选择惟一正确的答案,在答案的字母上画一横道。

56~57

今年"十一"国庆黄金周期间,中国各旅游热点城市及景区接待游客数量预计将超过六千万,比去年同期增加约三成。全国旅游综合收入将突破二百亿元。

据对各大旅行社及各城市交通住宿预订情况的分析,今年"十一"期间,国内远距离长线旅游人数将大幅度增长,近郊游、短距城际游等形式仍将是旅游者的主要选择。目前,国内桂林、武夷山等旅游热点城市景区的住宿预订量已趋于饱和。九月三十日到十月二日北京至上海、黄山等地的特快列车对号车票已售罄,北京至上海、杭州、昆明等地的民航机票已售出百分之九十以上。

与此同时,出国旅游人数也将稳步上升,预计将达到二十万人,旅游目的地除继续集中于新加坡、泰国、马来西亚等东南亚国家以外,也包括澳大利亚、新西兰、韩国和日本等国家。

【56】这篇文字发表的时间应该在:
A."十一"黄金周到来之前
B."十一"黄金周过后
C.9月30日到10月2日之间
D."十一"黄金周期间

【57】今年"十一"人数最多的旅游形式是:
A. 国内远距离长线游
B. 近短距离旅游
C. 桂林、武夷山之游
D. 国境外旅游

58~59

许多人并不同意黑格尔对于中国哲学特别是对孔子的"贬低"。毫无疑问,孔子关注的重点是为现实的政治和社会生活提供准则和合法性的依据,这也是儒家的特征。所以,儒者的安身立命之处不在于对概念进行抽象、为思想提供逻辑基础,也就是说他们并不是将西方哲学家所做的工作看做是必须的和前提性的,相反,即使是魏晋和宋明时期的思想家们对此投注了更多精力,我们也不能认为这些是他们的工作的核心。因为,当我们以玄学家和理学家来观照他们的时候,我们已经是不自觉地以哲学家的标准来衡量他们,而他们对于现实的关注,他们的任何"理论工作"的现实动机便被剥离了——这样一来,对儒家在中国传统社会中的存在意义的理解也就容易产生偏差。

将儒者称之为哲学家自然无妨,但若只是将儒者看做为哲学家,这必定是孔孟所不愿意的。

【58】本文接下来最有可能要讨论:
A. 儒者和哲学家的区别
B. 孔孟思想的核心内容
C. 儒者的安身立命之处
D. 儒家对传统中国的作用

【59】根据画线句的意思,下面哪句话不对?
A. 概念、逻辑之类并非儒者的关注重点
B. 儒者的思想使命和西方哲学家有所不同
C. 魏晋宋明时期对概念、逻辑的思考比孔孟多
D. 概念抽象、思想逻辑不是西方哲学家的工作核心

60~63

为公众广泛关注的婚姻法修正案草案,现已提请九届全国人大常委会第二十一次会议第三次审议。

全国人大法律委员会认为,对违反结婚实质要件的,如重婚、有禁止结婚的亲属关系、未到法定婚龄等,草案已经规定为无效婚姻;对符合结婚实质要件只是没有办理登记手续的,为了保护妇女的权益,应采取补办登记等办法去解决。

关于禁止重婚和其他违反一夫一妻制的行为,修正案草案原来规定"禁止重婚和其他违反一夫一妻制的行为"。副主任委员顾昂然说,考虑到一一列举违反一夫一妻制的行为比较困难,因此,法律委员会建议将原有的规定修改为"禁止重婚。禁止有配偶者与他人同居",对社会上存在的"包二奶"现象明确予以制止,相信该条款会对涉嫌此事的有妇之夫产生震慑作用。

委员们提出,家庭暴力与虐待行为有重合,但虐待不能包括所有家庭暴力的具体情形,主张将禁止家庭暴力与虐待分别规定,建议将原法律修正草案规定的"禁止家庭暴力或以其他行为虐待家庭成员。禁止遗弃家庭成员。"修改为:"禁止家庭暴力。禁止家庭成员间的虐待和遗弃"。

对无效婚姻或被撤销的婚姻,怎样分割同居期间所得的财产?原修正草案规定:"无效或被撤销的婚姻,自始无效。当事人不具有夫妻的权利和义务,但同居期间所得的财产,除重婚的以外,按照共同财产分割;对有过错的一方,可以少分或不分。"有的常委员和部门提出:首先宜由当事人协议,同时,因重婚导致婚姻无效的财产处理问题,应当着重保护合法婚姻当事人的财产权益;而"离婚财产"在"照顾女方和子女利益的原则判决"之外,还应考虑照顾劳动能力较低一方。

【60】对于合乎婚姻条件但未登记而自行宣布"结婚"者,全国人大法律委员会提出的解决方法是:
A. 不予理睬
B. 规定其为无效
C. 禁止其存在
D. 补办登记手续

【61】"包二奶"是以下哪类人的行为?
A. 未婚男子
B. 已婚男子
C. 已婚女子
D. 重婚者

【62】下面哪句话不是有关法律专家的看法?
A. 家庭暴力不一定就是虐待行为
B. 家庭暴力和虐待行为有重合之处
C. 家庭暴力和虐待行为各不相干
D. 家庭暴力和虐待行为应区别对待

【63】以下哪条不是婚姻法原修正案草案的条文?
A. "禁止重婚。禁止有配偶者与他人同居"
B. "离婚财产……照顾女方和子女利益的原则判决"
C. "无效或被撤销的婚姻,自始无效"
D. "禁止家庭暴力或以其他行为虐待家庭成员"

64～67

唐兴带着课题来到贵州后,很快就注意到这个群体。为了能够更真实地了解他们的内心世界,在正月十六民工外出打工高峰之际,他选择了与民工同乘一列火车。

这是开往广州的488次列车。唐兴和成千上万的民工一样冲上站台,挤进车厢。他幸运地有了自己的座位,坐在对面的是一位言语不多、颇为自信的30岁左右的男子。唐兴在交谈中听到的头几句是:"这火车上的人不会跟你说,表面上也看不出来;其实他们怕得要命,他们前途未卜,不知道自己人生的下一站是哪儿。"

深夜11点,唐兴已经坐了整整10个小时,可相对于31个小时的旅程来说,这才过了三分之一。他感到万分不适,脚麻,背疼,脖子僵硬。他不由得对周围的民工充满敬意——他们互相倚靠在一起取暖休息,一位不相识的青年头枕着唐兴的大腿,呼呼大睡。

他努力去找民工聊天,一次又一次问他们为什么离开家乡。列车到达广州时,晚点了4个小时。民工们与唐兴互道珍重,然后迅速消失在夜色之中。

一个星期后回贵阳,他选择了飞机。这次没有人跟他争抢座位,没有人蹲在过道上或者靠在他身上。舒适使他一时忘记了身在异国。不过他马上想起来一周前的火车之旅,心中感叹:那些已经习惯了从10000米高空来观察民工的名流和教授们,也许并不真的知道解决民工这一中国重大社会问题的答案。

【64】唐兴是一个:
A. 研究生
B. 名教授
C. 旅游者
D. 外国人

【65】唐兴坐488次列车总共用了:
A. 10小时
B. 31小时
C. 35小时
D. 30小时

【66】关于出门打工的民工,下面哪句话不对?
A. 非常担心自己的将来
B. 不清楚在哪儿下火车
C. 有人靠着唐兴睡觉
D. 不太愿和唐兴聊天

【67】面对同车的民工,唐兴:
A. 觉得可怜
B. 暗自庆幸
C. 不太在乎
D. 非常敬重

68～73

女：英老师，你以前对记者说离婚不是一件值得高兴的事，不过听说现在社会上见面打招呼流行问"哎，离了吗"，代替了以前问的"吃了吗"，这大概反映出一种婚姻观的转变。

男：我不反对有些人把生活当说笑，但我仍然认为婚姻是神圣的。男人虽然不能说要托付给谁，但如果一生找不到能白头到老的伴侣，就像事业无成一样，是一个缺憾。现在，我这个结婚主义者想问你，你是不结婚主义者吗？

女：不完全是。不过近期没有这方面的打算。我已经过了 30 岁，现在社会的宽容度大了，可选择的生活方式也多了。我这样的情况越来越多，可能是人们对生活质量的要求高了，对婚姻的依赖少了，尤其是女性。

男：女性不结婚可能有三种原因：一是要求太高找不到，二是对异性不感兴趣，三是要求也不高，实在嫁不出去。你是知名女性，也许是第一种？

女：（大笑）那你还是把我算作第三种吧。言归正传，好像有人说过：男女因为缺乏洞察力而结婚，因为缺乏忍耐力而离婚，因为缺乏记忆力而再婚。我也有同样的顾虑。

男：有一点哲理，但这话太老奸巨猾了，特别是最后一句我不能同意。不能说因为有过一部失败的作品，就不再去提高和塑造第二部作品——这话容易让人误会：怎么着，你到底想弄几部作品？我其实每次都说这是我的最后一部作品。

女：不过女性更容易想通过婚姻来依托终身。我们古老的传统思想说"嫁汉嫁汉，穿衣吃饭"，大多数女性还是希望找一个在体力上、经济上、心理上、情感上能帮助和庇护她的男人吧。但现在的新生代有种时髦的说法："嫁一个我爱的人，不如嫁一个爱我的人"，或者"不要跟你最爱的人结婚"等等，这种说法我觉得表达了女性希望婚姻更安全、更稳固的一种愿望。那种不嫁所爱甚至宁肯独身的人，可能是怕嫁了之后受伤害，怕嫁出去没了自己、对婚姻投入太多而丢失自我。

【68】上面的文字最可能是：
A. 记者在采访名人
B. 老师给学生上课
C. 两位名人的对谈
D. 恋人的日常聊天

【71】最新流行的女性对婚姻的态度是：
A. 不要嫁给最爱的人
B. 应该离一次婚
C. 嫁汉嫁汉，穿衣吃饭
D. 不要太早结婚

【69】这位女士还没结婚是因为：
A. 要求太高，找不到合适的
B. 对男人根本就不喜欢、没兴趣
C. 要求不算高，实在嫁不出去
D. 对婚姻有怀疑，不想依赖婚姻

【72】"嫁汉嫁汉，穿衣吃饭"的意思是：
A. 结婚后穿衣吃饭这种日常小事很重要
B. 女人结婚在穿衣吃饭外不必要求太高
C. 嫁给汉族人，就可以穿好衣吃好饭
D. 女人结婚是为了找一个经济上的依靠

【70】这位男士：
A. 至少结过两次婚
B. 已经结了一次婚
C. 离婚了还没再婚
D. 从来没有结过婚

【73】关于单身女性增多的原因，本文未提到：
A. 怕结婚后失去自我
B. 在经济上日益独立
C. 社会的宽容度越来越大
D. 对婚姻的依赖程度降低

74~80

除了不能解决的回收问题以外,如何减少生产过程带来的污染问题也迫在眉睫。目前一次性发泡塑料餐具的主要替代品是纸制餐具,如何在增加纸制餐具产量的同时避免造纸过程带来的污染仍是亟待解决的问题。

北京大学技术物理学系教授张剑波曾经参与纸浆模塑餐具的防水、防油助剂研究,他说,目前纸浆模塑餐具主要以稻浆、草浆为原料,由于强度低、颜色差,因此还常常加入 1/3 左右的木浆。由于稻浆、草浆的制作成本和利润都比较低,经营这些原料的企业规模也很小,对于污水的处理状况也就可想而知了。

张教授曾经对纸制餐盒进行了环境负荷全过程评价。从资源角度,纸制餐盒在制造中要添加原木浆,但餐盒用量如此巨大,若全面推广,势必造成大量木材的消耗,我国人均占有森林面积只相当于世界人均水平的 17.2%,居世界第 119 位。因此,从原料角度来看纸制餐盒的环境负荷不轻。

从原料加工来看,制浆历来是耗能大户、耗水大户、排污大户。造浆工艺需要大量的水。而据国家有关部门统计,我国的水资源总量为 2.8 亿立方米,居世界第 6 位,可是按人均占有量计算,却仅为 2340 立方米,在国际上排到第 88 位,已被列入世界 12 个贫水国家的名单中。在制浆中产生的有机衍生物随水排出,会造成水中生化耗氧量和化学耗氧量的增大;各工艺生成的微小纤维会形成固体悬浮物。而即使是使用回收的废纸作原材料,仍然不能绕过制浆这个过程。

另外,纸制餐盒在成型后须立即干燥,需消耗大量的电能。而中国的能源结构是以煤为主,能量的消耗就意味着颗粒物和二氧化硫排放到大气中。

因此,禁止一次性发泡塑料餐具的生产,在一定程度上解决了"白色污染"带来的环境问题,但是更大范围内由其他种类一次性餐具带来的潜在的环境污染问题也同样应该引起人们的重视。禁止一次性发泡塑料餐具的生产,不仅给其他类一次性餐具带来了市场空间,更要及时敲响环境保护警钟,才能使其得到更健康的发展。

【74】本段文字之前讨论的问题可能是:
A. 使用纸制餐具的好处和坏处
B. 一次性发泡塑料餐具对环境的污染
C. 如何生产制造一次性发泡塑料餐具
D. 中国的资源贫乏和环境保护

【75】纸制餐具的原料不包括:
A. 稻、草
B. 木材
C. 水
D. 纸

【76】关于张教授,本文没有谈到:
A. 对纸制餐具评价不高
B. 在北京大学工作
C. 参加过纸制餐具的相关研究
D. 研究过中国的森林和水资源

【77】中国被列入贫水国家是因为:
A. 水资源不够丰富
B. 人口太多
C. 人均水占有量太少
D. 用水量太大

【78】关于纸制餐具，我们可以知道：

    A. 生产这种产品的厂家规模很小

    B. 能耗是其最严重的环境问题

    C. 是发泡塑料餐具的主要替代品

    D. 影响了其他一次性餐具的市场

【79】与纸制餐具相关的对环境的破坏，本文未

    提及：

    A. 空气

    B. 饮食

    C. 森林

    D. 水资源

【80】本文的结论是：

    A. 禁止一次性发泡塑料餐具的生产

    B. 纸制餐具代替发泡塑料餐具并不合适

    C. 纸制餐具对环境的污染也比较严重

    D. 生产一次性餐具应该考虑环境问题

3·3·3·3·3

三、综合表达

(40题,40分钟)

第 一 部 分

> 说明:81~90题,每段话都画出了 A B C D四个部分,请挑出有错误的一部分,在答
> 卷的字母上画一横道。

81. 随着社会的发展,科技的进步,无论人们的生活水平还是生活质量都有了很大的改善,
　　　　A　　　　　　　　　　　　　　　　　B　　　　　　　　　　　　　　　　　C
但是不可忽视的是生存竞争的激烈化。
　　　　　　D

82. 绿洲中新的饭店拔地而起,专门许多是为普通家庭度假而开设,人们在这些饭店用过早
　　A　　　　　　　　　　　　　　B　　　　　　　　　　　　　　C
餐后,就开始了他们的沙漠之旅。
　　　D

83. 如果一个人没有别人尊重的感觉,他就不会尊重别人,不会去尊重社会的规范,这是非
　　　　　　　　A　　　　　　　　B　　　　　　　　C
常危险的。
　D

84. 出现过敏症状要及时吃些抗过敏的药。如过敏情况严重,就应到医院治疗,难免耽误
　　A　　　　　　　　　　　　　B　　　　　　　　　C
病情。
　D

85. 人们认为以母乳喂养婴儿可以减少患病的机会。但是,毕竟母亲应该以母乳喂养多长
　　A　　　　　　　　　　　B　　　　　　C
时间,到目前为止仍然是一个有争议的问题。
　　　　　　D

86. GMS,翻译起来叫大型综合超市, 它必须有2500平米以上的购物面积, 开放式的自
　　　A　　　　　　　　　　　　B
选购物环境,电脑化的管理以及条形码商品。
　C　　　　　　D

87. 在招聘新人时,不但要考虑他的专业知识和技能,也用人单位要参考他过去的工作简
　　　A　　　　　　　　B　　　　　　　　C
历,屡屡跳槽者少用为妙。
　　D

88. 李强写的那篇对于经济发展的文章,资料丰富翔实,用词简练准确,受到了专家们的
　　　　　A　　　　　　　B　　　　　　C
一致好评。
　D

25

89. 每人在结婚前，<u>最想知道</u>的是他们的婚姻能维持多久，<u>一个长期的调查发现</u>，<u>一个人的</u>
　　　　　　　 A　　　　　　　　　　　　　　　　 B　　　　　　　　　　　　　 C
<u>第六感觉从一开始就知道婚姻如果会失败</u>。
　　　　　　　 D

90. <u>同学们已经出发了</u>，<u>你现在就来了</u>，<u>不过飞机六点起飞</u>，如果你乘<u>出租汽车</u>去也许还来
　　 A　　　　　　　　 B　　　　　　 C　　　　　　　　　　　　 D
得及。

第 二 部 分

> 说明:91～100题每段话中有 3～5 个空儿，请根据语境要求，在 A　B　C　D 四组答案
> 中，选择一组最恰当的答案，在答卷的字母上画一横道。

91. 老年人看病难，_____问题不是医院和医生少，而是某些方面的_____不合理，或
者说是老办法已不能适应变化了的新情况，既_____了医院和医生的积极性，又给老
人看病_____了许多困难。
　　A. 重要　　规则　　限定　　增加　　　　B. 主要　　规定　　限制　　增添
　　C. 重点　　规矩　　限期　　增长　　　　D. 关键　　规章　　限度　　增进

92. 一本能得到读者_____的书，必须要有自己的_____，同时得在实用性上_____
功夫。图书销售人员_____，一些反响不错的书都是如此。比如《妈妈的心有多高》
是"沟通亲情的解惑书"，面对的是学生和家长。
　　A. 喜爱　　特点　　有　　反应　　　　　B. 喜欢　　特征　　尽　　反馈
　　C. 青睐　　特色　　下　　反映　　　　　D. 爱好　　特性　　发　　反感

93. 看来厂商生产_____产品，商店经营_____产品，不能_____自己的兴趣进行选
择，而应站在消费者的_____上，根据消费者的需求进行改变。
　　A. 那些　　那些　　任　　地方　　　　　B. 哪些　　哪些　　感　　角度
　　C. 什么　　什么　　凭　　立场　　　　　D. 何种　　何种　　以　　位置

94. 以前，在一个人出现_____表现后，人们_____认为是个性、脾气不同，而_____
了情绪、心理的影响。据统计，在同仁医院心理门诊来咨询的人中，有 60% 到 70% 的人
都是由于情绪的变化，心理不能_____过大的压力而引发心理疾病的。
　　A. 异常　　往往　　忽略　　承受　　　　B. 超常　　常常　　忽视　　接受
　　C. 寻常　　经常　　轻视　　接纳　　　　D. 反常　　平常　　蔑视　　承接

95. _____是居家过日子，_____在工作学习中发生一些鸡毛蒜皮的小事，因为是家
人、熟人，所以我们说话常不注意分寸，即使明知这话不宜多说，也认为无所谓，_____

__对方不会多计较的。_____这是大错特错了。作为性情中人,谁都会有喜欢的和不喜欢的、爱听的和不爱听的。

A. 无论　　或者　　如果　　那么　　　　B. 不管　　都　　　　只要　　就

C. 哪怕　　也　　　　因为　　所以　　　　D. 不论　　还是　　反正　　其实

96. 在此,我想对老年朋友说,如果你的身体_____,可_____地照料一个孩子,这会给你的生活带来无穷的_____,使你的心变得年轻,头脑变得_____,心情变得快乐,身体更加健康。

A. 准许　　适应　　兴趣　　灵敏　　　　B. 批准　　合适　　快乐　　灵巧

C. 允许　　适当　　乐趣　　灵活　　　　D. 同意　　适合　　爱好　　机灵

97. 信息_____教育的特点就是要求那种_____生性腼腆的人与陌生人在一起,也能很快地与对方_____个脸熟,这样他就能在_____社会里迅速找到自己的排列组合,适应社会的_____。这种关系的建立达到更高层次,产生的结果就是创新。

A. 品质　　既然　　看　　今后　　发达　　　　B. 素质　　即使　　混　　未来　　发展

C. 性质　　哪怕　　碰　　以后　　要求　　　　D. 品性　　就算　　遇　　将来　　环境

98. 不少人认为看心理医生是一件很不_____的事。咨询者总是左顾右盼,鼓足了勇气才走进诊室,在医生的_____保证下,才肯倾吐苦闷。有的人_____了很大的圈子,才把真实情况说_____,还有的人宁愿忍受精神上的折磨,也不愿去就诊。

A. 体贴　　重复　　走　　起来　　　　B. 体会　　多次　　跑　　下去

C. 体面　　反复　　绕　　出来　　　　D. 体谅　　屡次　　遛　　过来

99. 黄梅戏新作《徽州女人》经过两年多的舞台实践,将于 4 月 9 日至 4 月 15 日再现长安舞台。_____剧是从版画中走出来的,看完舞台_____后,到中国美术馆看看版画原作,_____ 它的独特味道,更能_____徽州文化的无限魅力。

A. 本　　结果　　尝一尝　　发明　　　　B. 这　　后果　　闻一闻　　发觉

C. 此　　成果　　吃一吃　　发掘　　　　D. 该　　效果　　品一品　　发现

100. "恋爱角"的形成从表面上看似乎是_____,其实,它的诞生并不是_____的。"恋爱角"先到公园,后到工人文化宫,又到公园,人越来越多,成了赶庙会似的婚姻介绍场所。虽然参加者有的_____,有的_____,但同样都是为了争取爱的机会和权利而来的。

A. 有条不紊　　一路平安　　落落寡欢　　遮遮掩掩

B. 水到渠成　　一帆风顺　　落落大方　　扭扭捏捏

C. 众所周知　　一厢情愿　　大大方方　　斯斯文文

D. 瓜熟蒂落　　四平八稳　　大大咧咧　　支支吾吾

第 三 部 分

说明:101~110题,每题都有 A B C D四个语句,请按一定顺序将四个语句排列成一
段话,然后在答卷上按排定的顺序写下四个字母。例如:

105. A 往往就是思想丰富多彩的反映

B 一个思想僵化、粗枝大叶的人

C 可见语言的丰富多彩

D 很难写出生动活泼、严谨周密的文章来

105题的正确答案应该是 B D C A,请在答卷上找到号码105,在105后面的横
线上按顺序写上 B D C A;

105

[A]

[B] B D C A

101. A. 也是人们心目中的英雄

B. 航天中险象环生,随时都有死亡的可能

C. 但宇航员面对的不仅仅是鲜花彩旗

D. 宇航员不仅在中国,就是在美国、俄罗斯

102. A. 其实未必

B. 那么,何以北京的胡同及胡同文化更为引人注目呢

C. 都说胡同是北京的地域特色或文化特色的代表

D. 在江南,同样也有类似胡同的"弄堂"或"巷子"

103. A. 诸如事业没有发展机会,待遇不好、专业不对口等等

B. 都会影响其工作情绪

C. 员工离职的原因很多

D. 不管哪种原因

104. A. 这种对于感知世界方式的变化会影响到他们的世界观和方法论

B. 而且最大的变化是改变了青年一代感知、认知世界的方式

C. 网络的崛起给我们带来的新变化不仅是带来多少资讯

D. 或者是提供什么功能

105. A. 主要还是表现在自己的认识上
    B. 现在减肥人群中相当一部分人是瘦人,而且多为年轻女性
    C. 这种观念的形成,除了社会上的因素以外
    D. 她们减肥不是为了健康,而是因为以瘦为美

106. A. 作为一种爱好来说,它会给你带来很多乐趣
    B. 就要付出超乎寻常的努力
    C. 音乐界有一句老话:学音乐的孩子无童年
    D. 可一旦把它作为职业

107. A. 而今虽已是信息时代的新世纪
    B. 但作为一种国粹艺术的积淀和东方审美特征的参照系
    C. 它依然具有难以替代的保留价值与欣赏价值
    D. 男旦表演艺术作为一种独特的文化现象曾在京剧发展史上书写过辉煌的篇章

108. A. 也能减轻旅游业对名胜古迹的损害
    B. 埃及最知名的景观自然是金字塔
    C. 这样既可以吸引更多旅游者到埃及旅游
    D. 然而,该国旅游部门正在努力把旅游者的目光吸引到丰富的沙漠旅游资源中

109. A. 这种理念影响着一代代美国男人
    B. 只有了解科技新知,富有动手能力,懂得居家生活的男人才是好男人
    C. 不论贫富,不论贵贱
    D. 这也正是美国《大众机械师》历经百年而不衰的原因

110. A. 而且当地热喷口喷发时又会使海水瞬间变得滚烫
    B. 海水深处是如此之冷
    C. 可事实上那里是许多海洋生物的家园,包括螃蟹、小虾和巨大的毛沙虫等
    D. 所以很多人认为不可能有海洋生物生活在那里

3·3·3·3·3

第 四 部 分

> **说明**：111～120 题，每段文章中都有若干个空儿，空儿中标有题目序号，请根据文章内容，在答卷的空格中填上最恰当的汉字。每个空格只填一字。共 10 个空儿。

111～114

　　3 月 1 号至 3 月 5 号，"北京国际艺术博览会"将在国贸中心举行。为了酬谢一直支持本报的广大读者，本报《艺术人生》版与博览会组委会联手，推出系列优惠活动。

　　[111]持 3 月 1 号本报《艺术人生》版入场的观众，均可获得[112]美纪念品一份，每天限数发放，发完为[113]。组委会工作人员在场内为观众进行义务讲解和艺术普及咨询，组委会组织艺术家与艺术爱好者进行交流。观众还可与艺术家[114]影留念并请艺术家签名。

115～118

　　本公司系大型股份制企业，具有广阔的发展前[115]，可为各类人才提供良好的事业环境和发展[116]间。现诚聘以下[117]位：教育培训中心讲师 1 名；行政人事部秘书 1 名；总经理助理 1 名；美工及平面设计人员 2 名。

　　有[118]者请将身份证复印件、二寸照片 1 张、个人简历及学历证明复印件等资料一周内寄至本公司。公司审核后安排面试，面试时间另行通知。

119～120

　　为提高北京市卫生队伍学历结构层次和职业素质，缓解高职人才短缺和中专人才供大于求的矛盾，充分发挥北京医学教育的资源和优势，[119]过北京市教育委员会、北京市卫生局研究决定，2001 年由首都医科大学和北京卫生学校、北京护士学校联合举办高职班。专业为药剂、医学检验和护理。招生名额为 190 名，[120]中检验和药剂专业各 50 名，护理专业 90 名。招生对象为应届或往届中专毕业生，学制两年。

HSK

中 国 汉 语 水 平 考 试

[高等]

作 文 试 卷

考 试 要 求

1 考试题目:《饲养宠物的利与弊》
2 文体要求:议论文
3 书写要求:全部用汉字书写(也可以用繁体字),每个空格写一个汉字。汉字书写要清楚工整。标点符号要正确,每个标点占一个空格。
4 字数要求:400~600 字。
5 考试时间:30 分钟。

HSK

中国汉语水平考试

[高等]

作文答卷

考生代号_____   试卷号码_____

姓　名_____   国　　籍_____

HSK

中国汉语水平考试

[高等]

口 试 试 卷

注 意 事 项

1 考试时间总共 20 分钟。准备,10 分钟;考试,10 分钟。
2 准备时可以写口试提纲,作为回答问题时的参考。提纲可以写在考题下面的空白处。
3 考试共有两项内容:
   〈1〉朗读一段文章,时间约用 2 分钟。
   〈2〉口头回答指定的两个问题,每个问题可用 3 分钟。
   请按规定时间完成每一项考试内容。
4 考试是用录音的形式,你的口试答案都要录在磁带上:
   〈1〉考试开始,由主考打开录音机,当你听到"现在开始进行口试"的指令时,你应该按照卡片上填写的内容说:
   　　　我的考生代号是××××××××××,试卷号码是×××××
   　　××,我的名字叫××××,我是××国人。
   　　　现在我开始朗读文章。
   〈2〉朗读完毕,中间不停顿,你应该说:朗读完了,现在我回答第一个问题。
   〈3〉第一个问题回答完以后,中间不停顿,你应该说:第一个问题回答完了,现在开始回答第二个问题。
   〈4〉第二个问题回答完以后,你应该说:问题全部回答完了。
   〈5〉考试结束,由主考统一关机。

一、朗读

科学家最近发现,音乐是一种振波,它不但可以影响人的感情,还可以使人的身体产生和谐的振动。音乐具有多种不同的节奏,而人体的活动对音乐节奏有明显的跟随作用,因此音乐节奏的变化可以带动并且调节人的生理活动,所以有的医生精心挑选各种不同节奏的乐曲,以提供给不同的患者使用。

音乐的治疗作用一方面通过音乐的艺术感染力作用于感情,以感情引导心理活动,既可以增强人的抗病能力,还可以消除精神上的阻碍;另一方面则可以通过音乐的物理作用,以特定的频率、声音作用于人体的感官,如对心脏或听觉器官起作用。

事实上,音乐还可以促进人体分泌出一种有益健康的生理活性物质,以调节人体的生理节奏,从而使人朝气蓬勃。

二、回答问题

1. 请介绍一个你喜欢的节日。

2. 你认为"便宜没好货,好货不便宜"这句话有道理吗?

HSK(高等)口试答卷

(磁带卡)

高等汉语水平考试
口试答卷

考生代号＿＿＿＿＿＿＿   试卷号码＿＿＿＿＿＿＿

姓　　名＿＿＿＿＿＿＿   国　　籍＿＿＿＿＿＿＿

分　　数＿＿＿＿＿＿＿

注:高等汉语水平考试口试答卷是一盒磁带,考生要认真填写磁带卡,然后将卡片装入磁带盒中。

模拟考试(一)
答案、题解、听力录音文本

一、听力理解

【答案】

1. C 2. A 3. A 4. B 5. D 6. B 7. A 8. A 9. D 10. C
11. C 12. B 13. A 14. D 15. B 16. D 17. A 18. C 19. C 20. A
21. B 22. D 23. C 24. A 25. B 26. C 27. D 28. B 29. A 30. D
31. C 32. C 33. A 34. B 35. A 36. B 37. D 38. B 39. C 40. D

【听力录音文本】

第一部分

1~3

2000年10月20日,中国18岁的钢琴家李云迪在世界瞩目的第十四届肖邦国际钢琴比赛中获得金奖。这一国际钢琴比赛始于1927年,五年一届,由于评审严格,1990年和1995年两届的金奖均空缺,时隔15年后,终于由中国选手打破了最高奖的寂寞。

李云迪1982年出生于重庆市,很小就表现出非常敏感的音乐天赋,9岁便跟从但昭义老师学习钢琴,后考入成都音乐学院附中。现在,他在深圳艺术学校读高中。从1999年起但昭义老师为他安排了很多比赛,例如,1999年3月在荷兰的第五届李斯特国际钢琴比赛;同年6月在美国的吉娜·巴考尔青少年国际钢琴比赛;12月的第二届中国国际钢琴比赛等。

为了博采众长,他先后接受了7位音乐大师的指点。由于压力太大,接受的东西太多、太快,他一度有些失去自我。这时但昭义老师及时鼓励他,给了他信心。此次比赛从10月5日至22日共进行了4轮,当评委宣布金奖获得者时,全场沸腾。

1. 李云迪在什么比赛上获得了金奖?
2. 为什么说"中国选手打破了最高奖的寂寞"?
3. 在李云迪的音乐生涯中,对他影响时间最长的是:

4~5

丝绸之路上的古代壁画,就散落在西北这片干旱的内陆地区。长久以来,这条隐没于大漠戈壁中的古代壁画长廊的神奇魅力,一直吸引着众多的艺术家前来朝圣。作为一名古代壁画复制专家,中央美术学院的胡伟教授也来到这里。不同的是,他要通过自己的实地考察,探索出壁画复制的新方法,为珍贵的古代壁画制作理想的传世副本。本节目将于1月22日16点30分在本台"走近科学"栏目播出,欢迎收看。

4. 胡伟教授来丝绸之路干什么?
5. 这是一则什么?

6~9

　　当有一天,长大的子女因工作、学习、结婚等原因离家以后,不少老年夫妇才忽然发现,伴随他们的与其说是完成人生大事后的轻松和欢喜,不如说更多的是空虚和孤独。这种"家庭空巢综合症",主要有以下一些症状:有的长时期闷闷不乐;有的出现自责倾向,如,认为自己没有完全尽到责任;也有的产生埋怨子女的倾向,如,认为子女只顾自己,对他们的回报不够,等等。

　　怎样才能缓解"家庭空巢综合症"呢?

　　首先,亲子关系向夫妻关系转移。在许多家庭中,孩子是家庭三角关系的惟一支点。这种家庭关系容易使父母对子女产生特殊的依赖心理。所以应该及早将家庭关系的重心由跟子女的关系向夫妻两人的关系转移。

　　其次,更新生活内容。许多夫妻把养育子女当做个人生活的最重要内容,一旦子女长大离家后,自己原先所扮演的爸爸或妈妈的角色开始丧失,生活便空虚起来。因此必须尽快找到新的替代角色。

　　6. 这段文字是写给什么人的?

　　7. 这段文字主要写的是哪一类问题?

　　8. 根据这段文字,孩子结婚后,老年夫妇常感到怎么样?

　　9. 作者认为,造成"家庭空巢综合症"的原因是什么?

10~13

　　1月29日上午10点左右,长江上游的太和川码头发生特大沉船事故,一条个体铁壳客运船触礁沉没,船上80余名老乡落入水中。据当地政府通报,侥幸生还者仅38人。

　　船上的乘客都是小河乡的村民,包括船老大张顺和。新年刚过,这一天正是农历正月初六,是村民们全家出动、走亲访友的日子,所以搭船的人格外多。这条船规定的载客量是20人,事发之日,这条船实际乘载的人数竟是它的4倍。于是悲剧之上再加悲剧:遇难者中,有一部分是一家老小同赴黄泉。船老大张顺和一家六口人上船,五口沉入江底,只有他的老父亲张天泉搂住一块木板得以活命。

　　据张天泉回忆,当时他们的船开到了一个险滩。由于大雾弥漫,航道狭窄,浪很急,儿子张顺和驾船冲了两次都没过去,第三次加大马力再冲。这时候因为船上人太多,船体摇摆,船撞在了一块大礁石上,于是船开始进水,船上的人纷纷掉进水里。接下来船是怎么沉的,张天泉就不知道了,他只知道当他抱着一块木板漂到岸边时,船已经没了。

　　10. 在这次事故中,估计有多少人遇难?

　　11. 搂着一块木板活下来的是谁?

　　12. 为什么有的全家人都在船上?

　　13. 哪一点可能不是事故的原因?

14~15

女:这次学术研讨会,你们课题组谁去参加?

男:通常应该是作者去。这篇文章是我们集体讨论、由许明执笔的,但前不久许明出国了,正好崔浩从国外回来,当然就让他来宣读了。

女:他倒挺合适的,一个字都没写,倒去出风头。

男:话也不能这么说,我们这个项目一直是崔浩挑头,许明只不过是把集体的成果整理了一下。

  14.谁去出席学术研讨会?

  15.对参加会议的人选,女的是怎么想的?

16~18

女:昨天夜里你听见没有?隔壁那两口子吵得可凶了。

男:是吗?我睡死了,什么也没听见。怎么又吵了?

女:谁知道?这个王小姐又哭又闹,怎么什么话都骂出来了?我要是他老公我也受不了。我几次想过去劝劝。

男:不用劝。我听说,这两口子吵归吵,可从来不动手。

女:你怎么知道?人家家丑不可外扬。

男:但这位王小姐不一样,她有个知心朋友在我们办公室,家里有什么事都对她说。是这个同事亲口告诉我的。

女:这位王小姐也怪,平常见面时看起来也挺斯文的,怎么一吵起来就像只母老虎一样?

男:依我看,一个巴掌打不响。

  16.女的感到王小姐怎么样?

  17.对邻居吵架,男的怎么看?

  18.他们正在干什么?

19~22

男:张大嫂,您现在还在婚姻介绍所干吗?

女:不了,我当了一阵公关大嫂,现在在一家家政服务公司工作,给人介绍保姆。怎么,赵大爷,您是不是又在为您的二儿子着急?

男:能不急吗?过了年都该三十了,还打光棍呢。这小子倒也不是不找,像走马灯似的,可没一个成的。

女:要我说,男孩儿三十不算大,既然他自己挺能找,您就别为他操心了。

男:孩子他娘要是还在我就不操心了。咳,算起来我那口子没了也有两年了,去年老大成家搬出去了,赶明儿个老二再一成家……说起来不好意思,有时我在想,要是这哥儿俩能有个娘……

女:这有什么不好意思的?现在不是时兴黄昏恋吗?您放心,我来当红娘。

  19.女的是干什么工作的?

  20.关于男的的家庭,我们能知道什么?

  21.男的正在做什么?

  22.对男的的想法,女的是什么态度?

23～25

女：大陈，去咨询公司的事，考虑得怎么样了？

男：我已经考虑了，这次就算了吧。多谢你的一片好意。

女：真放弃了？公司翻译这个位置可有好几个人盯着呢，我是知道你的外语底子，所以极力
　　推荐，把你排在第一位，过了这个村可就没这个店了！

男：我也知道那儿的收入比我现在的高好几倍，但我是铁饭碗端惯了，总觉得下海心里没谱。
　　还是干我的中学老师吧，发不了也饿不死。

女：瞧你这点儿出息！在中学教英语有什么好？一不能出国，二没有什么机会跟老外练英
　　语。但在公司当翻译就不一样了，整天跟外商打交道，也有机会出国。

男：也对，看来我还得再考虑考虑。

女：你得考虑多久？公司可等不起！

男：当然不能耽误公司的工作喽，实在不行只能推荐别人，不过……

女：闹了半天你还举棋不定？得，怪我有眼无珠！

　　23．对于调动工作，男的是什么态度？

　　24 女的认为公司翻译这个职位怎么样？

　　25．女的最后一句话是什么口气？

第二部分

26～30

主持人：去年 11 月 1 号开始的全国第五次人口普查是世纪之交的一次规模空前的国情国力
　　　　大调查。人口普查是一项浩大的工程，现在普查的第 1 号和第 2 号公报已经于日前
　　　　公布，而全部的结果呢则要等到明年底。接下来的"面对面"节目中我们请来了全国
　　　　人口普查办公室的副主任张为民。

记　　者：现在经过我们第五次的人口普查的结果，说现在全国的总人口有 12.95 亿呵，那么
　　　　在调查之前我们就曾说过，说这次的普查跟前几次相比难度会更大一些，一些流动
　　　　的人口可能会不愿意来参加普查。从这个意义上来说，12.95 亿这个数字是不是一
　　　　个相对保守的数字？

　张　　：目前全国的人口 12.95 亿，那么这里面包括了香港、澳门、台湾省，那么如果说大陆
　　　　31 个省、区、直辖市的话，我们的人口呵是在 12 亿 6583 万人。那么这个数字是不
　　　　是符合实际的呢？应该肯定地讲，这个数据呀，应……比较符合实际。可以肯定地
　　　　说，我们大陆人口没有突破 13 亿。

记　　者：您刚才说到了这个失误率 1.81％呵，我看到了第四次人口普查的一个失误，只有
　　　　0.6‰，这两个数字差距很大呀！

　张　　：是这样。我们这次人口普查呢，它是一个在市场经济条件下首次进行的人口普查。
　　　　虽然我们成功地进行过四次人口普查，但是大家不要忘了，我们都是在计划经济的
　　　　条件下。那么现在我们随着市场经济的发展，人们的这个流动性的增大，是吧，社会
　　　　生活的日益多元化，那么这个人们的居住相对来说这个稳定性就比较差了，那么这
　　　　个对人口普查带来了非常大的困难。

记　者:这次已经把一些主要的数据公布出来了,其中男女的比例大概是这样的,是106.74
　　　　比100,这样一个数字,这是否意味着每100个男人就会有6个人娶不到老婆呢?
　张　:这个担心呢也是大家都十分关心的一个问题。那么性别比是一个什么概念? 性别
　　　　比呢表明了一个人口群体呀男性和女性之间它的构成。那么我们现在公布的
　　　　106.74,它意味着是106.74个男性对100个女性。那么我想呢这个人口性别比是
　　　　一个人口学上的概念,不同的年龄的性别比例是不一样的。那么每一个年龄,每一
　　　　个年龄组上男性的死亡率都要高于女性,尤其是在婴幼儿阶段,男性的死亡率高于
　　　　女性的程度还要稍微多一些。所以在一个人口群体中它会呈现一个什么样的状态
　　　　呢? 在低年龄段,男性和女性的比例呀相比,男性要多得多一些,由于男性的死亡率
　　　　要高,那么进入婚育年龄阶段,到婚配年龄阶段,那么男性和女性的比例就开始接近
　　　　了。那么在接近的情况下,当然大家都可以找到老婆了。

26．本次人口普查的全部结果什么时候公布?

27．目前中国大陆的人口有多少?

28．为什么这次人口普查的难度比前几次大?

29．中国目前人口的性别构成怎么样?

30．为什么男的不用担心找不着老婆?

31～34

朋　友:其实那个像陈娟红能够走到今天这个这个位置呵,我觉得真是也不容易,确实,我以
　　　　前最早我也是一样,在过去大家可能也知道我是一个从酒店做服务员起⋯⋯到现在
　　　　的,但我就不知道陈娟红原来是⋯⋯,最早我还真很少打听这个。

陈娟红:嗯⋯⋯

主持人:如果不避讳的话,不妨跟我们说说。

陈娟红:嗯⋯⋯我以前,最早就是那个打⋯⋯跳高打篮球,搞体育,完了之后,我从学校毕业
　　　　之后分配进了毛纺织厂,当了那个应该说是纺织女工吧。我接了一段时间的线,然
　　　　后就是领导发现我有那个比较⋯⋯开发的这种能力,最后派我去我们老家,是浙江
　　　　桐乡嘛,有一个在⋯⋯地区⋯⋯就是有一个嘉兴地区,有一个军用机场,那么他们可
　　　　能会有很多这个随军的家属到了那个机场之后就没有工作,那么当时就委派我去那
　　　　个机场带领他们那帮家属开始就开发那个⋯⋯办那个羊毛衫厂。

朋　友:那后来我觉得你⋯⋯

主持人:那关键一步怎么就忽然当了模特了呢?

陈娟红:那么就是在这个过程当中就是很多人就觉得"哎呀你个子那么高呵⋯⋯"或者⋯⋯
　　　　但是那个过程中我有很多同学,包括我以前的⋯⋯大家都不跟我出去玩儿,上大街
　　　　什么的都是觉得我个儿太高了,慢慢慢慢我就自己这种心态就觉得我是不是别人
　　　　就是好像是超级残废那种感觉,完了后来我就觉得不出门,差不多有那么一段时间
　　　　就是自己特别封闭,也不喜欢出门呵。人家就说"你干嘛不去做模特呵?"但是就苦
　　　　于没有机会找到一个门路,从哪儿进去。那么后来就是无意中从电视上看到说,哎
　　　　呀,那儿浙江有一个"喜德宝"时装队,当时那个时装队说哎呀正好是招生,招模特,
　　　　哎,我自己就觉得⋯⋯但我对这个行业不了解,当时我自己给自己写了一封信推荐

信,就是说我自己身高多少,但是当时我不知道做模特身高需要多少,三围尺寸什么都不知道。我自己的身高那时候已经有一米七八、七九了……

主持人:后来又长啦?

陈娟红:没有,那时候已经是一米七八、七九,我给老师写信的时候,我想,是不是人家做模特也嫌我个儿太高了? 我又给自己又偷偷地减了一点,我身高只有一米七三、七四,我想可能做模特差不多了。结果,哎,完了老师就给我说,那你来面试一下吧。我就去了,去了之后老师一量身高,"哎呀,你身高那么好,一米七八、七九!"那时候我才知道对这个模特行业有一个概念,做一个好的模特,全方位的模特,身高就是说你要一个国际化的模特,国际的要求最低标准要求差不多一米七八左右。

主持人:啊!

31. 哪一项工作是领导派陈娟红做的?
32. 陈娟红的同学为什么不爱和她上街?
33. 当模特之前,陈娟红对自己的身材感到怎么样?
34. 陈娟红是怎么当上模特的?

35~40
主持人:看完这段录像大家就明白我们今天要讨论什么话题了:女子中学。现在介绍我们请到的客人:李意如校长,蒋国华先生,欢迎您! 刚才在大屏幕上采访这个美国的这位女士呵,她说了女中在美国非常普遍,但是也有不同的声音。李校长肯定也听过这种不同的声音,是吧?

李　　:是的。

主持人:最刺耳的是什么样的?

李　　:我并不赞成一定要分出多少女校来,但是呢应该有一个基地去研究女性潜能的开发。因为女性的潜能确实是需要很好地开发。你看咱们看过这么一个现象,这个越到高层次,这个女性越来越少,呵,越来越少。是不是女士……女性不如男性聪明呢? 不是的,我觉得也是跟男性一样地聪明,但是她很多聪明、潜力、潜能被压抑了。所以怎么把这个潜能开发出来,这个是很好的一个研究课题。你说谁对女子有不同……就是……政策上有很大的不平等? 在我们的国家不存在的。但是多年来积压起来的一种人的观念,那么女孩子心里头的自卑感,自信心不强。我们就利用这么一个实验……基地吧,就是开发女孩儿的潜能。

主持人:昨天看这个教材的时候就发现了这两个字:"实验"研究,当时我脑子里闪出一个很怪的念头——如果不对希望你原谅啊——"实验研究",是不是意味着这些学生是被学校用来试验的?

李　　:是的。

主持人:有可能不成功?

李　　:是的。

主持人:她们知道吗?

李　　:她们会知道的,她们会知道的,而且她们跟我们一起合作地使得这个实验成功。

主持人:我告诉大家我们请到的这两位教育学者,有周燕女士和蒋国华先生呵是对这个事有不同的看法的,如果这个蒋先生听了两位校长的介绍,您改变您的观念,我们热烈欢迎您回到队伍里来。现在就想问问您,这个改变了没有?

蒋　：维持原判。

主持人：我注意到今天您带着您的女儿来了,有没有可能把她送到女校去?

蒋　：我……我……我……尽管校长已经邀请了,但是我估计不会的,就我本意我不希望到女校去。

主持人：如果她自己非要去呢?

蒋　：自己非要去,尊重个人的权利。

主持人：我们就比如她非要去吧,您用什么道理说服她不要去?

蒋　：第一,告诉她,人类社会的基本组成就是两性。不……不管有多少艰难险阻,但是不管男的女的都是朝前走的。所以不要以为暂时有一点挫折就往后退,逃避矛盾是愚蠢的。这是第一条。第二条,不管你多长,女校不可能一辈子女校吧,她总要走到男女混合的社会中间去。

35. 刚才放的录像的内容可能是什么?

36. 女校长主张什么?

37. 对于学校的课程实验,我们能知道什么?

38. 蒋先生是否改变了他的观点?

39. 蒋先生的女儿没去女校是因为什么?

40. 蒋先生会怎么说服女儿?

二、阅读理解

【答案】

41. 四种	42. 运动量过少
43. 米饭、面食之类主食	44. 四月
45. 降价	46. 技术的力量
47. 飞利浦、索尼、东芝、松下	48. 桃色网络陷阱
49. 持保留态度	50. 有相同爱好的人
51. 上网的孩子睡得少	52. 担心暴力、色情、颓废等内容
53. 能背诵	54. 教学内容和教学方法

55. 读经派

56. A　57. B　58. A　59. D　60. D　61. B　62. C　63. A　64. D
65. C　66. B　67. D　68. C　69. D　70. A　71. A　72. D　73. B
74. B　75. C　76. D　77. C　78. C　79. B　80. D

【题解】

41.(四种)餐盘里只见菜肴不见米饭(见第一段)、水果代替正餐、少睡觉、运动(第二段)。

42.（运动量过少）事实上，运动量过少，才是导致肥胖的主要原因（第二段）。

43.（米饭、面食之类主食）"吃饭"一向以粮食为主食（第一段）、米饭、面食一类的"饭"（第三段）。

44.（四月）由本文说"眼看'五一'销售旺季快到"可以推定，"五一"是指五月一日（第一段）。

45.（降价）长虹率先降价，别的国产彩电纷纷跟进"跳水"，打起了价格战（第二段）。

46.（技术的力量）国产彩电打价格战，洋彩电却不理睬（倒数第三段），傲气地"不跟你玩"，正是靠了技术的力量（倒数第二段）。

47.（飞利浦）（第二段）、（索尼、东芝）（倒数第三段）、（松下）（倒数第二段）。

48.（桃色网络陷阱）"很多少女还常常遭遇桃色网络陷阱"（第一段末）。

49.（持保留态度）（第三段）。

50.（有相同爱好的人）（第四段）。

51.（上网的孩子睡得少）两种孩子对比的第二点中说"上网的孩子睡的时间短"。

52.（担心暴力、色情、颓废等内容）担心不外暴力、色情、颓废等内容（倒数第三段末）——大人不让孩子上网，这是一个最根本的理由（倒数第二段首）。

53.（能背诵）"对于有余力的孩子，如能背诵就更好，这可以说是达到了优秀的标准。"（见第一段）

54.（教学内容和教学方法）"这一现象在学术界引起了一场争论，争论的焦点主要集中在以下两个方面"，接下来分别从教学内容和教学方法两个方面列举了"反读经派"和"读经派"的不同观点。（第二段）

55.（"读经派"）在第二段先谈到"目前全国不少地区都出现了诵读'四书五经'的热潮，'读经'的学生已达到150万人。"在最后一段，该小学校长的决定又表明他们支持"读经派"的观点。

56.（A）"十一"黄金周到来之前。本文主要谈论"十一"的旅游，用的都是"预计"、"将"等词，可知为A。

57.（B）近短距离旅游。"近郊游、短距离城际游等形式仍将是旅游者的主要选择"（第二段）。

58.（A）儒者和哲学家的区别。第一段在讨论"儒者的安身立命之处"时已涉及"儒者和哲学家的区别"，第二段可视为展开对此讨论前的引言。

59.（D）概念抽象、思想逻辑不是西方哲学家的工作。从画线句的前半即可看出"对概念进行抽象、为思想提供逻辑基础"正是西方哲学家而不是儒者的工作。

60.（D）补办登记手续。"合乎婚姻条件但未登记而自行宣布'结婚'"者就是"符合婚姻实质要件只是没有办理登记手续的"（第二段）。

61.（B）已婚男子。第三段把"重婚"和"其他违反一夫一妻制的行为"作了区分，"包二奶"应属于后者，即修改后所说的"有配偶者与他人同居"，并且确认了行为的主体是"有妇之夫"。

62.（C）家庭暴力和虐待行为各不相干。第四段："家庭暴力与虐待行为有重合，但虐待不能包括所有家庭暴力的具体情形，主张将禁止家庭暴力与虐待分别规定"分别是B、A、D。

63.(A) "禁止重婚。禁止有配偶者与他人同居"。这是按建议修改后的条款(第三段)。

64.(D) 外国人。由第四段"舒适使他一时忘记了身在异国"可知;该段还说唐兴"心中感叹;那些……名流和教授们,也许并不真的知道……答案",他显然把自己排除在此二者之外,因此不是 B;本文首句说他"带着课题来",则不是 C;至于 A,本文未有任何相关信息。

65.(C) 35 小时。31 小时的旅程(第三段)"晚点了 4 小时"(第四段)。

66.(B) 不清楚在哪儿下火车。从第二段"这火车上的人<u>不会跟你说</u>,表面上也看不出来:其实他们怕得要命,他们<u>前途未卜</u>,<u>不知道自己人生的下一站是哪儿</u>"和第四段"他努力找民工聊天"可知 A、D 是对的;"一位不相识的青年头枕着唐兴的大腿,呼呼大睡"(第三段末)是 C;"不知道自己人生的下一站是哪儿"是个比喻。

67.(D) 非常敬重。"他不由得对周围的民工充满敬意"(第三段)。

68.(C) 两位名人的对谈。从谈话内容来看不可能是 D;虽然女的把男的称为"老师",但双方关系平等,也不是 B;双方谈话的篇幅相当,不是一问一答,故不是 A;男的以前接受过采访,应该是名人,另外男的还说女的是"知名女性"。

69.(D) 对婚姻有怀疑,不想依赖婚姻。女的说"我这样的情况越来越多,可能是人们对生活质量的要求高了,对婚姻的依赖少了,尤其是女性"(第三段)、"我也有同样的顾虑"(第五段)。虽然女的说算 C,但显然是开玩笑。

70.(A) 至少结过两次婚。男的说"不能说有过一部作品有成功也有失败之处,只是因为不能更改,就不再去提高和塑造第二部作品——这话容易让人误会:怎么着,你到底想弄几部作品?我其实每次都说这是我的最后一部作品"。

71.(A) 不要嫁给最爱的人。见最后一段。C 是传统观念。

72.(D) 女人结婚是为了找一个经济上的依靠。文内对此语的解释是"大多数女性还是希望找一个在体力上、经济上、心理上、情感上能帮助和庇护她的男人"。

73.(B) 在经济上日益独立。A 见最后一段,C、D 在第三段。

74.(B) 一次性发泡塑料餐具对环境的污染。本文主要谈"一次性发泡塑料餐具的主要替代品种纸制餐具"生产过程中的污染。从第一句话来看,前面肯定谈了回收一次性发泡塑料餐具的困难,所以最可能是 B。

75.(C) 水。第二段提到 A,第二段和第四段提到 B,第五段末提到 D。

76.(D) 研究过中国的森林和水资源。本文有关于中国森林、水资源的资料,但未涉及张教授是否研究过。A 在第四段,B、D 在第二段首。

77.(C) 人均水占有量太少。文章说"我国的水资源总量……居世界第 6 位,可是按人均占有量计算……排到第 88 位,已被列入世界 12 个贫水国家的名单中。"(倒数第三段)总量第六,当然不是 A。

78.(C) 是发泡塑料餐具的主要替代品。(参见第 74 题)。

79.(B) 饮食。第四段是 C,第五段是 D,第六段末是 A。

80.(D) 生产一次性餐具应该考虑环境问题。最后一段说"在更多领域,更多范围内由其他种类一次性餐具带来的潜在的环境污染问题也同样应该引起人们的重视。禁止一次性发泡塑料餐具的生产,不仅给其他类一次性餐具带来了市场空间,更要及时敲响环境保护警钟"。

三、综合表达

【答案】

81．C　　82．B　　83．A　　84．D　　85．C　　86．A　　87．C　　88．A

89．D　　90．B　　91．B　　92．C　　93．C　　94．A　　95．D　　96．C

97．B　　98．C　　99．D　　100．B

101．DACB　　　102．CADB　　　103．CADB　　　104．CDBA　　　105．BDCA

105．CADB　　　107．DABC　　　108．BDCA　　　109．CBAD　　　110．BADC

111．凡　112．精　113．止　114．合　115．景

116．空　117．职　118．意　119．经　120．其

【题解】

81．(C) 缺少与"生活水平"搭配的动词"提高"。

82．(B) "专门"做状语应在"为普通家庭度假而开设"之前。

83．(A) 从句义上看A中的动词应是被动的,即"如果一个人没有被别人尊重的感觉"。

84．(D) "难免"应改为"以免"。"难免"的意思是某种情况很难避免;"以免"的意思是让不好的情况不要发生。

85．(C) "毕竟"应改为"究竟"。

86．(A) "起来"应改为"过来"。

87．(C) "也"用在主语"用人单位"之前是错的,应用在其后。

88．(A) "对于"应改为"关于",指与经济发展有关系。

89．(D) "如果"应改为"是否"。

90．(B) "就来了"表示来得早,但这句话的意思是来晚了,应改为"才来"。

91．(B) "增加"的对象是数量;"增添"的对象是困难、乐趣、麻烦等抽象事物;"增长"的对象是知识、见闻等;"增进"的对象是友谊、了解等。

92．(C) "下"与"功夫"是固定搭配。

93．(C) "凭……兴趣"的"凭"意思是根据。

94．(A) "承受"与"心理压力"搭配。

95．(D) "反正"表示不管情况如何,结果不变;"其实"表示转折。

96．(C) "允许"的主语可以不是人。

97．(B) "混个脸熟"是固定搭配。

98．(C) "体贴"形容词,指对人非常关心照顾;"体面"形容词,指很有面子。

99．(D) "品一品""黄梅戏"的"独特味道",这里"品一品"是感觉一下、感受一下的意思。

100．(B) "水到渠成"指事物发展到一定阶段会出现自然的结果;"一帆风顺"指非常顺利;

"落落大方"指行为举止等不拘束;"扭扭捏捏"指行为举止等不大方。

101.(DACB)　答题时要注意:A句中的"也";C句中的"但"、"不仅仅";D句中没有动词。

102.(CADB)　答题时要注意:A句中的"其实";B句中的"那么""更";D句中的"同样也"。

103.(CADB)　答题时要注意:A句中的"诸如";B句中的"都";D句中的"不管"、"哪种"。

104.(CDBA)　答题时要注意:A句中的"这种";B句中的"而且";C句中的"不仅";D句中的"或者"。

105.(BDCA)　答题时要注意:A句中的"主要";C句中的"这种"、"除了……以外";D句中的"她们"。

106.(CADB)　答题时要注意:B句中的"就";D句中的"可"、"一旦"。

107.(DABC)　答题时要注意:A句中的"而今"、"虽";B句中的"但";C句中的"它"、"依然";D句中的"曾"。

108.(BDCA)　答题时要注意:A句中的"也";C句中的"这样"、"既";D句中的"然而"。

109.(CBAD)　答题时要注意:A句中的"这种";C句中的"不论";D句中的"这"、"也"。

110.(BADC)　答题时要注意:A句中的"而且"、"又";C句中的"可"、"那里";D句中的"所以"、"那里"。

111.(凡)　"凡"指所有的。

112.(精)　"精美"指精致而漂亮。

113.(止)　"……为止"指到某个时间结束。

114.(合)　"与……合影留念"指几个人一起照相留作纪念。

115.(景)　"前景"指公司、企业等集团的发展、未来。

116.(空)　"发展空间"指发展的余地。

117.(职)　"职位"指某种工作。

118.(意)　"有意者"指对某个职位感兴趣、有意思的人。

119.(经)　"经过……研究决定"。

120.(其)　"其中"指"招生名额为190名"中。

第三单元　听力理解

"听力理解"是 HSK(高等)客观性考试的第一大项,共 40 题,考试时间大约为 25 分钟。"听力理解"分为两个部分:第一部分,新闻、讲话、对话,25 题;第二部分,实况录音采访,15 题。

第一课

题型与特点

题型

在第一部分里,考生会听到约四段新闻报道、讲话和四五段对话,都是标准的普通话,语速正常或稍快。每段话只听一遍。每段话后面有几个问题,考生应该从四个备选答案中选出惟一正确的答案。

【例1】

你在试卷上看到选项:

8. A. 人品好的　　　B. 长相好的　　　C. 不爱挑毛病的　　　D. 喜欢恭维人的

你从录音中听到:

8~9题:

女:李玉田的对象怎么样?

男:论人品,没的挑;论长相,不敢恭维。

女:他不是非要找个漂亮的吗?

男:这你就不懂了,这就叫"情人眼里出西施"啊!

在录音中第三个人问:

8. 李玉田想找个什么样的对象?

正确答案:8[B]

(样题"听力理解(一)说明")

特点

这一部分的题型跟 HSK(初、中等)的第三部分的题型比较像,但有几点不同:

	HSK（初、中等）	HSK（高等）
内容	以日常生活为主。	社会生活面更广,体裁更多样(新闻报道、施政演说……)。
词语	范围应该在 5253 个词左右。	范围应该在 8822 个词左右(再加上 25% 的超纲词)。有不少成语、俗语、惯用语。
语速	基本正常:170～220 字/分钟。	正常和稍快:180～260 字/分钟。
答题时间	每个问题:15～20 秒。	每个问题:10～15 秒。

考点与难点（一） 概括整段话

 说 明

HSK(高等)的新闻、讲话信息比较多,有的讲话还有几个层次的意思,对话也比较长,因此,抓住主要信息,掌握中心意思、概括主要内容,是一个重要的考点和难点。例如:

【例2】

11. A. 经济困难　　B. 常常生病　　C. 难与子女相处　　D. 生活无人照顾

［录音文本］

树阴下,老人自带凳子和茶水,三五成群,下象棋,打扑克,谈山海经,人们称之为"老年角"。"老年角"的活动既没有人专门组织,也没有像样的活动场所,可是老年人却始终兴趣盎然。

来"老年角"的人,年龄大多在 65 岁以上。老年人退休以后,家庭生活发生了极大的变化,夫妻两人容易引起争吵,老年人与儿女之间的心理距离日趋扩大,例如,老年人主张大家庭制,儿女们则喜欢小家庭制;老年人崇尚节约,儿女们却不太节制,凭兴趣花钱。凡此种种,都使老年人越来越感到难以与子女交往。老年人的孤独感便日趋强烈,摆脱孤独感自然成为老年人参加"老年角"活动的主要动机。

11. 老年人的家庭生活经常出现什么问题?

正确答案:11. [C] (样题第 10～12 题)

这是一段分析一种社会现象的谈话。第 11 题,从选项看,说的是某类人的苦恼,问题问的是"老年人的家庭生活经常出现什么问题?"按照常理,四个选项都有可能。但全文主要谈的是"老年人与儿女之间的心理距离日趋扩大",举花钱的例子是为了说明观念的不同,而不是"A. 经济困难"。全文谈的老人的问题是精神上的,而不是物质上的,所以也不是"B. 常常生病"和"D. 生活无人照顾"。能概括全文的是"C. 难与子女相处"。

再如:

【例3】

23. A. 开会　　B. 等人　　C. 散步　　D. 采访

24. A. 王老先生的赴约时间　　　　B. 男的很了解父亲
　　C. 男的劝女的放弃采访　　　　D. 女的应该采访什么人

［录音文本］

男：现在是六点二十五，再过五分钟我爸爸准到。

女：王先生真是那么准时吗？

男：你放心，没问题。不过，小李，我再一次奉劝你，放弃采访他的想法。

女：为什么？

男：因为你什么结果也不会有。我甚至可预先告诉你，他会怎么回答你，连用什么词儿，我都能准确无误地告诉你。

女：人家都说"知子莫若父"，我看倒过来说，对你倒挺合适。

男：你不信？那你听我说，当他知道你是一个记者，他的第一句话就是："对不起，我不想和记者打交道。"

女：不过，我还是想碰碰运气。

男：看来你是"不到黄河心不死"啊。

女：我是到了黄河也不死心。你看，王老先生来了。

23. 他们两人正在干什么？

24. 他们谈论的核心问题是什么？

正确答案：23.［B］　24.［C］　　　　　　　　　　　　　　（样题第23～25题）

　　这是一个记者和被采访人的儿子之间的对话。第23题，从选项看可能问某人在干什么，问题问的是"他们两人正在干什么?"对话中多次出现"记者"、"采访"等词，但这段对话本身是女记者在等待采访王老先生之前和他儿子聊天，对话结束时王老先生才来，所以，他们正在做的事应该是"B.等人"，而不是"D.采访"。这是一种对活动的性质的概括。

　　第24题，问的是"他们谈论的核心问题是什么?"对话一开始就谈到了"A.王老先生的赴约时间"，但这是为了说明王老先生时间观念强，并不是谈论的核心问题。谈话中也谈到了"B.男的很了解父亲"，但这也不是谈论的核心问题，从整段对话看，是男的劝女记者不要采访他父亲，因此"C.男的劝女的放弃采访"才是他们谈话的核心。这题要考的是考生能不能在多种谈话内容中抓住谈话的核心。

常见错误

　　1. 凭常识进行判断。听的时候只听个大概，没注意听某段话中的新信息或特别强调的信息，所以只能选择那些符合常理的选项。

　　2. 只见树木，不见森林。听到什么就选什么，不会概括，特别是当某段话里有多种内容的时候，抓不住核心内容。

应试策略与技巧

　　1. 抓新信息：HSK(高等)中的听力材料一般都有一些新的、和常识有些不同的信息，目的是使考生只有真正听懂了才能做对，而不是只凭常识就能分析出来。如，一般来讲，常常生病、生活没人照顾是老年人常见的问题，而【例2】中的新信息却不是这个。因此，做听力题时一定要以听到的内容为准，而不要以一般的常识为准。

2. 概括: 要边听边想,抓住整段话的中心内容。中心内容有时是你听到的好几条信息中的一条,需要你抓住能概括全文的一条,如,"男的劝女的放弃采访"。有时最能概括全文的词句并不是你直接听到的词句,而需要你去概括,如,"等人",而你直接听到的词却可能是干扰项,如,"采访"。

3. 常见的考查概括能力的提问方式:

这段讲话主要告诉我们什么?

他们谈论的核心问题是什么?

他们碰到的主要问题是什么?

他们正在干什么?

……为什么……?

(此外,根据听力材料的具体情况提问)

 练习(一)

请听录音,然后选择正确答案:

1. A. 环境保护
   B. 商业道德
   C. 饮食习惯
   D. 工作作风

2. A. 做事只注重表面
   B. 使用一次性筷子
   C. 使用一次性塑料袋
   D. 顾客自己带菜篮子

3. A. 提着菜篮子进市场
   B. 使用一次性塑料袋
   C. 各地大搞环保活动
   D. 拒绝用一次性筷子

4. A. 排队买票时
   B. 演出开始前
   C. 剧场休息时
   D. 散场的时候

5. A. 评论演出的节目
   B. 议论国际大奖赛
   C. 女的在推荐一场音乐会
   D. 询问音乐会的时间票价

6. A. 买票
   B. 不买票
   C. 再考虑考虑
   D. 看电视转播

考点与难点(二)   捕捉具体信息

 说 明

除了概括以外,这一部分还要考查考生,能不能根据需要抓住一些具体的、比较小但却重要的信息。例如:

【例4】

1. A. 巴黎国际舞蹈比赛   B. 国际钢琴比赛   C. 中国舞大奖赛   D. 通俗歌曲比赛
2. A. 现代特色   B. 古典特色   C. 东方特色   D. 西方特色
3. A. 11 个   B. 15 个   C. 50 个   D. 25 个

我国青年舞蹈演员秦立明、乔扬今天在这里一鸣惊人,荣获第四届巴黎国际舞蹈比赛专业现代舞双人舞头等大奖。

今年二十三岁的秦立明和二十五岁的乔扬是广东舞蹈学校现代舞班的学员。他们以"太极印象"和"传音"这两个富有东方特色的节目参加了比赛。他们的表演细腻、流畅、技巧出色,功夫扎实,并巧妙地把东方文化的内容与西方的艺术形式糅合在一起,受到各国专家和观众的一致称赞。

本届比赛是十一月十五日开始的,共有十五个国家的五十多名优秀选手参赛。比赛分为现代组和古典组两个项目。我国是首次派出专业现代舞演员参加比赛。

1. 我国演员参加了什么比赛?

2. 他们表演的节目有什么特色?

3. 有多少国家参加了比赛?

正确答案:1.[A]　2.[C]　3.[B]　　　　　　　　　　　　　　　(样题第1~3题)

这是一段新闻报道。语速较快,信息量较大。第1题,看选项可以猜测到可能要问什么比赛。新闻的第一句话就说到是"第四届巴黎国际舞蹈比赛",整段新闻中没再讲别的比赛。因此,"A.巴黎国际舞蹈比赛"是正确的。比赛的名称在这题中是一个具体的而又重要的信息,要求听准。

第2题,看选项可以猜测到可能要问什么特色。选项中的四个词在新闻中都出现过,但主要的特色应该是"C.东方特色",因为新闻中明确说到:"他们以'太极印象'和'传音'这两个富有东方特色的节目参加了比赛"。

第3题,从选项可以知道要问数字,量词是"个"。新闻中的数字有很多,但其中"十一月"、"二十五岁"量词不对,"两个"量词有可能但数字不对,只有"十五个国家的五十多名优秀选手"里的两个数字可能性最大。听问题:"有多少国家参加了比赛?"因此,"B.15 个"是正确的。

【例5】

14. A. 作者　　　　B. 季体　　　　C. 许明　　　　D. 崔浩

15. A. 感到合适　　B. 很有看法　　C. 意料之中　　D. 并不关心

[录音文本]

女:这次学术研讨会,你们课题组谁去参加?

男:通常应该是作者去。这篇文章是我们集体讨论、由许明执笔的,但前不久许明出国了,正好崔浩从国外回来,当然就让他来宣读了。

女:他倒挺合适的,一个字都没写,倒去出风头。

男:话也不能这么说,我们这个项目一直是崔浩挑头,许明只不过是把集体的成果整理了一下。

14. 谁去出席学术研讨会?

15. 对参加会议的人选,女的是怎么想的?

正确答案:14.[D]　15.[B]　　　　　　　　　　　　　　　(模拟试题(一)第14~15题)

第14题,从选项看可能是要问"谁",是要问谁怎么样还是问干什么的是谁,光看选项还没法知道,所以要注意听这四个选项的关系和问题。从对话中可以知道:由"作者"去参加研讨会是一种惯例,但谁是"作者"呢?"许明"是写文章的人("执笔"就是写的意思),应该算是"作者",但"许明"是根据集体的讨论结果写的,集体更应该算是"作者"。"崔浩"是这个集体的负责人("挑头"是做负责人的意思),也应该算是"作者"之一。此外还可以知道,"许明"前不久出国了,"崔浩"刚从国外回来,所以由他去宣读论文,也就是去参加研讨会。再听问题:"谁去出席学术研讨会?"正确答案是"D. 崔浩"。在这道题里,什么人是一个具体的重要的信息,对话中说了四个角色:"许明"、"崔浩"、"作者"、"集体"("集体"听起来像选项"B. 季体",如果不懂"集体"这个词,就容易把"集体"听成是一个人,选项利用的是语音的干扰)。因此需要特别注意听清谁做什么,排除干扰,根据问题做出选择。

▨ 常见错误

1. 漫无目标地听,等听完问题后才去看选项,结果发现,一些重要的具体信息都没记住,只能凭感觉选一个。

2. 误认为分析了选项就可以估计出哪个是对的,不注意听问题,只抓一些听到的词句就做了选择。

▦ 应试策略与技巧

1. 先看选项:每一段讲话或对话前都可以听到一句话:"×题至×题",这时应该很快地把这几题的选项扫一眼,估计一下可能要问哪些方面的问题,好带着问题去听。尤其是问具体信息的题,选项一般比较短,从选项上虽然看不出是什么问题,但一般可以看出是哪个方面的,如:

A. 现代特色	A. 经理
B. 古典特色	B. 市长
C. 东方特色 →什么特色	C. 校长 →什么官
D. 西方特色	D. 厂长

A. 田老	A. 坚决反对
B. 老黄	B. 不大赞成
C. 小陈 →谁	C. 认为无害 →什么态度
D. 伯乐	D. 认为有益

看了选项,就能从这些方面去抓有用的信息,排除多余的信息,也可以边听边在选项旁做些记号。

2. 听准问题:我们虽然能从选项中猜出可能是哪方面的问题,但一般很难看出要问什么,更没法仅仅根据选项做出选择。如,【例5】的第14题,选项是"A. 作者 B. 季体 C. 许明 D. 崔浩",如果问"通常谁去参加研讨会?"应该选"A. 作者";如果问"文章是谁写的?"应该选"C. 许明"。再如,第15题,选项是"A. 感到合适、B. 很有看法、C. 意料之中、D. 并不关心",根据选项大致可以估计出问题可能是"×××对这件事有什么看法?"但是到底问谁的看法呢,却一定要注意听问题。如果问:"对参加会议的人选,女的是怎么想的?"答案应该是"B.很有看法",因为"他倒挺合适的,一个字都没写,倒去出风头"这句中的"他倒挺合适的",用的是讽刺的语气,意思是"他倒挺占便宜的"。但是如果问:"对参加会议的人选,男的是怎么想的?"答案就应该是"A.感到合适",因为男的不同意女的的看法,并为崔浩做解释。可见,往往几个选项都有可能对,选哪个,全在于问的是什么。所以,不能过分依赖选项,一定要听清问题。

3. 数字题要注意量词:一看选项就可以知道哪个是数字题,做数字题必须看着选项去做。但在有数字题的录音中一般都有好几个数字,起迷惑的作用。因此,在看数字题的选项时,要注意看量词。带着量词去听有关的数字,可以排除掉一些数字的干扰,如【例4】的第3题。

4. 熟悉新闻报道的文体特点:听力理解中有不少材料选自新闻报道。新闻报道有明显的文体特点,一般来说,第一句或第一段话是对这则新闻的概括,如【例4】的第一句话:"我国青年舞蹈演员秦立明、乔扬今天在这里一鸣惊人,荣获第四届巴黎国际舞蹈比赛专业现代舞双人舞头等大奖。"这则新闻中的最主要的信息都在里面了。接下来是对这件事的进一步说明。因此要集中精力听清新闻的第一句话,抓住最主要的信息。当然,第一句话往往是一个比较长的句子,可能会有部分信息遗漏或者听得还不太明白,这时不要着急,因为后面还会有进一步的说明,一些信息还会重新出现,如【例4】后两段中秦立明、乔扬的名字,他们参加的是什么比赛,舞蹈的特色等。

 练习(二)

请听录音,然后选择正确答案:

1. A.54 分钟
   B.66 分钟
   C.18 小时
   D.48 小时

2. A. 病人已于最近出院
   B. 病人是一位年轻人
   C. 此病例是近 10 年来国内第一例
   D. 这是近年全世界治疗效果最好的

3. A.459 条
   B.600 条
   C.978 条
   D.1330 条

4. A. 有代表性的
   B. 石材结构的
   C. 土木结构的
   D. 难以复原的

5. A. 要尽量保留北京老城的风貌
   B. 应该划定 25 片胡同保护地区
   C. 应在新小区中体现传统特点
   D. 一些破旧的胡同应该被拆除

考点与难点(三)　成语、俗语、惯用语

说　明

听懂口语中常用的成语、俗语、惯用语是 HSK(高等)的一项要求。例如：

【例6】

9．A.比较漂亮　　　　　B.胜过西施　　　　　C.不太漂亮　　　　　D.不敢公开

[录音文本]

女：李玉田的对象怎么样？

男：论人品，没的挑；论长相，不敢恭维。

女：他不是非要找个漂亮的吗？

男：这你就不懂了，这就叫"情人眼里出西施"啊！

9．男的认为李玉田的对象长得怎么样？

正确答案：9．[C]　　　　　　　　　　　　　　　　(样题"听力理解(一)说明")

　　"情人眼里出西施"是句俗话，意思是爱上了一个人就会觉得她漂亮。这句话从字面上看都是美的词——"情人"、"西施"，但是这句话的内在含义是，爱上的这个人并不漂亮，只是因为爱上了她才觉得她漂亮，所以这句话在不漂亮的情况下说得比较多。在这段对话中，男的用这句话来解释为什么李玉田找这个女朋友，是因为爱她，甚至她不漂亮也没关系。所以第9题的正确答案是"C.不太漂亮"。如果听不懂这句俗话的言外之意，只听字面的意思，就可能选"A.比较漂亮"、"B.胜过西施"。

常见错误

　　1．只听字面的意思：听到成语、俗语、惯用语时，只按字面的意思来理解，不知道它们的内在含义，造成误解。如，听到"当官不与民做主，不如回家卖红薯"，就想是不是当官的回家卖红薯了，其实，这句话的内在含义是做领导的一定要为人民办事，"卖红薯"只是个比喻，意思是，如果不为人民办事，最好别当领导，回家干活儿算了。

　　2．害怕、回避：一听到成语、俗语、惯用语就紧张，以为难得不得了，干脆放过去。

应试策略与技巧

　　1．抓内在的含义：汉语中的成语、俗语、惯用语都有两层意思，一层是字面意思，如，"不如回家卖红薯"、"不到黄河心不死"、"对牛弹琴"、"走后门"等，一般是一些形象的比喻；另一层是内在的含义，如，"不到黄河心不死"比喻一直到失败才最后放弃，"对牛弹琴"常比喻跟听不懂的人讲大道理。人们在平常的谈话中表达的都是内在的含义。

　　2．根据上下文判断：有些成语、俗语、惯用语的内在含义可以通过上下文帮助确定，如：

【例7】

　　……此刻我说不出什么新的施政纲领，只有一句话，老老实实为全市人民做好事，做实事。当官不与民做主，不如回家卖红薯。不为老百姓办事的官，还叫什么官？

(样题第8～9题)

"当官不与民做主,不如回家卖红薯"这句俗话的前后都在讲为老百姓办事,和"卖红薯"无关,特别是后面那句话,实际上是解释了这句俗话。

3.回避不是办法:成语、俗语、惯用语是 HSK(高等)规定的考点,并不是所有的都可以通过上下文判断,有时不懂它们的含义就难以理解对话的意思,如【例6】。所以必须下功夫掌握一些口语中常用的成语、俗语、惯用语。其实,这些词语是有规律的:

①形式比较固定,如"不到黄河心不死"、"对牛弹琴",一般文字上没什么变化,好记。

②字面的意思和内在的含义有联系,如"对牛弹琴"跟一位教授给小孩子讲大学的课,这两个现象的道理是一样的。只要懂了这些词语,它们的内在含义也好记。

4.常用的成语、俗语、惯用语:建议掌握并记住下列常用的成语、俗语、惯用语。

(1)成语:

粗心大意	千方百计	无可奈何	自相矛盾	画蛇添足	聚精会神	半途而废	津津有味
不相上下	川流不息	大同小异	得不偿失	格格不入	根深蒂固	家喻户晓	美中不足
名副其实	莫名其妙	目中无人	萍水相逢	岂有此理	恰到好处	似是而非	滔滔不绝
微不足道	无可奉告	朝三暮四	循序渐进	归根到底	对牛弹琴	小题大做	面面俱到
举棋不定	毛遂自荐	白头偕老	有眼无珠	孤芳自赏	弱肉强食	明珠暗投	心力交瘁
望子成龙	无源之水	无本之木	瓜熟蒂落	水到渠成	胸有成竹	江郎才尽	红极一时
虎头蛇尾	朝气蓬勃	铁石心肠	麻木不仁	惊心动魄	空前绝后	雨后春笋	远走高飞

(2)俗语:

八九不离十　　八字没一撇　　百闻不如一见　　报喜不报忧　　冰冻三尺非一日之寒
病从口入,祸从口出　　不当家不知柴米贵　　不管三七二十一　　不是省油的灯　　先下手为强
车到山前必有路　　吃饱了撑的　　吃一堑,长一智　　初生牛犊不怕虎　　此地无银三百两
打破砂锅问到底　　刀子嘴,豆腐心　　高不成,低不就　　胳膊拧不过大腿　　隔行如隔山
各打五十大板　　功夫不负有心人　　过了这个村,没有这个店　　行行出状元　　恨铁不成钢
葫芦里卖的是什么药　　换汤不换药　　家丑不可外扬　　姜还是老的辣　　井水不犯河水
老王卖瓜,自卖自夸　　谋事在人,成事在天　　人挪活,树挪死　　三天打鱼,两天晒网
杀鸡给猴看　　山外有山,天外有天　　生米煮成了熟饭　　十个指头不一般齐　　太阳从西边出来
跳进黄河洗不清　　万事俱备,只欠东风　　一个巴掌打不响　　这山望着那山高　　一碗水端平
水火不能相容　　物以稀为贵　　萝卜白菜,各有所爱　　摸着石头过河　　像走马灯似的

(3)惯用语:

打交道	出难题	出洋相	碰钉子	伤脑筋	走后门	走弯路	爆冷门	炒鱿鱼	半边天
穿小鞋	大锅饭	定心丸	砍大山	马后炮	泼冷水	随大流	铁饭碗	一锅粥	走过场
钻空子	丢面子	驳面子	绊脚石	背黑锅	笔杆子	撑门面	吃得开	出风头	吹牛皮
开红灯	开绿灯	凑热闹	打官腔	打光棍	倒胃口	赶时髦	拍马屁	拖后腿	戴高帽子

 练习(三)

请听录音,然后选择正确答案:

1. A. 出名要趁早
   B. 万事开头难
   C. 不怕慢就怕站
   D. 后来居上者常获胜

2. A. 投机取巧
   B. 出名太早
   C. 没有真才实学
   D. 热衷于追名逐利

3. A. 在农田里耕耘瓜果
   B. 埋头工作自然成名
   C. 笑得最早笑得最好
   D. 甘于寂寞不求名利

4. A. 目前收入较低
   B. 不能胜任难题
   C. 希望做正主任
   D. 同事合作不好

5. A. 所长办事公正
   B. 所长善于打官腔
   C. 人事处长不能决定
   D. 先得征求所长意见

6. A. 我自己戴帽
   B. 你别指望我
   C. 你在奉承我
   D. 你别说假话

考点与难点（四） 语言策略和修辞手段

 说　明

　　说汉语的人在交际中经常使用一些语言策略和修辞手段。"语言策略"指用语言表达思想的方式。同样一个想法，对不同的人，在不同的场合，人们往往用不同的方式来表达，比如上厕所这个意思，对孩子我们会说："你撒尿吗?"对较熟的人，我们可以说"我去上个厕所。"如在正式场合，我们可能就要说"我去方便一下"或"我去一下洗手间"。根据交际的需要，说汉语的本族人经常使用"间接回答"、"话里有话"等语言策略。口语中的"修辞手段"是指人们在谈话时为了把话说得更有意思而使用的一些方法，比如比喻、夸张、反问等，使用成语、俗语、惯用语也是修辞手段。HSK(高等)要考查考生不仅能正确地运用汉语，而且能得体地运用汉语，考查的方法之一就是看考生能不能理解必要的修辞手段和语言策略，听懂说话人的真正意思。例如：

【例8】

14. A. 很称职　　　　B. 太年轻　　　　C. 表现一般　　　　D. 表现不好

[录音文本]

女：你们银行谁是头?

男：田老上个月退休了，副行长老黄推荐办公室主任小陈当了一把手。

女：小陈行吗?

男：依我看老黄有眼力，真不愧是老伯乐。

14. 男的认为新行长怎么样?

正确答案：14.[A]　　　　　　　　　　　　　　　　　　　　（样题第13～14题）

　　对话中男的没有直接回答小陈行不行，而是夸奖老黄有眼力。因为小陈当行长是老黄推荐的，所以夸奖老黄很会推荐人，实际上就肯定了小陈工作得很好。因此正确答案是"A. 很称职"。在这里男的使用了一种语言策略：间接回答，通过夸奖老黄会推荐人间接地夸奖了小陈有能力。另外，男的还用了比喻的修辞手法，把老黄比喻成伯乐。伯乐是中国古代的人，传说他能识别千里马，后来伯乐就常被用来借指那些会识别人才的人。

【例9】

20. A. 粗心　　　　B. 急躁　　　　C. 爱吵架　　　　D. 懒惰

21. A. 架子上　　　　　B. 桌子上　　　　　C. 沙发上　　　　　D. 衣柜里
22. A. 商量　　　　　　B. 建议　　　　　　C. 讽刺　　　　　　D. 厌烦

[录音文本]

男:哎呀! 要迟到了! 我的风雨衣在哪儿?

女:没在大衣柜里吗?

男:我的皮包呢? 我记得放桌子上了,怎么……

女:你要能改了这马大哈的毛病,除非鸡毛上了天! 不是在架子上吗?

男:多谢,多谢! 我的钥匙呢? 真见鬼!

女:你看,是不是应该给你请个保姆?

20. 女的认为男的有什么毛病?

21. 他的皮包在哪里?

22. 女的最后对男的说话是什么口气?

正确答案:20.[A]　21.[A]　22.[C]　　　　　　　　　　（样题第20~22题）

这很可能是一段夫妻之间的对话。第20题问的是"女的认为男的有什么毛病?"在对话中女的说男的:"你要能改了这马大哈的毛病,除非鸡毛上了天!""马大哈"就是粗心,"除非鸡毛上了天"用了夸张的修辞手法,表示某事根本是不可能的。在这里女的通过说男的不可能改掉粗心的毛病说明这是个老毛病了,话的分量比直接说要重得多。

第21题是个考具体信息的题,问某物在什么地方,女的回答:"不是在架子上吗?"用的是反问句,由于明摆着是在架子上,女的懒得正面回答。

第22题问的是"女的最后对男的说话是什么口气?"女的最后说:"你看,是不是应该给你请个保姆?"表面上是建议、商量,但实际上是讽刺男的生活能力太差,因此她的口气是"C. 讽刺"。这里女的用了"话里有话"的语言策略。

❌ 常见错误

1. 不了解说汉语的本族人常用的语言策略和修辞手段,听的时候感到困惑,如听到间接回答以为没回答,听不出话里的真正意思,听不懂比喻、夸张的含义,所以不知该怎么办。

2. 希望在录音中听到选项中的词句,结果发现没有,不知该怎么办。

▮ 应试策略与技巧

1. 注意对话:这个考点一般都在对话里考,所以当你听到对话时应有思想准备,对话不可能是直来直去的,都会绕一点弯子,要努力去听话里的真实意思。平时说汉语的本族人跟外国人或外族人说话时,一般绕的弯子比较少,比较好懂,这实际上也是一种语言策略。但HSK(高等)听力部分要考的是能不能听懂说汉语的本族人之间的对话,所以话里的弯子要比考生平时听到的多。例如:

【例10】

21. A. 打听工作　　　　B. 请人做媒　　　　C. 谈论子女　　　　D. 寻找保姆

22. A. 愿去他家当保姆　　　　　　　　B. 帮他儿子找对象

　　C. 可以考虑嫁给他　　　　　　　　D. 答应帮他找老伴

57

[录音文本]

19～22

男:张大嫂,您现在还在婚姻介绍所干吗?

女:不了,我当了一阵公关大嫂,现在在一家家政服务公司工作,给人介绍保姆。怎么,赵大爷,您是不是又在为您的二儿子着急?

男:能不急吗? 过了年都该三十了,还打光棍呢。这小子倒也不是不找,像走马灯似的,可没一个成的。

女:要我说,男孩儿三十不算大,既然他自己挺能找,您就别为他操心了。

男:孩子他娘要是还在我就不操心了。咳,算起来我那口子没了也有两年了,去年老大成家搬出去了,改明儿个老二再一成家……说起来不好意思,有时我在想,要是这哥儿俩能有个娘……

女:这有什么不好意思的? 现在不是时兴黄昏恋吗? 您放心,我来当红娘。

21.男的正在做什么?

22.对男的的想法,女的是什么态度?

正确答案:21.[B]　22.[D]　　　　　　　　　　　(模拟试题(一)第19～22题)

　　男的的真正目的是想请女的帮他找一个对象,但这对于一个老年男子是不好意思张口的,所以他使用了不少语言策略来含蓄地表达他的这个意思。他从问女的的工作开始,由于女的曾在婚姻介绍所工作,所以问工作实际上就在暗示他想请她在这方面帮忙。女的听出了他的暗示,但女的认为他是想为他儿子找对象。接着他顺便谈了一下儿子找对象的事,但这不是他的用意,因为他告诉女的儿子的对象很多。接着由没人为儿子操心谈到了他妻子的去世,直到这时候他才拐着弯地说了自己的真正想法:"要是这哥儿俩能有个娘……"他没有直接说"我想找个老伴儿",而是从自己孩子的角度来说,用的是间接的语言策略。因此,"A.打听工作"、"C.谈论子女"都不是他真正要做的,而是他的策略,他真正要做的是"B.请人做媒"。

　　女的的回答也用了一些语言策略,当她听男的说到"说起来不好意思,有时我在想,要是这哥儿俩能有个娘"的时候,尽管男的说得很含蓄,但她已经完全听出了男的的真正用意,但她怕男的不好意思,没有把他的用意点破,而是说:"这有什么不好意思的? 现在不是时兴黄昏恋吗?""黄昏恋"是对老人找对象的一种含蓄而有诗意的说法,用这个词女的告诉男的她听懂了他的意思,并且是用一种宽慰别人的方式说出来的。接着她表明了自己的态度:"您放心,我来当红娘。""红娘"常用来代指婚姻介绍人,这里女的用了借代这一修辞手段,既明确又有些诗意地告诉男的:她愿意做婚姻介绍人。由于前面说了"黄昏恋",所以她指的肯定是"D.答应帮他找老伴",而不是"B.帮他儿子找对象"。

　　2.听意思,找选项:听新闻报道时,选项中的词语有时能直接从录音中听到,考的主要是捕捉具体信息的能力。但在对话题里,要考的主要是听懂对话人的真实意思的能力,选项中的词句跟录音中的词句是很少一样的。所以要集中力量听意思,想一想,根据问题找意思一样的选项。

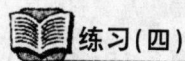 练习（四）

请听录音,然后选择正确答案:

1. A. 能洗掉任何油迹
   B. 洗白衬衫很干净
   C. 和广告说的一样
   D. 实在是不怎么样

4. A. 从没中过
   B. 中过一次
   C. 每期买 10 张
   D. 花了 1000 元

2. A. 比较自由
   B. 有苦难言
   C. 想再换换
   D. 活动太少

5. A. 家里
   B. 饭馆
   C. 公园
   D. 彩票中心

3. A. 关心
   B. 询问
   C. 责备
   D. 不解

考点与难点（五） 人物关系和身份

 说 明

在对话中,经常要考人物的关系和身份。

【例11】

15. A. 夫妻　　　B. 同学　　　C. 同事　　　D. 朋友
    ……

18. A. 曹操　　　B. 老李　　　C. 老罗　　　D. 没人回来

[录音文本]

男:怎么样?调数学研究所的事,老李同意了吗?你这个贤内助也表个态,开红灯还是开绿灯?

女:我开黄灯。这事还得他自己拿主意。我估计他愿意去。

男:老李说了?

女:没有。他这几年搞服装个体,要说钱是赚了不少,好像整天乐呵呵的,其实他心里挺苦的。你们过去的老同学发表了不少文章,他由衷地高兴,可是每次看到谁又发了文章,他准会冲着那堆数学专业书喝顿闷酒。

男:老李这样下去,大学学的那点儿玩意儿全得丢光。真可惜!

女:看他吧。哟,真是说曹操,曹操就到。你今天怎么回来这么早?老罗等你的回话呢。

李:老罗,我看,我就算了吧……

15. 女的和老李是什么关系?
    ……

18. 他们谈话时谁回来了?

正确答案:15.[A] 18.[B]
(样题第15~19题)

第15题,从选项看可能是问人物关系,但这段对话中有三个人,要问谁跟谁的关系必须听清问题:"女的和老李是什么关系?"一开始男的问:"调数学研究所的事,老李同意了吗?你这个贤内助也表个态","贤内助"是好妻子的意思,另外,从女的谈老李喝闷酒等情况看,女的对老李的内心感情非常了解,她谈老李时的语气也是一种妻子谈论丈夫的语气,如:"我估计他愿意去",因此,女的和老李的关系应该是"A. 夫妻"。

第18题问"他们谈话时谁回来了?"女的说的是"哟,真是说曹操,曹操就到。你今天怎么回来这么早?老罗等你的回话呢。"说了两个名字"曹操"和"老罗"。"说曹操,曹操就到"是句俗话,意思是正在谈论这个人,这个人就正好来了。曹操是个古人,自然不可能到,他们刚才在谈论的是老李,如听懂了这句俗话,也可以估计是老李到。此外,女的跟进来的人非常随便,见面连招呼也不打,直接问:"你今天怎么回来这么早?"是一种夫妻间的说话方式,又和第15题相呼应。因此,正确答案是"B. 老李"。

常见错误

1. 听的时候只是泛泛地听,没去注意人物关系,只听到已经说出来的话,没有根据这些话去推测没说出来的内容。

2. 人物多的时候,搞不清谁是谁。

3. 错把成语、俗语中的人名当成谈话中的人。

应试策略与技巧

1. 从多方面听人物关系:既要注意对话人的关系,又要注意他们谈论的人物的关系,如【例11】中是朋友、夫妻、同学的关系,【例9】中可能是夫妻关系,【例3】中是记者与被采访者父子的关系。人物的身份很少直接说出来,要根据称呼的方式、谈话的内容、语气等去推测。录音中有时也可能会谈到某人的身份,但一般都要用一些修辞手段,如用"贤内助"称对方的妻子的身份(含有一点夸奖的意思)。这实际上是通过听力在考文化。

2. 从选项入手,听清问题:问关系的选项经常是这样一些词:朋友,夫妻,恋人,同学,同事,师生,邻居,父子,母子,父女,母女,姐妹,兄弟,姐弟,兄妹,售货员与顾客,司机与乘客,警察与行人,医生与病人……,也可能是名字。看到这样的选项就要注意去听人物的关系。但更重要的还要听清问题。一般人们都习惯性地认为会问两个对话人的关系,但不一定,【例11】就不是。

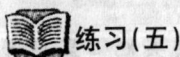 练习(五)

请听录音,然后选择正确答案:

1. A. 前夫
   B. 丈夫
   C. 儿子
   D. 男友

2. A. 朋友
   B. 律师
   C. 领导
   D. 同事

3. A. 兄妹
   B. 父女
   C. 夫妻
   D. 恋人

4. A. 吃饭
   B. 洗碗
   C. 打电话
   D. 看电视

本课小结

➤ 主要考点与难点：①概括整段话 ②捕捉具体信息 ③成语、俗语、惯用语 ④语言策略和修辞手段 ⑤人物关系和身份

➤ 考生主要的错误：①听到什么就选什么，不会概括②不会看选项，不注意听问题③听成语、俗语、惯用语时只听字面的意思，听不出话里的真正含义④没有根据对话去推测

➤ 主要应试策略与技巧：①概括②先看选项，听准问题③数字题要注意量词④抓成语、俗语、惯用语的内在的含义⑤对话要听意思，找选项⑥从多方面推测

课后练习

请听录音，然后选择正确答案：

1. A. 中文的激光照排系统
   B. 有数字版权的电子书
   C. 中文电子书出版软件
   D. 图书资源数字化技术

2. A. 经图书馆流通
   B. 在电子书店卖
   C. 得用阅读器读
   D. 没有物质形态

3. A. 怕被人非法拷贝
   B. 网络技术不过关
   C. 电子书读者太少
   D. 阅读器质量不好

4. A. 多于传统图书
   B. 可以全书复制
   C. 可以免费阅读
   D. 用互联网下载

5. A. 外国的留学生
   B. 留学回国人员
   C. 来华外国专家
   D. 海外华裔学者

6. A. 非常吃香
   B. 人数过多
   C. 没有什么
   D. 非常稀少

7. A. 检查身体
   B. 研究镀金
   C. 讲解中文
   D. 办理手续

8. A. 询问
   B. 讥讽
   C. 惊奇
   D. 夸奖

9. A. 两位艺术家的友谊
   B. 丁丁在上海的经历
   C. "张"在欧洲的名气
   D. 埃尔热创作《蓝莲花》

10. A. 他很熟悉中国
    B. 丁丁去过上海
    C. 有神父的介绍
    D. 有张仲仁帮助

11. A. 男孩时
    B. 27 岁时
    C. 晚年时
    D. 1935 年

12. A. 中国
    B. 法国
    C. 比利时
    D. 他家乡

13. A. 俄语
    B. 英语
    C. 日语
    D. 德语

14. A. 工作用不上
    B. 没外语基础
    C. 没时间学习
    D. 没持之以恒

15. A. 学生
    B. 家长
    C. 老师
    D. 没人

16. A. 补贴太少待遇低
    B. 必须很早到学校
    C. 事情繁杂工作忙
    D. 出了问题责任大

17. A. 学生家长合作
    B. 教学效果要好
    C. 减轻公交压力
    D. 减少教学内容

18. A. 会议刚开始
    B. 计划不合理
    C. 是政府主办的
    D. 代表们想多谈谈

19. A. 他胃病犯了
    B. 不喜欢交际
    C. 他想去玩玩
    D. 他不想去开会

20. A. 不想去
    B. 不管这事
    C. 勉强答应
    D. 要考虑一下

21. A. 像肥皂剧里白头偕老的伴侣
    B. 像浪漫故事中不忠实的夫妻
    C. 是爱情专一的象征
    D. 比人们想像得还好

22. A. 为了吸引雄性的动物
    B. 为了报复配偶的不忠
    C. 为了生育优秀的后代
    D. 是一种无目的的游戏

23. A. 为了养育小褐鼠
    B. 懂得真正的爱情
    C. 彼此拥抱着取暖
    D. 怕小鼠被狼吃掉

24. A. 东蓝鸲的爱情
    B. 加州褐鼠的父母
    C. 动物对配偶忠诚吗
    D. 白头偕老的动物是没有的

25. A. 一台
    B. 两台
    C. 三台
    D. 四台

26. A. 妻子天天看
    B. 男的从不看
    C. 孩子抢着看
    D. 各看各的剧

27. A. 影视专题
　　B. 体育节目
　　C. 新闻节目
　　D. 动物乐园

28. A. 等到三年以后再说
　　B. 等经济上更加宽余
　　C. 等孩子长大成人后
　　D. 等有了较大的住房

练习答案及录音文本

【练习答案】
练习(一)
1.D　2.A　3.B　4.C　5.C　6.B
练习(二)
1.B　2.D　3.D　4.A　5.C
练习(三)
1.D　2.C　3.B　4.D　5.A　6.C
练习(四)
1.D　2.A　3.C　4.A　5.B
练习(五)
1.D　2.B　3.B　4.C
课后练习
1.C　　2.D　　3.A　　4.A　　5.B　　6.C　　7.D　　8.B　　9.A　　10.D
11.C　12.B　13.A　14.D　15.D　16.B　17.D　18.D　19.B　20.B
21.B　22.C　23.A　24.C　25.B　26.A　27.C　28.D

【录音文本】
练习(一)
1~3
　　目前,全国不少地方正在大搞"拒绝使用一次性筷子"的环保活动。这真是为子孙后代造福的大好事,值得切切实实地全面推广。但是,高兴之余,我不免又有点担忧。记得几年前,我们也曾经搞过类似的活动。比如"拒绝使用一次性塑料袋"、"提倡顾客自己带菜篮子去买菜"等。但是,拒绝了半天,效果如何呢? 现在,到各大商场、小贩的摊点看看,塑料袋还是照常用着,人们已经见怪不怪了。若是谁提着菜篮子进市场,还会引来人们惊异的表情。本来是应该实实在在去做的事情,却往往变成"走过场",为什么呢? 归根到底,还是和我们的形式主义作风有关。
　　1. 本文主要谈的是什么问题?
　　2. 本文批评的是什么?
　　3. 人们对哪些事"已经见怪不怪了"?

63

4~6

女:刚才的节目你觉得怎么样?

男:听来听去,除了那个男高音独唱以外,别的都一般。

女:你是说杨立文吧,他是咱们国家第二号男高音嘛!等会儿还有他一个节目呢,男声四重唱。

男:是吗?来,喝杯橘子汁。他是第二号,那第一号男高音是谁?

女:连郭杰你都不知道?国际大奖赛金奖得主。下周就有两场他的独唱音乐会,一流的,有的报纸说,郭杰很可能成为咱们国家的帕瓦罗蒂。绝对值得一听。

男:下周什么时候?

女:周二、周五晚上7点一刻开演,票价二百元。

男:二百元听一场音乐会?简直不可想像!

女:就这样票还特抢手呢,周五那场已经卖完了。

男:我还是在家看电视剧吧。

女:你可别吃后悔药!

男:时间差不多了,咱们进去吧。

4. 这段谈话是在什么时候进行的?

5. 他们谈的核心问题是什么?

6. 男的决定怎么办?

练习(二)

1~2

据《北方日报》3月22日报道,第三军医大学附属安康医院急救科经过54分钟的抢救,将一名心脏连续停止跳动66分钟的病人从死神手里夺了回来。患者在心跳恢复18小时后神志完全清醒,没有任何后遗症,将于近日出院。据悉,该病人今年48岁。

经文件检索,此病例心脏停跳时间之长,抢救效果之好,近10年来在国内外均为第一例。

1. 这位病人在心脏停止跳动多长时间以后被救活了?

2. 下面哪种说法是正确的?

3~5

北京的胡同起源于13世纪的元大都。据史料记载,明末北京有胡同600多条,清朝时有978条,到20世纪中叶,在北京城区有1330条胡同。老北京流传着一句俗话:"有名的胡同三千六,无名的胡同赛牛毛。"随着旧城区的改造,近年来,北京的胡同逐渐减少,据统计,现存的胡同有459条。目前有关部门已经划定了25片保护地区,一批典型的胡同将被重点保护,同时,一些破旧的胡同也将被拆除。

北京历史名城的保护问题,将是本世纪前十年北京城市发展遇到的主要课题,老百姓要求危旧房改造,北京老城的风貌又要尽量保留,这使得这项工作处于两难的境地。老北京胡同里的民居多为土木结构,经受了上百年风雨,早已破损严重,而且难以复原。而人们看到的西方的一些大城市,之所以老建筑保存较好,主要是因为这些建筑多为石材结构。对于又要改造又要保护的北京城来说,设计创新将是重要出路,即在新设计的小区、建筑物中,保留、体现北京民居建筑的风格和神韵。

　　3.1950 年时,北京大约有多少条胡同?

　　4. 政府决定保护哪些胡同?

　　5. 对于北京城市的问题,作者的观点是什么?

练习(三)

1～3

　　对于"出名要趁早"这个观点,我有我自己的看法。在我看来,成名就像长跑。在长跑比赛中常有这样的现象,一些本来不具备夺冠实力的选手一开始遥遥领先,乍一看好像挺风光的,但不久就会被一个又一个后来者甩在身后。而一些有经验的选手开始时只是跟着跑,保持体力,后来居上,最终领先撞线。

　　成名也是如此。一些肚子里没什么真货色却热衷于追名逐利的人,可能会靠着投机取巧,很早就赢得片刻的辉煌。但这往往只是一种虚名,如无源之水、无本之木,于是很快便江郎才尽,被世人所遗忘。

　　而那些有大智慧的人往往是最耐得住寂寞的人,他们目光远大,胸有成竹,潜心在自己的领域里默默耕耘,最后瓜熟蒂落,水到渠成。成名对于他们来说只是一个时间早晚的问题。正所谓"谁笑到最后,谁笑得最好"。

　　1. 作者举长跑的例子是为了说明什么?

　　2. 一些"名人"为什么会被世人所遗忘?

　　3. 作者欣赏什么样的人?

4～6

男:王所长,我希望您能再考虑一下我的请求,帮我换一个科室。

女:非挪动不可? 你现在可已经是电力室的副主任了!

男:我宁可当个小兵,从头干起。我跟我们那位正主任真是格格不入,水火不能相容,他事事给我出难题,动不动就给我小鞋穿。

女:电力室可是咱们所最肥的一个科室。

男:我宁愿收入低一点。

女:你实在要调,就去找人事处长谈谈。你得先征求他的意见。

男:都谈过八百次了,可这位处长大人每次都跟我打官腔。我是无可奈何,才直接来找所长您的。我知道在咱们研究所只有您能一碗水端平。

女:你别给我戴高帽子!

　　4. 男的为什么要调换工作?

　　5. 男的为什么要直接找所长?

　　6. 女的最后一句话是什么意思?

练习(四)

1

男:这种洗衣粉的效果怎么样?

女:你自己看吧,干净不干净? 这是刚刚洗完的白衬衫。

男:广告上不是说任何油迹都能洗干净吗?

女:广告上的话哪能信呐?

　　1. 女的认为这种洗衣粉的效果怎么样?

2

女:听说你现在当上专业作家了?

男:没错,"坐家",整天在家里坐着,看起来挺舒服的是不是? 每天编! 编! 绞尽脑汁地编故
　　事哦! 有时坐在那儿一整天一个字也编不出来,真想出去跑跑。看来这就是我的命
　　运呀!

女:真羡慕你,不用上班,不用挤车,不用受气,中午还能睡一觉……

男:那咱们两个换一换?

　　2. 男的觉得他现在的工作怎么样?

3～5

男:这儿的菜太一般! 等我中了彩,咱们去北海公园的仿膳,吃一顿地道的宫廷菜。

女:得了得了,你买了这么多期彩票,中过一次没有? 都为社会做贡献了。

男:真要玩儿彩票,每期买一张不行,得买 10 张、100 张! 我们那儿刚发了 1000……

女:小点儿声儿,你是不是喝多了?

　　3. 女的最后一句话是什么口气?

　　4. 男的过去买彩票怎么样?

　　5. 他们在哪儿谈话?

练习(五)

1～2

女:老姜,这就是我和彭大军的全部情况。自从他抛弃我们以后,我一直很矛盾,又想起诉
　　他,又担心官司打不赢。

男:为什么呢?

女:因为我跟彭大军确实没有办过任何手续。

男:我只想再确认一下,彭小刚是不是他的亲生儿子?

女:这一点他倒是从没有否认过。

男:这就行了。根据法律,无论是婚生子女还是非婚生子女,身生父母都有义务负担其生活
　　费和教育费。我可以帮你起诉。

女:老姜,这下我心里就塌实了。

　　1. 彭大军是女的的什么人?

　　2. 老姜可能是什么人?

3～4

男:珊珊吗？你猜我是谁？

女:这还听不出来？你是大灰狼!

男:对啦! 干什么呢？

女:刚吃完饭,看电视呢。

男:妈妈干嘛呢？

女:妈妈正在厨房洗碗呢。她刚才还在骂你呢。她说今天是你们的结婚纪念日,可你却不回来吃饭。

男:哎哟,我都忘了!

　　3．两个说话人是什么关系？

　　4．他们正在干什么？

课后练习

1～4

　　本报讯,上周末,曾经因创造中文激光照排系统而使中国人"告别铅与火"的北大方正,宣布推出无纸的中文电子书出版技术,这也是第一套中国自主开发的网络出版软件。据透露,年内将有第一批拥有数字版权的电子书推出。

　　所谓电子书,是与传统图书相区别而言的。传统书总是以一定的物质形态出现,通过书店、图书馆流通,而电子书不再有物质形态,有的只是经过编码后产生的数据;也不需要书店,通过互联网,它可以被下载到世界任何地方的电脑或者阅读器上。

　　由方正研究开发的电子书出版技术,解决了网络出版的三大关键技术:数字版权保护技术、电子书安全分发技术、图书资源数字化技术,从而彻底解决了网络盗版图书、非法任意拷贝等问题。有关专家介绍,多年来,出版社不愿意介入网络出版业的主要原因,是网上盗版无法防范。现在,方正提供的技术使数字版权成为现实,读者只有通过购买才能获得电子书的阅读权,而且不能全书复制。

　　据有关权威预测,到2020年电子书的销售额将占整个出版市场的一半,到2030年它将占有90％的市场,成为人们最常接触的阅读品。

　　1．上周末,北大方正推出了什么新技术？

　　2．和传统图书相比,电子书的主要特点是什么？

　　3．以前,出版社为什么不大搞网络出版？

　　4．根据预测,几十年以后的电子书将怎么样？

5～8

女:材料都在这儿了吗？这些证书都得翻译成中文。您这是在外边镀了五年金。

男:哪里是镀金,只能说是喝了五年洋墨水。

女:现在洋博士可吃香了。

男:是吗？不过"物以稀为贵",现在在咱们这儿,洋博士一簸箕一簸箕的。

女:这些表格你回去填一下。对了,明天上午在教学楼查体,你还得填一下这个表。

男：什么叫"查体"？

女：你连中国话都听不懂了？查体就是检查身体。

男：检查身体干嘛不去医院要去教学楼？

女：你是从哪个星球上来的？

　　5．男的是什么人？

　　6．男的认为洋博士怎么样？

　　7．他们在干什么？

　　8．女的最后一句话是什么语气？

9～12

　　在《丁丁历险记》这套世界著名的连环画中，有一个中国男孩叫张，他的原型叫张仲仁。那是二十世纪三十年代的事，当时历险记的作者埃尔热想让他的主人公去中国。但这位比利时画家对那个遥远的东方国度十分陌生，后来经一位神父的推荐，埃尔热结识了27岁的张仲仁，这位中国青年当时正在法国学习油画。在张仲仁的帮助下，1935年，埃尔热完成了他的历险记中最重要的一部作品《蓝莲花》，画的是丁丁在上海十里洋场的种种经历，画面中所有的汉字都是张仲仁写出来的。两位艺术家从此结下终生的友谊。几十年后，这两位老人在比利时重逢，他们成为了欧洲媒体追踪的对象，有人还赶到比利时，就是为了看一眼这位"张"。直到这时张仲仁才知道自己在欧洲人心目中的影响。1983年，埃尔热告别人世，次年，张仲仁去法国讲学，并留在那里从事雕塑创作，直至离开人世，最终没能回到他日夜思念的家乡。

　　9．这段讲话主要讲的是什么？

　　10．埃尔热为什么能创作出《蓝莲花》？

　　11．张仲仁什么时候发现自己在欧洲很有名？

　　12．张仲仁是在哪里去世的？

13～14

女：你会几门外语？

男：怎么说呢？前前后后应该说学过四门了：中学学的是俄语，不过差不多都还给老师了。大学学了英语，后来在工作中为了读外文材料又学了点日语和德语，不过这三门也顶多只能读点儿东西，都没过关。

女：从大学到现在得有二十多年了吧，按理说应该差不多了。

男：我这个人你还不了解，三天打鱼两天晒网呗。

　　13．男的哪门外语学得最差？

　　14．男的外语为什么没有过关？

15～17

　　不知道从什么时候起，中小学生早晨上学的时间被固定在7点20分，可是孩子有必要这么早上学吗？很多家长反映，这么早上学对于家长和孩子都是一种负担。一位小学老师说:"学生的上学时间的确太早了,教学效果并不好。学生起得早,老师就起得更早,许多老师不愿当班主任,一般都说是因为补贴少、杂事儿多,责任重,我觉得一个更重要的原因就是因为每天早到校成了一个负担。"但是也有不同的声音,一位校长说:"谁不希望自己的学生每天早上能从容吃早饭? 但是,解决这个问题难度太大。首先,学生每周的课时必须降下来,现在教学内容太多,周课时无法减少到 30 课时之内;其次,即使课时能降下来,学生 8 点到校上课,与上班的人流汇合,将给早班公共交通带来更大的压力。"

    15. 谁希望中小学生很早到学校?

    16. 那位小学老师认为,许多老师为什么不愿当班主任?

    17. 如果改为 8 点上课,必须首先解决什么问题?

18～20

男:闭幕式是明天下午开始吧?

女:昨天主办单位宣布会议延期一天。

男:是不是会议日程安排不合理?

女:那倒不是。延期的要求是代表们提出来的。他们想深入探讨一下国营企业的前景。

男:我以为代表们都巴不得会议早点儿结束,好去游山玩水呢。

女:你怎么不把人想好一点儿? 对了,明天还有一个晚宴,据说还邀请了政府官员出席,张经理让我通知你,请你务必参加。

男:这种应酬的事我就免了吧。你就骗骗经理,说我的胃病又犯了,这几天连饭都吃不下。

女:这我可做不了主。

    18. 关于这次会议,下面哪句话正确?

    19. 关于男的,可以知道什么?

    20. 对男的要求,女的是什么态度?

21～24

    科学家发现,在成双成对的鸟类和哺乳动物中,能对伴侣一心一意、白头偕老的大约只有 10 %。多年来,人们一直认为鸟类对配偶是忠诚的。有些鸟,例如东蓝鸲,甚至被人们看做是爱情专一的象征。然而事实上,东蓝鸲的性关系可与电视上的肥皂剧的情节相媲美。科学家认为,雌性鸟和雌性哺乳动物之所以搞"婚外恋",可能是生物学原则在起作用——即为了繁殖尽可能优秀的后代。研究发现,对配偶最为忠诚的是加州褐鼠。这可能是因为小褐鼠在出生后的整个冬天都需要父母把它们抱在怀中,温暖它们的身体。如果雄鼠出走,雌鼠就会遗弃或吃掉小鼠,如果雌鼠出走,小鼠将会饿死。

    21. 雌雄东蓝鸲的关系怎么样?

    22. 科学家估计,雌性动物为什么要搞"婚外恋"?

    23. 科学家估计,雌雄的加州褐鼠为什么不分离?

    24. 这段讲话应该给一个什么标题?

25～28

女:你们家地方不大,电视机倒不止一台!

男：我爱人是个电视剧迷，四五十集的连续剧，一集不落，而且一个接着一个，有的还要看几遍。我往往是看一两集就倒胃口了。

女：你肯定爱看体育比赛。

男：这个倒兴趣一般，比较对我胃口的是一些时事专题类的节目，像现场采访或最新消息什么的，我看得津津有味，我那位就打瞌睡。

女：所以你们就一人一台。

男：现在又不够了。我那一对儿双胞胎也来跟我们抢了，一到"大风车"、"动物乐园"，就得让他俩看。

女：那你们只好再去买一台电视了，以后说不定三台都不够。

男：哪儿有地方放？等搬了三间再说吧。

25．男的家有几台电视机？

26．对于电视剧，男的家人兴趣怎么样？

27．男的最喜欢看什么节目？

28．什么时候男的可能还要买电视机？

第二课

题型

在这部分里，考生会听到三段电视或广播中记者采访的实况录音，每段话只听一遍。每段话后面有几个问题，考生应该从四个备选答案中选出惟一正确的答案。这部分共有15题。

【例1】

你在试卷上看到选项：

26．A. 中学生　　　B. 大学生　　　　C. 出国留学生　　　D. 待业青年

……

28．A. 每天下午　　B. 每天上午　　　C. 放暑假后　　　　D. 业余时间

你在录音中听到：

第26至30题

女记者：现在勤工俭学已经不是出国留学生的专用词了，目前国内的大学生们为了尽早地独立，靠自己的能力来支付学费和生活费，投入了打工族的行列，以各种方法勤工俭学，那么这些利用业余时间打工的大学生们，他们是怎么想的呢？

男记者：罗丽红是财务会计专业的大学生，现在在北京市长安商场的麦当劳快餐店打工。罗丽红从今年3月这家快餐店开业以来就在这里打工了。上学时每天来干半天，上午上完课，下午就来快餐店工作，放暑假后就改为全天了，每天早晨从郊区坐近两个小

时的汽车赶来上班,当我们问她为什么来打工时,她告诉我们:

罗丽红:当然主要是经济原因,因为学校的学费呀,住宿费呀都挺贵的,所以我觉得家里爸爸妈妈虽说有钱供我花,也不愁吃不愁穿的,总觉花父母的钱,特别不自在特别不应该。爸爸是司机,他挣钱挺辛苦的,我就觉得花他们的钱……如果他们给我出学费出住宿费也就罢了,可是我毕竟我还要吃饭呐,买一些零花的东西,我就觉得再花他们的实在不应该……但是我爸说,我都这么大了,事情应该我自己做主,如果我觉得合适呢,时间安排得过来呢,也同意我去。我喜欢我父母也就是这一点,无论干什么事情呢,只要不是特别特别出格吧,反正他们都特别尊重我意见。

26．过去是哪些人搞勤工俭学?

……

28．罗丽红利用什么时间打工?

正确答案:26．[C] 28．[D]   (样题第 26～30 题)

 特 点

这一部分在话题范围、词汇范围、答题时间、提问的方式和选项的设计方法等方面都和听力理解第一部分基本相同,所以第一部分的很多答题技巧仍然可以用于这一部分。和第一部分不同的是这一部分是实况采访录音,考生听到的是生活中的自然语言,听起来有的部分不太清楚,有点儿快,甚至有点儿乱。这样做的目的是为了保持实际交际中自然语料的本来面目,在更高的层次上考查考生的实际听力水平。当然,这部分的问题是用标准的普通话读的。

考点与难点(一) 词语不够清楚

 说 明

和第一部分比,实况采访录音有一些词说得不清楚,有的词说得太轻太快,一带而过,有时还有一些背景干扰的声音。这是听实况采访录音的一个难点。例如:【例 1】的那一段采访可能就是在一家商场的临街的餐厅里进行的,所以可以听到街上来往的车辆声,有背景干扰。另外,男记者的声音有些低,有些词不太清楚,如第一句话"罗丽红是财务会计专业的大学生",这里的"罗丽红"这个名字就不太清楚。罗丽红说得比较快,因此有些词一带而过,听不清楚,如"当然主要是经济原因"中的"当然"、"经济"不清楚;"我就觉得再花他们的实在不应该"中的"觉得"不清楚,"我爸说"中的"爸"不清楚。

之所以出现这种情况,是因为实况采访录音中的话不是读出来的,而是顺口说出来的,而且是不断地连续说出来的,所以一些字音脱落了或几个字音合并了。如:

fùmǔ(父母)→fù'ǔ,m 脱落了。

jīngjì(经济)→jīng'ì,第二个 j 脱落了。

juéde(觉得)→jué,d 和轻声的 e 脱落了。

wǒ bà shuō(我爸说)→wǒ'à shuō,b 脱落了。

dāngrán(当然)→dān,因为 r 脱落了,所以两个字音合并成了一个字音,"当然"听起来像"单"。

71

这种情况叫"语流音变",即在连续地说话时,一些音脱落或合并,说话越快,脱落或合并就越多。"语流音变"是自然语言中的一种正常现象,说汉语的本族人在听的时候,这些脱落掉的音其实也没听见,但是因为熟悉汉语的语音、语法结构,所以他们有一种"语音复原能力",能把这些没听见的音补上。这个道理有点像汉字填空,虽然漏掉了一些字,但在上下文中只能是这个字,不会影响对意思的理解。

常见错误

1．一心想听清每一个字音,当发现录音中有背景干扰,特别是有些词听不清楚时便急躁、慌乱,甚至有种抱怨情绪:我不是听不懂,是听不清！ 更加影响听的效果。

2．没有充分利用选项去猜测,没有利用上下文去推断。

3．平时只习惯于听标准的普通话,对各种略带口音的普通话适应性不强。不注意总结"语流音变"的特点。

应试策略与技巧

1．提高语音复原能力:可从几个方面努力。

(1) 多听实况录音,平时听人用汉语聊天时多留心,总结一些"语流音变"的规律。如:

zìrán 自然→zán,r 脱落了,听起来像"咱"。

suóyǐ 所以→suí,o 脱落了,听起来像"虽"。

jiùshì 就是→jiùri,sh 脱落了,听起来像"旧日"。

在汉语中,几个字的词一般是后面的或中间的音脱落较多,特别是中间的字的声母脱落得更多,如"姚老师"说快了听起来像"姚师",由于 lǎo 里面的 l 脱落了,yáo 和 ǎo 合成了一个音。

(2) 利用语法、词汇知识去复原。如:

我的意见→我意见

"我意见"不合语法,说话人说的一定是"我的意见",只不过"的"声音太弱,听不见,所以你就可以把"的"补上。像"的"、"地"、"得"这类虚词往往说得又轻又快,因为它们只起语法作用,一般不是要强调的信息,往往需要用自己的语法知识去补充。如:

因为它是受惠型昆虫→因为它受惠型昆虫

"是"如果不是特别强调也往往说得又轻又快,一带而过。在这句话中,"是"就基本上听不见,但在语法结构中一定有"是",你就可以把"是"补上。

又如:

我就觉得再花他们的实在不应该→我就觉再花他们的实在不应该

"觉得"的"得"由于很轻,说快了就脱落了,听起来像"觉",但"我就觉再花他们的实在不应该"是不合语法的,"觉"这个地方应该是个动词,是感到的意思,所以"觉"一定是"觉得"。

再如:

自己(zìjǐ)的这个嗜好→自以(zìyǐ)的这个嗜好。

由于 j 的脱落"自己"听起来像"自以",但没有"自以"这个词,一定是"自己"。

(3) 听音要杂。在实际生活中,并非人人都能说标准的普通话,相当多的人在说普通话时都多少带一些口音,如上海口音、四川口音,以及地道的北京口音。这里所说的是略带口音的普通话而不是方言,方言或很重的口音一般是不可能作为听力考试的录音材料的。但既然是实况采访录音,就很难避免一些口音。如:

shìhào(嗜好)→*sìhào*

jiǎodù(角度)→*juédù*

略带口音的普通话仍然是普通话,只是在发音上有些不够标准。在考试时,需要用我们的语音、语法、词汇知识去猜测。平时,要杂听各种人说话,使自己的耳朵有较强的适应性。

2. 充分利用选项、上下文:考试时要从选项入手,主动去听最需要的东西。遇到听不清楚的词不要紧张,先空着,根据上下文去补充。如,【例1】中的第27题,先看选项:

27. A. 财务会计　　　　　B. 食品卫生

　　C. 经济管理　　　　　D. 对外贸易

从选项看可能是问某一种专业,注意听。男记者说的第一句话就是"罗丽红是财务会计专业的大学生",虽然"罗丽红"说得不清楚,但"财务会计专业"比较清楚。问题是"罗丽红是哪个专业的大学生?"采访的只是"罗丽红"一个人,所以学"财务会计专业"的肯定是她。

【例1】中的第29题,先看选项:

29. A. 家庭经济困难　　　B. 父母不愿给钱

　　C. 为付学费宿费　　　D. 减轻父母负担

看选项可能问为什么做某事,而且和钱有关系,因此,录音中"当然主要是经济原因"中的"经济"虽然听起来像"经易",但可以判断应该是"经济"。问题是"罗丽红为什么打工?"她讲到学校的学费住宿费贵,像C,但又说"他们给我出学费出住宿费也就罢了",可见这些费用是父母出,B和C不对。她说"家里爸爸妈妈虽说有钱供我花,也不愁吃不愁穿的",A不对。她说"我毕竟还要吃饭呐,买一些零花的东西,我就觉得再花他们的实在不应该",从这些话中可以推断出D是对的。

【例1】中的第30题,先看选项:

30. A. 怕耽误她学习　　　B. 认为有些出格

　　C. 尊重她的决定　　　D. 非常希望她干

看选项可能问某人对她这样干的态度。问题是"她父亲对她打工是什么态度?"她说:"但是我爸说,我都这么大了,事情应该我自己做主",这句话中"我爸说"的"爸"不清楚,但是后面又说"我喜欢我父母也就是这一点",可见应该是她的父母,而从整段话看,她父母的想法并没有什么不同。她说"如果我觉得合适呢,时间安排得过来呢,也同意我去",可见不是A、D,她又说"有什么事情呢,只要不是特别特别出格吧,反正他们都特别尊重我意见",可见不是B,应该是C。

 练习(一)

请边听录音边填空:

1~6

这个产品在今年二月份科隆博览会上就是引起了非常大的(1　　　)。首先外国人没有想到中国这个企业会有……开发出这么一个可以网络十几个产品的(2　　　)。第二,更没有想到,这个新的网络家电的形象是这么漂亮,和太空一样的,一看给人一个(3　　　)的形象。所以我看在这个科隆博览会上是人见人爱。每一个外国人都在那儿看,甚至有的(4　　　)在那儿看,我都说"引无数同行竞折腰"。(5   )在这个地方呢的确是对我们国家来讲呢我也觉得是很长民族的(6   )。

7～14

A:我觉得离婚问题靠法律来规定不是一个特别可行的办法。(7   )我觉得离婚最终依靠的基础是一个(8   )的基础。如果没有这个基础的话,你再怎么约定也是没有什么效果的。所以我觉着它只能是作为一个(9   )来讲它只能保证一个下限。这种下限保证什么?就是(10   )出现这种情况你是必须要离的。我觉得这也涉及到一个道德和法律的关系。那么用法律来约束道德这肯定是(11   )的。

B:咱们过去讲白头偕老,现在还讲,我想咱们中国这个古老文明的国家,将来还得讲这个(12   )。我认为现在好多年轻人我们(13   )。他这个离婚跟开玩笑一样。没结婚多少日子了,问他们俩怎么样啊?"离了!"离了?什么事儿啊,这是! 这最(14   )了。

 练习(二)

请听录音,然后选择正确答案:

1～4

1. A. 藏族农民
   B. 科技人员
   C. 汽车司机
   D. 公路收费人员

2. A. 文盲
   B. 小学
   C. 中学
   D. 大学

3. A. 人数不多
   B. 没有统计
   C. 一个也没有
   D. 占人口的 1%

4. A. 检查通行证
   B. 研究藏文文献
   C. 设计藏文编码
   D. 设计高速公路

5～10

5. A. 美国青年
   B. 归国华人
   C. 哈佛学生
   D. 清华教师

6. A. 吃不惯
   B. 吃得惯
   C. 爱吃但不消化
   D. 觉得非常新鲜

7. A. 待人热情
   B. 经常发牢骚
   C. 帮助冀朝铸学中文
   D. 因一件事同冀朝铸绝交

8. A."不怕苦"
   B."完全彻底"
   C."不怕苦,不怕死"
   D."全心全意为人民服务"

9. A. 学习中文
　　B. 了解新闻
　　C. 教育他的同学
　　D. 表现自己的水平

10. A. 校园环境
　　B. 学习风气
　　C. 师生关系
　　D. 艰苦生活

考点与难点（二）　语言结构和谈话思路

 说　明

　　录音采访中的人，因为是边想边说，所以往往语言结构不完整，有一些脱节（说了半句话就不说了）、重复、补充、更正等，显得有些乱。怎样从这样的谈话中抓住需要的信息，答对题目，是一个考点。例如：

【例2】

31. A. 士兵
　　B. 将军
　　C. 学徒工
　　D. 企业家

33. A. 有这种嗜好可以满足
　　B. 少吸一点不会影响健康
　　C. 养成习惯后不影响健康
　　D. 身体不好的人应该戒烟

32. A. 希望当正厂长
　　B. 希望当第一副厂长
　　C. 希望变动自己的工作
　　D. 希望干好负责的工作

34. A. 提高烟的质量
　　B. 降低制烟成本
　　C. 降低烟的有害成分
　　D. 消除烟的有害成分

[录音文本]

记者：朋友们，你们好，欢迎您收看东方时空。

　　　　相比于一夜走红的幸运，中国人更崇尚一步一个脚印的信条。从士兵到将军的不寻常历程，往往会带给世人更多的启迪。新当选的中国十大杰出青年昆明卷烟厂副厂长郑天一，就是一位从学徒成长起来的企业家。

记者：你从27岁就开始当了副厂长，现在还是副厂长，在这期间呢你有没有想寻求一些变化，这和你长年的这种理想是否有冲突？

郑　：在这中间呢要说变化也有点变化。那就是我做这个副厂长……工作主管的工作每年都有不同的变动。反正总的来说呢，变动得……总的工作量是比以前增多了一点。那么原来是……刚刚来的时候刚刚是副厂级，是副厂长，那么到去年呢，就把我搞成第一副厂长。那么要说变动，就这么一个变动。我自己今后的想法呢，就是，从位置上我没有什么太……就是没有什么考虑，从干活上呢，我只是想今后怎么把自己在这个位置上，怎么把自己所负责的工作干得更好一点。

记者：你是烟厂的厂长啦，问你个问题，你烟龄有多少年啦？

郑　：我的烟龄呵……我的烟龄从85年到现在，已经是八年吧，正好八年。

记者：您对吸烟怎么看呢？

郑　：我对吸烟的看法是说，嗯……我反正的看法就是……这是一种嗜好，一种习惯。那么，不吸的，不喜欢，没有这个习惯的，你可以不吸，那么能够吸烟的人，也可以……满足自己的这个……满足自己这个习惯。但从厂的角度来看呢，我们也认为吸烟确实对人的……对人体有害的，对人体有害，所以我们厂正在依靠技术把烟的有害成分把它这个把它降低。作为一个卷烟厂也要对消费者的健康负责。所以我们在研究这个对人有害健康的一些东西，把它成分把它降低，尽量把它降低。

31. 昆明卷烟厂副厂长郑天一以前做过什么工作？

32. 郑天一对今后的工作有什么考虑？

33. 郑天一对吸烟问题怎么看？

34. 郑天一认为工厂应该怎样做到对用户的健康负责？

正确答案：31.[C]　32.[D]　33.[A]　34.[C]　　　　　　（样题第31～34题）

这是一位记者采访一位副厂长的实况。

第31题，从选项看可能是要问职业。如果问采访的是什么人，应该是"D. 企业家"，但问的是"郑天一以前做过什么工作"，记者介绍说"郑天一，就是一位从学徒成长起来的企业家"，所以应该选"C. 学徒工"。"从士兵到将军的不寻常经历"用来比喻从学徒工到厂长的经历，是一种修辞手段，如果听不出比喻的意义，就容易把这当作真的经历，选"A. 士兵"。

第32题，看选项可能要问某人希望怎么样。郑天一从27岁当副厂长，现在还是副厂长，按理他可能想当正厂长或变动工作，记者专门问了他这个问题，他说"从位置上没有什么太……就是没有什么考虑，从干活上呢，我想怎么把自己在这个位置上，把自己所负责的工作干得更好一点"。不应该是A、C，而应该是D。另外，他现在已经是第一副厂长了，不可能是B。

第33题，看选项可能要问对吸烟的看法。按一般人的想法可能是B或D，但郑天一说："能够吸烟的人，也可以……满足自己的这个……满足自己这个习惯"，所以应该是A。

第34题，看选项可能要问对香烟应该怎么办，而问题是"郑天一认为工厂应该怎样做到对用户的健康负责？"郑天一说："我们厂正在依靠技术把烟的有害成分把它这个把它降低"，并一再重复。这里要注意分寸，D是"消除烟的有害成分"，但郑天一只说"降低"，所以C是对的。

在这段采访中，女记者开始的一段介绍说得非常清楚，和读差不多，问的话也简短清楚，这大概是因为她的话是事先准备好的，并且是主动提问。但郑天一是接受采访的，不知对方要问什么，只好随想随说，他的话和读稿子就很不一样了。

他的话有时句子结构不完整。如：

"那就是我做这个副厂长……工作主管的工作每年都有不同的变动。反正总的来说呢，变动得……"，这句话没说完，他又换了一个句子："总的工作量是比以前增多了一点"他原来可能想说"变动得多了"，但又觉得这样说不清楚，所以放弃了这个句子，换了另一个句子。

有时有更正。如：

"自己今后的想法呢，就是，从位置上我没有什么太……就是没有什么考虑"，他原来可能想说"从位置上没有什么太多的考虑"，但又觉得他想说的其实是没有任何考虑，所以更正了一下。

有时边说边补充。如：

"原来是……刚刚来的时候刚刚是副厂级，副厂长"，他开始可能想说"原来是副厂级"，但觉得不够清楚，就补充了一下"刚刚来的时候"，可能又觉得"副厂级"需要解释一下，又补充说"副厂长"。

他的话有很多重复，有些话的语法也不规范。如：

"我对吸烟的看法是说，嗯……我反正的看法就是……这是一种嗜好"，让卷烟厂的厂长谈对吸烟的看法确实是个比较难回答的问题，所以他边回答边想应该怎么回答，所以重复了一句，他既想说"我的看法是……"，又想说"这反正是一种嗜好"，结果把两句话说在了一起，说成了"我反正的看法就是……这是一种嗜好"，有些不合语法。

再如：

"所以我们在研究这个对人有害健康的一些东西，把它成分把它降低，尽量把它降低"他可能想说"把它降低"，又想说"把有害健康的成分降低"，结果说成了"把它成分把它降低"，也有些不合语法。从这里可以清楚地看出读稿子和边想边说的区别，读稿子读的是思想的结果，所以语句一般是比较规范的，多余的东西比较少，而边想边说的时候，把思想过程中的一些东西也说出来了，所以语句有时就不太规范，也比较啰唆。

他有较多的"这个"、"嗯"等口头语。如：

"我们厂正在依靠技术把烟的有害成分把它这个把它降低"，他可能正在想"把它……"，但一时还没想出一个合适的词，所以先用"这个"来垫一垫。这些口头语都没有什么意思，只是一些垫词，可以给自己腾出一些时间想词儿，或使谈话轻松一些，有时只是一种个人习惯。

✖ 常见错误

1．听到谈话中语言结构不完整、重复、补充、更正等，感到太乱，抓不住头绪。

2．由于习惯于每个词句都听懂，而采访的谈话比读稿子要啰唆得多，有不少多余的信息和不懂的词，被这些东西牵着走，感到迷惑。

⚙ 应试策略与技巧

1．从记者的介绍和问题入手：采访的开头经常有一段记者的开场白，一般是对被采访人等有关情况的简要介绍，这非常重要，这能使我们对被采访人的身份和采访的主题有一个大致的了解。接着要注意去听记者的问题，去猜想被采访人可能会怎么回答，通过记者的问题去摸被采访人的思路，掌握他的中心观点。

如，在【例2】这次采访中，记者一共问了三个问题：

"你从 27 岁就开始当了副厂长，现在还是副厂长，在这期间呢你想没有想寻求一些变化，这和你长年的这种理想是否有冲突？"

"你是烟厂的厂长啦，问你个问题，你烟龄有多少年啦？"

"您对吸烟怎么看呢？"

其中第一和第三个问题实际上就是考试中第32、第33个问题，不管被采访人的语句有多少脱节、重复、更正，但都是对这些问题的回答，只要你带着问题去听，就能很快排除干扰，抓住要点。

由于记者的介绍和问题往往是事先准备好的，一般说得比较清楚，因此比较容易听懂。

2. 抓住被采访人的思路：听力考试中的采访实况录音一般选自广播电视节目,这些节目应该是普通的说汉语的本族人能够听懂的。说汉语的本族人在听这些采访时,注意力都集中在信息点上,而不是语句上,所以尽管语句有些乱,他们也能跟上被采访人的思路。因为被采访人想要表达的意思一般是比较清楚的(特别是在听力考试选的采访材料中),所以只要抓住了被采访人的思路,即使有个别词句听不懂也没关系。如:

【例3】

35. A. 个头特别大
    B. 专门负责交配
    C. 吃大量蜂王浆
    D. 专门负责产卵

36. A. 打扫巢房
    B. 采集花蜜
    C. 守卫巢房
    D. 繁育后代

37. A. 两个阶段
    B. 三个阶段
    C. 四个阶段
    D. 五个阶段

38. A. 青年工蜂
    B. 幼年工蜂
    C. 雄蜂
    D. 蜂王

39. A. 被蜂群驱逐出去
    B. 和工蜂一起工作
    C. 逐渐衰老而死去
    D. 领蜂群另立门户

40. A. 蜜蜂的生活习性
    B. 蜜蜂的筑巢技术
    C. 蜜蜂的生存条件
    D. 蜜蜂的繁殖方法

[录音文本]

记　者：下面就请朋友们随同我和蜜蜂研究所科研处的副处长,也是这个博物馆主要筹办者之一的黄湘修副研究员一起来参观一下这个养蜂博物馆吧!

黄湘修：那么,蜜蜂当然是一种很可爱的生物了。

记　者：因为它受惠型昆虫。是吧?

黄湘修：对对对,所以……

记　者：分工很细致。是吧?

黄湘修：对,对,它里头分成,它有一个……一群蜂里有一只蜂王,有几万只工蜂,还有几百只雄蜂。

记　者：几百只雄蜂?

黄湘修：嗯,数量不等呐。那个……蜂王主要就管那个产卵,它最高峰的时候一天可产一两千个卵,这个卵堆起来的数量比它个体还要大。那么主要是因为吃蜂王浆的关系。那个蜂王浆营养特别好,所以保持它那么高的产卵量。

记　者：那就是它24小时都在产卵吗?

黄湘修：对,不停地产卵。那么工蜂呢,几万只工蜂呢,就是不断地在那儿到处干活,那么它从小时候就开始,先做内勤工作,比如说,打扫巢房啊,哺育幼虫啊,喂蜂王吃王浆啊,还有修筑巢房等等工作。等到它半个月以后呢就变成中青……中年蜂了,青年蜂了……

记　者:哦,青年蜂了。

黄湘修:它就出去采集去,它出去采花蜜、采花粉,采水、采树胶。

记　者:噢哟,挺忙的反正是。

黄湘修:等到它年纪大的时候呢,它就在门口看门,变成了守卫蜂。

记　者:噢,这样啊!分工分得这么细致!

黄湘修:雄蜂就是管……就是……主要就是交配,它平时吃得也特别多,到处在生长季节到处都受欢迎,但到了秋天呢,因为他不干活好吃懒做呢,就是秋天的时候,那个蜂群就把他驱逐出去了。

记　者:呀,那最后那就……

黄湘修:驱逐出去了它就冻饿而死了。

记　者:哎哟,也怪可怜的。

黄湘修:那么蜂群呢,一般只有一只蜂王。如果蜂王生了新蜂王以后呢,那个老蜂王就带着一群蜂就出去了……

记　者:就又分开了。

黄湘修:哎,一窝就分成两窝了,它把原来的窝就留给新蜂王,留给了它的女儿。蜂王一般就是它自己会新老交替,它非常勤劳,从一开始,幼蜂开始,它一直工作到最后一刻,生命的最后一刻。

记　者:哎哟,真不简单!真是!

黄湘修:所以就是在古代的那些诗词里头都对蜜蜂有很多赞美,赞美它的勤劳,赞美它给人们创造的蜂产品的价值。

35. 蜂王为什么能保持很高的产卵量?

36. 青年工蜂主要担任什么工作?

37. 工蜂的生长过程可分为几个阶段?

38. 哪一种蜂在其生长季节到处受欢迎?

39. 新蜂王出生以后,老蜂王的情况会有什么变化?

40. 这段录音主要告诉我们什么?

正确答案:35.[C]　36.[B]　37.[B]　38.[C]　39.[D]　40.[A](样题第35～40题)

这是一位记者去采访一位养蜂的女研究员。首先扫一眼从35到40题的选项,可以估计,这段录音和蜜蜂有关系,再仔细看,还可以知道可能会谈到三种蜜蜂,几个阶段,要注意,并且可以边听边在选项旁边做记号。

第35题,从选项看估计是问某种蜜蜂的特点。但仍要注意听问题,是问哪一种蜜蜂的哪方面特点。B是雄蜂的特点,A、C、D都是蜂王的特点。问题是:"蜂王为什么能保持很高的产卵量?"女研究员介绍说:"那么主要是因为吃蜂王浆的关系。那个蜂王浆营养特别好,所以保持它那么高的产卵量。"因此C是对的。

第36题,看选项可能要问某种蜜蜂的工作,但哪种蜜蜂、哪个阶段还要注意听问题。"D. 繁育后代"是蜂王的工作,其他三个选项都是工蜂的工作。女研究员告诉记者,工蜂小时候打扫巢房,变成青年蜂以后就出去采集花蜜花粉,年纪大了就在门口看门。问题是:"青年工蜂主要担任什么工作?"因此B是对的。

第37题;看选项可能是问某种蜜蜂分几个阶段。注意听问题:"工蜂的生长过程可分为几个阶段?"工蜂应分为几个阶段?幼年、老年没问题,主要是青年、中年是算成一个还是两个阶段?关键要听清这两句:"等到它半个月以后呢就变成中青……中年蜂了,青年蜂了……""它就出去采集去,它出去采花蜜、采花粉、采水、采树胶",女研究员开始可能想说中青年蜂,后来可能发现这个说法不准确,就更正了一下,改为中年蜂、青年蜂,从它们做的工作的性质上看,她并没有强调中年蜂和青年蜂的差别,可以算做一个阶段。因此 B 是对的。

第38题,看选项只能猜测可能要问哪一种蜂怎么样,要注意问题:"哪一种蜂在其生长季节到处受欢迎?"女研究员说:"雄蜂主要就是交配,它平时吃得也特别多,到处在生长季节到处都受欢迎",由于雄蜂到了晚年不受欢迎,正好是一个对比。蜂王是蜂群的领导,永远是受欢迎的。所以 C 最合适。

第39题,看选项可能是问某一种蜜蜂的命运,注意听问题:"新蜂王出生以后,老蜂王的情况会有什么变化?"女研究员说:"那么蜂群呢,一般只有一只蜂王。如果蜂王生了新蜂王以后呢,那个老蜂王就带着一群蜂就出去了……""一窝就分成两窝了,它把原来的窝就留给新蜂王",所以应该是 D。如果问题是"到了秋天雄蜂怎么样了?"应该是 A。

第40题,看选项可能问"蜜蜂的……",像个题目"……的……"。问题是:"这段录音主要要告诉我们什么?"要求概括全文的内容。B、C、D 虽然都谈到,但每一点都不能概括整段录音,因为除了那一点之外还谈到其他内容,只有 A 可以概括整段录音。

在这段采访中,女研究员是按照自己的思路讲,而不是被动地回答问题,记者是在应和她,只是在不明白的时候问一下,或听到某个地方感叹一下,是在跟着女研究员的思路走。

女研究员讲话时有不少个人的特点,有很多"那个"、"就是"等口头语,用了很多语气词,往往在主语后头说个"呢",如:"那么工蜂呢,几万只工蜂呢,就是不断地在那儿到处干活";有时说长句子,也会在停顿的地方说个"呢",如:"如果蜂王生了新蜂王以后呢,那个老蜂王就带着一群蜂就出去了";列举时爱说个"啊",如:"比如说,打扫巢房啊,哺育幼虫啊,喂蜂王吃王浆啊"。这些语气词能使谈话显得从容、轻松。她的谈话中也有不少补充、更正,特别是有很多重复,多余的信息,如:"但到了秋天呢,因为他不干活好吃懒做呢,就是秋天的时候,那个蜂群就把他驱逐出去了。""驱逐出去了它就冻饿而死了。"只要我们抓住了说话人的思路,这些啰唆的话、多余的信息不但不会妨碍理解,还可以对我们有帮助,因为如果有的词漏掉了,在后面还可能听到。

这段谈话的难点是内容比较复杂,头绪比较多,但女研究员的思路很清楚:

蜜蜂是可爱的生物——分成蜂王、工蜂、雄蜂——蜂王的工作是产卵——工蜂的工作是干活(幼年蜂:打扫、修巢房。青年蜂:采集花蜜。老年蜂:守门)——雄蜂的工作是交配(生长季节受欢迎,秋天以后被赶出去)——新老蜂王的交替——人们对蜜蜂的赞美。

练习(三)

一、请先看一下问题,然后听录音,回答问题:

1~9

1.《朝阳沟》是什么时候创作的?

2. 为什么说《朝阳沟》很有名?

3. 杨华瑞开始演银环妈时有多大?现在有多大?

4. 这一次演《朝阳沟》时,有几个原来的演员?

5. 这一次请杨华瑞演银环妈,她感到怎么样? 为什么?

6. 这次演出,杨华瑞在唱的方面有没有困难? 为什么?

7. 观众对银环妈的哪一个动作印象最深?

8. 杨华瑞的腿有什么问题? 她想怎么办?

9. 演出时杨华瑞跳了吗?

二、采访录音后有 8 个问题,请先听录音,然后回答问题:

10~17

 练习(四)

请听录音,然后选择正确答案:

1~6

1. A.《落日》
   B.《大国之魂》
   C.《中国知青梦》
   D.《流浪金三角》

2. A. 写的是毒品贩子
   B. 非常富于想像力
   C. 用不平凡的经历所写
   D. 他获得了外国文学奖

3. A. 容易受感动
   B. 不易动感情
   C. 为小事落泪
   D. 喜欢铁石形象

4. A. 见过的苦难多了
   B. 家庭发生了变故
   C. 事业发展不顺利
   D. 自己得了场大病

5. A. 认识社会不够深刻
   B. 多情善感显得幼稚
   C. 经历多了感情麻木
   D. 写的作品不能发表

6. A. 揭露黑暗
   B. 宽容和谐
   C. 知足常乐
   D. 追求理想

7~13

7. A. 少帅
   B. 运动员
   C. 教练员
   D. 裁判员

8. A. 上一届比赛中国没拿到
   B. 这次比赛打得非常顺利
   C. 蔡振华第一次获得此杯
   D. 获得此杯是意外的胜利

9. A. 反应快
   B. 发球好
   C. 体力好
   D. 心理素质好

10. A. 裁判员不公正
    B. 运动员故意说没看见
    C. 教练不知道规则内容
    D. 规则缺乏客观的标准

11. A. 一次
    B. 两次
    C. 三次
    D. 四次

12. A. 中国队目前后继无人
    B. 今后团体赛将被取消
    C. 今后奖牌数将会减少
    D. 今后团体和单项比赛将分别举行

13. A. 新的发球规则
    B. 蔡振华的运动生涯
    C. 乒乓球比赛的新规则
    D. 中国队获得冠军的经过

本课小结

➤ 主要考点与难点：①词语不够清楚②语言结构和谈话思路

➤ 考生主要的错误：①平时只习惯于听标准的普通话，考试时一心想听清每一个字音，听不清就急躁、慌乱②没有利用选项、上下文③听到有些乱就抓不住头绪

➤ 主要应试策略：①利用语音、语法、词汇知识去提高语音复原能力，听音要杂②充分利用选项、上下文③从记者的介绍和问题入手，抓住被采访人的思路

课后练习

请听录音，然后选择正确答案：

1~5

1. A. 他是位有名的导演
   B. 他的作品风格相似
   C. 他的作品很难看懂
   D. 他的作品获得了七项大奖

2. A. 问世七十多年
   B. 演员都是外国人
   C. 在乌鲁木齐拍摄
   D. 中外演员联合演出

3. A. 保尔的配音是中文
   B. 保尔更加有人情味
   C. 保尔是中国人演的
   D. 保尔是在中国拍的

4. A. 为了和女生一起赏雪
   B. 为了画雪景让女生看
   C. 为了早点儿收工回家
   D. 使他更像画里的英雄

5. A. 保尔对他影响很大
   B. 他从小就注意女生
   C. 雪景使人想像丰富
   D. 他中学时生活艰苦

6～8

6. A. 基因原理
   B. 基因治疗
   C. 肿瘤基因
   D. 治血友病的两种方法

8. A. 切勿激活肿瘤基因
   B. 用基因治病行不通
   C. 基因疗法有两面性
   D. 基因不能治血友病

7. A. 没有副作用
   B. 可能会打开癌基因
   C. 可能破坏正常基因
   D. 凝血功能可能异常

9～13

9. A. 十几岁
   B. 二十几岁
   C. 三十几岁
   D. 四十几岁

12. A. 上大学
    B. 练习长跑
    C. 拍摄新闻片
    D. 到电影学院讲课

10. A. 毛泽东
    B. 诸葛亮
    C. 雍正皇帝
    D."小花"的男主角

13. A. 顺利的时候应该多思考
    B. 不顺利的环境使人长进
    C. 只有多演才能学会演戏
    D. 男演员应从小开始培养

11. A. 夸奖他的相貌
    B. 挖苦他的演技
    C. 形容他的口味
    D. 比喻他的肤色

14～17

14. A. 女生
    B. 家长
    C. 教师
    D. 校长

16. A. 招生简章应更明确
    B. 围墙应该更高一些
    C. 学生作案冲动更强
    D. 它不可能防止早恋

15. A. 可避免早恋
    B. 没有打架殴斗
    C. 可避免交通事故
    D. 坏人作案机会少

17. A. 建议女校加强体育
    B. 解释学游泳的方法
    C. 比喻女生适应社会
    D. 介绍她自己的经历

18~24

18. A. 在中学学习时
    B. 在医科大学时
    C. 在日本留学时
    D. 移植学部建立时

19. A. 想念祖国
    B. 中国的肝病患者最多
    C. 他是公费出国学生
    D. 国内肝移植条件好

20. A. 院长
    B. 专家们
    C. 他自己
    D. 同事们

21. A. 肝移植风险很大
    B. 作为研究的经费
    C. 完全是感情用事
    D. 为病人付手术费

22. A. 专业是肝移植
    B. 相信他的水平
    C. 坚信能够成功
    D. 不好意思拒绝

23. A. 院长批经费
    B. 自己动手做
    C. 后勤包下来
    D. 各部门协作

24. A. 讽刺的
    B. 表扬的
    C. 不满的
    D. 玩笑的

25~28

25. A. 职业演员
    B. 业余演员
    C. 办公室职员
    D. 电影学院学生

26. A. 同学
    B. 女友
    C. 前女友
    D. 表演的搭档

27. A. 动情但能控制
    B. 做戏不动真情
    C. 感情完全投入
    D. 没有特别感觉

28. A. 喜新厌旧
    B. 感情非常专一
    C. 不习惯跳进跳出
    D. 兴奋点经常转移

29~34

29. A. 他最早从事的研究
    B. 他发明了试管婴儿技术
    C. 他创立了试管婴儿理论
    D. 他大大提高了试管婴儿的成功率

30. A. 语言不同
    B. 缺少实验条件
    C. 他不懂试管婴儿的实验技术
    D. 他没有试管婴儿的书本知识

31. A. 工作非常忙
　　B. 对人不礼貌
　　C. 跟他意见不合
　　D. 怀疑他的能力

32. A. 经常外出讲学
　　B. 生活丰富多彩
　　C. 只有周末休息
　　D. 每天干 14 个小时

33. A. 他很少陪她玩
　　B. 他对她很严厉
　　C. 他不带她出国
　　D. 七年未见很陌生

34. A. 从前非常一般
　　B. 现在非常有名
　　C. 很早就很出名
　　D. 刘家恩的发明为它扬名

35～38

35. A. 婚前健康检查
　　B. 婚前财产公证
　　C. 家庭财产继承
　　D. 离婚财产问题

36. A. 这是自愿的
　　B. 这没有必要
　　C. 怀疑对方有病
　　D. 这是例行的制度

37. A. 赞成的多数是女性
　　B. 有 1/3 的女性赞成
　　C. 共有 57% 的人赞成
　　D. 它缺乏广泛的基础

38. A. 未做任何规定
　　B. 婚前可以立财产协议
　　C. 婚前必须立财产协议
　　D. 婚前应该搞财产公证

39～42

39. A. 著名钢琴家
　　B. 硕士生导师
　　C. 同济大学的第一位女校长
　　D. 音乐学院的最年轻的校长

40. A. 学科的需要
　　B. 周围的压力
　　C. 丈夫的推动
　　D. 自己的追求

41. A. 同济大学
　　B. 清华大学
　　C. 瑞典的大学
　　D. 瑞士的大学

42. A. 她运气不好但非常努力
　　B. 她丈夫曾经想不再读博士
　　C. 她丈夫自己工作供她读博士
　　D. 她和丈夫身在两地却很相爱

练习答案及录音文本

【练习答案】

练习（一）

1. 轰动　2. 网络家电　3. 高科技　4. 跪　5. 所以　6. 志气　7. 因为　8. 感情
9. 法律　10. 如果　11. 不行　12. 白头偕老　13. 看不惯　14. 反对

练习(二)

1.B 2.A 3.C 4.C 5.B 6.A 7.D 8.D 9.C 10.D

练习(三)

一、

1．1958 年。

2．五六十年代红极一时,至今人们还能哼出一些经典的唱段。

3．刚开始演银环妈时 25 岁,现在 69 岁。

4．一个。

5．有些怕,因为十几年没演了,怕赶不上年轻人。

6．没有什么困难,因为这些年唱没间断。

7．进门一跳。

8．她的腿有骨质增生。打算不跳,往下蹲再往上猛一站,好像跳。

9．演出时跳了,因为后来适应了。

二、

10．夫妻关系。以前都谈过恋爱。

11．应维昊给以前的男友打电话。

12．问候一下,她弟弟与前男友有生意上的关系。

13．晚上不断地追问。后来应维昊不打了。

14．李志豪的前女友来澳洲时住在他家。

15．她来澳洲旅游。

16．应维昊同意了,但心里不舒服,因为她当时不在家。

17．他们可能是在澳洲(澳大利亚)接受采访。

练习(四)

1.D 2.C 3.B 4.A 5.C 6.D 7.C 8.A 9.D 10.D 11.B 12.D 13.C

课后练习

1.D	2.B	3.B	4.D	5.A	6.B	7.A	8.C	9.D	10.D
11.B	12.A	13.B	14.B	15.A	16.D	17.C	18.B	19.B	20.C
21.A	22.D	23.B	24.D	25.A	26.D	27.A	28.D	29.D	30.C
31.D	32.D	33.A	34.C	35.B	36.D	37.A	38.B	39.C	40.C
41.D	42.B								

【录音文本】

练习(一)

1~6

　　这个产品在今年二月份科隆博览会上就是引起了非常大的(轰动)。首先外国人没有想到中国这个企业会……有开发出这么一个可以网络十几个产品的(网络家电)。第二,更没有想到,这个新的网络家电的形象是这么漂亮,和太空一样的,一看给人一个(高科技)的形象。所以我看在这个科隆博览会上是人见人爱。每一个外国人都在那儿看,甚至有的(跪)在那儿看,我都说"引无数同行竞折腰"。(所以)在这个地方呢的确是对我们国家来讲呢我也觉得是很长民族的(志气)。

7～14

A:我觉得离婚问题靠法律来规定不是一个特别可行的办法。(因为)我觉得离婚最终依靠的基础是一个(感情)的基础。如果没有这个基础的话,你是怎么约定也是没有什么效果的。所以我觉着它只能是作为一个(法律)来讲它只能保证一个下限。这种下限保证什么?就是(如果)出现这种情况你是必须要离的。我觉得这也涉及到一个道德和法律的关系。那么用法律来约束道德这肯定是(不行)的。

B:咱们过去讲白头偕老,现在还讲,我想咱们中国这个古老文明的国家,将来还得讲这个(白头偕老)。我认为现在好多年轻人我们(看不惯)。他这个离婚跟开玩笑一样。没结婚多少日子了,问他们俩怎么样啊?"离了!"离了?什么事儿啊,这是! 这最(反对)了。

练习(二)

1～4

　　我这个老家在西藏定日县,离珠峰很近,祖辈上都是农奴。在我们家乡来说呵,像我这个同龄人呵,上过学的可以说百分之一都没有。我家里弟兄两个吧,可惜我弟弟呢到现在连自己的名字都不会写,所以他一辈子就当农民。在我之前西藏没有人上过大学,我是第一个上清华大学的。到那个大学以后,最令我惊奇的就是我们现在说的计算机。机器可以代替人进行思维、计算,这是很有意思的。我这几年主要搞了一件事情,就是参与藏文的编码的国际标准的制定工作。藏文文献要上这个信息高速公路的话,编码标准就是通行证。

　　1.说话的是个什么人?
　　2.他弟弟是什么样的文化水平?
　　3.在他之前,西藏有多少大学生?
　　4.说话人目前在做什么事?

5～10

主持人:步入清华,冀朝铸常常有一种仍然身处"哈佛"的感觉:清华大礼堂、图书馆、甚至游泳馆都酷似"哈佛"。冀朝铸说那时的他思考问题完全依赖英文,行事方法也恍若一个美国青年,但毕竟已经回到祖国,他要逐步适应这里的艰苦生活。

冀朝铸:住嘛就是八个人一间,那一间的话呢比这样房间还小一点。那么,电灯嘛经常是灭的,灭了就只好……点蜡烛啦。吃的话呢,就是一个木头桌子上是一碗高粱米,或者是窝头,偶尔有米饭,另外就是咸菜了,或者呢,算是好的话呢,就有点儿白菜,煮白菜,油的话呢基本上看不见的。清华的同学们就问我:"你这个习惯吗?"我说:"没问题,我习惯得很。"他说:"吃得惯这个玉米面窝头吗?"我说:"吃得惯。"其实我瞎说,严重的便秘,有的时候。我那个同屋那个同学呀,平时对我很热情啦,有时候我什么看不懂中文呵,我就请教他啦,那么但是呢他老是发牢骚,说这个清华这个生活这么糟糕,上海总比这里好得多,你怎么能够从美国回来,我实在不理解。老是这么跟我说,那么我就觉得,你是中国的年轻人,怎么会这样子落后?那么当时嘛他在帮我那个看报纸嘛,就是说,一个字一个字地教我,怎么念,那么什么意思我知道,怎么念出来我就知道了,然后我再把它抄下来。然后一篇文章嘛,就是说如何要那个全心全意为人民服务了,没有说不怕苦不怕死,那时还没有这个口号,大致那么个意思

87

吧。我就拿了这么句话呀我就想:哎呀,我得教育教育我这个同学。我说:"哎,你帮我看看这句话好吧?"他说:"好吧,"他说……就……他就帮我,说这个字嘛就是说要完全彻底啦,为人民服务要不怕苦啦,他说到这"不怕苦",他说:"啊?你想教训我呵?"大怒,一下子他就不理我了就。后来慢慢嘛又好起来了,我说:"我绝对不是,我是想学学中文。"

5. 冀朝铸是个什么人?

6. 冀朝铸对吃窝头感到怎么样?

7. 关于冀朝铸的同学,下面哪一点是不对的?

8. 冀朝铸请同学解释什么?

9. 冀朝铸请同学解释那句话,他的真正目的是什么?

10. 这段录音主要谈的是当年清华大学的什么情况?

练习(三)

一、1~9

主持人:《朝阳沟》是现代豫剧的代表曲目之一,创作于 1958 年。1963 年拍成电影之后呢曾经红极一时,直到现在还有很多人能够哼出其中一些经典的唱段。1964 年的元旦毛泽东看了《朝阳沟》舞台戏之后呢,特别对于其中银环妈这个角色呢做了一些评价。当年扮演这个角色的演员呢就是杨华瑞,那年她刚满 25 岁。如今杨华瑞已经年近七旬了,不过仍然活跃在豫剧舞台上。前不久呢河南豫剧三团进京答谢首都观众,演出了两场《朝阳沟》的专场,北京观众又看到了久违的银环妈。

杨华瑞演银环妈这个角色已经 43 年,这次专场演出中,杨华瑞年龄最大,也是《朝阳沟》原班人马中惟一一位登台演出的演员。

记　者:好像这个戏是从 85 年您离休之后就再也没有演过这个全本儿的。

杨华瑞:没有。

记　者:那这次团里要请你老人家再出山的时候,您自己是不是心里有点儿打鼓?

杨华瑞:有点儿害怕,确实害怕,不轻松。因为啥?十几年没演了,现在呢年龄也大了,一般年轻人朝气蓬勃,人家上去是那个样,我上去虽说是当年人家有点儿那个银环妈的那个旧印象,毕竟都是新面孔,我自己上去老面孔,再者唱的各方面再赶不上人家,那不是……还不胜不演。

记　者:这次演那个银环妈还是用那个原调唱吗?

杨华瑞:还是原调。

记　者:感觉这十几年没唱怎么样?

杨华瑞:唱上到底还是不太吃力,因为这几年我没有间断,就是不管……虽说是不是唱完整的戏呵,就是一段一段的,隔三卯四的,一个礼拜有个一两次吧,就算是公益活动吧。

记　者:那观众印象最深的就是银环妈那一跳呵,电影上从那个门外头一下就跳到了院儿里头。这舞台上这次演还能跳得动?

杨华瑞:跳不高了……

记　者:观众还是反应强烈的。

杨华瑞:哎,能跳,不过大家知道了我的年龄了,也有点儿包涵,不差……不跳那么高也可以反正是,只要把戏演到位就行了。

记　者:人们知道你今年 69 岁,但是很多人不知道您这个骨质增生呵。

杨华瑞:骨质增生两边都有。

记　者:腿跳起来恐怕也挺难受的,刚排的时候是不是也很疼呵?

杨华瑞:刚排那时候我还瘸着腿我还……

记　者:那让您来演的时候您是想没想过您这个"哎呀我这个腿,到时候是不是还能跳起来?"

杨华瑞:那时候我就打算就是不跳,就是不能跳。因为啥?我知道我这个腿有病,后来呢我的脚又崴了一下,更不能跳。前些时就是说在家排练时候我就不跳。不跳,采取什么呢?就是说采取假的,但是观众一看觉得我还是跳,我就是一出来我就朝下猛一蹲,一……手一举,观众还是照样:"好!"叫好,实际上没跳。

记　者:后来怎么又决定要跳了?

杨华瑞:后来我这腿呀,这个这个骨质增生开始的时候它特别疼,后来以后慢慢练练练练,它就不算是刚开始地那么疼,谁得骨质增生都有这个过程。它就是习惯了,适应了,觉得不是像当初那么疼了。

1.《朝阳沟》是什么时候创作的?

2.为什么说《朝阳沟》很有名?

3.杨华瑞开始演银环妈时有多大?现在有多大?

4.这一次演《朝阳沟》时,有几个原来的演员?

5.这一次请杨华瑞演银环妈,她感到怎么样?为什么?

6.这次演出,杨华瑞在唱的方面有没有困难?为什么?

7.观众对银环妈的哪一个动作印象最深?

8.杨华瑞的腿有什么问题?她想怎么办?

9.演出时杨华瑞跳了吗?

二、10～17

主持人:好,那我们今天呢我们采访一下我们今天来的主要嘉宾李志豪和应维昊。那么李志豪呢就是回国寻找对象的这么一个典范。

李志豪:哪里哪里!

主持人:好,那么我问一个……问一个很直爽的问题呵,就是在你们两人……两人这个结婚之前,以前都谈过恋爱没有?

李志豪:有。

应维昊:谈过。

主持人:你们都谈过恋爱?那么这种谈……以前谈恋爱这种情况,有没有影响到后来你们这种婚姻生活?

李志豪:那个打电话吧……

应维昊:有的时候我和我以前男朋友打电话,因为大家还是朋友嘛,那他就忍受不了了。

主持人:你和你原来男朋友谈了多长时间?

应维昊:谈了八年。

主持人：原来谈过八年的恋爱，那么这是初次……刚开始……刚结婚，新婚燕尔就和以前谈过八年的男朋友打电话。

李志豪：那次是……我也不是特意去查那个电话账单。查收费嘛，一看，哎？打了这么多呵，或者怎么样，一看，哎？这个电话号码不熟悉，到底是谁的？我就问她。她也很直爽，"呵，是某某某的。"我说："干嘛？"那么她说就打个电话问候一下，了解一下情况，因为毕竟她弟弟和这个人还是有生意上的来往。那么就这样，所以说好像有点儿不高兴，对她有点儿不满。

主持人：他的不高兴的反应是什么样的？

应维昊：特别激烈呵！

主持人：不是，你说的是有点儿不高兴……

应维昊：晚上不让你睡觉，就问："你为什么要给他打电话？你为什么要给他打电话？"

主持人：进行审问，是吧？一夜没让人睡觉？

李志豪：没，没！没那以厉害！

应维昊：有的时候有呵。后来我就不打了，因为也没有必要为了一个朋友就伤害夫妻感情是吧？

主持人：实际上她是很纯洁的，就是一般朋友。

李志豪：对对对。

主持人：很好，那么你对他呢？他有类似这样的你觉得不满意的地方？

应维昊：他？有一次他以前女朋友到澳洲来，两个住……住在一起。

主持人：哎，等，等一下！

应维昊：不是说是……

李志豪：One roof，两个房间。

应维昊：两个房间。

主持人：怎么个情况呢？是怎么个故事呢？

李志豪：那就是……到澳洲来旅游嘛，那么……作为一个客人，你作为主人的话，你肯定要招待，你不可能把人家给赶出去吧？而且为了这事我特地……

应维昊：我在中国。

李志豪：呵，她在国内。

应维昊：如果在身边倒没事儿。

李志豪：我还特地打电话征求她的意见，到底怎么样。她说，总有心理疙瘩，但是我说"你要相信我，对吧，信任我。"那么后来她也没……

应维昊：我同意了。

主持人：噢，经过你批准的。

应维昊：但是心里边总归不舒服，……

李志豪：总有疙瘩。

应维昊：因为你人不在那儿嘛。

    10. 李志豪和应维昊是什么关系？以前他们谈过恋爱吗？

    11. 李志豪因为什么事情生应维昊的气？

    12. 应维昊为什么要给那个人打电话？

13. 李志豪是怎么做的？结果怎么样？

14. 李志豪自己有没有类似的事情？

15. 那个女的为什么要住在李志豪的家里？

16. 应维昊的反应如何？为什么？

17. 李志豪和应维昊可能是在什么国家接受采访？

练习(四)

1～6

主持人：今天的"东方之子"的主角呢是作家邓贤。今年三月底他创作了长篇纪实文学《流浪
金三角》，获得了人民文学奖。这部作品以大量的第一手材料记录了神秘、危险的金
三角里一个特殊人群的生存状态，他们主要呢就是当地的毒品贩子。去年这部作品
一经发表呢就引起了巨大的轰动，人们称它是用生命作赌注换来的作品。作为知名
的纪实文学作家呢，邓贤值得人们称道的作品还不止这一部，他的《落日》、《大国之
魂》、《中国知青梦》呢全部都是用脚走出来的作品。这些不同寻常的经历对他的创
作和人生又会产生什么样的影响呢？请你走进今天的"东方之子"。

记　　者：您太太说您以前是一个铁石心肠的人，可是将近四十岁的时候却经常地多愁善感，
往往为一件小事感动得落泪，这是为什么呢？

邓　　贤：我觉得可能还是那个见多了吧。别人说见多了以后可能就麻木了，我觉得我见多了
以后就变得特别特别容易感动，就是说，觉得不容易吧，就是每……我觉得我原来就
是担心自己会不会在采访中间，就是采访多了，特别是那种惊心动魄的东西多了以
后，就是平常的小事儿就麻木不仁，现在我发现，好像那个每一次写作是对自己灵魂
的一次涤荡吧，就是能变得格外地敏感，而对那个……对别人的……尤其对别人的
苦难寄予的那种同情、寄予的那种关怀，以及对自己的要求，对自己的那种人性的善
良，就是说，你既然……你既然是愿意整个世界变得充满爱，变得有爱心，变得……
人性变得善良起来，您自己也得善良起来。我觉得可能人就是在这种就是当你在改
造客观世界的同时不断地自己本身也在被改造。

记　　者：您的作品就像一把解剖刀解剖了不同人的生存方式、生存理念，那么解剖了之后，
您，自个儿有没有一个比较完整的生活信条也好，生存理念也好？

邓　　贤：我发现我是一个很苛求的人，就是对我自己和对别人，我希望能够完美，但我觉得正
是因为不可能完美，怎么可能完美嘛？这可能就是一种理想主义，我想我是一个理
想主义者。

1. 邓贤的哪部作品是写毒品贩子的？

2. 为什么他的作品会引起轰动？

3. 邓贤的妻子说他四十岁以前是个什么样的人？

4. 为什么四十岁以后邓贤变了？

5. 邓贤曾经担心自己什么？

6. 邓贤的生活理念是什么？

7～13

主持人：在刚刚落幕的第 46 届世乒赛上，中国乒乓球队再一次包揽了所有七个项目的金牌，而其中男团冠军斯韦斯林杯代表了一个国家乒乓球运动的综合实力，奖牌份量最重，上一届世乒赛当中中国队与它失之交臂。这一次总教练蔡振华与队员们在赛前就铆足了劲儿，一定要拿下斯韦斯林杯，于是当中国队力挽狂澜闯入决赛的时候，从不轻易表达自己情感的蔡振华说，这是他执教 11 年以来，最精彩、最激烈、比分咬得最紧、压力最大的一场球。今天的"东方之子"就让我们走近这位中国乒乓球队的烽火少帅。

记　者：这次的这个实际上对中国乒乓球队来讲呢遇到的挑战呢也是很大的，比方说改了大球，比方说国际乒联呢有两项新的规则，一个是今年 9 月份要实施，这就是 11 分制，另外一个呢在明年 9 月份要实施的就是叫作发球规则。那么这几项东西对我们来讲实际上是一个挑……一个很大的挑战。

蔡振华：从我个人来讲呢，我认为 11 分它主要是要求运动员他在每一分的要求上，或者说我们讲的对运动员的心理要求更高，不管你是开局还是关键。发球呢我认为现在连我到现在都不知道这个发球它的规则，究竟它的具体要求，因为它的发球现在很模糊，什么叫标准，什么叫不标准，它是就是有一个衡量。就是衡量的标准，就是说三方，两方的这个……对方的队员……球员和两边的裁判都能看见你这个发球，但是这个东西就很难判，我可以我……对方或者我对手你发过来，我说我看不见，你没有一个目测的这一个标准；或者两方里面有一个裁判有点偏向，带感情色彩，他不公正，他说你发球犯规，所以目前为止我们仍然遇到的最大问题是还没有文字或者说没有一个标准，在中国我们还比较难实施。但有一点就是说，发球它肯定是一个很大的变化。

记　者：那么这样说来呢，在您的任上已经是第三次夺到了斯韦斯林杯。

蔡振华：第一次是我在当运动员也是第一次参加世界比赛，19 岁的时候拿了一次，81 年，然后是 95 年，和今年。

记　者：两次获得了在您的任上获得了这个整个的包揽七项。

蔡振华：对对。

记　者：对于您来讲这也是一个非常圆满的一个结果了。

蔡振华：那肯定。

记　者：尤其是这次包揽和以往历次的包揽不太一样，因为它可以说是绝后的。

蔡振华：对，原来我们都是说是空前的呵，但都不敢说是绝后的，这个，这一次可以讲是空前绝后，因为，以后中……世界锦标赛呵，它不是再七项同时开始，它要单项和团体分开，如果分开呢就意味着绝后，画上圆满的句号。

　7．蔡振华现在是什么人？

　8．关于斯韦斯林杯，我们能知道什么？

　9．十一分制要求运动员怎么样？

　10．为什么新的发球规则很难实施？

　11．中国队几次包揽了乒乓球比赛的全部冠军？

　12．为什么说中国队这次的成绩是绝后的？

　13．他们谈话的核心是什么？

课后练习

1～5

主持人：在群星璀璨的"飞天奖"获奖名单中，韩刚这个名字对于很多人来说还是很陌生的，不过提起他导演的作品，相信每一个人都很熟悉：《宰相刘罗锅》、《咱爸咱妈》、《钢铁是怎样炼成的》，这些风格迥异却非常优秀的作品都凝聚着韩刚的智慧和汗水。《钢铁是怎样炼成的》堪称是韩刚的集大成之作，它开创了中国人执导却全部采用外国景地、外国演员的先河，真实而细腻地展现了平民英雄保尔的全新形象，因此呢它也就成了本届"飞天奖"上最为耀眼的明星。今天的"东方之子"就让我们走近这部夺得了七项大奖的电视剧的导演韩刚。

　　　　1999年影视导演韩刚在乌克兰用八个月的时间拍摄完成了电视连续剧《钢铁是怎样炼成的》，这部名著的改编在国内各年龄层的观众中引起了强烈反响。

记　者：这部作品呢是已经问世七十多年了，那么它这个保尔这个形象呢在大家心目中呢也是这个根深蒂固的，那么我想，对于你来说呢，你不光是把这样一个作品呢把它重现，那么恐怕最重要的还是要突破它。

韩　刚：我觉得是这样，因为任何一个作品在重拍的时候都会从一个新的时代、新的角度、新的思维去阐释它，比如关于保尔这样一个英雄，他是不是可以更为人性化，更为被我们现在的观众理解？所以在中国版的保尔里边我们加进去了许多比如对爱情的态度，把保尔这样一个人物形象更为丰富、更为真实、更为深刻地展现出来，我觉得也是作为这次我们重新创作的一种责任。

记　者：那是不是这些调整是加入了很多你的个人的一些感情色彩或者是你们这一代人的一些思维的方式呢？

韩　刚：在我上中学的时候，挖防空洞，我记得那时候，"深挖洞、广积粮"的时候，就是冬天挖防空洞，汗流浃背，我甚至那时候都想过要是下点儿雪就好，就很像那个……就是保尔那个拿锹在雪里边那个那个插图，像电影里边的那个场景，而且那时候还要注意，那个……女同学是不是在注意你。

1. 关于韩刚，我们能知道什么？
2.《钢铁是怎样炼成的》这部电视剧有什么特点？
3."中国版的保尔"的特点是什么？
4. 中学时挖防空洞，韩刚为什么希望下雪？
5. 韩刚回忆中学生活是为了说明什么？

6～8

听　众：刚才听你们说，基因组计划能够帮助治疗一些由于基因原因造成的疾病，事物都有两面性，那么这种新技术的出现，会不会给人类带来一种新的基因疾病？

专　家：基因治疗呢有几种情况，一种呢就是说比如某一个基因有缺陷了，导致一个疾病，最最简单的血友病，一个基因的改变就导致出血以后呵，凝血就……就不能凝血了，凝血功能异常了，这种情况下呢，就是试图把这一个好的基因补充进来。那么最好的办法是这个坏的基因就用好的基因去补坏的基因，换掉，一模一样的就是把好的换掉*,这样的话就不会有什么风险。还有一种办法呢就是把一个好基因送进来,不管它放在什么地方去了,只要它能实行这个这个功能。那么第二种方法相对简单一点,但是呢,也有可能就危险一点。如果这个基因放到了另外一个不该去的地方,破坏了另外一个正常的基因,那就得不偿失了。或者是它激活了一个癌基因,把一个跟肿瘤有关的基因给打开了,那么也是一种危险。

(* 注释:"一模一样的就是把好的换掉"应该是"一模一样的就是用好的把坏的换掉",这是说话人的口误)

6. 他们在谈什么?

7. 假如植入好基因,换掉坏基因,结果会怎么样?

8. 从他们的谈话,可以得出什么结论?

9~13

主持人:九十年代步入不惑之年的唐国强达到了他演艺事业的高峰,毛泽东、雍正皇帝、诸葛亮,这一系列历史人物形象在观众心中留下了深刻的印象。唐国强的演艺之路并非一帆风顺,现在三十岁以上的观众都会记得他曾主演的《小花》、《孔雀公主》,他的表演引起了很多的争议,甚至还获得了"奶油小生"这个不雅的称号。

记　者:现在让你回头来看看,就是刚当"奶油小生"那一会儿,有大概……中间有这十年呵,那十年我想你是不是过得应该说是挺寂寞的?

唐国强:所谓"奶油小生"呵,这是个很尖损的话,它的意思不是说你喜欢吃奶油,什么呢?就是漂亮的脸蛋儿加不会演戏等于"奶油小生",并不是现在大家那么那么宽松的那种说法。这个很尖损的,因为我知道里边所有上上下下的情况,就是:"你该下课了!凭什么就是你……观众都知道你呀? 你该下课了!"那么这种状态造成了一个……我说"好,我不想下课",我说咱们走着看。我可能我跑短跑我不如你们,但是我不跟你跑短跑行不行? 我跑长跑。长跑这个东西就逐步显得很淡了。是,你可以一夜之间成了名,你可以不断成为新闻人物,但是你能不能坚持到最后? 一个人……尤其是男演员,他的艺术生命真正是从四十岁开始。

主持人:为了四十岁,1984 年已经三十二岁的唐国强作出了一个非常重要的人生选择,他来到了北京电影学院。

唐国强:三十多岁上大学也是很有意思的事情。很苦,但是,我觉得学校给我建立了一个知识框架,我知道该补充些什么,并不在于具体教了我什么,而是通过我看、我读、我想,悟到了一点什么。

记　者:那这段时间你悟出什么人生道理呢?

唐国强:我说逆境好,逆境对人来说有压力,有压力可以真正地有时间坐下来去思考、去学习。这个时候是我积累的时候,是我耕耘的时候,是我储蓄的时候,是我不受干扰的时候。从这个意义上来讲,这十年,没有这十年没有我现在。不可能! 没有这个积累我怎么可能一夜之间我就窜出来啦? 不可能!

9. 唐国强是什么时候获得成功的?

10. 唐国强什么角色演得不好?

11. 人们什么时候使用"奶油小生"来称呼一个演员?

12. 1984 年以后，唐国强开始干什么？

13. 这些年唐国强悟出了什么人生道理？

14～17

主持人：看完这段录像大家就明白我们今天要讨论什么话题了：女子中学。我们听听这个周
　　　　女士的这个观点。你是在什么学校毕业的？

周女士：我是混合学校毕业的。

主持人：当时你特想上一个女子学校，找不到是吧？

周女士：没有想过，那时候。没想过这个问题。那时候也没有，确实是。我就……就是感觉
　　　　到……就是一个呢就是现在它的存在确实是有社会需要。而这需要更多地是来自
　　　　家长，因为家长呢现在现在他就是从安全的角度考虑，尤其女孩子现在早恋呵，现在
　　　　小学生都开始早恋了，就是说很恐怖的。那么现在到初中生，到初中这一阶段……

主持人：这么恐怖？

周女士：您不知道？那么到了初中这一阶段呢，就开始有点儿那个发育的迹象了，我说真是
　　　　有点恐怖感觉……

主持人：李校长，你们有这样的考虑吗？说把这个女孩子圈在一起是为了安全？在招生……
　　　　招生简章里渲染这点吗？

李校长：我是没有。

周女士：但是这个恰恰就是迎合了家长的这种考虑，因为很多家长就是从那种安全的角度，
　　　　我送到一个就是说……就是说清一色的女孩子学校，那可能就不会出现那么多早
　　　　恋。但是我想吧，就是这种……这堵围墙呵，或者说，我觉得从客观上来讲，可能
　　　　……在时间、空间上或者"作案"机会是少了，对吧？但是呢，我想呢，就是说，因为这
　　　　种高处的……这种围墙呵，这种阻隔，那种心灵的那种躁动呵，我想是阻隔不住的，
　　　　它一旦放在那个环境里……

主持人：就是"作案"机会减少了，"作案"心理加强了。

周女士：那么我想呢，很大部分的女孩子，将来还是要……还是要就是说走到这个男女混合
　　　　的这样一个社会中去，那么我想呢，就是与其让她……就是说，我觉着这实际上就是
　　　　说把她的就是说适应这个男女混合的这样一个社会的时间就是说推后了。我们说
　　　　游泳呵你总是那种给她讲是学不会的，你必须到水里才能学会游泳。

14. 按照周女士的观点，什么人最希望有女子学校？

15. 所谓"女子学校安全"是指什么？

16. 周女士对女子学校怎么看？

17. 周女士为什么谈到了游泳？

18～24

主持人：早在就读于中国医科大学时，沈中阳就将肝脏移植手术当做自己医学生涯的梦想。
　　　　92 年、96 年两度赴日本深造，他主攻肝脏移植。98 年取得博士学位后，回祖国成为
　　　　必然选择。他说，因为中国是世界肝病大国，全世界一半肝病患者在这里，自己的事
　　　　业在这里。98 年天津市第一中心医院组建移植外科学部，沈中阳毛遂自荐，因为平

95

时爱冲动、好打抱不平,很多人不相信他,院长力排众议,任命他为移植学部部长。沈中阳马上掏出了自己的全部积蓄。

记　者:马上就拿出十万元钱打到医院的一个帐号上,让它作这个风险抵押金,那么你这个决定应该说这笔钱也是基本上差不多全部的家当了。

沈中阳:不说这件事情我都忘了,确实有这个过程,就是当时因为做肝脏移植没有人相信,别说是在中国、在我们医院,大家都知道这个肝脏移植,那还是一个梦。没有人愿意,也没有人愿跟我一起去做,好多人吧都觉得要是和我一起做肝脏移植,恐怕要要饭吃了。只有两个人肯跟我一起做。两个人其实上都是在感情上不好意思拒绝我,仅此而已。

记　者:天津第一中心医院很多人都知道沈中阳这个人很义气用事,但是在这个情况下能够把这个全部的精力甚至财产都用到这个事儿上,恐怕就不会让很多人能够相信你,觉得是不是你还在义气用事。

沈中阳:是深思熟虑了。当时呢就是这种旺盛的斗志,或者说是这种在事业上的追求,也是鼓励自己就是在这种最艰难困苦的、也是大家都向往的领域里边能够做一些工作吧。

主持人:共同的事业心还是吸引来了一批同事。98年刚组建的移植学部就将迎来四例肝脏移植手术,可此时学部还一穷二白。沈中阳的备忘录上急需解决的工作就有二十多条。

沈中阳:困难就太多了,包括实验室,我们当时连一间实验室都没有。后来从医院里边要了一个房子,说是实验室,可是这个实验室里边就两张桌子,其他任何东西都没有。我后来就到我们那个药学部,还是和人家要了两台他们替下来那个坏了的空调,然后自己修、自己刷,拿着手推车推到实验室去做。自己设计狗笼子,找人拿那个焊条一起焊。这些东西都是自己干。

记　者:而且这期间还去了几次日本。

沈中阳:对。

记　者:搞了很多这个必备的设备和这个药品,甚至回国的时候有些东西必须得自己带,把肩膀都压出了这个血条子。

沈中阳:没错,因为当时是这样的,因为好多保存液吧,就是都是需要冷藏的,这些东西就是说我要搁冰包起来,你要是托运的话肯定就不放心,所以说不得不自己背。我托运的行李就更多,好多人形容我"这哪像是一个博士? 像个二道贩子一样,带了很多东西回来"。

18. 沈中阳从什么时候起把肝移植作为奋斗目标?

19. 沈中阳在日本获得博士后,为什么要回国?

20. 沈中阳作移植学部主任,是谁推荐的?

21. 沈中阳为什么要拿出十万元钱?

22. 为什么有两个人愿意跟沈中阳合作?

23. 手术前的很多准备工作是怎么做的?

24. 有人称沈中阳像"二道贩子",是什么口气?

25~28

主持人：你们都是现代青年，我想有什么说什么，比如长时间地在一块儿拍戏，有没有因戏而结缘呐，啊？

李亚鹏：我声明一下，我跟王宁我们俩拍过那个《京港爱情线》、拍过《神探柯蓝》两部戏，在戏中呢，《京港爱情线》是她是演我的前女友，后来在戏中她就……在戏中她就是因为有病就过世了。产生那种感觉是肯定会有的，因为如果我……如果……当然每个演员不一样，我是说我自己，我只限于我自己，如果我跟一个女演员去演一个……一对儿情侣的话，我每天看着她的眼睛，我要去说那些台词，我不可能是一点不动心地去说的，我必须是要有一些投入的。然后大家通常合作的关系又会很好，然后你想在一起生活可能三个月呵，像《笑傲江湖》是六个月，半年，一定会有感觉的，我是很真实地说。但是我想作为一个演员，作为一个职业演员的话，你得有这种掌控你自己感情的……这种情感的能力。其实也不光是演员，你说要是办公室……坐办公室的，大家每天面对面地坐着，我觉得跟我们也差不多，也每天要聊天儿呵、说话呵，都……我想会有的，应该是有的。

主持人：你呢？

王　宁：我是很容易被一种东西吸引，但是……

李亚鹏：很快又没兴趣。

王　宁：不是没兴趣，我过一段时间这个东西就会转变成另外一种感觉。

主持人：嗯，指的是演戏的时候。

王　宁：对，就是……你很容易被一种情绪打动，但是，这个东西其实就像在学校的时候也会有那种训练，就是你"跳进跳出"，已经习惯这种感觉了。

主持人：千万不要进去出不来。进去出不来这是很耽误事的。

王　宁：看来亚鹏跟我没什么关系。因为他经常在我演戏的时候，特别严厉地说："你这样不对！你有没有看剧本？"

主持人：这基本上属于一个恰到好处的。

25. 李亚鹏和王宁是做什么的？

26. 王宁是李亚鹏的什么人？

27. 李亚鹏和女演员一起拍戏时，曾有什么感觉？

28. 王宁的性格特点是什么？

29~34

主持人：今天我们请来的是国际著名生殖学、胚胎学、遗传技术专家刘家恩博士。刘家恩是第二代和第三代试管婴儿技术的创始人之一，这两项技术发明之前全世界总共只有几千个试管婴儿诞生，而正是因为有了这两项技术，试管婴儿的成功率得到了极大的提高。目前全世界已经有几十万个试管婴儿诞生。

　　当时国内试管婴儿技术比较落后，在国内从来没做过试管婴儿手术的他，选择了去比利时七年的留学道路。

记　者：你在比利时留学的时候学的是试管婴儿,那么在此之前也就是说在国内的时候呢你
　　　　对这方面并不是很了解,甚至没有接触过,那么,刚到那儿留学的时候是不是感到压
　　　　力非常大呢?

刘家恩：对,压力确实很大,特别是刚刚开始嘛,原来也没有接触过这个实验技术呵,只是从
　　　　书本上读到一些。我记得刚刚到比利时的时候呵,见我们的系主任,他就是礼貌性
　　　　地接待了一下,然后就说:"你去吧,你跟那个……"要个实验室,带着我去看一下设
　　　　备呵,去怎么用这个设备,"你自己去做吧!"因为当时呵,他感觉,你中国当时发展水
　　　　平这么低,他觉得我们也不能做什么。就是说,你既然是访问学者吧,你随便做做
　　　　吧,看你能做什么。实际上是这个想法。然后就再也不理……

记　者：就没有管你了。

刘家恩：大概三个月就不理你了。

记　者：那三个月你是怎么过的呢?

刘家恩：我记得很清楚,就是说,每天早上八点钟上班,然后一直工作到晚上十点、十二点,一
　　　　般来说都实验室都没有人了,然后才回家。所以基本上就是说,住的地方——实验
　　　　室——住的地方,就这两点,每天就是这样。

记　者：等于你每天要工作十几个小时。

刘家恩：一般来说那个时候要工作十二到十四个小时,最少。

记　者：那么在这个比利时的七年当中,你都是这么度过的吗?

刘家恩：七年当中大部分时间都是这样度过,一般来说周末也没有什么休息,因为我本身来
　　　　说是希望利用这个时间嘛,利用这些条件好的条件啦,实验室的条件啦,多做一些工
　　　　作。

记　者：那会不会造成一些影响呢,对家庭?

刘家恩：困难就是对我太太来说,她要负责家里的家务事呵,小孩的教育呵,小孩的其他方面
　　　　的活动呵,都归她管。那么因为我白天……早上一出去,晚上很晚才回来,回到家小
　　　　孩儿也睡了,所以说小孩经常呢对我来说呢她感到不是像对她妈妈那样亲,对吗?

记　者：有点儿陌生。

刘家恩：陌生。特别是到晚上,晚上睡觉起来看到我在旁边的话,她非得吓得很叫,她不理
　　　　我,要我走远点儿。所以说在这方面来说,就是自己心里有时候也觉得很不舒服的,
　　　　就是觉得欠小孩一点东西。但是我相信她长大以后会原谅我的。

主持人：付出了很大牺牲的刘家恩通过自己的努力,终于在试管婴儿技术领域取得了重大突
　　　　破。他的发明也使当时名不见经传的这家比利时实验室一举成为世界著名的实验
　　　　室之一。

29．为什么称刘家恩是试管婴儿技术的创始人之一?

30．刚到比利时的时候,为什么压力很大?

31．刘家恩的系主任为什么三个月没理他?

32．刘家恩在比利时的七年是怎么过的?

33．刘家恩的女儿为什么不理他?

34．关于刘家恩工作的实验室,下面哪句话不对?

35～38

A ：唉,这是一个极端。那么呢,还有一个极端呢,就是为这个财产的争夺。

主持人：争夺财产。

A ：争夺财产呢在我们国家是个难点,因为我们国家到今天还没有物权法。这个难点应该由新《婚姻法》来明确地来立一个条款,就是说呢作为一种制度性的安排,来呢像刚才这位记者讲的就是省掉双方的尴尬。相当于婚前检……健康检查一样,就是说我爱你你爱我,我并不是不相信你,但是你必须得做检查。

B ：按照国家妇联那个权益部的调查的话,它是那个大概是那个 57％的人呢赞成婚前财产公证。但是就是《羊城晚报》对那个就是两千人的调查,结果表明是,75％的人,广州人赞成婚前财产公证,而且这个赞成婚前财产公证的人大部分是女性。而三分之二的女性赞成婚前财产公证。所以说呢,这就是说,财产公证……那个婚前财产公证呵并不是说……就是说那个不可信,而是它有很深厚的基础。

C ：《婚姻法》的修正案呵在财产这一块儿呢它已经增加了这个内容,就是夫妻双方在婚前可以双方协议这个财产的归属问题。比如说婚后,结婚以后,这个共有财产归属的问题,他们可以协议,协议以后呢,如果遇到这种问题了,那么他们这个协议对双方是具有效力的,具有法律效力的。那么真要是遇到这种情况,反正分割的时候就严格按照他们的协议去分割。

35. 他们在谈论什么?

36. 根据录音,为什么要进行婚前健康检查?

37. 关于婚前财产公证,《羊城晚报》的调查结果是什么?

38.《婚姻法》(修正案)对男女双方的财产问题有什么规定?

39～42

主持人：喜欢肖邦钢琴曲的女子呢自己也能弹的一手好钢琴,同时她还是大学校长、博士生导师,今年 54 岁的吴启迪一直是一位出色的女性。七年前她成为我国第一位由民主推举产生的校长,同时也是同济大学历史上第一位女校长。

记 者：回头看你这个人生走过的一些选择呵……所做的一些选择,有时候我想可能换一个人会完全不同。比如说您当时考研究生的时候,那时候您已经离开学校八年的时间了,已经结了婚已经有了孩子,一个女人也许在这个时候不会再去选择再进入学校,您当时为什么做出了这样一个决定?

吴启迪：这个事情呢我说给你听的话可能你会觉得我这个回答很出于你的意外,这个抉择呵,应该讲不完全是我个人做出来的,是我爱人给我做的。那么也就是说我可能是很偶然地选择了了这么一个丈夫,他的积极性比我高得多,他就千方百计地动员我去这样做这样一件事情。我当时是曾经是有过一个另外的想法,我想我不一定去读研究生,我也想过就是我是不是年龄比较大了。然后呢,我一旦走上这条路上去就像上了高速公路,再也下不来了。

记 者：那您看您做的第二个选择,您当时去这个瑞士留学的时候,那是什么让您有勇气留在那个学院里读完博士才回来呢?

吴启迪：这个呢我觉得确实我一旦上了这条路以后,我就觉得呢我有点觉得是下来了,因

　　　　　为大家都觉得这是非常好的机会,那么另外一个呢,我周围的同事呢也很支持我。这个抉择呢我想应该是我自己做的。因为当时我先生呢有点是……反而他自己也想不要再读学位了,然后我反过来让他还是要读哪个博士学位,结果他也读完了,就是这样。

记　　者:看来你们俩在人生的路上一直是互相扶持着去走。

吴启迪:我想应该说是这样。然后呢我们因为也有这样的机会,就是一起又到清华去读研究生,然后一起又在这个瑞士留学,这个机会呢应该说是比较难得。

39.吴启迪是个什么人?

40.什么力量使吴启迪在工作八年后决心读研究生?

41.吴启迪是在哪里读的博士?

42.下面哪句话是对的?

第四单元 阅读理解

〰〰〰〰〰〰〰〰〰〰〰〰〰〰〰〰〰〰〰〰〰〰

　　HSK(高等)的"阅读理解"部分共 40 题,考试时间 40 分钟。该项试题由两部分组成——第一部分是简答题,每篇阅读材料后有若干个问题,考生要用简洁的文字写出答案,这部分有 15 题,时间 15 分钟;第二部分共 25 题,形式与 HSK(初、中等)"阅读理解"的第二部分类似,为多项选择题,但是文章长度增加、难度加大,阅读速度要求更快。

第一课

题型与特点

题型

　　"阅读理解"的第一部分实际上就是快速阅读的考试。这部分试题由 3~4 篇文章组成,每篇附有 2~5 个问题,考生应快速阅读文章,然后用尽量简洁的文字回答问题。相对于初、中等的 HSK,这是一种全新的题型。

【例1】

41~45

　　来自大陆以外的近两千名客商云集新疆,商品汇展边城,摆满 800 多个摊位,对外成交额高达 20 亿美元。前不久结束的乌鲁木齐经贸洽谈会盛况,是古丝道上的驼铃声远去以后多少年来未有的。

　　如今,再没人怀疑新疆所占据的地缘优势,及其无限美好的前景了。

　　历史正在强有力地把新疆推向一个特殊的开放前沿阵地。

　　新疆为什么会有这么大的魅力? 一些经济界人士认为:新疆除了有石油、矿产等强大的资源优势外,还有人文优势,更主要的是有地缘优势。新疆有 5400 多公里的边境线,面对着中亚广阔的市场,和独联体国家相毗邻,并与蒙古国、巴基斯坦、阿富汗、印度等 8 个国家接壤,同时有 14 个口岸,6 个开放城市。展开中国地貌交通图,一眼便可看出,从中国大陆进入中亚地区,最捷近最直的路线是走新疆这条通道,这不仅对大陆如此,对整个东南亚也是如此。尤其是货物,要进入中亚,新疆是必经之路,它有着不可替代的地缘优势。加上世界经济结构的调整,中亚市场新格局的出现,使这第二座亚欧大陆桥显得至关重要。正是这样特殊的地理位置,使新疆成为国内外客商关注的一个热点。

过去，人们只认为新疆是个资源省区，把新疆的未来寄托在资源开发上。后来新疆人发现这个进程太慢了，这里的地缘优势实际上比资源优势更具有魅力。国家沿边开放政策使新疆5400多公里的边境和14个口岸一下子打开后，这块古老的土地对外界的吸引力猛增。一些商界老手顿时发现新疆的确变成了一块宝地。

著名经济学家董辅提醒说，应该看到向西开放后，新疆即是开放的最前哨，出国门即有很大的中亚、西亚市场，还可以进一步延伸到欧洲。这个地方应该形成新的经济区，以带动西部地区的经济发展。所以他认为应当以"发展极"理论取代"梯度发展"理论。新疆今后应该是双向国际循环和双向国内循环这样一种发展战略，即一方面通过东部、西部通道双向加入国际循环，另一方面，新疆区域性市场与国内市场进行双向的循环。从双向开放看，新疆的确是个好地方。

于是新疆做出了战略性转移，提出：以地缘优势带动资源优势，以贸易先行带动服务业、仓储业、运输业、金融业的发展，为加工工业发展创造条件。乌鲁木齐则提出建设向西出口的产品生产基地、国际商品转口基地和重要的购物及旅游中心，建成中亚的国际商都。

41. 经济学家认为，新疆最主要的优势是什么？
42. 新疆是从中国大陆通往哪里的最近通道？
43. 第二座亚欧大陆桥是指什么地方？
44. 是什么使新疆变成了一块宝地？
45. 哪里将被建成中亚的国际商都？

(样题第41~45题)

 特　点

该文长约1000字，安排了5个问题(在同类题中算是数量最多的)。由此可见，这部分试题主要测试考生快速阅读查找所需信息的能力，其特点和要求是：

1. 文章篇幅长，阅读速度要快(约每分钟200~250字)。不是逐字逐句地读，而是成段成片地读。与所需信息无关的句子、段落，要一扫而过。通过跳读、扫读找到所需信息。

2. 本项试题不是多项选择题，答案要用汉字书写在答卷上，每题答案的字数在1~10字之间。

考点与难点(一)　迅速查找所需信息

 说　明

流利性即目的语运用的熟巧程度，是高级阶段语言能力的一个重要表现。高等HSK对于流利性的考查，主要是通过对语速的定量控制体现出来的。这一定量要求对于不同的(听、说、读、写)语言技能，又有不同的内涵。通过快速阅读，查寻所需信息，这是工作层面阅读能力的一个重要方面。对于一般专业性和资料性文章，在以查阅所需信息为目的的跳读、扫读等快速阅读中，除了要求对目标信息的敏锐捕捉之外，也注重对语段、语篇的整体把握。如【例1】43题"第二座亚欧大陆桥是指什么地方？"的答案主要涉及这几句："加上世界经济结构的调整，中亚市场新格局的出现，使这第二座亚欧大陆桥显得至关重要。正是这样特殊的地理位置，使新疆成为国内外客商关注的一个热点。"虽然这里没有答案的直接标记，前面也未提及去往欧洲的交通情况，但此前整段都在谈论"新疆的魅力"及其"地缘优势"，再联系末句中"这样特殊的地理位置使新疆……"之语,不难确定"这第二座亚欧大陆桥"中的"这"是指代"新疆"无疑。

常见错误

1. 依然按照平时阅读训练、练习的老习惯,一上来先看文章,淹没在长文的汉字汪洋中,丈二和尚摸不着头脑,最后慌了手脚,没有时间或不能集中心神答题;或者虽然先看了问题,但阅读时仍是处处留心、生怕有所遗漏,芝麻西瓜一把抓,割舍不下与答题无关的冗余信息,虽然靠前的一些问题答得很好,却已把时间用光。

2. 审题不够认真仔细,造成对题意或原文的理解有偏差,贸然作答。例如【例1】41题"经济学家认为,新疆最主要的优势是什么?"问的是"新疆最主要的优势",根据"一些经济界人士认为:新疆除了有石油、矿产等强大的资源优势外,还有人文优势,更主要是有地缘优势"一句即可基本确定答案,再稍微确认一下别处没有出现"最主要的优势是……"(其实从语意、句法上来看已经不可能出现了)就能作答,但仍有考生把"资源、人文、地缘"都写上。

下面则是样题第二篇文本中的一段及其相关问题:

【例2】

科举的基本制度就是通过考试逐级选拔人才。唐朝的科举考试分州县试和礼部试两级,宋代又增殿试一级。明清时考试增为四级:科试,及格者为秀才;乡试,及格者为举人;会试,及格者为贡士;殿试,及格者为进士,前三名分别称作状元、榜眼、探花。明清的各级考试,每隔三年举行一次,进士及第后授给一定的官职。

48. 明清科举考试中哪一级及格后可以作官?

(样题第 48 题)

这道题很多考生回答"进士",但正确答案应该是"殿试"。因为问题问的是"考试中哪一级",不是"哪一种(及格的)人",而"进士"是指"殿试"一级考试中及格的人。

应试策略与技巧

1. 以上多次强调的"所需信息",实际上就是文章后面的问题,并不是不同读者感兴趣的、真正需要的信息。考好快速阅读的关键是要有所舍弃,要能"舍得"——对于(和问题)有关的信息,要准确定位;无关的信息则毫不犹豫地舍弃,比如【例1】中相当长的倒数第二段。因此,一定要**先看问题,再读文章**。

另外,阅读理解的考试时间,分配下来一个问题平均只能用 1 分钟,而在第一部分这 1 分钟内还必须用汉字写出答案,这也决定了考生势必带着问题去查找答案。

2. 文后问题中的关键词是确定"所需信息"的依据。由于快速阅读主要考查的是阅读速度,所以题目中的关键词一般就是文章中的原词,这一点与"阅读理解"的第二部分很不相同(在第二部分的考试中,文章中的原词到了问题中往往被同义词、近义词替换,例如原文的"首段"在问题中会改用"第一部分")。像【例1】中的 5 个问题,关键词分别是"最主要的优势"、"(从中国大陆通往……)最近通道"、"第二座亚欧大陆桥"、"宝地"、"中亚的国际商都",这些**问题中的关键词是在原文中查找准确答案的最好路标**(只有 42 题的词句与原文"从中国大陆进入中亚地区,最捷近最直的路线是走新疆这条通道"相比,略有转换,但其标记作用仍是极其明显的)。所以务必先确定问题中的关键词语,然后以此为标的**按图索骥**找出该词在原文中的所在,再在该词所在的句子乃至周围寻找问题的答案。

3. 在绝大多数情况下,文后问题的顺序基本上是和行文顺序相一致的,因此可以采取下述方法做题:先看第一个问题,浏览一段或数段文章,找到答案并做下记号(此时不必忙着写在答卷上,以防其它段落有相关信息甚至更准确的答案);然后再看第二个问题、再读下一段文章查找该题,如此进行直至做完该文的所有题目,最后确认并写出回答。切记:**不必在生词处停留**(若此生词与问题有关,则尽可能在上下文寻找线索);**不要注意与问题无关的句子和段落**,只要能答出问题就行了。

 练习(一)

请在文章中寻找问题的答案,找到后画出来即可:

1～5

"酷"已经不流行啦! 对于新世纪的城市青少年来说,他们现在流行"蔻"! 在 2001 年的某一天,当你赞美一位时尚青年时,正确的表达方式不再是:"哇噻,你好酷哦!"而应该是:"哇噻,你好蔻哦!"

"蔻"原意为:可爱的,漂亮的,逗人喜爱的。

"酷"族与"蔻"族有什么不同? 让我们首先从打扮上做个简单的比较。以女孩为例——

唇膏。如果说"酷"表现为梦魇般的黑嘴唇,那么,"蔻"则表现为可爱的"雾光唇"、漂亮的"幻彩唇"、逗人喜爱的"透明水嫩唇"。

香水。如果说"酷"表现为颓废的牌子如"鸦片"、"毒药",那么,"蔻"则表现为清新的"快乐"香水。

指甲油。如果说"酷"表现为恐怖的"蚊子血",那么,"蔻"则表现为玲珑剔透的"粉嫩果冻感"。

至于发型,如果说"酷"表现为不羁的板寸,那么,"蔻"则表现为调皮的豆角辫。

牛仔裤呢? 如果说"酷"表现为剪几个桀骜不驯的破洞,那么,"蔻"则表现为绣几朵娇艳欲滴的花朵。

鞋子。如果说"酷"表现为野性的二战风格军靴,那么,"蔻"则表现为纯真的中学生味道搭襻鞋。

腕表。如果说"酷"表现为奔放的钢制表,那么,"蔻"则表现为稚气的斯沃琪透明塑料表。

还有饰物。如果说"酷"表现为面目狰狞的骷髅头、十字架,那么,"蔻"则表现憨态可掬的卡通形象,比如"皮卡丘"、"凯蒂猫"、"樱桃小丸子"。

与"酷"的打扮相配套的时髦表情是:冷漠的、孤傲的面孔;空洞的、呆滞的眼神;懒洋洋的、无所谓的姿态……而与"蔻"的打扮相配套的时髦表情则是:阳光灿烂的"柠檬茶面孔",生动的"维生素 C 笑容",淘气的眼睛,伶俐的"幼儿园作风"……

由此可见,"蔻"决不是"酷"的延伸和发展,而是与"酷"方向相反的一种时尚流感。从价值取向上看,"酷"刻意突出"中性化"特征,而"蔻"则是以"儿童化"为向度的。

"酷"是 20 世纪末的时尚标签,这个词高度地浓缩了一种"世纪末情结",包括冷漠、压抑、怅惘、颓废、迷乱、浮躁、不羁、反叛……而"蔻"则是伴随着新世纪的阳光喷薄而出的一种时尚流感,就像新千年的第一缕阳光那种鲜亮、清爽、欢快!

104

好玩、年轻、活力,再加上可爱、漂亮、快乐,也许这就叫"蔻"!

记得《同桌的你》唱道:"谁娶了多愁善感的你,谁安慰爱哭的你……"但是,对不起,现在的"同桌的你"才不会多愁善感呢,当然她更不会哭! 她可能像《还珠格格》里那位姑娘一样——"有一些任性,还有一些疯狂……整天嘻嘻哈哈见到风儿就起浪……"她才不要痛苦呢,只要痛快。

在20世纪进入倒计时的时候,伴随着《最近比较烦》的旋律,心理卫生专家曾预言:21世纪的流行病是"心理感冒"、"情绪伤风"。这种预言令人不安。然而,都市新青年却在新世纪的早晨八九点钟宣告:伤痛是你们的,我们没有啊!

在"蔻"的背后,其实蕴藏着新人类的生活态度,即:率性、随意、简单、轻松、快乐。在人际关系上,他们不故弄玄虚、不装模作样、不为难自己、不勉强别人。他们要真实,不要矫饰和伪装。

1.“酷”女孩与“蔻”女孩在打扮上的不同表现在哪几个方面?

2.“蔻”族的眼神应该是什么样的?

3.“酷”风流行于何时?

4.哪首歌是“蔻”族心情的代表?

5.“蔻”族的生活态度怎么样?

6～13

首都是一个国家的中心,至少是政治中心。选择什么地方建都,是有一定讲究的。建都首先要考虑的就是安全,首都最忌"门户大开"。然而,世界上偏偏有12个首都处在最前线,毫无回旋余地。其中有8个首都与外国隔河为界。比如,老挝首都万象就是这样,万象隔湄公河与泰国为邻。建都要考虑的第二个因素是城市不能过大,如果厂矿林立,乌烟瘴气,人口密集,交通堵塞,就会影响首都政治中心职能的发挥。目前,全世界至少有30个首都存在这个问题,其中特别突出急需迁都的有十几个。

由于建都时考虑不周,或者由于经济发展迅速,特别是人口增长过快,造成了这种情况:从目前来看,有的国家的首都选错了地方(建都之时,也许并不是这样)。选错了地方便要纠正,纠正的最好方法就是迁都。巴西在这方面带了头,此风愈刮愈烈,至今已有5个国家完成了迁都,4个国家待迁。巴西首都本在1000多万人口的里约热内卢,地处沿海,污染严重。二战后征求全民意见,选定距海1000公里的内陆高原巴西利亚另建首都。经过三年的建设,1960年举行迁都典礼,新首都成为世界上最优美的首都之一。有些国家选错了首都,又不能违反宪法另立首都,便采取一国两都的妥协方法。例如荷兰的首都是阿姆斯特丹,但到那里根本找不到国王、首相或中央政府。阿姆斯特丹自1806年定为首都以后,压根儿就没有作过首都,惟一的象征是建了一座雄伟的王宫,国王每有大典才来露露面。实际的首都是距此58公里的海牙,那里环境优美,没有污染性的工业,人口只有68万。

按照传统观念,首都必须是全国最大的城市,这样才能显示出"君临天下"的气派。小国别无选择,只能以最大的城市当首都。大国和中等国家最好是政治和经济适当分工,突出首都的政治职能。世界上目前有19个国家的首都不是最大城市,如中国最大城市是上海,首都却是北京;美国最大城市是纽约,首都却是华盛顿;澳大利亚第一城市是悉尼,首都却是堪培拉。首都不一定非得是最大城市这种观念愈是深入人心，在选址问题上的错误就愈能早日得到纠正。

6. 选择首都应考虑哪些因素？

7. 有几个国家的首都门户大开？

8. 选错首都有哪些原因？

9. 首先迁都的是哪个国家？

10. 荷兰名义上的首都是哪儿？

11. 选择首都应优先考虑什么方面的职能？

12. 本文提到了哪几个首都不是本国最大城市的国家？

13. 找出下列国家的首都：老挝、巴西、美国、澳大利亚。

考点与难点（二）　用尽量简洁的文字写出答案

 说　明

这种题型要求由学生自己组织和提供答案，答案可能是一个词，也可能是词组或短句，所用汉字不超过 10 个。因此猜测的因素在此就很难有什么作用，而其答案又具有惟一性，从评分的客观性来看，较不受主观因素的影响——总之颇能区分出考生的能力和水平。

答题要尽量简洁，同时也要符合语法。一般来说，答案大部分是名词（或名词性词组），而且从问题本身就能判断出应用什么语法方式来答题——关于这一点可看前面的【例1】、【例2】，又如：

【例3】

50~53

山茶花是中国的传统名花，它不仅色彩鲜艳，而且花型变化大，品种也很多。多少年来，在庞大的茶花家族中，人们只见过红、白、粉、蓝及绿色的茶花，唯独没有见过金黄色的茶花品种。在花色上来一个突破，培育出黄色的茶花，则是世界上各国园艺家们多年的愿望。

1960 年，中科院植物所胡先骕教授等植物学家，在广西南部的密林中，首次发现一种山茶花属的黄花植物，命名为金花茶。此后又陆续发现了许多不同种或变种的金花茶。金花茶的发现，引起了国内外园艺家的轰动与极大重视。因为这是山茶花属惟一的黄花种，用它作亲本就有可能培育出黄色的山茶花来。

金花茶自然分布的面积很窄，它生长在地处海拔 100~300 米的坛洛乡阴坡溪沟的次生林中，土壤为酸性红壤土，排水很好，同生植物有楠木、鹅掌柴、刺果藤、麻藤等。

金花茶是常绿灌木或乔木，高 2~5 米，树皮灰黄色，叶革质，互生，色深绿，花苞多数半含，具有蜡质光泽，花径大的可达 10 厘米，小的仅 2 厘米，深浅不一。花的形状也很别致，呈杯状、碗状或壶形，也有较平展的。着花有的稀疏，有的繁密。花朵虽不及山茶花艳丽硕大，但却有娴静淡雅的情趣。金花茶叶片的形状、大小差异很大，一般为椭圆形。小叶长 5 厘米左右，大叶长可达 20 厘米以上，一般约 10~17 厘米。

金花茶的嫩叶可制茶，老叶煎服还能医治痢疾，煎水外用可清洗伤口，种子可榨油，花可做食品染料，木材可作细木加工用。

目前,中国已把金花茶列入保护植物之中,有关科研和园林部门也十分重视金花茶的引种试验和资源保护工作。前几年已在广西南宁建立了全国第一个金花茶的种质基因库,为金花茶的研究及开发利用奠定了基础。在云南昆明也引种成功,金黄色的花朵与云南山茶争相斗艳,把西南山城打扮得更加美丽。

金花茶为南亚热带性树种,生长适温为 20～25℃,开花适温为 8～12℃,冬季也可忍受5℃的低温。

金花茶的种质资源十几年前已传到了美国和日本,日本也在加速繁殖培育工作。相信在不久的将来,园艺家们一定可以培育出更多更美的黄色茶花品种来。

50.金花茶最适宜生长在什么样的土壤中?

51.用什么办法有可能培育出黄色山茶花来?

52.什么可以用来清洗伤口?

53.金花茶在什么温度以下不能存活?

(样题第 50～53 题)

从提问可以看出,大概 50 题、52 题(此题下文再作说明)须用名词回答,53 题则是数据,51题就有可能要用短句了。

常见错误

1.没有考虑到简洁的原则——或超出问题的要求罗列答案(如【例1】41 题"经济学家认为,新疆最主要的优势是什么?"有考生把文中提及的"资源、人文、地缘"三种优势都写了上去),或舍简取繁(也有考生在为 41 题作答时写了"新疆的特殊的地理位置",而对更为切题并多次出现的"地缘优势"一词视而不见)。

2.虽然大多数的答案就是名词,而且可以直接在原文中找到,但不可能全部问题都能一味用最简单的照搬照抄来回答(尤其是那些看起来可能要用复杂一点的语法方式来回答的问题),有时需要对原文在理解的基础上作一定的概括。【例3】52 题"什么可以用来清洗伤口?"涉及的原文是"金花茶的嫩叶可制茶,老叶煎服还能医治痢疾,煎水外用可清洗伤口,种子可……",其中最核心的句子又是"煎水外用可清洗伤口",但只回答"煎水外用"就不行,什么东西煎水外用? 这里的主语承前省略了,细心分析就能发现这个主语是"老叶"(并不是"嫩叶"),什么的"老叶"? 又承前省略了"金花茶的"——因此这里的最佳答案是"金花茶的老叶煎水",而所有"金花茶"、"金花茶的嫩叶"、"金花茶的煎水"、"煎水外用"、"老叶煎水"这样的回答都是不完备的。又如对【例1】44 题"是什么使新疆变成了一块宝地?"主要涉及的两句是"国家沿边开放政策使新疆 5400 多公里的边境和 14 个口岸一下子打开后,这块古老的土地对外界的吸引力猛增。一些商界老手顿时发现新疆的确变成了一块宝地。"如果对此不能准确理解的话,难免会写上"商界老手"或前文一直讨论的"地缘优势"等错误回答。

3.即使不需要进行分析概括,在照抄原文时也要考虑答案的明晰度。【例3】51 题"用什么办法有可能培育出黄色山茶花来?"很多考生答题时照搬了原文"用它作亲本"——"它"是什么? 是问题里的"黄色山茶花"吗? 还是一般的"山茶花"? 这样回答当然不行,必须稍作转换,答成"用金花茶作亲本"。

应试策略与技巧

1.用跳读的办法选择、确认适合作答的词语。也就是说,不但审题时要确定问题的关键词,在寻找答案时眼睛也只作选择性停留——一个句子并不是每个词都读,而是只选择关键词;同样,一段也不是每句都读,整篇文章不是每段都读,而只选择关键部分。这种跳读技巧可以通过读报来训练(其实在阅读母语报纸时肯定都能频繁使用跳读技巧)。

2．掌握分析长句的技巧(这一点下一课将详细讨论),概括出最精确、清晰的回答。

3．注意文章的结构,特别是文章的结构标志("首先,其次,再次……最后";"第一,第二,第三……";"一,二,三……"),以及文章段落的第一句话和最后一句话(这里往往是文章重要观点的所在,即使要考的问题不在这儿,也往往会有找到答案的线索)。

4．注意文中的数据和地名。如果考题涉及此类内容,确定答案之前也要看清问题。比如【例3】53题"金花茶在什么温度以下不能存活?"对此问题答复"5℃"、"5℃以下"均可,但若问题设计成"金花茶在什么温度条件不能存活?"则必须答成"5℃以下"。

 练习(二)

用最快的速度写出下列问题的答案:

1～5

世纪、年代都是纪年的单位,一般公历以100年为一个"世纪",每世纪又以10年为一个"年代"。对于世纪和年代的起迄和称呼,目前尚无一致意见。

一种主张是,世纪应从第一年算起,如19世纪第一年是从1801年算起,最后一年是1900年。年代则不同于世纪,应从0到9计算,如19世纪90年代,是从1890年到1899年。而每个世纪的最后一年,不包括在任何年代里,只说某某世纪最后一年,如2000年就是20世纪的最后一年。另一种主张是,无论世纪与年代,均从1年开始计算。19世纪还是从1801年开始,但19世纪90年代则从1891年开始,其理由主要是没有公元0年。其实这两种主张仅代表少数人的意见,国际上多数人都主张,二者均从0年开始计算。因为0是十个阿拉伯数字的首位数字(即0、1、2、3……9),中国人也把9视为最高的阳数,从0开始计算也符合现代科技发展的需要。

目前国际上通常的习惯是,除以公元1～99年为第一世纪外,以后各世纪均从0年算起。如20世纪是指1900～1999年,国际上权威辞书也都是这样写的。年代的称呼与世纪有所不同。国际上把1900～1909年称为"20世纪最初十年",把1910～1919称为"20世纪第二个十年",第三个十年则称为"20年代",因为1920～1929年中的十位数上都是2字。这样80年代就是指1980～1989年,90年代是指1990～1999年,这是很容易记住的。

1．关于世纪和年代的起迄和称呼,主要有几种观点?

2．根据第一种观点,2000年属于哪个年代?

3．承上题,根据第二种观点呢?

4．作者同意哪种看法?

5．按照国际上通常的习惯,17世纪50年代是从哪年到哪年?

6～9

国际工作调查中心对全世界经济城市的12项工作类型做出的调查。中国工薪阶层每年又多了四天有薪假期,减少了许多工作的时间,足以令国外同行眼热。

当然,每年只工作1587小时的巴黎人拥有全世界工薪阶层中最多的假期,比智利人少工作 657 小时。由于法国的白领每星期只工作 35 小时,而非世界上大部分国家的 40 小时,而且他们每年有 5 星期的假期,这一点说明了全世界的工作条件不平等现象仍然存在。在 15 个工作量最大的城市中,有 5 个在南非,9 个在亚洲,1 个在非洲,欧洲工作量最大的城市是瑞士的苏黎世,排名世界第 32 位。哥本哈根、阿姆斯特丹、柏林和巴黎都是世界上最休闲的城市。美国人每年平均工作 1900 小时(比中国人稍多一点),而欧洲人平均每年是 1740 小时。

亚洲国家在总体上是世界各洲中工作时间最长的,平均每年 2100 小时。其中,国与国之间的差别也很大。在亚洲较富裕的地区,职员的假期都很少,平均 10～15 天。香港服务业人员每年假期为 17 天,工人一般只有 11 天。日本尤甚,1991 年只有 15% 的员工放连续 5 天的假,相反欧洲 15 天长假是每个员工最基本的假期。1990 年以前日本几乎不放年假,但政府为了刺激消费(类似中国近年的做法),让员工多放假,但直到现在才初见成效。

6. 哪个国家的人工作最多?

7. 哪个城市的白领最悠闲?

8. 中、日、美按工作时间从多到少如何排列?

9. 为刺激消费,中国政府采取了什么措施?

本课小结

主要考点与难点:①通过跳读、扫读迅速查找所需信息②用尽可能简洁、准确的文字写出答案

考生主要的错误:①文章通篇全看,每段甚至每句都不愿漏过②审题有误,对题意理解出现偏差③只顾照搬原文作答,不考虑表达是否清楚、方式是否合适

主要应试策略与技巧:①先看问题,再读文章②确定问题中的关键词,以此为路标在原文中查找答案③不必注意与问题无关的词语、句子和段落④注意文章的结构标志以及位于段首、段末的语句⑤写出答案时要文字简洁、意思清楚、选用恰当的语法形式

课后练习(一)

说明:1～12 题,请你在 12 分钟的时间内,快速阅读几段文章,每段文章的后面有若干个问题,请根据文章内容,用最简洁的文字回答问题。答案要用汉字书写。

1～2

中国政府从一开始推行环境保护政策的时候,就主张经济与环保两不误,主张环境保护与经济社会同步发展,然而,尽管中国政府下了很大的决心搞环保,环保部门也十分努力地工作,但总的环境状况依然是"局部有所控制,总体还在恶化,前景令人担忧。"

问题究竟在哪里?

尽管我们可以肯定地说,中国政府推行的环境保护制度能够在急于发展的国情条件下,最大限度地抑制环境污染的长势。但是,各级政府的执行情况却远不是那么理想,这是导致

上述环境状况不断恶化的根本原因。

　　需要进一步问的是,为何会出现地方领导对环保法规执行不力的现象。一个可能的原因是对环境污染的危害认识不足、环保法制观念不强。但从根本上讲,在绝大多数情况下,并不是对环境污染的危害认识不足,也并非不懂环保法规,而是知法犯法。为什么? 利益二字在作怪。他们往往只顾眼前利益,不顾长远利益,只顾地方局部利益,不顾整体公共利益,只管经济增长,不管环境污染,将生态恶化的后果转嫁给社会和后代。

　　在这种情况下,尽管上层的环境政策制定得很全面,但执行起来必定会走样。我们的政策是"边污染边治理"。但在目前法制不严,投资不多的条件下,治理的速度远远跟不上污染的速度。更为严重的是,许多地方政府采取的政策依然是"先发展后环保,先污染后治理"。

　　【1】　从总体上看,中国的环境状况怎样?
　　【2】　地方政府对环保法规执行不力,原因是什么?

3～5

　　卡夫卡是一个短命的奥地利作家,他只活了四十一年。人说这是天才。他的同国人,音乐家舒伯特也是短命的,只活到三十一岁,却留下了那么多迷人的歌曲。难道真的天才都是短命的吗? 卡夫卡死于本世纪初,舒伯特死于十九世纪初,相距约一百年。读卡夫卡,便不由自主地想起了舒伯特。一样的迷人,不过一个是用文字,一个是用音乐。

　　卡夫卡从不满意他自己的作品,他死前嘱咐他的好朋友布洛德把他的手稿以及出版过的书,"毫无例外地全部烧掉"。布洛德没有按照好友说的去做,恰恰相反,他把卡夫卡的书稿整理出版,这样今天人们才有机会读到这些作品。有人说,卡夫卡的作品充满忧伤甚至绝望(我想,是否还得加上一点"神秘"?)。但一些批评家说,卡夫卡是一个伟大的诗人,他与我们这个时代的关系,就如同但丁、莎士比亚、歌德与他们时代的关系一样。这是说,他表现了一个时代:一个充满苦难和不平的时代。

　　卡夫卡有一些短小的作品,其中哲学的思考多于文学的描写,也不全是难解的,比如这样的一段对话,非常吸引人:

　　　　"你在那里会发现一些怪人! 想想吧,他们从来不睡觉!"
　　　　"为什么不睡觉呢?"
　　　　"因为他们从来不疲倦。"
　　　　"为什么不疲倦呢?"
　　　　"因为他们是傻子。"
　　　　"傻子就不疲倦吗?"
　　　　"傻子怎么能疲倦呢?"

这段对话不是一篇绝妙的寓言么?
　　【3】　卡夫卡和舒伯特哪一个先去世?
　　【4】　布洛德有没有按照卡夫卡的遗嘱去做?
　　【5】　卡夫卡短小的作品是不是很难理解?

　　无疑,孩子比成人更需要游戏。为什么呢? 不必问,这是孩子的天性,从某种意义上说这也是人类的天性,不过在孩子身上体现得更充分罢了。哲学家马丁·海德格说:"儿童为什么要游戏呢? 儿童游戏就因为他们游戏。'因为'二字在游戏中消失了。游戏没有'为什么'。儿童在游戏中游戏。"

　　如果你问我这十年来中国社会中最残酷的行为是什么? 我要说是大人们对孩子游戏权利的剥夺。这种剥夺最明显的体现,是孩子游戏场地的丧失。大城市里中小学操场急剧地遭受蚕食。操场哪里去了? 让给了新修建的旅馆、酒店、商场、居民楼。似乎一切都比操场重要。准确地说,大人的一切比孩子的操场重要。

　　大人剥夺孩子游戏权利的第二个举动,就是以其强制的干涉使游戏名存实亡。游戏的本质是不计功利不追求效益的。而我们的大人却把一项项功利的目标塞进孩子的游戏。孩子再没有"玩与不玩"的自由选择,游戏完全地成了工作,成了功课。很多孩子说过同一句话,希望把他的钢琴砸掉! 我们的大人们在做什么蠢事呢? 你的童年可能是艰苦的,但你有着美好的回忆,因为你儿时游戏的天地从未被大人践踏过。你只懂得钢琴比玻璃球高雅,孩子们喊出的却是,自由。

　　有很多人问我,中国的足球为什么不行? 为什么中国少年足球的成绩不错,到了成人时就不行了? 我觉得中国球员的缺陷从儿童时代就种下了。你去一趟少年体校看看就明白了。一堂训练课安排得满满的,一切在指令下进行,孩子从无"玩玩"的机会。不错,训练的结果会使他们的基本功更好些,但他们的兴趣和创造力消失了,他们未老先衰了。他们不是从诱人的游戏走向绿茵之路的,而是从恼人的"足球劳动"走向足球事业的。一位西方教育心理学家的话深深地震动着我:"要求一个孩子在游戏之外的某种基础上进行工作无异于一个蠢人在春天摇晃苹果树而向往得到几个苹果;他不仅得不到苹果,还会使苹果花纷纷落地,本来渴望在秋天得到的果子也就无望了。"

　　【6】　孩子为什么比成人更需要游戏?

　　【7】　大人对孩子游戏权利的剥夺体现在几个方面?

　　【8】　根据作者的看法,中国球员的缺陷是什么?

9~12

　　科学扫描法,又称速读法或扫读法。指在有限的时间内尽快地、有目的地、有效地阅读文字材料,并获取所需信息的方法。主要原理是采取科学视读法,减少眼停次数、时间和回视,扩大视读广度,达到提高阅读速度的目的。

　　它突破了按字词句读书的习惯,而是一行一行、一块一块地扫视;采取略读和寻读相结合的方式,略去一般性文字,如发现重要信息,则减慢速度。据现代结构语言学统计,文章的一般性内容通常占全篇的 75%,要点只占 25%。又据研究,一般文章的组织结构,大体可分为七个部分:一是名称,二是作者,三是导语,四是一般内容,五是事实、数据、公式之类,六是新奇之点,七是争议之点。速读就像雷达跟踪目标,敏捷地抓住文章中的六七两点,而将其它略去。这样单刀直入、直取精髓的读书方法,可用较少的时间,赢得较大的阅读量。和一般性阅读相比,科学扫描法的一般指标是速度高一倍,理解系数到 50%。

　　作为一种读书方法,科学扫描法需要训练。主要方式有:一是遮盖扫描。读完一行,就用纸片遮盖这一行,以减少回视。二是限量扫描。即限时读完一定数量的文字。三是计时扫描。计算阅读一篇材料所需的时间,再做一些检测理解力的练习题。如此多次检测比较,及时反馈。四是块面扫描。要求一次读完一个块面,眼脑直映。五是直线扫描。视线在每行文字的中线垂直往下移动,要求一次眼停看一行字。六是机器训练。采用速示器、速读器等机械装置辅助训练。

【9】　科学扫描法的目的是什么?

【10】　科学扫描法抓取的是文章的哪些内容?

【11】　科学扫描法的速度比一般性阅读快多少?

【12】　科学扫描法的训练方式有几种?

课后练习(二)

下面共有 12 题,请用 12 分钟时间做完:

1 ~ 4

在西方,男孩女孩交往中引发出来的问题对教师、父母、社会造成的困扰绝不低于校园枪杀、吸毒、酗酒这类事件的影响,且其范围更加广泛,处理起来更加棘手。英国新闻协会主席曾对一位中国同事无可奈何地说,杀人、放火、吸毒、酗酒,法院管警察管,惟独男女学生交往过度,"少女妈妈"多没地方管。在美国、德国、法国以及其他许多发达国家也都如此。中国媒体也在谈论男生女生交往的话题,不少老师家长孜孜以求想找到一个男生女生交往的正确"度"。看看西方国家存在的问题和获得的经验,或许对我们会有所启发。

从 60 年代开始,芬兰政府和教育部就实施计划,教育少男少女建立正确的友情,并从性保健的角度对男孩女孩开展性教育。70 年代性教育进入了芬兰中小学的教学大纲,连幼儿也有正面性教育图书,还建立了青少年咨询电话,儿童保护机构等等,随时为青少年提供帮助。在世界人口与发展会议上,芬兰性教育作为成功的经验受到推崇。1975 年至 1994 年,15 ~ 19 岁的芬兰女孩千人堕胎率从 21.2 下降到 9,性病也大幅度降低,全民整体健康水平得到提高。芬兰的经验说明,只有用疏导的方法去教育青少年才是一条正确的路子。

专家呼吁,在男孩和女孩问题上教师和家长应该做的是鼓励他们正常交往,建立真诚的友谊,互相尊重,也尊重自己。要勤于疏导,而不能用粗暴的"堵塞"的办法,须知"堵"只会增加两性交往的神秘感,从而"堵"向反面。

【1】　在校园各类事件中,男孩女孩交往引发的问题有什么特点?

【2】　芬兰的性教育从什么时候开始进入中小学的教学大纲?

【3】　1994 年芬兰少女的堕胎率是多少?

【4】　芬兰在性教育方面的经验是什么?

5 ~ 8

进入了 2000 年以后,出版界的最新萌动已开始在图书选题的策划中显现出来。

在今年的图书选题中,我们获悉,很多专业出版社开始关注科幻的题材,并有近百种科幻小说的选题在策划与酝酿中。总览科幻类小说选题的策划和筹措,基本有两大类,一是翻译类科幻小说,另一类是原创性科幻小说。这些科幻小说的策划和安排多集中在文艺和少儿出版社中,因此,在可读性上就有了一定的质量保障。

从翻译类的科幻小说来看,以世界经典类翻译小说为主。同国内的科幻小说来比,外国的科幻小说起步较早,有较为久远的历史。如:凡尔纳科幻小说系列,可谓科幻小说之父。在出版了凡尔纳科幻系列小说之后,中国青年出版社又继续推出了一套"克拉克选集",也是具有经典意义的翻译科幻小说,包括《渴海沉船》、《城市与星星》、《海豚岛》、《地球之星》、《童年的终结》等7种外国科幻小说。

如果说,科幻小说的意义就在于它展开了人类对未知科学的想像的翅膀的话,那么,作为读者,便可通过这些科学幻想小说,在想像中提前进入一个超科技的科技时代。这是喜欢科幻小说的读者的福音。

国内版原创性科幻小说,是近年来文学题材的新的尝试。以往人们对科幻类小说不够重视,认为是非主流文学,从事这方面创作的人员不多,较为著名的是叶永烈。但随着经济时代的到来,高科技的发展速度越来越快,对科技的关注和应用本身使科幻小说的成长有了良好的阅读基础。几年前,浙江文艺出版社、百花洲文艺出版社、太白文艺出版社就曾尝试和推动科幻小说的出版,他们默默耕耘,努力开辟科幻小说的图书市场。在今年的选题策划中,这种原创性的科幻小说的选题已渐成气候。如:未来出版社的"军事大幻想系列丛书",就是原创性科幻小说。在这套丛书中,有《肩负重任的 INSEET》,以奇特大胆的想像和夸张的描述,向读者展出一幅各国间为争夺资源而采用非常手段展开的间谍战。《看不见的战线——太空战》向读者展示了在人类足迹未至的太空领域发生的激战。百花洲文艺出版社继续该社的科幻品牌,出版了"21世纪长篇科幻小说丛书"这套成人版科幻小说,全面继承了科技与文学的优势,以新的文学题材,为长篇小说拓开了有潜力的市场。

从上述的科幻小说的概览中我们可以看出,科幻小说已经在形成自己的阵势,这对面临新的世纪的图书市场是一个新的挑战。我们相信,在新世纪之初,新的科幻小说是大有前途的,因为高科技的发展是他们成长的温床,而时代的飞速发展,则是他们飞翔的翅膀。也许,就在不久的将来,科幻小说将会造就出令人瞩目的不凡的业绩来。

【5】 科幻小说今年的选题有多少种?

【6】 出版科幻小说的主要是什么出版社?

【7】 以前从事科幻小说比较有名的中国作家是谁?

【8】 "军事大幻想系列丛书"将由哪个出版社出版?

9～12

中国奥委会副主席吴寿章在一次记者招待会上表示,悉尼奥运的金牌争夺战,将呈现美、俄两强争霸,中、德、法、澳四雄并立的激烈局面。

吴寿章称,美国近几届奥运会都夺得三十五枚以上的金牌,悉尼奥运实力不会例外;俄罗斯近几年经济虽然存在困难,但体育水平稳中有升,具有夺取三十枚以上金牌的实力。美俄两强在悉尼奥运的金牌争霸将更加激烈。

他说,中国所处的第二集团,对手强劲。德国向来具有夺取十七到十九枚金牌的实力;法国近几年体育水平进步明显;澳大利亚自从获得奥运主办权后,一直积极备战,加上东道主之利,实力大增。另外,意大利、古巴等国也有成为黑马的可能。就第二集团的情况而言,要获得金牌榜的第三名,得拿二十枚以上金牌。而第四到六名的排名,最后可能要决定在一块银牌的得失上,争夺将白热化。

吴寿章表示,目前中国奥运代表团没有制定具体的夺金指标,只是希望能取得比亚特兰大奥运会更好的成绩。吴寿章强调,中国在上届亚特兰大奥运会上夺得十六枚金牌,并非中国运动员水平实力的真实反映,而是超水平发挥所致。悉尼奥运会上,中国队如能超越这个成绩,已经值得高兴。

目前,中国共有二百四十四名运动员取得了悉尼奥运会的参赛资格。吴寿章称,目前国家体育总局正抓紧运动员的选拔工作,一来要在奥运资格赛上力争夺取更多的"入场券",二来要组织系列的国内选拔赛,力求选出最高水平和状态的运动员。

【9】 第一集团中有哪几个国家?

【10】 要获得金牌总数第三,需要得多少枚金牌?

【11】 中国代表团希望得多少金牌?

【12】 已经有多少中国运动员可以参加悉尼奥运会?

课后练习(三)

下面共有 15 题,请用 15 分钟时间做完:

1～5

2001 年浙江大学将有 59 个专业在全国 28 个省、自治区和直辖市招生,计划招生 6000 人。浙大招办主任程艺透露了今年浙大两个新的招生信息:一是医学院临床医学 7 年本硕一贯制专业扩招,将在河北、山西等 11 个省区招 200 名新生。这是浙大临床医学专业首次面向全国招生;二是今年 2 月浙大新成立的软件与网络学院,今年首次招收 600 名本科生。这是全国首家培养工程类高级软件与网络人才的学院。

浙大招办最近对近年学校各专业做了一个冷热梯度的排序,热门专业中首先是信息电子类,如资讯工程、计算机、自动化等,其次是建筑、经贸、法学、英语等就业前景看好的专业,那些很有发展的学科专业如数学、材料、物理等都很热门,竞争当然也十分激烈。

近几年,浙江大学的科研经费连年以 30% 的速度上升,总额位居全国高校第二,国家自然科学基金立项数保持全国第一。去年,浙大又创办了竺可桢学院,学校对当年录取的优秀新生进行二次选拔,择优挑选 500 名入学。竺可桢学院将为拔尖人才的成长提供最大的发展空间。学生可以根据自己的兴趣和特长选择课程,自主选择和构建自己的多元知识结构和发展方向。学院在教学安排上也为学生提供了足够的时间和空间。学生可以选择辅修专业并获得第二学士学位,也可以提前修习研究生课程。

浙江大学目前设有来自企业捐赠的 50 余项面向优秀和困难学生的奖学金、助学金。每年新生报到时,学校都会专门开设"绿色通道",让特困生顺利入学。浙大现在的年收费标准是 4800 元,但通过奖学金、困难补助、伙食费等,实际上近二分之一返还给了学生。因此,浙大虽地处经济发达地区,但在学习生活费用上并不会给家庭经济困难的学生造成特殊的压力。

【1】 浙江大学最受欢迎的是哪一类专业?

【2】 哪个学院是全国首家培养工程类高级软件与网络人才的学院?

【3】 浙大的科研经费在全国高校中排名第几?

【4】 竺可桢学院的学生从什么学生中录取?

【5】 "绿色通道"是为什么人开设的?

6~10

20世纪80年代,"风沙紧逼北京城"的警告引起了上至中央、下到百姓对首都生态环境的关注。从那时起,以护卫京津为主要目的的大规模国土绿化工程开始启动。经过20多年的不懈努力,京津周围的森林植被覆盖率显著提高。正当人们为绿化成就欣欣鼓舞时,久已不见的强沙尘暴天气近两年来卷土重来。

树种得不少,为什么沙尘暴越来越多?原因大致有两个,一是近年来我国北方地区连年大旱,土地自然风蚀速度加快;二是由于人口和经济的双重压力,对水土资源的过度利用活动加剧,破坏的速度超过治理的速度。后者是造成荒漠化扩展的主要原因——

过度放牧,草场退化。据调查,目前我国大部分草场放牧量超过承载能力,有的地方超载率高达300%。由于过度放牧,内蒙古大草原牧草的平均高度由20世纪70年代的70厘米下降到现在的25厘米。

滥开滥垦,耕地撂荒。据全国农业区划办公室调查,1986年至1996年,黑龙江、内蒙古、甘肃、新疆四省区共开垦土地2912万亩,目前已撂荒1433万亩。

滥采滥伐,土地沙化。受经济利益驱动,生态脆弱地区乱砍滥伐林木、过度樵采以及无序开矿问题十分突出,致使大量宝贵的植被遭到破坏,土地失去保护屏障。

还有滥用水资源。河流上游无节制用水,造成下游缺水,植被大面积死亡,新疆塔里木河下游胡杨林枯死就是典型的例证。

什么是荒漠化?荒漠化是指由于气候变异和人为活动等因素,干旱、半干旱或亚湿润地区的土地退化。根据地表形态特征和物质构成,荒漠化分为风蚀荒漠化、水蚀荒漠化、盐渍化、冻融及石漠化。我国荒漠化的特点是,面积大,分布广,类型多。目前全国荒漠化土地面积超过262.2万平方公里,占国土总面积的27.3%,主要分布在西北、华北、东北13个省区市。

荒漠化及其引发的土地沙化被称为"地球溃疡症",危害表现在许多方面,已成为严重制约我国经济社会可持续发展的重大环境问题。资料显示,20世纪50年代,我国土地荒漠化面积以每年1560平方公里的速度扩展,80年代每年扩展2100平方公里,90年代增加到2460平方公里。与此相应,强沙尘暴天气的发生次数也由50年代的5次发展到90年代的23次。

要遏制荒漠化扩展的趋势,当务之急是制定、完善有关法律法规,制止破坏森林植被和不合理的生产建设行为。对重点风沙源区,要尽快建立生态环境建设审计制度,将生态建设指标与经济指标一并考核,直接与地方领导的"乌纱帽"挂钩。

【6】 护卫京津的大规模国土绿化工程是何时启动的?

【7】 造成荒漠化的人为因素,本文举出了几种?

【8】 中国土地荒漠化的特点是什么?

【9】 "地球溃疡症"指的是什么?

【10】 20世纪90年代中国土地荒漠化面积每年增加多少?

11～12

在清代的教育系统中,学塾教育比较发达。它不完全属于学校教育,又不完全属于家庭教育。就教育阶段而言,是小学教育。办学形式上,可分成三种情况:一、有钱人聘请教师在家教授子弟,称为"教馆"或"坐馆";二、教师在家设馆教授学生,叫"私塾";三、地方出钱聘请老师在公共场所教授贫寒子弟,称为"义学"或"义塾"。

进入学塾读书的学生叫做"学童",年龄多在5至13岁之间;学馆的人数多寡不定,一般在4至20人之间;教学方法主要是个别教授。五六岁入学后先学识字,识至千字,开始学《三字经》、《百家姓》、《千字文》等发蒙读本,也有直接教读四书的,一般先读《大学》,次《中庸》,再次《论语》、《孟子》。教读方法,是学童站在教师桌旁,教师先读,学童跟读,读若干遍以后,让学童回到座位上自读,然后到教师面前背诵,直到倒背如流,才教新课。学童要会背若干文章以后,教师才一句一句给学生讲解。学童的另一项学习内容就是练习书法,一笔一划,逐日练习,所以旧时私塾毕业便可写得一手好字。

学塾中的规矩非常严格,教师有绝对的权威,学生必须绝对服从;如有违反或对老师不敬,轻则罚站、罚跪,重则打手、打屁股。这种体罚制度一直延续到解放前。

【11】 学童在私塾里主要学习什么?

【12】 私塾中老师和学生的关系如何?

13～15

目前,数十万元年薪聘请科技人才的例子屡见不鲜,表明整个社会对科学技术是第一生产力的观点已经达成共识。

随着社会和经济的发展,"脑体倒挂"现象逐渐减少,"脑体正挂"渐成风尚。我国的收入分配正在向科技含量高的行业和新兴产业倾斜,脑力劳动者、技术密集领域的劳动者以及资本密集型产业的劳动者的收入迅速增长,教师、医生、科研人员的收入则正在向合理的市场价位靠拢。相形之下,传统的体力劳动、劳动密集行业的收入相对降低。

"知识就是力量,知识就是金钱",这句话的价值正在生活中日益显露。

那么几年后,自己能挣多少钱?这是每个人都关心的问题。据"十五"规划,2005年我国城镇居民平均收入将超过8000元,比1999年城镇居民平均收入增加2112元,年平均增长率大于5.2%。

最近的一项研究预测表明,未来5年,我国城镇居民收入将面临新一轮的增长期,实际增长率要比"十五"计划还高一些。毕竟,随着西部大开发的实施、基础建设投资规模的扩大和经济结构的调整,我国的经济运行状况将处于一个较长的、良好的稳定发展时期。有关专家也同时提醒说,居民收入差距的进一步拉大已经不可避免,这个问题无疑迫切需要有关部门予以高度重视。

"入世"之后,外资、外企与内资、内企的人才争夺战会愈加激烈,高素质人才的收入会迅速提高。农村大量劳动力流向城市,加上城镇失业率的上升,致使普通劳动者供大于求,收入水平难以提高。

引人注意的是,我国低收入群体所占比重依旧很大。研究表明,从1994年和1999年的分布看,中等收入和中等偏上收入群体只占总人数的28.62%,低收入和中等偏下收入群体却占总人数的64.15%。

【13】 什么人的收入目前还不太合理?

【14】 1999 年城镇居民平均收入是多少?

【15】 未来哪类人的收入很难增加?

练习答案

练习(一)

1．唇膏、香水、指甲油、发型、牛仔裤、鞋子、腕表、饰物

2．淘气　　3．20 世纪末　　4．《还珠格格》

5．率性、随意、简单、轻松、快乐

6．安全、城市不能太大　　7．12 个

8．考虑不周、经济发展迅速、人口增长过快　　9．巴西

10．阿姆斯特丹　　11．政治　　12．中国、美国、澳大利亚

13．万象、巴西利亚、华盛顿、堪培拉

练习(二)

1．三种　　2．不属于任何年代　　3．20 世纪 90 年代

4．第三种(从 0 年开始计算世纪和年代)　　5．1650~1659

6．智利　　7．巴黎　　8．日本、美国、中国　　9．多放假

课后练习(一)

1．还在恶化　　2．利益　　3．舒伯特　　4．没有

5．不全是　　6．孩子的天性　　7．两个方面

8．没有兴趣和创造力　　9．提高阅读速度　　10．新奇之点和争议之点

11．快一倍　　12．六种

课后练习(二)

1．范围更广,处理更难(棘手)　　2．70 年代

3．9‰(千分之九)　　4．疏导　　5．近百种

6．文艺和少儿出版社　　7．叶永烈　　8．未来出版社

9．美国、俄国　　10．二十枚以上　　11．超过十六枚

12．244 名

课后练习(三)

1．信息电子类　　2．软件与网络学院　　3．第二

4．当年录取的优秀新生　　5．特困生　　6．20 世纪 80 年代

7．四种　　8．面积大、分布广、类型多　　9．荒漠化及土地沙化

10．2460 平方公里　　11．识字、读发蒙读本或四书、书法

12．学生绝对服从老师　　13．教师、医生、科研人员　　14．5888 元

15．普通劳动者

第二课

题型与特点

题型

HSK(高等)的"阅读理解"第二部分共 25 题,用时 25 分钟。形式与 HSK(初、中等)中"阅读理解"的第二部分类似,为多项选择题,但是文章长度增加、难度加大,阅读速度要求更快。这部分主要考查阅读理解能力,具体要求有:

1. 阅读速度为 140~180 字/分。

2. 通过阅读,掌握文章的主旨、要点和梗概,准确领会作者的态度和感情倾向。

3. 凭借上下文,准确领会词语的引申义、活用义、多义词所呈现的单项义以及成语、熟语的含义。

4. 对理论性文章,能掌握文章的基本观点和思路。

5. 能读懂略带文言色彩的文章。

【例1】

《清明上河图》规模宏大,结构严谨。从总体来看,它可以分为郊野、汴河和街市三大段。首段描写城郊农村清明时节的田野景色:杨柳青青掩映着农舍酒家,阡陌纵横,田亩井然,农民正耕作于田间;几匹驮炭的毛驴缓行于绿荫深处;村头大道上,一队人肩挑背负,护拥着一骑马者和一乘轿者,轿顶上插满了杨柳杂花,似名门富豪踏青扫墓归来,正匆匆向城内进发。通过环境和人物的点染,对时间、地点和习俗作了简明的交待,为全图展开了序幕。

56. 这段文字介绍的是作品的:

    A. 第一部分   B. 第二部分   C. 第三部分   D. 作品全部

57. 从这段文字看来,作品这一部分反映的是哪里的生活场面?

    A. 城镇街道   B. 农村郊野   C. 豪富之家   D. 汴河两岸

正确答案:56.[A] 57.[B]   (样题第 56~57 题)

特点

1. 所选材料由数百字到上千字,内容丰富,题材广泛,有时事新闻或人物趣事;有科普教育或生活常识;有思想漫谈或读书杂感;甚至有商业广告或简介说明。

2. 所选文章或根据先后顺序叙述一系列事件;或对事物做多方面多层次的描述并提供充足的细节;或比较、对照两个或两个以上的人物、事物或观点;或在一个较大的论点下列有多个小论点或提供较多的论据。

这部分题由于信息量大、篇幅较长,每题平均答题时间仍然只有一分钟,因而对于考生来说,最基本的策略还是我们在上一课就强调的:先看题,再读文章,并尽量以题中的关键词为路标在文中寻找答案,不在无关紧要处多作停留。

考点与难点（一） 抓住主旨，把握作者的主要观点

说 明

阅读考试中，一个重要的考查点就是看考生是不是读懂了材料的主要事实、中心思想和文章用意，这就需要培养考生对材料的整体把握能力。这类试题常用的问题是：

1. 这段文字告诉我们什么（这段话介绍了什么内容、本文主要是说什么）？

2. 该文最合适的题目是哪一个（作者在这段文字之前（之后）最有可能写了什么）？

3. 这是一则什么文章（这段文字可能选自什么刊物、这篇文章最适合什么人阅读）？

常见错误

1. 抓不住材料的关键词句。

2. 不能把全篇的重要信息点联系起来，因而推断不出全文的中心。

应试策略与技巧

1. 注意文章和段落的开头与结尾，这里往往是核心内容、结论或观点的所在。

【例2】

这部小说描写的是四位农家少年，各自怀着不同的意愿，进入繁华而陌生的省城后。演出的一幕幕令人感慨的活剧。正直善良的红叶，为了替饱受欺凌的秦家老人告状而独闯省城；性格刚烈的天虎，为了争一口气达到求学目的而漂泊省城；憨厚沉静的米娃，为了替奶奶治病挣一笔住院费而吆喝叫卖于省城；伶牙俐齿的黄毛，则是为了好吃好喝发财致富而迷恋于省城。为了生存，为了实现进城的意愿，红叶当起了保姆，天虎摆过棋摊打过短工，米娃执着于兜售他的花苗，黄毛则死皮赖脸地乞讨……围绕着他们命运的轨迹，小说展开了一个个耐人寻味的故事。

58. 这是一则：

A. 书刊广告 　　　 B. 内容提要 　　　 C. 作品评论 　　　 D. 文章节选

59. 下面哪种说法符合这段文字的内容？

A. 红叶为当保姆而进城 　　　 B. 天虎为打短工而进城

C. 米娃为卖花苗而进城 　　　 D. 黄毛为发财致富而进城

正确答案：58.[B] 　59.[D] 　　　　　　　　　　　　　　　　　　（样题第58～59题）

样题58"这是一则……?"，该段材料首句是"这部小说描写的是四位农家少年，各自……"，其后则是每个人的故事概要，只要把首句和末句"围绕他们命运的轨迹，小说展开了一个个耐人寻味的故事"联系起来，不难确定正确选项是B。

2. 找出材料的关键句。如果文章的主要信息并不在较为明显的位置，它很可能藏在材料之中，这时，就需要努力找到它。

【例3】

①我和丰子恺先生不曾相识，但十分喜欢先生的画，从高中毕业那年(1935)起，就和先生结下了一段因缘，至今半个多世纪经常思念，铭感无已。

②1935～1937那几年对我来说，直是运交华盖。执教小学的父亲于1934年逝世，弟妹俱失学，我亦几不能读完最后一年高中。1935年考取北京大学，却因囊中羞涩而却步。

1936年考取清华大学公费生,又因公费暂停,学业几乎中断。本遇一红颜知己,却因时事艰难,家庭变故,终成泡影。

③在这"屋漏又遭连夜雨"的年月,大约是1935年,我偶然在《中学生》杂志上看到丰先生一幅题名《朝暾》的画。画面上一片蓝色的湖水,一轮初升的红日,几个活泼的儿童乘着小船,奋桨向红日划去。整个画面生意盎然,给人以希望,鼓舞人前进。

④这幅画虽非徐悲鸿的骏马,凡高的向日葵,但却深深打动了我的心,我把它贴在墙上,我真记不清有多少次它在我痛苦失望之时,给我带来安慰和向往。

⑤1937年暑假我匆匆南下,这幅画不幸丢在了清华园。1938年我赴昆明读书,听说丰先生流寓贵州。当时我只是一个穷大学生,我怀着试一试的心情给他写了一封信,没想到时过不久就收到了先生寄来的题名《天空任鸟飞》的新画。画面上一个儿童站在凉台上,正打开鸟笼放走一只小鸟。我体会先生的意思是劝我胸襟坦荡,不要作茧自缚。

⑥李太白诗云:"桃花潭水深千尺,不及汪伦送我情。"丰先生是著名画家,却如此关怀我这个素昧生平的大学生,这种人间情,其深岂是桃花潭水可比?

⑦而今我已年近八旬,虽然著译事繁,但对青年朋友来信,无不作答。青年朋友有时说几句感激的话,我常常想到,他们应该感谢丰先生给我树立的榜样。

75. 这篇文章主要是写:

  A. 丰先生的画   B. 丰先生的经历

  C. 作者的生活经历   D. 对丰先生的忆念

76. 第②段"运交华盖"在这里是指:

  A. 父亲去世   B. 学业中断

  C. 恋爱失败   D. 灾难重重

77. "屋漏又遭连夜雨"在这里的意思是:

  A. 连日阴雨,造成水灾   B. 社会动乱,生活贫困

  C. 不幸之中,灾难接连而生 D. 居住条件差,房屋常常漏雨

78. 第③、第④这两段是想说明:

  A.《朝暾》使他精神振奋、受到鼓舞

  B. 丰子恺是与徐悲鸿、凡高齐名的画家

  C. 丰子恺的画比徐悲鸿、凡高的更打动人心

  D.《朝暾》这幅画生意盎然,充满大自然的情趣

79. 作者理解"天空任鸟飞"这幅画的寓意是:

  A. 劝他心胸开阔   B. 劝他远走高飞

  C. 劝他追求自由   D. 不要贪图安逸

80. 作者认为丰先生在哪方面给自己树立了榜样?

  A. 对来信必认真答复   B. 对青年人真诚关怀

  C. 对人们的要求尽量满足 D. 作了好事不要别人感谢

正确答案:75.[D] 76.[D] 77.[C] 78.[A] 79.[A] 80.[B](样题第75~80题)

  样题75涉及材料的关键词句是在首段之末的"至今……经常思念,铭感无已"。样题78涉及的语句是这两段的末句"整个画面生意盎然,给人以希望,鼓舞人前进"和"有多少次它在我痛苦失望之时,给我带来安慰和向往"。

3.把握文章的线索,进行适当的归纳和推理。有时候问题的正确答案并不是体现在某个句子上,它需要我们分析整个材料才能得出。文章内部都有一定的时间、空间、逻辑等关系,如果能够理清其中的线索,那么就较易抓住材料的主要意思。如样题64:

这段文字主要说的是

A.孙武的一生 B.孙武和《孙子兵法》 C.孙武的才华 D.《孙子兵法》的价值。

从文字材料来看,首段"《孙子兵法》亦称《孙子》,……",次段"《孙子》的作者孙武,……",末段"《孙子兵法》今存本13篇,……",其思路是先谈《孙子》一书、次谈作者(篇幅很长)、最后又回到书,据此可知除B以外其它三项都是片面的。

又如:样题73:

反哺式供养模式存在于:

A.核心家庭 B.主干家庭 C.弹性家庭网络 D.核心家庭和主干家庭

相关的线索是"核心家庭之间呈现一种新的结构模式,即……形成……弹性家庭网络。人们通过这种家庭网络……保持了家庭隔代双向'反哺式'供养模式,继续发挥着家庭'养老抚幼'的功能。但是……主干家庭始终保持着相当大的比例。……我国绝大多数老人依然同子女生活在一起,他们一方面接受子女的经济供给和生活照料,另一方面也都助子女料理家务,照看孙子女,以尽抚育第三代的义务。这样……通过三代共居,仍然保持着隔代双向'反哺式'供养模式。"从画出的线索就能推断出D是对的(并且在"核心家庭"部分和"主干家庭"部分都分别出现了对"反哺式供养模式"的解释),而A、B是不全面的(C是A的替换)。

再看【例3】中的样题80:D与文章无关,A和C都是在归纳时把对象的范围比原文扩大了。

另外,有时还需要从一般规律推出个别结论,像样题72(说明见下节)就近似此类。

 练习(一)

一、请根据语段的意思,选择惟一正确的答案:

1.喜欢所学的语言,喜欢使用这种语言的民族,显然有助于学习。不过人们并不一定非得这样,只要经济和社会环境需要成功的语言学习者,就会有人下决心把它学到手。

影响学习某种语言的最重要因素是:

A.喜欢跟说该语言的人交往　　　B.喜欢该语言本身

C.社会需要掌握该语言的人　　　D.学习环境有帮助

2.我养了许多小动物,什么金鱼呀,小猫呀,小狗呀等等。我对这些"好朋友"十分关心,课外一有空,我就观察它们、照顾它们。

最近我又养了两只小王八,这真是天大的喜事。因为我从没养过王八,觉得很新鲜。

作者接着要写的最有可能是哪方面的内容?

A.养王八的新鲜经验　　　　　B.他为什么要养小动物

C.用什么东西养动物　　　　　D.金鱼、猫狗等小动物

3.作为一种短小精悍、文字清奇而又雅俗共赏的文学体裁,笔记在中国具有悠久的传统。它始自魏晋,盛行于宋代。南朝刘义庆的《世说新语》,北宋沈括的《梦溪笔谈》,明代张岱的《陶庵梦忆》,本世纪丰子恺先生的《缘缘堂随笔》,都是文学史上的奇葩。然而近年来,笔记乏人问津,因此,我们出版这一套笔记丛书,也包含着挽回颓势

之意。

这段文字应该是：

A. 介绍笔记文学的文章　　　　　　B. 笔记丛书的序言

C. 推销笔记丛书的广告　　　　　　D. 短小精悍的笔记

4. 孙娜早年丝毫没有显示出体育方面的出众才能，她身材瘦小，要是参加中学运动会的田径比赛，肯定会被人认为是个笑话。

从这句话可以了解到：

A. 孙娜后来体育很出色　　　　　　B. 上中学时，大家不相信孙娜

C. 有人在背后笑话孙娜　　　　　　D. 孙娜参加过中学的田径比赛

二、阅读下面三篇文章，在原文中画出最能概括作者意思的一句话：

文 章 一

茅盾同志一生著述等身。最近，又有新发现。他小学时代的若干篇作文找到了，并在某家文艺杂志上刊登出来。对此，我有点想法。

不消说，茅盾是一个杰出作家。但作家的"杰出"，只意味着他曾经写过杰出作品，并不意味着他写的一切都是杰出的。名人讲的不全是名言，杰出作家写的也不全是杰作。当他们处于少年时期，情况尤其是如此。鲁迅说得好："其实即使天才，在生下来的时候的第一声啼哭，也和平常的儿童的一样，决不会就是一首好诗。"如果我们看不到杰出作家也要经历幼稚浅薄的最初阶段，以致将其童年时期的练习之作也奉为杰作，那就近乎迷信了。

我这样说，是不是不敬重茅盾了呢？不。正好相反。现在重新找到的茅盾小学时代的作文，其实早在1946年就曾由茅盾夫人回乡时发现。当时也有报刊编辑要求予以发表，但茅盾回答说："小学生作文嘛，有什么好发表的！"茅盾同志是自谦的。而这种高度的自谦，正显示出他深刻的自知，即对早年幼稚作品的清醒认识。作为后人，尊重前辈的这种"自知"，尊重由这种"自知"而做出的"不发表"决定，正是对前辈大师的最好敬意。否则，将前辈大师远非成熟的作品拿去发表，像茅盾这样创作态度严谨的作者，又怎么会高兴？

话又说回来，重新找到的这些作文，也还是很有意义的。对于研究像茅盾这样一位大作家来说，工作越细越好，资料越多越好。倘若不将它们刊登在教育熏陶广大青年读者的文艺杂志上，而是刊登在供现代文学史研究者阅读的专业性刊物上，那才是登对了地方。

文 章 二

人饲养小动物，有实际利益的需要，比如养狗是为了防盗，养猫是为了捉老鼠，养鸡是为了下蛋。但在养动物这件事上，感情和趣味的需要也很重要。中国有所谓"名士"，名士除了喜爱琴棋书画、梅兰竹菊以外，也有不少喜爱猫狗虫鱼的。就像人们一说起陶渊明就会想到菊花，一说起苏东坡就会想到竹子一样，人们一说起王羲之就会想到鹅，一说起林和靖就会想到鹤。世界上不能没有色彩，生活中不能没有情趣，小动物们带给人的情趣也无法替代。生活中的许多美都是与小动物们连在一起的。过去人们早起靠的是公鸡，"闻鸡起舞"是生命的呼唤，所以很美；现在早起靠的是闹钟，"闻闹钟起舞"只是机械的催促，所以怎么也美不起来。从情趣和美感的角度想，生活中如果没有了各种小动物，那该是一种多么可怕而又乏味的景象。

中国作家现在很重视语言。不少作家充分意识到语言的重要性。语言不只是一种形式,一种手段,应该提到内容的高度来认识。最初提到这个问题的是闻一多先生。他在很年轻的时候,写过一篇《庄子》,说庄子的文字(语言)已经不只是一种形式、一种手段,本身即是目的(大意)。我认为这是说得很对的。文学作品的语言不是外部的东西。它是和内容(思想)同时存在,不可剥离的。语言不能像桔子皮一样,可以剥下来,扔掉。世界上没有没有语言的思想,也没有没有思想的语言。往往有这样的说法:这篇小说写得不错,就是语言差一点。我认为这种说法是不能成立的。我们不能说这首曲子不错,就是旋律和节奏差一点;这张画画得不错,就是色彩和线条差一点。我们也不能说:这篇小说不错,就是语言差一点。语言是小说的本体,不是附加的,可有可无的。从这个意义上说,写小说就是写语言。小说使读者受到感染,小说的魅力之所在,首先是小说的语言。小说的语言是浸透了内容的,浸透了作者的思想的。我们有时看一篇小说,看了三行,就看不下去了,因为语言太粗糙。语言的粗糙就是内容的粗糙。

考点与难点(二)　捕捉细节

说　明

HSK 阅读部分也注重考查考生捕捉细节的能力。这些细节常常包括文章涉及的**时间、地点、相关人物和事物、关系、数字、原因、结果**等等。常采用的问题是:

1. 这段材料没有谈到什么(下面哪句话不对/哪句话符合原文)
2. 某事发生的时间/地点/原因……
3. 某种东西有多少(这个故事中出现了多少人、和某事有关的人是谁)

例如:【例2】中的样题 59 的提问便是"下面哪种说法符合这段文字的内容?"

常见错误

1. 忽视了某些重要细节。
2. 被干扰细节迷惑,难以准确判断。

应试策略与技巧

1. 必须带着问题去读材料。有了目的性,除了能节约做题的时间,也能避免遗漏,并排除干扰细节。如样题 67:

孙武在吴国最主要的功绩是:

A. 写了《孙子》13 篇　　　　　　B. 辅助吴王管理国家

C. 都助吴王当上霸主　　　　　　D. 都助吴王占领晋国

相关语句是"他从齐……到吴,以……议论……见解,还有那随身携往的蔚为大观的兵法十三篇,折服吴王而被重用。从此,孙武辅佐吴王,理国治军,使吴国崛起。……孙从……前512 年……到前 482 年都助吴国夺取晋国霸主地位,……战绩赫然……"注意问题中的"最主要的功绩",可知 A 是错误的,B 是用来干扰的细节,D 则篡改了原文的意思。

2.注意同义、近义替换。在这部分考试中,答案的句子和材料上的句子意思一样,但表达方式不一样,这种情况相当常见。

比如【例1】中样题56的正确项"A.第一部分"是同义替换了文中的"首段";样题57的正确项"B.农村郊野"则是把文中分两处出现的"郊野"和"城郊农村"合并而成。

再如与样题72"兄弟姐妹之间的相互'供养'称为:A.抚养 B.赡养 C.扶养 D.教养"相关的语句是"我国法律将家庭供养划分为长辈对幼辈的'抚养',幼辈对长辈的'赡养',平辈之间的相互'扶养'三个方面",虽没有出现"兄弟姐妹"字样,但从上下文的"长辈"、"幼辈"之语很容易推测到这是一种"平辈"关系。

 练习(二)

根据语段意思,选择惟一正确的答案:

1. 江苏南京特有的雨花石非常美丽,常常被收藏家视为珍宝。人们说世上找不到两块相同的雨花石。然而在南京有一位女画家,却能用画笔在鹅卵石上画出"雨花石"来,而且完全可以以假乱真。

   关于雨花石,下面哪句话不对?(并请画出各项在文中的同义或相关之处)

   A.只有南京才有　　　　　B.收藏家非常喜欢

   C.每块都不相同　　　　　D.画出来的不太像

2~3. 每学期开学时,研究生必须按学校规定的日期返校,持研究生证到系(所、中心)办理注册手续。研究生除了因自然灾害致使交通受阻等临时特殊事故(一般需要当地证明)不能按时到校注册者,均须事先向所在系(所、中心)请假,并同时报告所在教研室和自己的导师。不请假或请假未获批准而不按时注册者,按旷课论处(每天以旷课四学时计算)。

   2.一个需要请假的中文系研究生,必须向谁请假?

   　　A.所在的学校　　B.自己的导师　　C.该校中文系　　D.所在教研室

   3.下列哪种情况下,不能在规定时间返校的研究生按旷课处理?

   　　A.没向导师报告　　B.没有按时注册　　C.请假没被批准　　D.没有事先请假

考点与难点(三)　　长句、难句分析

 说　明

汉语水平已达高级阶段的学生,在读写实践中必然会经常遇到复杂难懂的理论或说明文字,因此,测试其理解复杂句子的能力是必要的。例如样题68、69(说明见下文)便是这类考查。

▨ 常见错误

1.搞不清长句各部分之间的语法关系。

2.因某个长句、难句的难以理解而影响到段落、篇章的理解。

1.用缩略法理清句子成分。句子复杂难懂,一个重要的原因是句子的某一部分(比如定语和状语)太长。句子可以简单划分为主语和谓语两部分,主语部分太复杂一般是因为定语太长或主语本身是个句子,谓语部分太复杂则常常是由于动词前状语太长或宾语太长:

【例4】※每次上课,王老师总是在黑板上挂几张自然地图,在解释中还增加了不少关于古代的人文知识,使我们初步了解了祖国的"美丽"形象。

※认为心理应该永远是稳定的,一旦异常就无法治疗的看法,并不符合心理学的原理。

※许多代表昨天在休息室里都热情地同他交谈。

※他找来许多心理学词典,发现"心理异常"里边提到的许多症状和自己的情况差不多。

再请看样题69:

画线部分的意思是:

A.供养关系与经济基础相适应　　B.供养关系与法律道德相适应
C.供养关系受法律和道德制约　　D.经济基础受法律和道德制约

画线的这个句子是:(另一方面,)家庭供养关系,又受到(与经济基础相适应的)政治法律制度和思想道德观念的(影响与制约)。只要把括号内的部分略去,再把画线部分稍作简化,就发现找到此题的正确答案C其实不难。

缩略法除了可以通过略去修饰语而找出中心语之外,也可用来略去并列的修饰语和生僻词语(像样题75的"经常思念,铭感无已"中后者就可不管),甚至略去无关紧要的举例和引语。

再看样题68:

家庭"供养"关系其实质是一种:

A.亲属关系　 B.血缘关系　 C.婚姻关系　 D.经济关系

涉及的句子"从经济学角度而言,供养关系本质上就是社会产品在家庭中的再分配关系,即家庭内部的一种经济关系。"仍然是宾语复杂的问题:有两个并列的宾语,而且宾语前有较长定语。

2.注意一些形式标志,比如说重要的关联词语(如"难道"、"其实"、"但是"、"不是……而是……"、"与其……不如……"等)和标点符号。如【例2】中样题59最重要的"为了"一词,在ABC三个选项中都被偷换了位置。

又如样题60:

食盐被称为"化工之母"是因为:

A.可以食用　 B.可以治病　 C.可制取盐酸等　 D.可作建筑材料

相关语句是"食盐除供人们食用外,还被誉为"化工之母",可制取盐酸、氯气、烧碱、苏打等等。岂知,食盐还可用作盖房子、架桥、修公路的材料……",很多考生选了D,但如果注意到"……苏打等等"后的句号,就明白"食盐被称为化工之母"和"盖房子、架桥、修公路"没什么关系。

再如样题71:

法律对家庭供养关系的作用是：

    C. 对权利和义务进行监督   D. 对权利和义务进行宣传

所关涉的句子是："国家<u>法律</u>总是<u>对家庭供养关系</u>予以明确的法律<u>规定</u>，将其限制在一定的 (权利和义务)之内。社会道德又通过舆论和习俗，对这些(权利和义务)进行保障和监督，使 其成为人们不能推卸的社会责任。"分析以后发现：D 不存在；C 的主语都是"道德"，C 的设 立乃是抹杀了"……之内"后的句号，把前一句的主语"法律"硬接过来的。

练习(三)

一、根据语段的意思，选择惟一正确的答案：

    1. 自从哥伦布发现新大陆后，16 世纪烟草从美洲传入欧洲，从贵族社会传入平民百姓， 盛行了几百年，如今在欧洲已面临厄运，不再被认为是社交工具，不再是表现绅士淑 女风度潇洒的装饰品，而被认为是一种公害。

    什么是一种公害？

    A. 哥伦布   B. 装饰品   C. 平民百姓   D. 烟草

    2. 有这样一些家庭，不少是独生子女家庭，家长对孩子不加约束，过于溺爱，毫无限制 地满足他们的物质需要，却缺少精神方面的有效教育，使子女变成了自私自利、贪图 享受、粗暴野蛮、丧失道德观念的人。

    什么人使孩子变坏了？

    A. 独生子女的家长   B. 缺少教育的家长

    C. 溺爱孩子的家长   D. 自私自利的家长

    3. 人们常常看到，每当某事某物在竞争失败后，它的一些拥护者，不是研究它败在何 处，何以失败，从而加以改进，提高它的竞争力，而是批评竞争对手太强，希望外部力 量来抑制和打杀对手，以保护自己的生存和发展。

    一些竞争失败者为什么要打杀对手？

    A. 为了研究自己失败的原因   B. 为了提高竞争力

    C. 不想让竞争对手变得更强   D. 为了保护自己的生存和发展

二、分析并理解下列句子的含义：

    1. 我们能探索广袤的宇宙，或在实验室里克隆羊，可是我们体内的生物钟还在以与石 器时代同样的节奏工作。

    2. 但是一切外国的东西，如同我们对于食物一样，必须经过自己的口腔咀嚼和胃肠运 动，送进唾液胃液肠液，把它分解为精华和糟粕两部分，然后排除其糟粕，吸收其精华，才能 对我们的身体有益，决不能生吞活剥地毫无批评地吸收。

    3. 照我的理解，用民族平等的原则来处理历史上的民族关系，并不是用一种简单的方 法把不平等的民族关系从历史上删去，或者从那些不平等的民族关系中挑选一些类似平等 而实际上不平等的史实来证实这个原则在古代中国已经实现，更不是把历史上的不平等的 民族关系说成是平等的；而是揭露历史上的不平等的民族关系，用历史唯物主义的观点，批 判的态度，指出那些不平等的民族关系的历史根源和历史实质。

    4. 交际策略指人们在用第二语言或外语进行交际时，在表达遇到困难的情况下所采取 的一种弥补语言知识欠缺的手段。

 **说　明**

快速阅读中,确切了解每个词特别是生僻词语的意思是不太可能的,因而通过上下文的线索来猜测或归纳词句含义就是一种必备的能力。例如【例3】中样题76的ABC三项都只是作者"运交华盖"的一个方面,归纳以上诸项才是该词在文中最合适的含义D。

常见错误

1.只根据字面意义来推断。如【例3】中样题77,若错选A或D,原因即在此;而B项仍只是文中所述"屋漏又遭连夜雨"的一个方面。

2.凭常识理解,未结合文章的具体情境。如【例3】中样题79,D与文章无关,C是字面理解,B最容易被错选,因为这是在人们常识中"天空任鸟飞"的一般含义,但在该文中此句却是活用义A。

应试策略与技巧

1.注意从事例、列举中归纳。像【例3】中样题76、77,容易被事例所迷惑。

2.注意上下文的并列、对比、反证等关系。如:

【例5】　※现在有了精神负担,对写出来的东西不满意,总是<u>一改再改</u>。这同我长期形成的写作习惯大不相同。我过去写东西,总是<u>一挥而就</u>的。

　　　　※我们应该<u>平等</u>地看待妇女,而不应该<u>歧视</u>她们。

3.寻找文章中的解释。如【例3】中样题79就有非常明显的解释"<u>我体会先生的意思是劝我胸襟坦荡,不要作茧自缚</u>",即使不明白"作茧自缚"这个成语,也能从"胸襟坦荡"推出选项A。

4.虽说可以通过上下文理解,若有条件,还是要多学一些成语、格言、俗语。可参看"听力理解"部分所列举的,下面练习中也补充了一些。

 练习(四)

一、根据上下文,说出画线词的意思:

1.这两年他<u>频繁</u>出国,先访问了美国、加拿大,后又去了西欧各国,最近又造访了泰国、印度、新加坡。

2.在青年人的想像中,50年代的恋爱一定十分<u>刻板</u>。其实我的一些同事与朋友当时的爱情却非常浪漫、有趣。

3.我曾多年从事教学,常讲古典小说,自然要讲《水浒》。我讲《水浒》就缺乏<u>田连元</u>那股子艺术吸引力。自然,教课与说书不一样,小说重视的是情节,说书重视的是细节。(——田连元是干什么的?)

4.安徽省的地方戏曲黄梅戏以其优美的音乐和舞蹈,特别是著名演员严凤英和马兰的出色表演,<u>赢得</u>了广大观众的<u>青睐</u>,看黄梅戏的人越来越多了。

5. 两个公司之间正在展开一次激烈的<u>角逐</u>,双方都尽了最大的努力,希望自己能在这场竞争中获胜。

6. 入夏以来,国家气象局的专家们每天都要工作十几个小时,有时甚至<u>通宵达旦</u>。

7. "<u>民以食为天</u>",我想,没有一个人不爱吃好吃的东西。

8. 俗话说,"<u>人往高处走,水往低处流</u>。"她想离开我们,去更大的公司发展,这也是人之常情吧。

9. 搞学问的人,通过对自己生活经历的反思,认为这样下去没什么意思,不如经商好,于是就<u>下海</u>了。

10. 如今很多电视剧都有一个共同的问题,"<u>不走路</u>"。一个搞对象的情节,敢拖上个五六集,中间又可能出现与剧情并不太相关的情节,也得一集两集。好容易等到一个高潮,屏幕上却响起了片尾曲——对不起,您等着吧。你能不着急?

二、学习下列画线的词汇及格言俗语:

1. 你想想看,谁愿意当<u>光杆儿司令</u>呢?

2. 要大力发展我们的<u>拳头</u>产品。

3. 搞研究,最重要的是不能有<u>门户</u>之见。

4. 老师没来上课,学生只好<u>放羊</u>。

5. A:你是老师,你出个价,我要<u>承包</u>你的知识,让我的儿子将来也上大学、出国、混个博士。

   B:你这是<u>梦话</u>!

   A:我睡得很好,从来不说<u>梦话</u>。

6. 朋友气恼之下情不自禁地冒出了一句:I will show you colors! 这是一句典型的中式英语:"<u>我要给你点颜色看看</u>!"只有懂英文的华人才能会意,洋人听了,<u>丈二和尚摸不着头脑</u>。

7. 老吴不善与人交流但又渴盼交流,所以经常振作精神,非常潇洒地加入<u>谈笑阵营</u>,最后<u>不得要领</u>,胡乱打了一圈招呼又讪讪而去。

8. 老师,您不能去,谁不知道那南子是祸国殃民的<u>狐狸精</u>。本来就有些小人制造您和她的<u>桃色新闻</u>,弟子们当然不信。您怎么能跟这种女人<u>不清不白</u>的,那往后弟子们不都成了好色之徒了!

9. 马路上人很少,远近散置着几个,好像山水画里的点缀。即使最繁华的乌节路,也决不能<u>望</u>中国的南京路、王府井之<u>项背</u>。顾客密度之小使人怀疑这些商场能否维持。

10. <u>当局者迷,旁观者清。</u>

11. <u>近水楼台先得月</u>,(向阳花木易为春。)

12. <u>良药苦口利于病,忠言逆耳利于行。</u>

13. <u>万事俱备,只欠东风。</u>

```
本课小结

主要考点与难点：①抓主旨②捕捉细节③理解长句④借助上下文理解词句

考生主要的错误：①抓不住关键词句或不能把信息点联系起来②遗漏某些重要细节或
被干扰细节迷惑③理不清长句各部分间的语法关系④仅凭字面或常识理解词句

主要应试策略与技巧：①找到关键词句，对文内线索进行归纳和推理②带着问题去读
文章，注意材料和问题之间的词句替换或同义表达③用缩略法理清句子成分、舍掉多
余信息，并注意重要的形式标志，如关联词、标点等④在上下文中寻找事例或解释，注
意上下文的并列、对比等关系
```

课后练习（一）

说明：1～11题，每段文字后都有若干个问题，每个问题都有 A B C D 四个答案，请读后根据
　　　文章内容选择惟一正确的答案。

1～3

　　大学生、研究生毕业以后，通常都喜欢到大城市、大单位工作。其实，这些地方虽然容易
出人才，但同时也可能埋没人才。某名牌大学一位中年学者向导师提出，他希望带一名助
手。这位年过七十、享受政府特别津贴的导师回答说："你带助手，谁给我当助手呢？"类似的
事情并不少见。在著名的高等院校和研究机构，一个常见的现象是，年轻人在相当长一段时
间内不能单独挑大梁。在科学界，经常流传着这样一句话："在某某单位是一条虫，出了某某
单位就是一条龙。"我并不一概反对年轻同志去著名高等院校和科研机构谋求职业，只是想
提醒那些已经在中小城市、一般院校和基层单位工作的同志不要失望。也许在一个较小的
地方，可以更快地成长。

　　1. 那位中年学者想带助手最有可能是因为：
　　　　A. 不愿给导师当助手　　　　　　B. 希望独立开展研究
　　　　C. 担心埋没了人才　　　　　　　D. 想去大城市工作
　　2. "单独挑大梁"的意思应该是：
　　　　A. 单独搞建筑设计　　　　　　　B. 自由自在地工作
　　　　C. 独立承担重要工作　　　　　　D. 享受政府特别津贴
　　3. 这段话的主要意思是什么？
　　　　A. 导师和助手之间的矛盾　　　　B. 小地方照样能很快成长
　　　　C. 年轻人多长时间后可以挑大梁　D. 到大单位、大地方是好的选择

4～6

　　应不应该取消现有户籍制度呢？其实，所谓"取消"，并不是立刻废止，中国户籍制度的

改革一定要与经济改革和政治改革同步,在经济和政治改革没有完全到位之前,对户籍制度只能限于修修补补,同时为进一步改革作铺垫和准备。这也是中国改革的一个特点。

现行户籍制度的废止一定要具备以下两个条件:一是国家完全取消对城市和城市居民的补贴;二是中国实现了不同区域的均衡发展。只有实现了这两个条件,分割城乡的户籍制度才能说到了寿终正寝的最佳时机。而现在各个省市进行的户籍制度改革,都是从本地区的利益出发,希望更多的吸收人才,但又不想承担增加人口所带来的压力和就业负担,而且现在城市中下岗工人的就业也是一个亟待解决的问题。因此,现在的城市户籍制度改革并不能看做是具有方向性和全局性的,它只是各个地方政府追求本地方利益最大化的一个手段,从全国范围来说,这种改革只能解决一时的问题。要想从全局的角度解决户籍制度的问题,国家必须要制定阶段性的政策,必要的时候要用行政强制力保证实施。

4. 最适合作本文标题的是:
    A. 应不应该取消现有户籍制度   B. 现有户籍制度应该改革
    C. 何时才能取消现有户籍制度   D. 中国的户籍制度改革

5. 现在各地的户籍制度改革:
    A. 能解决下岗工人的就业问题   B. 代表的只是地方利益
    C. 想缓解人口增加带来的压力   D. 代表了某种改革方向

6. 根据本文,户籍制度改革:
    A. 是为进一步改革作铺垫和准备   B. 需用行政强制力保证实施
    C. 有助于实现不同区域的均衡发展   D. 应当分阶段、逐步地进行

7～11

我青年时,如痴如醉地爱好文艺,也写点文章投稿。但从来没有想到向名家请教,给人家写信,更没有机会去拜访名家。也可能是因为当时没有写出像样的东西,更没有出过书,没有资格这样做。若干年以后,能出书了,也没有给名人送过书。编刊物,也很少向名人约稿。只是守株待兔,等候着青年人的投稿。所以身在文艺界,和文艺界的名人接触不多。

记得在延安,我发表几篇小说后,周扬同志曾到我的住处,看望我一次。也没有地方坐,站着和我说了几句话,就走了。当时我是鲁艺文学系的教员,他是院长。那时鲁艺名家如林,我也不记得到谁的住处闲谈过。我自幼性格孤僻,总是愿意独来独往。

我认为,别的艺术门类,或许需要名家亲手指点;文学一事,只要认真读名家的作品就可以了。千古名师,也无非叫你多读多写。文学,靠的是本身的素质和坚韧的努力。

7. 根据这篇文章,作者年轻时:
    A. 常常喝得大醉   B. 写了很多作品
    C. 很少有机会接触名人   D. 不敢给名人写信约稿

8. 符合作者情况的是:
    A. 只等着发表青年人的作品   B. 名人常常得到他送的书
    C. 没有写出过像样的东西   D. 给他的刊物写稿的名人很少

9. 关于作者在延安时的情况,我们可以知道:
    A. 生活得相当不错   B. 在文学系当老师
    C. 不理睬周扬院长   D. 很愿意跟人来往

10. 作者曾做过不同的工作。文中没有提到哪一种？

    A. 记者   B. 编辑   C. 作家   D. 教员

11. 本文的主要意思是什么？

    A. 拜访名家没有用   B. 搞文学全靠自己

    C. 成为名家的经验   D. 鲁艺有很多名家

课后练习（二）

下面共有 18 题,请用 18 分钟做完:

1～2

32 年前,第一次离家来杭州,经过绍兴时觉得两眼一亮又一亮。这不断的"亮",不仅是绍兴四周都有清清的流水,更在于那清清流水上面,总悠荡着一条又一条乌篷船。

我从小在海边水乡长大,别的大话不敢说,与内地的人相比,"走过的桥比你走过的路多"这样的牛皮,似乎还可以吹上一两句。殊不知,同是浙江,绍兴这水乡,就和我们家乡的水乡大有区别。绍兴这些乌篷船的船形,也和我们家乡的木船大有区别。而船家的划船方法,也和我们家乡大有区别!

不是吗? 我们那儿的船家划船,不管大船还是小船,不管单桨还是双桨,一律都用双手。绍兴却不然,他们不用手,用脚! 第一眼见到时,我也是好惊讶! 这真是悠闲的聪明,聪明的悠闲! 再仔细看船行速度,我又实实在在放了心:那船走起来,竟半点不比两手摇的慢!

1. 作者把乌篷船和自己家乡的木船做了比较。除了划船方法外,它们的不同还表现在什么地方？

    A. 船的大小   B. 船行速度   C. 船家多少   D. 船的形状

2. "走过的桥比你走过的路多"是说自己比别人:

    A. 走得快   B. 喜欢旅游   C. 经历丰富   D. 效率更高

3～4

一般说来,说汉语的人都有比较强的语言节奏感,说话写文章都知道要节拍匀称。例如,我们比较喜欢让单音节和单音节配合,双音节和双音节配合,觉得这样说起来才顺口,"报"和"杂志"连着说,总爱说成"报纸杂志",不大说"报杂志","阅读书报"不大能说成"看书报"或"读书报",但是可以说成"看书'"、"看报"或"读书'"、"读报"。

写文章也要求节拍匀称。曹禺《北京人》里有这样一段话:"你看,这就是当初的北京人。那时候的人要爱就爱,要恨就恨,要哭就哭,要喊就喊,他们自由地活着,没有礼教来拘束,没有文明来捆绑,没有虚伪,没有欺诈,没有阴险,没有陷害,太阳晒着,风吹着,雨淋着,没有现在这么多吃人的礼教同文明,而他们是非常快活的。"这段文字读起来节拍分明,铿锵有力。这类例子是举不胜举的。每一位提笔写文章的人都有如何使节拍匀称、单双音节配合妥当的经验,这是不需要语音学知识就能做到的,也是汉语语音特点在一个方面的反映。

3. 这篇文章的主要内容是:

    A.《北京人》的语言艺术   B. 语音学知识给人的帮助

    C. 如何使单双音节配合妥当   D. 说话和写文章要节拍匀称

4. 根据曹禺的话,"当初的北京人"最大的特点是什么?

    A. 一会儿哭一会儿笑   B. 对礼教和文明没有好感

    C. 比现在的人更自由更幸福   D. 没有现在的人生活条件好

5~8

    几年前,报章媒体曾为某公司试行销售收入按比例提成而争论不休,担心造成员工收入差距太大。如今,国家劳动和社会保障部传出信息,企业将根据劳动力市场的合理价格确定职工工资水平,从而拉开各类人员工资收入的分配差距。

    据介绍,即将实行的以岗位工资为主的基本工资制度,主要是根据现代企业工资收入分配及人力资源管理的特点,由各企业进行科学的工作岗位设置、定员定额和岗位测评,据此推行岗位绩效工资制、岗位薪点工资制、岗位等级工资制等各种形式的岗位工资制。

    与此同时,企业还可以根据生产经营特点采取灵活多样的工资支付形式,诸如计件工资、浮动工资以及营销人员的销售收入提成等。对于董事会和经理层的成员,则可以按照责任和贡献取得报酬。企业具备条件以后,董事长、总经理可以试行年薪制,科技人员可以实行按岗位、任务和业绩确定报酬的工资收入分配制度。

    事实上,上海市一些国有企业为留住科技人员,已经改革了传统的工资分配制度,逐步开始工资谈判。在平等自愿的基础上,科技人员工资的具体数额由企业人员与科技人员谈判确定。

    在南京,一些国有企业针对大学生、研究生对收入状况不满的问题,相继打破传统的工资制度,对新进的大学生、研究生实行协议工资制,使其实际收入增长 30% ~ 50%。有的企业还想出"新招",研究生、大学生的协议工资由技能工资、各项补贴和"借款"工资组成,月收入分别超过 1500 元和 1000 元。

    显然,实行以岗定薪的多元化工资制度,为稳定企业、留住人才发挥了积极的作用。

5. 属于传统的工资分配制度的是:

    A. 工资谈判   B. 协议工资   C. 岗位工资   D. 以上皆非

6. 实行新的工资制度的效果,本文未提到:

    A. 留住人才   B. 增加员工收入

    C. 稳定企业   D. 拉大收入差距

7. 以下各种工资分配办法,尚未实行的是:

    A. 谈判确定科技人员工资   B. 对新进的大学生实行协议工资

    C. 董事长和总经理实行年薪制   D. 销售收入按比例提成

8. 岗位工资制的主要内容是:

    A. 以岗定薪   B. 协议确定工资   C. 技能工资   D. 销售收入提成

9~12

    在相当长的一段历史时期内,"个人主义"在汉语中是一个贬义词,是应被批判的思想。与许多西方社会相比,现代中国社会更加主张个人服从集体,"大公无私"、"毫不利己,专门利人"是人们崇尚的美德。不过,近年来,中国人的观念发生了相当大的变化,在什么是个人主义、个人主义是不是有积极意义等问题上也出现了越来越多的不同看法。例如,西方记者曾问中国电影演员刘晓庆:"你认为中国电影界最优秀的女演员是谁?"刘答:"是我。"这一回答是不是过于突出个人,过于狂妄? 人们提出了不同见解。(据报道,也曾有记者问过奥林匹克十项全能冠军英国人 Daley Thompson:"谁是最佳的十项全能运动员?"答曰:"我。"此回答并没有在西方世界引起争论。)又如,中国著名乒乓球运动员何智丽曾拒绝了教练让她把争夺世界冠军的机会让给队友的要求,并成功地摘取了世界冠军的桂冠。这种行为是不是"个人主义",应褒应贬? 人们的看法也不完全相同。这些似乎说明,中国人(至少是某个中国社会群体)对于"个人主义"的看法正经历着由贬向褒的转变。

9. 本文要说的是:

    A. 个人主义观点受批评的时间很长   B. 持个人主义态度的中国人在增多

    C. 西方社会比现代中国更重视个人   D. 中国人认为大公无私是一种美德

10. 文中提到,"近年来,中国人在观念上发生了相当大的变化"。这指的是:

    A. 很少有人主张个人服从集体了   B. 对什么是个人主义有了不同看法

    C. 个人主义变成了人们崇尚的美德   D. 人们接受西方对个人主义的看法

11. 关于刘晓庆和何智丽,下面哪句话无法确定?

    A. 刘晓庆是最优秀的女演员   B. 有人认为刘晓庆非常狂妄

    C. 何智丽曾取得过世界冠军   D. 何智丽拒绝过教练的要求

12. 本文的结论是:

    A. 西方国家对个人主义的看法值得学习

    B. 在个人主义问题上大家的争论很激烈

    C. 演员和运动员的个人主义思想更明显

    D. 部分人开始认为个人主义有积极意义

13～18

前面是红灯,我和自行车停下来等候。可身后的行人、自行车、汽车不断地向前涌去,而左右两边的车当然更不会让步,终于堵死在十字路当中。这时我听到一个清脆的童声问:"妈妈,我们为什么不遵守交通规则——红灯停绿灯行?"年轻的妈妈用同样清楚的声音回答后座上的孩子:"北京没有红绿灯!"

一个民族的文化传递,从社会的层面来讲靠知识分子、靠教育,从家庭的层面来讲则靠母亲,二者之中又以后者为更基本、更稳固。社会动乱可以扼杀知识、中断教育,而家庭却始终存在。用一句略嫌简单的话来说,父亲建造文明,母亲传递文明。我在和一位德国朋友的交往中,发现他有很多又很细腻的好的生活习惯,诸如文明、卫生、自立、尊重他人,其中不少使我惭愧,因为我没想到过而且也不会。我不小心问了他一句这些东西都是从哪儿了解到的,他想也没想就说"都是妈妈教的呀",见我沉吟不语,便又若有所悟地反问:"你的妈妈不教吗? 她不爱你吗?"我沉默了很久。我的妈妈当然爱我,不比他妈妈爱他的程度差,可是我妈妈没有教给我这么多。我想这不是妈妈的责任,她们的时代和社会,没给她多少健康、有益的东西。她们也许曾在她们母亲那里瞥见过一些美好的影子,可是外在的力量又将之剥掠殆尽,但我的经验告诉我,她们的内心仍然保存了一些东西。我相信她们已经把已知的好的全部教给了我们。

而这位妈妈却说:"北京没有红绿灯。"

<u>难道我们这一代做母亲的,就注定只能是一点残存的残存吗? 甚或连这一点点也不能保有?</u>

也许这位妈妈只是一时愤激之语。如果我们深入到她的生活细细追究,也许我们可以找到无数个理由原谅她。但不管有什么理由,她这次的回答仍是极不负责的。自己受到过不公正的对待,以此告诉孩子要维护公平、追慕正义,这是教育;自己受到过不公正的对待,就告诉孩子也要以不公正对待他人,这却是教唆。我在公共汽车上见过因推倒比自己更小的儿童去抢座的孩子受人责备而大打出手的母亲;我还看到过一幅漫画,母亲在儿子背上刺的四个字是"升官发财"。这就是一个有过孟母三迁、岳母刺字故事的古老民族的今天? 假如今后有了孩子,难道我也会像她们一样?

一位我素来敬重的老师的夫人是香港人,有一次师母在谈到香港社会时自豪地说:"香港的家庭是健康的,它的细胞是健康的。"言下之意是,因此香港社会能有今天的繁荣;言下之意还是,内地的细胞则不怎么样。我想她批评内地的家庭不健康,肯定不是指离婚率、单亲家庭之类,这些香港可能更高更多。

常常听到人说,一个民族的希望,要看这个民族的儿童。我却在私心里常常感到,一个民族的真正的希望,更应该看这个民族的母亲。

13.这位妈妈说"北京没有红绿灯"的意思是:

    A.北京的红绿灯不能用   B.北京没有足够的红绿灯

    C.北京有红绿灯但没有信号   D.在北京不用管红绿灯的存在

14.作者认为这位妈妈:

    A.不值得原谅   B.有教唆之嫌

    C.不是民族的希望   D.受到过不公正对待

15.根据本文不能确定作者的母亲是否:

    A.文明、卫生、自立、尊重他人   B.把已知的好的全部教给了孩子

    C.和别的妈妈一样爱自己的孩子   D.生活在不太好的时代和社会里

16.画线句子所表示的担心是:

    A.我们这一代的母亲只是一点残存的残存

    B.做母亲的怎样才能保有这一点残存

    C.我们这一代做母亲的什么都不能保有

    D.我们这一代做母亲做得更加糟糕

17.以下各种母亲,作者未曾见过:

    A.因为孩子被批评而打人   B.骑自行车不守交通规则

    C.在儿子的背上刺字   D.欣赏女儿的模特步

18.关于作者,我们可以知道:

    A.比较年轻   B.是位母亲   C.喜欢骑自行车   D.有个香港老师

下面共有 21 题,试试用 21 分钟做完:

1~2

昨天晚上,家里吃白兰瓜。我的一个小孙女,还不到三岁,一边吃,一边说:"白兰瓜、哈密瓜、黄金瓜、西瓜,这些都是瓜。"我很惊奇了:她已经能经过自己的归纳,形成瓜的概念了(没人教她)。这表示她的智力已经发展到了一个重要的阶段。凭借概念进行思维,是一切科学的基础。她奶奶问她:"黄瓜呢?"她点点头。"苦瓜呢?"她摇摇头。我想:她大概认为瓜是可吃的,并且是好吃的(这些瓜她都吃过)。今天早起,又问她:"苦瓜是不是瓜?"她还是坚决地摇了摇头,并且说明她的理由:"苦瓜不像瓜。"原来在她的"瓜"的概念里除了好吃不好吃,还有一个像不像的问题(苦瓜的表皮疙里疙瘩的,也确实不大像瓜)。

1. 根据文章内容,下面正确的是:

    A. 小孙女知道哈密瓜是瓜,因为奶奶教过她

    B. 小孙女的智力发展已到了归纳概念的阶段

    C. 小孙女判断是否是瓜的标准就是:能不能吃

    D. 小孙女认为苦瓜和黄瓜一样,都是瓜

2. "这些瓜她都吃过"中"这些"指的是什么?

    A. 白兰瓜、哈密瓜、黄金瓜、西瓜和黄瓜

    B. 白兰瓜、哈密瓜、黄金瓜、西瓜

    C. 本文提到的所有的瓜

    D. 苦瓜和黄瓜

3~5

说到健康之道,免不了就得说到体育运动。这当然没有错。不过在我看来,体育与运动并不简单地就是一回事,而是可以分开的。体育是体育,运动是运动,其中的区别就在于是不是包含着"竞技"的成分。

记得从小学开始就不喜欢上体育课,但是很喜欢运动,尤其是在室外。不喜欢体育课的原因很简单。它强调训练、技能,还要测验,计算成绩,和别的课没有什么两样。老实说不但锻炼不了多少身体,实际反倒束缚了身心的自由发展。譬如,100 米跑了 10 秒还是跑了 20秒,引体向上是做了三次还是五次,以及能不能跳过横放在前面的鞍马之类,对于学生来说有什么大不了的呢? 稍稍细想,体育课设置的这些训练项目,其必要性是大可怀疑的。这种设置的依据是通常的体育比赛,而不是正处在发育阶段的孩子们身心健康的需要。

3. 这段话的作者认为:

    A. 健康和体育运动无关   B. 体育和运动都不简单

    C. 体育中包含了"竞技"   D. 小学不应该有体育

4. 根据这段话,作者:

    A. 愿意在户外上体育课   B. 引体向上只能做三次

    C. 体育课的训练成绩不好   D. 认为体育课不应强调技能

5. 根据文章内容,下面哪句话不对?

A. 大部分课都要测验、计算成绩　　B. 体育课对孩子的身心健康有帮助

C. 设置训练项目应根据孩子的需要　　D. 鞍马是体育课的一个训练项目

6~8

谈判地点在本国境内一般对东道主有利,这不仅因为情况熟悉,更重要的是可以担任会议主席,有权安排会议日程,能更顺利地达到自己的"战略"目的。开会时,两方要相对入座,不可混杂,以免对方窥见自己的记录。一次会议只可持续两三小时,不可过长。中间应有休息时间,以便有空请示上级。同时,休息期间,双方可进行非正式接触。这种非正式接触对于达成协议常有一定的作用,因为非正式场合便于双方互作暗示或提出建议。会议的第一阶段有两三天就足够了,然后转入第二阶段。有的国家政府常常连续作战,使对方无喘息时间,但这种做法一般不受欢迎。有的外国公司常在会议期间去邻国度周末,实际上是利用第三国的通讯设备向上级请示,因为他们担心在东道国这样做会泄露消息。

6. 关于谈判,下面哪种情况不太常见?

　　A. 会议日程由东道主安排　　B. 开会时宾主应该分开坐

　　C. 会议主席由双方轮流担任　　D. 自己的记录不让对方看见

7. 本文告诉我们:

　　A. 会议时间越长越好　　B. 非正式接触也有作用

　　C. 东道国的通讯条件不好　　D. 休息期间要让对方轻松

8. 从本文中可以了解到,谈判时:

　　A. 应该互相暗示　　B. 不必请示上级　　C. 不要泄露消息　　D. 应去国外度周末

9~11

人们从事建筑活动,花力气最多、花钱最多的地方是建筑物的实体方面:地基、墙垣、屋顶等。但是人们真正需要的却不是这些实体,而是由这些实体围起来的"空"的部分,即所谓的建筑空间。现代建筑师都把空间的塑造作为建筑创作的重点来看待,给予了足够的重视。

人类对建筑空间的追求是人类按自身的需求进行社会实践的结果,是自有建筑以来的永恒课题。从原始人定居山洞、搭建最简易的窝棚到现代建筑空间,其间经历了漫长的发展过程。推动建筑空间不断发展创新的,除了社会的进步、新技术和新材料的出现以外,最重要的就是人们不断发展变化着的对建筑空间的需求。人与自然的接触,有不同的情况,所要求的建筑空间也不一样。人为了满足自身生理和心理的需求建造了私人居室,为适应宗教信仰的需要建造了寺庙和教堂,为了进行政治活动建造了官邸和宫殿,交往和流通的需求则促进了商店、剧院、学校等的建设,与大自然的接触和交往中,人们又创造出了园林……总之,人们的社会生活越发展,建筑空间的形式必然会越丰富,设计水平也越来越高。

9. 这段话告诉我们:

　　A. 从事建筑活动时花力气最多　　B. 建筑物实体是人们真正需要的

　　C. 建筑物实体是花钱最多的地方　　D. 得到建筑空间花力气不多

10. 关于建筑空间,下面哪句话不对?

　　A. 是建筑创作的重要部分　　B. 是现代人面临的新课题

　　C. 随着社会的变化而发展　　D. 是人类自身活动所需要的

11. 与人际交流关系密切的建筑是:
    A. 住宅、园林　　　B. 宫殿、官邸　　　C. 商店、学校　　　D. 寺庙、教堂

12~15

　　记者从本市法院了解到,最近陆续有一些男士到法院来告状,要求和经常在家中施暴的妻子离婚,并按照新《婚姻法》的有关规定,提出了精神损失赔偿,这种事情法官们在以往的离婚诉讼中所见不多。

　　家住房山区的侯先生和妻子是1989年结的婚,婚后生有一女,俩人常因家庭生活琐事发生矛盾。1991年8月24日,他一气之下殴打了妻子,结果妻子趁他熟睡之机,用斧头在他的头部猛砍了七斧子,妻子因犯故意杀人罪被判处有期徒刑6年。侯先生因受伤留下了后遗症,欠下不少外债。今年4月25日侯先生的妻子诉至法院要求离婚,在诉讼中,侯先生根据修改后的婚姻法中规定的"实施家庭暴力而导致离婚的,受害者有权提出赔偿请求"的条文,向妻子索赔经济损失10万元。妻子承认自己的行为给丈夫造成了巨大的损失,但现在经济困难,请求丈夫予以谅解,最后以妻子赔偿丈夫经济损失5万元达成协议。

　　此前,本市法院受理的离婚诉讼中,女方因为不堪虐待或"第三者"要求离婚赔偿的居多,为何现在男士也纷纷来法院诉苦呢?有法官认为,实际上现实生活中,不堪"河东狮吼"者并不少,但是为了面子,大多数男士不愿意说,而且也没有类似妇联这样的机构给男士提供帮助,所以除非事情已严重到发生伤害案件,很多人选择了"家丑不可外扬"。如今新《婚姻法》出台,为受气的男士们撑了腰,所以不少人希望借助法律的支持,改变目前的生活并维护自己的权益。

12. 哪句话不符合本文原意?
    A. 新《婚姻法》有关于家庭暴力赔偿的条款
    B. 妇联机构也应给男士提供帮助
    C. 以前提出离婚赔偿的多是女方
    D. 丈夫受到妻子施暴的情况外人不容易知道

13. 侯先生被妻子砍伤的起因是:
    A. 他睡得太死　　　B. 家庭生活琐事　　　C. 他打了妻子　　　D. 经济损失很大

14. "河东狮吼"说的是:
    A. 妻子虐待丈夫　　B. 丈夫虐待妻子　　　C. "家丑不可外扬"　　D. 发生家庭暴力

15. 和"撑腰"意思最接近的是:
    A. 受气　　　　　　B. 帮助　　　　　　　C. 给予支持　　　　D. 维护权益

16~21

　　从现有城市发展的角度来说,取消户籍制度对城市发展是不利的。中国现在的大城市,大多数(不包括深圳等享受特殊政策的经济特区)是从政治中心发展成为地区经济中心的,从现有的发展情况来说,由于其工业发展水平不高,因此对劳动力的吸纳能力极为有限。此外,如果放开城市的户口,大量的、低层次的农业剩余劳动力将潮水般流向城市,从而引发"城市病",而且主要对象是东部发达城市。也许有人会说,现在城市中不也存在大量的民工吗?但是并没有出现"城市病"。这恰恰是因为没有放开大城市户口的缘故。由于没有户

口,这些民工在城市中无法定居,过着"候鸟"般的生活。而且,由于没有户口,外出的民工大多数是同乡结伴而行,如果能够定居,那么他们将以家庭为单位居住在城市的边缘地带,形成巨大贫民窟。许多拉美国家的城市化情况就是最好的例证。

而且,对中、西部中等发达或不发达城市的发展来说,放开户口同时会导致优秀人才的外流。这部分外流的人才是城市发展最重要的人力资本,他们的流失,对一个城市(尤其是中、小城市)来说,是致命的打击,会使城市竞争力在很长的一段时间内持续下降。

从中国城市化发展的角度来说,现在也不是放开城市户口的最佳时机。中国的城市化,要走一条靠发展小城镇和新城市、吸收剩余劳动力的道路,而不是靠无限制扩大现有城市的规模。这就需要大批的技术、管理人才和数量巨大的工厂工人,而放开城市户口,会将新城市发展最重要的人才吸引走。而且,对于新兴城市来说,其主力是工厂工人,就现在的实际情况看,纯粹的农民是不适应现代大工业对劳动力的需求的,因为纯粹的农民对新知识技能掌握得不够;同时由于小农经济的影响,农民纪律性较差,缺乏分工协作精神,这也会影响到工作的效率。作为工人的劳动力的最佳选择是农村中受过初等教育和初、中级职业技术培训的农民和外出打工积累了一定工作经验的农民。而这部分人如果在大、中城市落户,中小城镇将面临着所需劳动力的短缺,而且,这种短缺将是结构性的。

从更长远的角度看,如果现在立刻改变现有户籍制度,在若干年之后,中国将会出现东部地区人口的极度膨胀,而西部落后地区则会比以前更落后。当然,就拉美国家来说,大量的人口转移到城市,使农村土地得到集中、机械化生产成为可能,促进了农业的发展。转移到城市的那部分农业剩余劳动力,虽然很多人生活在贫民窟中,但他们的生活水平和质量仍然要高于农村;而且,随着城市的高速发展,提供了更多的就业机会,逐步消化掉城市中剩余的劳动力。

但中国的情况不同于拉美和亚洲某些发展中国家,中国国土面积广大,而且西部很多地区是少数民族的聚居区,那里经济发展落后,人才缺乏。如果只剩下不能和不想转移到发达地区的人的话,东部和西部的差距就不仅仅是经济上的,更会导致文化上的不相容,这对于一个多民族的大国来说是最可怕的——这不只是一个经济问题,它还涉及到国家的稳定和团结。

16. 取消城市户籍制度不可能:

    A. 增加对劳动力的吸纳力　　　　　　B. 引发"城市病"

    C. 导致中小城市人才外流　　　　　　D. 拉大东西部差距

17. 中国的大城市:

    A. 城市竞争力不强　　　　　　　　　B. 往往是地区政治中心

    C. 急需剩余劳动力　　　　　　　　　D. 工业发展水平比较高

18. "城市病"是指:

    A. 民工无法定居,过着"候鸟"般的生活

    B. 农业剩余劳动力像潮水般涌向城市

    C. 在城市的边缘地带出现巨大的贫民窟

    D. 城市中存在大量的、低层次的民工

19. 关于农民,下面哪种说法不对?

　　A. 纪律性比较差　　B. 很难分工协作　　C. 工作效率不高　　D. 技能掌握不够

20. 拉美国家的城市化:

　　A. 阻碍了农业机械化　　　　　　　　　B. 治愈了"城市病"

　　C. 使移民生活水平下降　　　　　　　　D. 带来更多就业机会

21. 取消户籍制度对西部的不良后果,本文未提到:

　　A. 造成东西部文化上的隔阂　　　　　　B. 少数民族不能转移到发达地区

　　C. 可能影响到国家的稳定和团结　　　　D. 西部地区的经济更加落后

练习答案

练习(一)

一、1. C　2. A　3. B　4. A

二、文章一:杰出作家写的也不全是杰作。当他们处于少年时期,情况尤其是如此。

　　文章二:在养动物这件事上,感情和趣味的需要也很重要。

　　文章三:文学作品的语言不是外部的东西。它是和内容同时存在,不可剥离的。

练习(二)

1. D　2. C　3. C

练习(三)

一、1. D　2. C　3. D

练习(四)

一、1. 多次、经常　2. 不浪漫、没意思　3. 说书的　4. 受欢迎　5. 竞争　6. 开夜车

7. 人们都重视吃的　8. 谁都想要更好更高的位置　9. 经商　10. 剧情太慢、太拖沓

课后练习(一)

1. B　2. C　3. B　4. C　5. B　6. D　7. C　8. D　9. B　10. A

11. B

课后练习(二)

1. D　2. C　3. D　4. C　5. D　6. B　7. C　8. D　9. B　10. B

11. A　12. D　13. D　14. B　15. A　16. D　17. C　18. A

课后练习(三)

1. B　2. C　3. C　4. D　5. B　6. C　7. B　8. C　9. C　10. B

11. C　12. B　13. C　14. A　15. C　16. A　17. B　18. C　19. D　20. D

21. B

第五单元 综合表达

〜〜〜〜〜〜〜〜〜〜〜〜〜〜〜〜〜〜〜〜〜〜〜〜〜〜〜〜〜〜〜〜〜〜〜〜

"综合表达"是 HSK(高等)中的第三项,共 40 小题,考试时间为 40 分钟。它包括四个部分:挑选错误题、词语填空题、排列句序题、汉字填空题。这四个部分在考查内容上各有侧重,又相互联系,特别是其中的考点与难点。考生要注意融会贯通,灵活掌握。

第一课

题型与特点

题型

挑选错误题是从 81 题到 90 题,共 10 道。它的题干是一小段话,每段话都画出了 A、B、C、D 四个部分,让考生从这四个部分中选出一个有错误的部分。如:

【例1】

古往今来许多的人们梦想当皇帝,可清朝的顺治当了皇帝以后却又非去当和尚,这究
　　　　　　　A　　　　　　　　　　　　　　　　　　　　　　B

竟是为什么? 该书从不同的角度,回答了这一问题。
　　　　　　　　C　　　　　　　D

正确答案:[A]   (样题第 82 题)

特点

挑错题偏重考查考生的语法知识和能力,病句包括语法结构、词语搭配、语体色彩、逻辑关系等方面的错误。

考点与难点(一)　汉语的几种主要句式

一、"把"字句

 说明

1. 某一事物原不存在,后通过某种动作产生出来。表示此意义时,不用"把"字句。如:

　　(✗)她把女孩生了。　　　　　　　　(✓)她生了一个女孩。

140

2. "把"后的宾语应是确定的,或是说话的双方都已经知道的。如:

(✕)你把一本小说看一看。　　　　(✓)你把这本小说看一看。

3. "把"后的动词必须是动作性动词,而表示关系、心理的动词,像"是、有、像、属于、知道、喜欢"等都不能用于"把"字句。如:

(✕)我把这件事知道了。　　　　(✓)我知道了这件事。

4. 因为"把"字句表示的是某种事物由于某个行为而发生了某种变化,受到了某种影响,产生了某种结果,因此"把"字后的动词一般不单独存在于句中,常常带有表示"变化"、"影响"、"结果"的后附成分,至少要在动词后加"了"或重叠动词。如:

(✕)他把杯子打。

(✓)他把杯子打了。　　　　(✓)他把杯子打碎了。

5. 助动词、否定词要放在"把"字前,不能放在"把"字后的动词成分前。如:

(✕)我把感冒药应该吃了。　　　　(✓)我应该把感冒药吃了。

(✕)我把作业没做完。　　　　(✓)我没把作业做完。

【例2】
未到五十,白发便纷纷冒了出来。妻子买来一瓶染发水,让我把头发染。我生性守旧,
　　　　　　　　　　 A 　　　　　　　　　　　　　　　　 B 　　　　　　　　　 C
顺手把它放在一边达两年之久。
　　 D

(样题第81题)

这道题的答案是B。错因是"把"后的动词"染"后面没有任何成分。"让我把头发染"可以改为"让我把头发染(一)染"、"让我把头发染了"、"让我把头发染黑"。

二、被动句

说　明

1. 与"把"字句相同的有两点,一是"被"字句的动词后也多有说明结果的成分,二是助动词、否定词等要在"被"字前出现。这里不再举例。

2. 被动句除了"被"字句以外,还可以用"叫、让、给"。但要注意的是"被、给"后可以直接出现动词,"让、叫"则不行。另外,有时"给"也出现在已经使用了"被、叫、让"的动词前。如:

(✓)他被/给打了一顿。

(✓)他被/叫/让爸爸给打了一顿。

(✕)他叫/让打了一顿。

3. "受,受到"也可表被动,除了"受到欢迎、受到埋怨"等,有一些固定的搭配应该掌握,如"受……之托"。另外,"挨"也表示被动,但是它后面的动词应是贬义的。

【例3】
如果一个人没有别人尊重的感觉,他就不会尊重别人,不会去尊重社会的规范,这是
　　　　　　　　　　　　　　 A 　　　　　　 B 　　　　　　 C
非常危险的。
　　 D

(模拟考试(一)第83题)

这道题的答案是 A。错因是从句子的意思来看,"一个人"应该是处于被动的状态,因此 A 句中少了一个"被",即"如果一个人没有被别人尊重的感觉"。

三、比较句

 说明

汉语中表示比较的方法有多种,常用的有"比"、"跟"、"有"、"不如"等。特别要注意的是用"比"、"跟"、"有"时,三者的句式不同,在使用时不要混淆。即:

1. A 比 B+形容词/动词+(得 …/数量成分)。如:
   哥哥比弟弟高得多。

2. A 跟 B+一样/不一样+(形容词)。如:
   哥哥跟弟弟一样高。

3. A 有 B+(这么/那么/这样/那样)+形容词。如:
   弟弟有哥哥那么高。

另外,现代汉语中也有用文言词语表示比较的。如:

(1)……于:胜于、强于、大于、小于、无异于、不亚于、相当于

(2)……过:胜过、赛过

(3)……似:胜似、深似、恰似

【例 4】

"胜利 2 号"钻井船的船体结构,跟"胜利 1 号"复杂得多,真可以说 是一个庞大的系统
$\quad\quad\quad\quad\quad\quad$ A $\quad\quad\quad\quad\quad\quad$ B $\quad\quad\quad\quad$ C $\quad\quad\quad\quad$ D
工程。

(样题第 87 题)

这道题的答案是 B。错因是"跟……复杂得多",它混杂了用"比"和用"跟"这两种比较句式,应改为"比……复杂得多"。

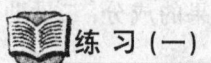 练习(一)

从画线的四个部分中选出有错误的一项:

1. 优越的生活环境,顺利的成长环境和开放的文化环境,把你不同于以往的偶像,你本
   $\quad\quad\quad\quad\quad\quad\quad$ A $\quad\quad\quad\quad\quad\quad\quad\quad\quad\quad\quad\quad\quad\quad\quad$ B
   来就是新世纪的宠儿,应有更自然更从容的表现,以担当新世纪的偶像。
   $\quad\quad\quad\quad\quad\quad$ C $\quad\quad\quad\quad\quad\quad\quad\quad$ D

2. 占世界人口五分之一的中国,早在 1995 年,就超过了 12 亿人,比建国初的 5.4 亿人
   $\quad\quad\quad\quad\quad$ A $\quad\quad\quad\quad\quad$ B $\quad\quad\quad$ C $\quad\quad\quad\quad\quad\quad$ D
   翻了一番更多。

3. 比成百上千元一张的音乐会门票、30 元一场的进口大片,电视算得上是最便宜的文
   $\quad\quad\quad\quad\quad\quad\quad\quad$ A $\quad\quad\quad\quad\quad\quad\quad\quad\quad\quad$ B
   化消费了,可谓一次投资,全家老小长年受益。
   $\quad\quad\quad\quad\quad\quad$ C $\quad\quad\quad\quad\quad$ D

4. 通过服装来摆脱闹市,是很多人的梦想,有什么比阳光、蓝天、森林、溪流、温情很贵
   $\quad\quad$ A $\quad\quad\quad\quad\quad\quad$ B $\quad\quad\quad\quad\quad\quad$ C

重的呢,它们都将是未来时装的主题。
　　　　　　　　　D

5.别以为我是药罐子, 几乎每个家庭都会有我这样的人：疾病隐患都会当做疾病来治
　　　　A　　　　　　　　　　　　B　　　　　　　　　　　C
疗;某些指标需要日常检测和校正。
　　　　　D

 考点与难点(二)　　补语

一、趋向补语与宾语的位置

 说　明

　　1.简单趋向补语是"来、去"时,处所宾语应在动词后,"来、去"前。如:

　　　　　回家去　　　　　上楼来

　　简单趋向补语不是"来、去"时,处所宾语应在补语的后面。如:

　　　　　跑上楼　　　　　开回家

　　2.处所宾语应在复合趋向补语之间,一般宾语则也可以在复合趋向补语的后面。要注意的是如果一般宾语在动词和补语之间,多表示命令或要求。如:

　　　　　老师走进教室来。

　　　　　他们抬进一张桌子来。　　　　　他们抬进来一张桌子。

　　　　　你们去抬一张桌子进来!

　　3.复合趋向补语"下去"后不能带宾语。如:

　　　　　(×)我还要学下去汉语。　　　　(√)汉语我还要学下去。

　　4.宾语应放在复合趋向补语"起来"之间。如:

　　　　　(×)他抽烟起来。　　　　　(√)他抽起烟来。

【例5】
一看到她风度翩翩地走上舞台, 大家便热烈地鼓掌起来, 她一连唱了三首歌, 每一首
　　　　　　　　　　A　　　　　　　　　　B　　　　　　　　C
都赢得了热烈的掌声。
　　　D

（样题第84题）

　　这道题的答案是B。错因是"鼓掌起来",趋向补语是"起来"时,宾语要放在中间,应改为"鼓起掌来"。

二、复合趋向补语的引申意义

 说　明

　　汉语中的复合趋向补语除了表示动作的方向外,还有其引申意义。无论是使用它们的本义还是引申义,都要记清它们各自的意义,不要混淆。

(1)动词 + 起来　　表示动作开始并继续。如：下起(雨)来

　　　　　　　　　表示事物由分散到集中。如：团结起来、把衣服收起来

(2)动词 + 下去　　表示某种动作或情况继续进行或存在。如：讲下去

(3)动词 + 下来　　表示通过某种动作使人或物固定在某处。如：画下来、记下来

　　　　　　　　　表示某种动作由动到静或由明到暗等变化。如：暗下来、脸沉下来

(4)动词 + 出来　　表示通过某个动作出现某种结果。如：想出来一个办法、提出来意见

　　　　　　　　　表示通过某个动作识别。如：认出来、检查出来

　形容词 + 出来　　表示超过。如：多出来一百块钱、高出来一米

(5)动词 + 过来　　表示恢复到原来正常状态。如：醒过来、改过来

(6)动词 + 过去　　表示失去正常状态。如：昏过去、晕过去

【例6】

<u>GMS，翻译起来叫大型综合超市</u>，<u>它必须有 2500 平米以上的购物面积</u>，<u>开放式的自选</u>
　　　　　 A　　　　　　　　　　　　　　 B　　　　　　　　　　　　　　 C
<u>购物环境</u>，<u>电脑化的管理以及条形码商品</u>。
　　　　　 D

（模拟考试（一）第 86 题）

　　这道题的答案是 A。错因是"翻译起来"之后应是表示翻译一篇文章的感觉，比如是难还是容易，如"这篇文章翻译起来很费时间和精力。"而句中的意思是"GMS"翻译后的中文名称，也就是说从不易明白的英文缩写翻译到中文名称，所以应改为"翻译过来"。

三、介词结构作补语

 说　明

　　介词结构在句中可以作结果补语，要注意的是介词后面的名词不是表示事物的名词，而应该是表示处所的名词。在事物名词的后面加上表方位的"上、下、前、后、里、外"等，就可以表示方位了。如：

　　　　（×）他躺在床。　　　　　　　　（√）他躺在床上。

【例7】

<u>在一些傣族村寨</u>，<u>分辨已婚和未婚女子可以看她们的腰带</u>：<u>凡是已婚妇女都会把家中</u>
　　　　 A　　　　　　　　　　　 B　　　　　　　　　　　　　　 C
<u>的钥匙挂在腰带</u>，而没挂钥匙的则大多是少女。
　　　　 D

（样题第 85 题）

　　这道题的答案是 C。错因是"腰带"是事物名词，不是处所词，改为"腰带上"就表示的是处所了。

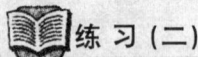 练习（二）

写出合适的补语：

　　1. 1992 年以后，富裕（　　　）的中国人开始致力于教育和高科技的发展，"科教兴国"成为跨世纪的宏伟战略。

2.1901 年有了真空吸尘器,1907 年发明了洗衣机,1940 年微波炉诞生,这一切使妇女从繁重的家务中解放(   )。

3. 要知道,不看电视,你就不明白当今的社会热点,与朋友交谈(   )就插不上嘴。

4.到了那时,假如回(   )头(   )重新审视这几十年,人们会发出这样的惊叹:从有线电话到移动通讯的发展,改变的不仅是技术,更是人们的生活方式。

5.直到 1979 年开放改革之时,高速公路还是一个空白。当时中国人只能在银幕和电视上看(   )速度极快的汽车奔跑在眼花缭乱的高速公路上。

考点与难点(三)　句子成分

一、句子成分残缺

说明

句子成分残缺就是句子中缺少了必不可少的成分,常见的有缺少主语,缺少宾语,缺少谓语等。由于缺少宾语和谓语的情况比较简单,通常只要细心就能发现,所以下面就针对主语残缺的情况作具体的说明。

一个句子缺少主语时常常表现为:

1.句中滥用某些介词,造成缺少主语。如:

　　(×)在他的帮助和鼓励下,增强了我的自信心,经过一段时间的努力,我终于成功了。

在这个句子中,"增强了我的自信心"的主语是"他的鼓励和帮助",但是放在了"在……下"的介词结构中,句子就没有主语了。因此应去掉"在……下",改为:

　　(√)他的帮助和鼓励,增强了我的自信心,经过一段时间的努力,我终于成功了。

2. 主动句式和使动句式混用,造成缺少主语。如:

　　(×)听了妈妈的话,使她感到又惭愧又难过,不禁掉起眼泪来。

在这个句子中,"听了妈妈的话"和"不禁掉起眼泪来"都是主动句式,可是中间夹杂了一个使动句式,这样一来,句子的主语到底是"妈妈的话"还是"她"就不清楚了。因此应去掉"使",改为:

　　(√)听了妈妈的话,她感到又惭愧又难过,不禁掉起眼泪来。

3. 句子比较复杂,转换了话题或句式后,造成缺少主语。如:

　　(×)警察带着迷路的小孩儿,挨家挨户地打听,最后终于找到了孩子的父母,一见到父母,就破涕为笑了。

在这个句子中,前三个分句的话题都是警察,而后两个分句的话题变了,说的不是警察,而是孩子了。因此应在"一见到父母"前补出主语"孩子",改为:

　　(√)警察带着迷路的小孩儿,挨家挨户地打听,最后终于找到了孩子的父母,孩子一见到父母,就破涕为笑了。

【例8】

在他的心目中,　从来不认为李真是个有思想有主见,　他一直把她当做自己的附属物,

　　A　　　　　　　　　　　B　　　　　　　　　　　　C

而李真对此也早已习惯了。
　　　　　　 D

　　这道题的答案是 B。错因是从动词"是"来看,缺少与之搭配的宾语,从量词"个"来看,缺少与之搭配的名词。所以应改为"从来不认为李真是个有思想有主见的人"。

二、句子成分搭配不当

 说　明

　　句子成分的搭配是指句子中相关成分的搭配,如主语和谓语、述语和宾语、定语和中心语、状语和中心语。在组织句子时,不注意上述成分之间的配合,就会出现搭配不当的病句。
　　【例 9】
　　在科教战线上,应该注意关心知识分子,信任知识分子,发挥知识分子的充分作用。
　　　A　　　　　　　　 B　　　　　　 C　　　　　　　 D

（样题第 83 题）

　　这道题的答案是 D。错因是"充分"不应该作定语,和"作用"搭配,而应该用在"发挥"前,作状语。
　　【例 10】
　　人们常说开卷有益,的确是这样,多看书不但可以丰富知识和写作水平,而且可以陶
　　　　　　　　 A　　　　 B　　　　　　 C　　　　　　　 D
冶情操。

（样题第 88 题）

　　这道题的答案是 C。错因是"丰富"可以与"知识"搭配,但是不能与"水平"搭配,应改为"丰富知识和提高写作水平"。

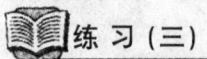练习（三）

从画线的四个部分中选出有错误的一项:

1. 从没有过任何一个新世纪,赋予过这么多定义和内涵。在 21 世纪的钟声敲响以前,
　　　　　 A　　　　　　　　　　 B　　　　　　　　　 C
人们预先擂动了欢欣的鼓棒。
　　　　 D

2. 展现在人们面前的美好前景是:通过未来的"互联网"手机,旅游者出门前随时可以
　　　　　　　　　　　　 A　　　　　　　　　　 B
装上几幅地图以备查看;人们可以在每天上班前下载早间新闻在车上阅读……
　　　 C

3. 1888 年发明的电动机把人类社会推到电气时代,水电成为工厂的日常能源,社会生
　　　　　　　　　 A　　　　　　　　　　　　　　　　 B
产力空前得到发展,一个世纪创造的物质财富甚至超过几千年的总和。
　　 C　　　　　　　 D

4. 直到"七五"期间,我国的汽车业才有了长足的发展,特别是重点发展轿车被提上了
　　 A　　　　　　　 B　　　　　　　　　　　 C
议事日程,上海、北京等地以合资或引进技术开始生产家用轿车。
　　　　 D

5. 进大学校门变得轻轻松松，但要走出校门却没那么容易了。为了得到一张毕业证，
  　　A　　　　　　　　　　B　　　　　　　　　　C
   大学生会感受到真切的努力攀登的艰辛滋味。
  　　　　　　　D

 考点与难点(四)　关联词语的使用

一、关联词语的意义

 说　明

关联词语在复句中表示不同的意义关系,如并列、选择、递进、假设、条件、因果、转折等,一般来说,只要记住不同的关系可以由哪些关联词语表示,就不会有什么问题。但是虽然表示同一种关系,不同的关联词具体的意义和用法也有不尽相同的地方;或者是明明表示的是不同的关系,但是语音和字形却很相近,甚至一样。这样就出现了一些迷惑考生的题目。例如:

1. 反而

"反而"表示转折关系,但与"可是、但是"等其它表示转折的词不完全相同。"反而"前的分句说明了某种预想的情况,"反而"后的分句说明预想的情况不但没有出现,而且出现了与之完全相反的情况。如:

　　①这段时间他一直努力学习,大家都觉得这次考试他应该有很大的进步,可是没想到不但没进步,反而退步了。

　　②已经是春天了,天气反而冷起来了。

因此并非只要是转折关系的复句就可以用"反而"。

2. 以致、以至

"以至"和"以致"读音一样,字形相近,因此虽然表示的关系不同,也常常弄错。"以致"用在表示因果关系的复句中,用来引出表结果的分句,而且这个结果一般是不好的,说话人不希望的。"以至"用在表示递进关系的复句中,用来引出程度比较高的一项,有时也说"以至于"。如:

　　①他病了很久,一直也没去医院看,以致成了不治之症。

　　②他变得骄傲了,以至(于)连好朋友的话也听不进去了。

3. 而且、况且、何况

"而且"、"况且"、"何况"都表示递进关系,但是意义和用法并不完全相同。"而且"表示的是一般的递进关系;"况且"用来申述理由,即在前面已经说出的理由外,再追加一层理由,相当于口语中的"再说";"何况"主要用来表示更逼进一步,即一浅一深两件事,浅的已经如此,深的当然更是如此了,另外,"何况"也可替换"况且",表示进一步申述理由。如:

　　①他喜欢历史,而且特别喜欢唐代的历史。

　　②他从小就对音乐感兴趣,况且(何况)他的父母都是搞音乐的,当然在音乐方面发展容易成功了。

　　③这样的问题大人都无从回答,何况孩子!

【例11】

<u>他家里总是那么安静舒适</u>, <u>一套两居室的房间</u>, <u>虽说面积显得小点儿</u>, <u>反而收拾得一</u>
       A   B   C
<u>尘不染</u>,井井有条。
   D

(样题第 86 题)

    这道题的答案是 D。错因是"反而"用得不对,这个句子表示的只是一般的转折关系,而没有与预想的相反的意思,所以不能用"反而",用"可是、但是"就可以了。

二、关联词语的位置

 说 明

    1. 使用关联词语时,除了要注意它们表示的关系以外,还要特别注意关联词语的位置,也就是说,要看清一个关联词在整个句子里的管辖范围,从哪儿开始,到哪儿结束,在前一关联词管辖范围结束的地方一般都要出现新的关联词。

    2. 连接两个或两个以上的小句,如果小句的主语是一样的,"如果、因为、虽然……"放在主语的后面;如果小句的主语不同,那么"如果、因为、虽然……"放在主语的前面。如:

        ①他不但喜欢唱歌,而且还喜欢跳舞。

        ②不但他喜欢唱歌,而且他妹妹也喜欢。

    3. "而且、但是、可是、所以、那么、不然、否则"等连接第二个分句时,如果有主语,应放在主语的前边;"就、也、才"等连接第二个分句时,如果有主语,应放在主语的后边。如:

        ①除非他同意,不然我不能去。

        ②只有他同意,我才能去。

【例12】

<u>在招聘新人时</u>, <u>不但要考虑他的专业知识和技能</u>, <u>也用人单位要参考他过去的工作简</u>
   A   B   C
<u>历</u>,屡屡跳槽者少用为妙。
  D

(模拟考试(一)第 87 题)

    这道题的答案是 C。错因是"也"应该用在主语"用人单位"的后边,不能是前边,所以应改为"用人单位也要参考他过去的工作简历"。

📖 练 习（四）

从画线的四个部分中选出有错误的一项:

    1. <u>70 年代我国城镇每年要安排 350 万人升学和就业</u>, <u>职工实际增加人数超过计划人</u>
                   A   B
<u>数的 2 倍</u>,<u>既然这样</u>,城市中仍有大量的待业人口。
       C   D

    2.当传媒只限于纸媒介时, <u>人们对事物的了解还只限于文字和图片</u>; <u>广播诞生以后,人</u>
        A   B
<u>们听到了事件发生时的真实声音</u>;<u>而且电视的出现一下子把观众带进了事件发生的</u>
          C   D

现场。

3. 他的公司建成了世界上第一条汽车流水装配线，<u>不但此举实现了汽车的大批量生</u>
　　　　　　A　　　　　　　　　　　　　　　　B
<u>产</u>,而且大幅度降低了成本,<u>使汽车变成了大众的交通工具</u>。
　　　　C　　　　　　　　　　　　　　　D

4. <u>北京城胡同里的公厕</u>,　<u>其实一直充当着公共场所的角色</u>,　<u>不管生活在胡同中的人</u>
　　A　　　　　　　　　　　B　　　　　　　　　　　　　　　C
<u>口很多,可无论长幼</u>,大家在公厕里面都是平等的。
　　　　D

5. <u>未来的时装会以更新奇的款式、色彩和面料吸引消费者的视线</u>,　<u>但这些新东西只要</u>
　　　　　　　　　　A　　　　　　　　　　　　　　　　　　　　B
<u>至少给我们一个满足</u>,<u>才可能被我们接受</u>,最终穿在身上。
　　　C　　　　　　　　D

考点与难点（五）　介词的意义及用法

 说　明

汉语中的一些介词,有的意义上比较接近,容易混用。下面我们就选取几组进行说明。

1. 从、离

"从"表示行为动作时间或处所的起点,常用"从……到……""从……开始/起";"离"表示两地之间的距离,常用"A 地离 B 地……"。

如:(×)这儿从北大不远。　　　　　　　　(√)这儿离北大不远。

2. 为了、为

"为了"只能引出动作的目的,不能引出动作的对象;"为"可以引出动作的目的,也可以引出动作的对象。

如:(×)妈妈为了自己的孩子感到骄傲。　　(√)妈妈为自己的孩子感到骄傲。

3. 向、到

"向"表示动作的方向;"到"表示动作的目的地,即事物到达的处所。

如:(×)他到图书馆走去。　　　　　　　　(√)他向图书馆走去。

4. 对于、关于

"对于"引出的是行为动作的对象;"关于"引出的是行为动作涉及的范围。

如:(×)他喜欢阅读对于中国历史的书籍。　(√)他喜欢阅读关于中国历史的书籍。

【例13】

<u>周荣马上恢复了总经理的派头</u>,<u>吩咐秘书派车送我回去</u>,<u>我家从公司很远</u>,<u>我毫不客</u>
　　　　A　　　　　　　　　　　B　　　　　　　　　C
<u>气地坐上车走了</u>。
　　D

(样题第89题)

这道题的答案是 C。错因是"从公司很远",应改为"离公司很远"。

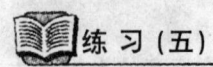 练习（五）

从画线的四个部分中选出有错误的一项：

1. <u>从本世纪的初期到中叶</u>，<u>社会环境的动荡让大多数的劳动阶层</u>——无论是农民、产
   　　　　　A　　　　　　　　　　　　B
   业工人还是知识分子，<u>都对于自己的"饭碗"满怀忧虑</u>。
   　　　　　C

2. <u>从这个人类想像力衰竭前最丰富的阶段</u>，<u>我们尽可以满怀希望地歌之舞之</u>，放纵地
   　　　　　　　　A　　　　　　　　　　　　　　　　　　B
   <u>预演明天的繁荣</u>，<u>预支无处宣泄的热情</u>。
   　　C　　　　　　　　D

3. 当然，<u>还有污染、能源、道路建设、交通拥堵甚至交通事故</u>，这些也是发展过程中为
   　A　　　　　　　　　　　B
   <u>生活带来的变化</u>，<u>它们更加不容忽视</u>。
   　　C　　　　　　　D

4. <u>在"民以食为天"的中国</u>，快餐食品如此深远地改变了人们的生活方式，<u>繁琐、讲究、</u>
   　　　A　　　　　　　　　　　　　　　　　　　　　　　　　　　　B
   <u>丰盛、喧闹的中餐逐渐让位快捷、方便、卫生、舒适的快餐</u>，随之而来的是开放自由、
   　　　　　　　　　　　　　C
   <u>简洁实用、异彩纷呈的快餐文化</u>。
   　　　　　　D

5. <u>那时老百姓大都经过自然现象、谚语和经验来判断天气变化</u>；而如今，<u>气象预报已从</u>
   　　　　　　　　　　　A　　　　　　　　　　　　　　　　　　　B
   <u>简单的温度、风力细化到生活指数</u>，<u>实实在在走进了寻常百姓的生活</u>。
   　　　　　C　　　　　　　　　　　　　　D

常见错误

　　语法概念不清，对选项模棱两可或根本无法做出选择；因为句中有不知道的词语，所以对整个句子的意思不清楚，无法选出错误的选项；考试时紧张着急，没有认真审题，就轻率地做出选择，从而造成误选。

应试策略与技巧

　　先通读——再细读、先句式——再语法点：首先通读整段话，弄清它要说明的意思，注意各个部分之间的逻辑关系。这时要做的主要有两件事，一是看关联词语的使用是否恰当，二是看句子的主语、谓语、宾语等成分是否俱全。有时句子中的关联词比较多，有时句子很长，层次较多，一定要做到层层分解，逐步分析。如逻辑关系没有问题，再仔细看第二遍，这时要注意句中出现的语法点，尤其要注意我们在上面讲到的考点与难点。

本课小结

➢ **考点与难点**：①汉语的几种主要句式②补语③句子成分④关联词语的使用⑤主要介词的意义及用法

➢ **考生主要的错误**：①语法概念不清②不明句义③疏忽大意

➢ **主要应试策略**：①通读－细读②句式－语法点

从画线的四个部分中选出有错误的一项:

1. <u>以前反对发展电冰箱的人</u>,不久后便成了冰箱的使用者; <u>以前反对修高速路的人</u>,
   A   B
   <u>现在又撰文著书抱怨车多路窄</u>,<u>他的私家车在路上跑不过来</u>。
   C   D

2. 农民们从传统的、单一的小农经济中<u>跳了上来</u>,变得<u>敢说、敢穿、敢做</u>,<u>这证明了生活</u>
   A   B   C
   环境的改变,<u>大大影响了农民们的思想观念和行为方式</u>。
              D

3. <u>以前郊游要提前计划</u>,<u>现在则是说走就走</u>,<u>看到好的景色可以马上停过来赏玩一番</u>,
   A   B   C
   <u>只要你愿意,任你纵横驰骋</u>。
   D

4. <u>在 21 世纪的住宅里</u>,当我们将手放在门把手,<u>上面的监视器立即会将我们的指纹信</u>
   A   C
   <u>息记录下来,并与系统中的档案资料进行对比</u>。
   D

5. <u>如果要买一双鞋</u>,只要对款式、颜色、大小、质地、价格<u>等方面提出具体要求</u>,消费者
   A   B
   就可以从<u>一长串生产企业名单选择出自己最满意的一个</u>,<u>来为自己服务</u>。
            C   D

6. 每一个单独的个体将<u>不仅仅是时尚潮流的追随者</u>,<u>而是个性时尚的创造者</u>,生产企
                    A   B
   业只有<u>满足个性时尚的需求</u>,<u>才能在市场竞争中得以生存</u>。
         C   D

7. <u>哪怕人们愿意不愿意</u>,<u>新世纪的节奏会更快、技术更高级、信息更发达</u>、<u>问题更复杂</u>,
   A   B   C
   <u>容不得我们太从容不迫</u>。
   D

8. <u>和国际最有名的服装设计师一样</u>,我们也很想知道明天的服装会是什么样,<u>与之不</u>
   A   B
   同的是我们却<u>不在乎时装与服装有哪些不同</u>,<u>我们关心的只是从中能得到什么新感觉</u>。
               C   D

9. 这简直就是<u>世界的末日</u>,<u>但是如果人类不能尽快找到一种取之不尽的能源</u>,这种情
              A   B
   景是<u>完全可能发生的</u>,<u>究竟石油、煤炭等矿物能源是有限的、不可再生的</u>。
        C   D

10. <u>是否以进取的精神抓住第三次工业革命带来的机会</u>,是对自我的<u>最大挑战</u>,虽然做
    A   B
    到这点很难,<u>但是如果做不到</u>,<u>你很可能会被未来淘汰</u>。
              C   D

11. 好多人不再迷恋钢筋混凝土的现代家居, <u>也不喜欢闻卧室里刺鼻的涂料和黏合剂</u>
    A   B
    的味道,<u>房客对没有阳台、缺少自然空气的房间越来越多</u>,<u>对过分豪华的装饰和家</u>
            C   D

具失去了热情。

12. 美国海洋生物学家出版了一本名为《寂静的春天》的书，书中披露了用滴滴涕消灭
　　　　　　　　　A　　　　　　　　　　　　　　　　　　　B
榆树甲虫的恶果，在世界各地强烈地引起了反响，并由此掀起了现代农业的绿色
　　　　　　　　　　C　　　　　　　　　　　　　　　D
狂潮。

13. 加强教师队伍的整体素质，提高年轻教师的学历层次和业务水平，更新中老年教师
　　A　　　　　　　　　　　　　　B　　　　　　　　　　　　　　　　C
的知识结构，培育一批高水平的学科带头人和教书育人的专家。
　　　　　　　　　　　　D

14. 一位老人把一支熊熊燃烧的火炬传递到总统，随后，一个脸上充满神圣表情的男孩
　　　　　　　　　　　　A　　　　　　　　　　　　　　B
跑到总统跟前，坚定地接过火炬，然后高高举起。
　　　　　　C　　　　　　　D

15. 午夜零时，灯火通明，人们用风笛的优美旋律庆祝 2000 年的到来，此时被命名"城
　　　　　A　　　　　　　　　　　　　　　B　　　　　　　　　　　C
市之光"的烟火腾空升起，火树银花把整个城市装点成了一座"不夜城"。
　　　　　　　　　　　　　D

16. 在北京不断改善投资环境的同时，外资的投向也将发生相应的变化，在目前投入北
　　A　　　　　　　　　　　　　　　　　　　B　　　　　　　　　C
京的外资流向上看，第三产业和高新技术产业为主要方向。
　　　　　　　　　　D

17. 在全国而论，北京一直享有得天独厚的人才优势，高等院校和科研院所的密集程
　　A　　　　　　　　　B　　　　　　　　　　　　　　　　C
度，就是在全世界也是不多见的。
　　　　D

18. 若干年的过渡期和对某些行业的特殊保护政策，虽然在一定程度上可以把外来冲
　　　　　　　　　　A　　　　　　　　　　　　　　　　B
击起到缓冲作用，但其冲击力在未来的三五年内，仍将是巨大的。
　　　　　　　　　　　C　　　　　　　　　D

19. 与国外拥有细致周到的客户服务和成熟的市场竞争经验的银行，国内银行尚待进
　　　　　　　　　　A　　　　　　　　　　　　　　B
一步完善，不仅银行业如此，保险业亦是如此。
　　　C　　　　　　　D

20. 随着三环、四环的建成，城乡之间的距离已经从时间上大大缩小，而以人为本的城
　　　　A　　　　　　　B　　　　　　　　　　　　　　C
市交通理念，也在为二十一世纪的北京编织着现代化的道路网络。
　　　　　D

第二课

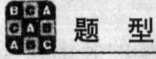 题型与特点

题型

词语填空题是从 91 题到 100 题，共 10 道。它的题干是一段话，每段话中都有 3～5 个

空,考生要根据这段话的意思、语境、感情等,从四组备选答案中选出最恰当的一组。如:

【例1】

参加这次会议的500余位代表,_____来自工矿、农村、部队等生活第一线。他们在创造物质财富的_____,利用文学、电影、电视、音乐、美术等各自喜爱的艺术_____,创作出许多颇受欢迎的文艺作品,有些成为_____全国的佳作。

A.大量　　时候　　方法　　广播　　B.大约　　时刻　　方式　　传播
C.大都　　同时　　形式　　流传　　D.大概　　同步　　形态　　传诵

正确答案:[C]

(样题第93题)

 **特 点**

这部分试题主要考查考生在语段中能否按照语境的要求,前后一贯、恰当地使用词语的能力。考生不仅要掌握相当的词语量,准确理解词义,正确使用词语,而且还要根据所给语段的语体风格和感情色彩,得体地选择词语。总之,这部分偏重考查词义的辨析和语言表达的准确性、得体性。

考点与难点(一)　词语辨析

 **说 明**

词语辨析是综合表达第二部分考查的最主要的内容。在考题中出现大量的动词、形容词和副词等,它们在词类、词义、搭配和色彩等方面有所不同,但是在词形上却非常相似,这就给考生制造了一个个"陷阱",需要考生充分理解语段的意思,并对汉语词汇有相当的把握。

一、汉语的词类

汉语词类的划分主要是根据词的语法功能,也就是词在造句中所起的作用。现代汉语中的词可分为十三类,它们是名词、动词、形容词、数词、量词、代词、副词、介词、连词、助词、语气词、叹词和象声词。其中形容词的情况比较复杂,它可以分为三个小类:

语法意义	是否只作定语	能否受"很、不"修饰	举　　例
1.事物的属性	-	+	干净、漂亮、大
2.事物的状态	-	-	冰凉、亮晶晶、稀里糊涂、干干净净
3.事物的区别	+	-	男、大型、惟一、日常

(注:-表示否,+表示是)

【例2】

如果你去买一件普通的衣服,一般来说不要花费_____时间。但是当你想要买一件最_____自己身份的服装时,就非得_____一番功夫不可了。最好是找一家你_____的商店,利用店里生意较为_____的时候去购买,这样便于认真挑选。

153

A.多少　合适　有　看得起　淡季　　B.什么　适当　来　买得起　平淡

C.多少　适应　做　合得来　淡淡　　D.什么　适合　下　信得过　清淡

正确答案:[D]　　　　　　　　　　　　　　　　　　　(样题第97题)

这道题中的第五个空有四个选择:"淡季"、"平淡"、"淡淡"和"清淡",从题目来看,"较为"的后边出现的应该是形容词,在这四个词中,只有"平淡"和"清淡"是形容词,"淡淡"虽然是形容词"淡"的重叠式,但并不是形容词,在它前边不能出现表示程度的副词,因此我们可以把它排除在正确答案之外,只需要根据词义,在"平淡"和"清淡"中做出选择就行了。

二、同义(近义)词语辨析

所谓同义词,就是声音不同而意义相同或基本相同的词,其中绝大多数是意义基本相同,但词义所概括反映的侧面和重点可以有所不同,因此在理性意义上表现出细微的差别。如:

【例3】

如何_____宗教和文化的关系,这是每一个民族在发展过程中都_____会遇到的问题。佛教哲学中_____着极深的智慧,有人曾称誉佛教徒是站在人类辩证思维的高级发展阶段。

A.看待　必须　隐藏　　　　　　　　B.对待　必然　蕴藏

C.了解　当然　酝酿　　　　　　　　D.理解　必定　产生

正确答案:[B]　　　　　　　　　　　　　　　　　　　(样题第91题)

这道题中的第一个空有四个选择,其中"看待"和"对待"是同义词,但是"看待"侧重于对人或事的看法,"对待"则侧重于对人或事的做法。

同义词的差别还可以是词语搭配习惯的不同。它主要表现为同义的动词支配不同的名词,同义的形容词修饰不同的名词。如:

【例4】

长期的_____训练和大型演出,培养了学生们强烈的集体荣誉感和顽强的拼搏_____,也练就了他们健壮的体魄和_____过硬的本领,同时_____了整个校园文化的发展。

A.严格　精神　一身　带动　　　　　B.严厉　思想　一手　带领

C.严密　意识　一套　领导　　　　　D.严格　意志　一种　带头

正确答案:[A]　　　　　　　　　　　　　　　　　　　(样题第95题)

这道题的第一个空有三个选择:"严格"、"严厉"和"严密"。但是与"严格"搭配的名词是"要求、训练、规定、限制"等,与"严厉"搭配的名词是"态度、批评、话语"等,与"严密"搭配的名词则是"组织、纪律"。因此应该选择"严格"。

另外,同义词的差别还可以是附加色彩的不同,主要表现为书面语和口语、正式用语和日常用语、褒义和贬义。HSK(高等)考试强调考生对书面语和正式用语的掌握,因此要特别注意。如:

【例5】

梅兰芳是举世闻名的戏曲艺术大师,从青年_____起,他就作为一名_____京剧艺术的使者,多次出国访问演出,使祖国绚丽多彩的京剧艺术_____上了国际舞台,不仅为祖国的艺术争得了崇高_____,而且给世界戏剧以积极的影响。

A.时刻　发扬　踏　光荣　　　　　　B.时代　传播　登　荣誉

C.时候　宣传　攀　名声　　　　　　D.时节　播送　走　名誉

正确答案:[B]　　　　　　　　　　　　　　　　　　　　　(样题第100题)

这道题中最后一个空有四个选择"光荣"、"荣誉"、"名声"和"名誉"。其中"名声"多用于贬义,比如"他的名声不太好","你要爱惜自己的名声",而在这道题中显然不能用一个贬义词,因此我们可以排除C。

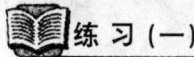练　习　(一)

选择恰当的词语填空:

1. 颁布　　颁发

    (1) (　　)命令

    (2) (　　)奖金/奖状/奖品

2. 帮忙　　帮助

    (1) (　　)他的(　　)(　　)个(　　)(　　)他个(　　)

    (2) (　　)他　(　　)他学习

3. 保守　　保卫

    (1) (　　)秘密　思想(　　)

    (2) (　　)国家

4. 必须　　必需　　必要

    (1) 生活(　　)品

    (2) (　　)好好工作

    (3) 你自己先试一试,(　　)的时候再来找我。

    (4) 大学本科毕业是被聘用的(　　)条件之一。

5. 辩解　　辩论　　辩护

    (1) 不要为自己的错误行为(　　)。

    (2) 他们几个人(　　)起来。

    (3) 我是你的(　　)律师。

6. 表达　　表明　　表示　　表现

    (1) 我们向战士们(　　)了崇高的敬意。

    (2) 我向他(　　)了自己的态度。

    (3) 点头(　　)同意。

    (4) 向他(　　)感谢

    (5) (　　)了一种英雄精神

7. 禁不住　　忍不住　　不禁

    (1) 这个椅子(　　)你,你太胖了。

    (2) 我还是(　　),哭了起来。

    (3) 他(　　)笑了起来。

8. 差距　　差别

    (1) 我们俩在学习上有(　　)。

155

(2) 你们俩的说法没有什么(　　　)。

9. 产生　　　生产

(1) 中国的科举考试制度是什么时候(　　　)的?

(2) 在中国生活了两年,我对这里渐渐(　　　)了感情。

(3) 这个产品是那个工厂(　　　)的。

10. 场合　　　场面　　　场所

(1) 说话要注意(　　　)。

(2) 欢迎(　　　)很壮观。

(3) 严禁在公共(　　　)吸烟。

11. 充沛　　　充实　　　充足

(1) 精力(　　　)

(2) 生活(　　　)

(3) 食品(　　　)

12. 促进　　　促使

(1) (　　　)文化交流/两国的友好往来

(2) 他的话(　　　)我思考这个问题。

13. 单纯　　　单调

(1) 思想(　　　)

(2) 生活/色彩(　　　)

14. 关于　　　对于

(1) 我看了很多(　　　)中国历史的书。

(2) (　　　)中国历史,我不感兴趣。

(3) 我(　　　)这个问题有自己的看法。

15. 改进　　　改善

(1) (　　　)技术/方法

(2) (　　　)生活/环境

16. 刚(刚)　　　刚才

(1) 我来的时候,他(　　　)出去。

(2) (　　　)他还在这儿。

17. 亲自　　　自己

(1) (　　　)的事(　　　)做。

(2) 他病了,作为他最好的朋友你应该(　　　)去看他。

18. 忽视　　　忽略

(1) 不能(　　　)孩子的意见。

(2) 小数点后第三位可以(　　　)不计。

19. 坚决　　　坚强　　　坚实　　　坚固　　　坚定

(1) 态度(　　　)

(2) 在困境中,他仍然(　　　)地生活着。

156

(3) 只要你的目标(   )，就一定会成功。

(4) 以前的积累为现在的工作打下了(   )的基础。

(5) 防御体系十分(   )。

20. 宽敞   宽大   宽广   宽阔   辽阔

(1) 房间很(   )。

(2) 他穿了一件(   )的外套。

(3) 心胸(   )

(4) 草原(   )

(5) 只要你坦白,可以对你(   )处理。

21. 全部   所有   一切   整个

(1) 他把(   )苹果一口吃了下去。

(2) (   )学生都知道了。

(3) 我现在(   )都好。

(4) 该来的(   )来了。

22. 尊敬   尊重

(1) (   )领导/老人

(2) 虽然他是个孩子,可我们也应该(   )他的意见。

(3) 大家都很(   )他。

23. 深厚   深刻   深奥   深沉

(1) 感情(   )

(2) 意义/教训(   )

(3) 道理(   )

(4) 他是一个(   )的人。

24. 安宁   安定   安静   安详

(1) 奶奶神态(   )地坐着。

(2) 他每天半夜还唱卡拉 OK,搅得四邻不得(   )。

(3) 我们要保持(   )团结的政治局面。

(4) 开会时请大家保持(   )。

25. 记性   记忆   记忆力

(1) 这孩子的(   )很强。

(2) 瞧我这(   ),又忘了锁门了。

(3) 在我的(   )中,他永远是个孩子。

(4) 你怎么这么不长(   )?

26. 检查   检察

(1) 人民(   )机关

(2) (   )身体/作业

27. 简单   简陋   简易

(1) 这个方法很(   )。

(2) 工地里搭建了一些(   )房。

(3) 图书馆的设备很(　　　)。

28. 减少　　减弱　　减轻
(1) (　　　)压力/负担
(2) 数量(　　　)
(3) 风力/战斗力(　　　)

29. 揭露　　揭示
(1) (　　　)了一个道理
(2) (　　　)他的罪行

30. 界限　　界线
(1) 两国之间的(　　　)
(2) 任何事都是有(　　　)的。

31. 精密　　精确　　精细　　精美
(1) (　　　)的礼物
(2) (　　　)仪器
(3) 计算(　　　)
(4) 做工(　　　)

32. 经历　　经验
(1) 他是一个很有(　　　)的老师。
(2) 请谈谈你以前的工作(　　　)。
(3) (　　　)了风风雨雨以后,他成熟多了。

33. 纠正　　改正
(1) 如果我什么地方说错了,请您(　　　)。
(2) 知道自己错了,就应该马上(　　　)。

34. 具备　　具有
(1) 他(　　　)当歌手的所有条件。
(2) (　　　)方便、快捷等特点/优势
(3) 现在"下海",条件还不(　　　)。

35. 老实　　老成
(1) 他少年(　　　)。
(2) 他是个(　　　)人。

36. 乐趣　　兴趣
(1) 我对音乐没有(　　　)。
(2) 逛商场也是一种(　　　)。

37. 灵活　　灵敏　　灵巧
(1) 女人们都有一双(　　　)的手。
(2) 他的腿刚做完手术,还不太(　　　)。
(3) 做事情要(　　　),不能太死板。

(4) 反应(　　)

38. 茂盛　　茂密

(1) (　　)的森林

(2) 花儿开得很(　　)。

39. 年纪　　年龄

(1) 请在这儿写上您的(　　)。

(2) 上了(　　)的人了,活动多有不便。

40. 年轻　　年青

(1) 他比你(　　)。

(2) 我们都是(　　)人。

41. 偶尔　　偶然

(1) 昨天在图书馆我们(　　)遇上了。

(2) 他只是(　　)去看两次电影。

42. 普遍　　普及

(1) (　　)九年制义务教育

(2) 他的小说受到了(　　)欢迎。

43. 朴实　　朴素

(1) 他是个思想(　　)的人。

(2) 衣着(　　)

44. 启示　　启事

(1) 寻人(　　)

(2) 这件事给大家以(　　)。

45. 亲密　　亲切　　亲热

(1) (　　)的态度

(2) (　　)的关系

(3) 看他们俩那(　　)的样子,一定是很久未见面的好朋友。

46. 轻易　　容易

(1) 要想成功,不是那么(　　)的。

(2) 不要(　　)相信别人的话。

47. 确切　　确凿

(1) 证据(　　)

(2) (　　)的消息

48. 融化　　溶化　　熔化

(1) 天晴了,雪慢慢(　　)了。

(2) 盐可以(　　)在水中。

(3) 铁在高温下(　　)。

49. 日期　　日程

(1) 他每天的(　　)都安排得满满的。

(2) 考试(　　)大概在 9 月份。

50. 互相　　相互
    (1) 大家应该(　　)帮助。
    (2) 人与人之间的关系是(　　)的。

51. 工夫　　功夫
    (1) 他在学习中国(　　)。
    (2) 不大会儿(　　),他就回来了。
    (3) 下(　　)学习

52. 效果　　结果　　后果
    (1) 有了病不及时治疗,(　　)不堪设想。
    (2) 这种药很有(　　)。
    (3) 这件事的(　　)会是什么呢?

53. 心理　　心里
    (1) 他(　　)会怎么想?
    (2) (　　)学/医生

54. 未必　　未免　　难免　　不免
    (1) 他还是个孩子,做错事是(　　)的。
    (2) 所谓神童长大后(　　)能成功。
    (3) 都 12 点了,弟弟还没回家,我们(　　)有些担心。
    (4) 这样做(　　)不太合适吧。

55. 舒畅　　舒服　　舒适
    (1) (　　)的生活
    (2) 心情(　　)
    (3) 身体不(　　)

56. 鼓动　　鼓励　　鼓舞
    (1) 大家深受(　　)。
    (2) 他(　　)工人罢工。
    (3) 老师(　　)我们坚持下去。
    (4) (　　)人心的消息

57. 保持　　维持
    (1) 请大家(　　)安静。
    (2) 警察在(　　)交通秩序。
    (3) (　　)体形
    (4) 他的生命只能靠药物(　　)了。

58. 隔绝　　隔离　　隔阂
    (1) 传染病病人应该(　　)起来。
    (2) 他过着与世(　　)的生活。
    (3) 我们俩之间有(　　)。

59. 周到　　周密
    (1) 她考虑得很(　　)。

(2)（　　　）的安排/计划

60. 规定　　规矩　　规则

(1) 比赛（　　） 交通（　　）

(2) 晚上 11 点前回宿舍是学校的（　　）。

(3) 每家有每家的（　　）。

考点与难点(二)　后缀

 说　明

汉语中的一些语素可以附加在某些词语之后,表示一定的意义,即后缀。主要的后缀有:

……度:表示程度。如:知名度、可信度、透明度

……率:表示百分比。如:增长率、覆盖率、升学率

……化:表示某种变化。如:现代化、绿化、绝对化

……力:表示力量。如:创造力、说服力、表现力

……家:说明在某方面很有成绩的、很有名的人。如:评论家、书法家、作家

……迷:说明痴迷于某种爱好的人。如:股票迷、球迷、影迷

……者:说明做某事的人。如:消费者、爱好者、笔者

……感:说明某种感受。如:责任感、使命感、优越感

……观:说明某种看法。如:恋爱观、人生观、世界观

……热:说明某种流行的潮流。如:足球热、出国热、旅游热

……风:说明某种社会风气,多为贬义。如:攀比风、吃喝风、抢购风

……型:说明某种类型。如:外向型、大型、事业型

……式:表示对某些具有相同样式的事物的归类。如:中国式、男式、开放式

……性:说明某种性质。如:良性、积极性、可行性

……界:表示职业、性别等相同的一些社会成员的总体。如:商界、文化界、妇女界

……坛:多用来表示与娱乐、体育有关的社会成员的总体。如:体坛、歌坛、乐坛

【例6】

当病人患有绝症时,是否应该告诉病人? 有些人认为应向病人_____真情,让病人怀着希望直到最后一刻,会使病人具有战胜绝症的斗志。另一些人认为,不应家长_____地任意摆布病人,病人具有知道自己身体真实情况的_____。由于治疗手段日益复杂,意外医疗事故的威胁,使医生确信病人应该_____某些重大决定。

A.瞒着　　样　　权利　　参加　　　　B.藏着　　化　　权益　　加入

C.隐藏　　型　　义务　　介入　　　　D.隐瞒　　式　　权利　　参与

正确答案:[D]

(样题第94题)

这道题的第二个空有四个选择:"样"、"化"、"型"和"式"。"样"用来说明表现出的具体的样子,如"脏样、累样、高兴样"等;"化"表示变化;"型"表示类型;"式"是对某些具有相同样式的事物的归类。因此这道题的"家长"后面应填"式"。

练 习 (二)

在括号中填入恰当的后缀：

1.培养学生科学的人生(   )和世界(   )。

2. 重点支持符合首都经济产业发展的科技项目,促使其成果产业(   )。

3.北京歌舞团将推出一台大(   )情景舞剧。

4.作为首都文化标志(   )建筑,新馆将建成一个全天候开放、智能(   )的图书馆。

5.原创演出无论从数量上还是艺术丰富(   )上,都不会令人失望。

6.北京的主流影院准备以星(   )服务与新(   )影院一争高下。

7.由于该航班提高了飞机的利用(   ),票价也比其他航班便宜很多。

8.随着中关村等高科技企业产品竞争(   )的增强,其出口市场也进一步扩大了。

9.电脑及数字(   )商品开始大规模普及。

10.龙门米醋由以前的玻璃瓶改为一次(   )塑料瓶包装。

11.在果汁中加入维生素等营养,可以使果汁的口(   )更好。

12.中关村西区建设计划在 3 年内建成雏(   )。

13.国家(   )软件园招标工作开始进行。

14.他属于技术(   )的知识分子。

15.1996 年他从大学校园中走出时,对正在快速发展的社会有一种强烈的参与(   )。

16.他们是在目前社会财富重新分配过程中的成功(   )。

考点与难点(三)　特殊量词

说　明

汉语中的量词非常丰富,常用的量词考生掌握得一般都比较好,可是要特别注意那些不太常用的,或者只是起单纯修饰作用的量词。如:

身:一身本领、一身汗

番:一番功夫、讨论了一番

串:一串银铃般的笑声、一串脚印、眼泪一串一串地流下来

缕:一缕阳光、一缕炊烟

团:一团火、一团糟、一团乱麻

项:一项任务、一项工作、一项职业

起:一起车祸、一起事故、一起谋杀案

股:一股热浪、一股劲儿、一股味儿、拧成一股绳

桩:一桩事情

摊:一摊事、一摊烂泥

把:哭得一把鼻涕一把泪、一把屎一把尿地把孩子养大

条:一条理由、一条命令

撮:一撮土、一小撮敌人

丝：一丝笑容

线：一线希望

副：一副样子、一副笑容

系列：一系列问题、

人次（车次、架次、场次）：一人次

【例7】

长期的_____训练和大型演出，培养了学生们强烈的集体荣誉感和顽强的拼搏_____，也练就了他们健壮的体魄和_____过硬的本领，同时_____了整个校园文化的发展。

A.严格　　精神　　一身　　带动　　　　B.严厉　　思想　　一手　　带领
C.严密　　意识　　一套　　领导　　　　D.严格　　意志　　一种　　带头

正确答案：[A]

这道题的第三个空有四个选择"一身"、"一手"、"一套"和"一种"，空后边的名词是"本领"，因此很容易确定答案是A。

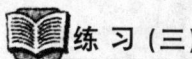 练 习 （三）

在括号中填入恰当的量词：

1. 全素食品进入市场后，刮起了一（　　）食素风。

2. 空调、彩电、冰箱、洗衣机开始了新一（　　）的产品换代。

3. 2000年，一（　　）精品图书将与读者见面，如：《中国美术分类全集》、《中国藏传佛教雕塑全集》、《内地与港澳台常用词语对比词典》等。

4. 经过一（　　）思考，周伟峰认为在中国只有四个城市适合做房地产。

5. 任何事只要去做，就会有一（　　）生机。

6. 根据一（　　）新的研究发现，当今的女性对于鲜花和巧克力作为礼物已兴趣大减。

7. 废除核能所引发的一（　　）政治、经济和社会问题将继续困绕着人们。

8. 在我内心深处，永远都有一（　　）复杂而浓烈的爱。

9. 集成电路的发明给电子产业带来了一（　　）革命。

10. 老太太若无其事，我却吓出了一（　　）汗，好在这是虚惊一（　　）。

11. 在苏州，很少能见到高大的房屋楼舍，而古色古香的小建筑却显得别有一（　　）情趣。

考点与难点（四）　　四字格

 说　明

我们这里所说的四字格的范围比较宽，它包括以下几个内容：

1. 动词、形容词、名词的完全重叠式

形容词重叠：亲亲热热、大大方方、舒舒服服

动词重叠：絮絮叨叨、啰啰唆唆、打打闹闹

名词重叠：点点滴滴、风风火火、瓶瓶罐罐

163

2. 形容词的不完全重叠式

　　慌里慌张、糊里糊涂、俗里俗气

3. 成语及惯用语

　　半途而废、川流不息、莫名其妙、眉飞色舞、针锋相对、不约而同、发奋图强

　　没精打采、讨价还价、大惊小怪、幸灾乐祸、津津有味、不以为然、自私自利

　　有条不紊、画蛇添足、刮目相看、自相矛盾、实事求是、全力以赴、对牛弹琴

以上三部分中，以第三部分即成语及惯用语所占的比例最大，内容也最丰富，最难记忆，需要考生特别注意掌握。

【例8】

　　我最难忘的是，每当过年的时候，老祖母都会叫我爬到那棵大榕树上，折几枝_____的榕树枝，用来祭祀祖先。那时候，慈爱的老祖母往往会走到石桥上，一边看着我爬树，一边_____地嘱咐我小心，而我虽然心里有点儿_____，却总是装出_____的样子，把折到的树枝得意地向她挥舞。

　　A. 花枝招展　　嘀嘀咕咕　　哆哆嗦嗦　　胆战心惊

　　B. 生意盎然　　喊喊喳喳　　犹犹豫豫　　胆小如鼠

　　C. 万古长青　　啰啰唆唆　　慌慌张张　　无足轻重

　　D. 四季长青　　唠唠叨叨　　战战兢兢　　毫不在乎

　　正确答案：[D]　　　　　　　　　　　　　　　　　　　　（样题第99题）

　　这道题所有的选项都是四字格，因此对每个词语的意思和感情色彩都要清楚，才能做出正确的回答。"花枝招展"多形容女人穿得很漂亮；"生意盎然"形容万物生长的景象；"万古长青"用于悼词；"四季长青"指某些植物一年四季常绿；"嘀嘀咕咕"是指几个人小声说话的样子；"喊喊喳喳"指几个人说话声音又大又乱的样子；"啰啰唆唆"指说的废话太多；"唠唠叨叨"指话太多；"哆哆嗦嗦"和"战战兢兢"都是害怕的样子，只不过前者描写的是行为动作，后者描写的是心理状态；"犹犹豫豫"指做事不果断；"慌慌张张"指做事不稳重；"胆战心惊"是描写害怕的心理；"胆小如鼠"比喻胆子小的人像老鼠一样；"无足轻重"指某人、某事不重要；"毫不在乎"指某人对某事不在乎。所以这道题的答案应该是D。

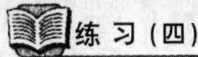练习（四）

在括号中填入一个恰当的字：

　　1. 做事情不能半途而（　　）。

　　2. 他不（　　）而别，让父母伤透了心。

　　3. 我们俩的汉语水平不（　　）上下。

　　4. 他对你的态度是不言而（　　）的。

　　5. 电脑培训班层出不（　　）。

　　6. （　　）流不息的人流

　　7. 他做事总是粗心大（　　）。

　　8. 他是一个大公无（　　）的人。

　　9. 你和他的看法大同小（　　）。

　　10. 中国是一个独立自（　　）的国家。

　　11. 我们俩的想法格格不（　　）。

12. 这本书很畅销,简直是( )不应求。

13. ( )根到底,这件事你错了。

14. 做事情不能只考虑自己,要( )全大局。

15. 人和动物应该和平共( )。

16. 画蛇( )足

17. 邓小平在中国家喻户( )。

18. 最近有流感,班里的同学接二( )三地病了。

19. 在学习上,他要求自己精( )求精。

20. 可歌可( )的英雄事迹。

21. 她长得很漂亮,( )中不足的是个子有点儿矮。

22. 一个人在考虑问题时,不可能面面( )到。

23. 他是一个名( )其实的好人。

24. 对他的话,我莫( )其妙。

25. 她能歌( )舞。

26. 现代社会有很多( )虚作假的现象。

27. 我们两个人( )水相逢,却成了好朋友。

28. 这篇评论写得恰如其( )。

29. 大家全力以( ),终于救出了遇难者。

30. 他激动得热泪( )眶。

31. 同学们争先( )后地回答这个问题。

32. 他三( )五次地来找我,真烦人。

33. 祝你一帆风( )。

34. 个人的损失是( )不足道的。

35. 妈妈无可( )何地笑了笑。

36. 大家想方( )法帮助小女孩儿找到了妈妈。

37. 他说的和做的自相( )盾。

38. ( )如此类的事情一定不少。

39. 他喜欢和小贩讨价( )价。

40. 她无微不( )的关怀感动了我。

41. 他工作的时候,不喜欢别人在一旁指手( )脚。

42. 众所( )知,中国政府反对台独。

43. "不行!"他( )钉截铁地说。

44. 青年人应该朝气蓬( )。

45. 他是一个( )三暮四的人。

46. 他的这种想法根深( )固,很难改变。

47. 希望你改( )归正,重新做人。

48. 他说起话来滔滔不( )。

49. 你的年龄比别的同学大,应该处处以身作( )。

50. 他是铁公鸡——一毛不（   ）。

考点与难点（五） 特殊补语的意义

 说 明

汉语中有些补语的意义比较抽象,但是也比较固定,需要考生留意。如:

1. ……不得:顾不得、吹不得风、哭笑不得

2. ……得/不来:合得来、说不来、划不来

3. ……得/不住:留不住、靠得住、禁不住

4. ……得/不着:怪不着、数得着、犯不着

5. ……得/不开:想得开、看得开、放不开

6. ……得/不起:看得起、买不起、养不起

7. ……得/不上:说得上、犯不上、瞧不上

8. ……得/不过:说得过、信得过、比不过

【例9】

如果你去买一件普通的衣服,一般来说不要花费_____时间。但是当你想要买一件最_____自己身份的服装时,就非得_____一番功夫不可了。最好是找一家你_____的商店,利用店里生意较为_____的时候去购买,这样便于认真挑选。

A.多少 合适 有 看得起 淡季   B.什么 适当 来 买得起 平淡

C.多少 适应 做 合得来 淡淡   D.什么 适合 下 信得过 清淡

正确答案:[D]   （样题第97题）

这道题的第四个空有四个选择:"看得起"、"买得起"、"合得来"和"信得过"。"看得起"的意思是认为某人还不错,没有小看他;"买得起"的意思是有钱可以买比较贵的东西;"合得来"的意思是两个或几个人在各个方面有共同语言,关系还可以;"信得过"的意思是能够相信。根据它们不同的含义,再结合语段所要表达的意思,我们可以确定这道题的答案是D。

练习（五）

从上面给的例子中选择合适的词语填空:

1. 这件事是我的过错,（   ）他。

2. 我们虽然来自两个不同的国家,可是却很（   ）。

3. 我的英语比她好,可是数学却怎么也（   ）她。

4. 花30块钱买这么个小玩意儿,太（   ）了。

5. 你这么胖,这个凳子恐怕（   ）你。

6. 他还是个孩子,再说为一点儿芝麻大的事儿,也（   ）生这么大的气。

7. 他们两口子都特别（   ）,每年夏天都去外地旅游。

8. 经济效益不好的单位根本（   ）人才。

9. 随着自身地位的变化、收入水平的提高,他越来越（   ）他的结发妻子了。

10. 她那张能说会道的嘴,真是谁也（   ）她。

常见错误

由于考题中出现大量的词语,有的是考生认识的,也有的是考生没有接触过的,另外有些词语"长"得很像,在构成上有相同的语素,这样就形成了一个个"陷阱",考生就很容易被迷惑,失去正确的判断。因此要求考生保持清醒的头脑,不被假象所欺骗,才能做出正确的选择。

应试策略与技巧

一、应试策略

词语填空题对考生词语量的要求非常大,而且作为题干的语段往往比较复杂,在加上考题中的词语很多都有相同的语素,给人一种看上去差不多的假象,所以可以说是在综合表达这四部分中最难的一项。要想从考题设置的一个个"陷阱"中跳出来,考生在答题时,一定要静下心来,先通读整个语段,对其表达的意思有一个大致的了解,然后再对选项中出现的词语做逐步的分析,注意它们的词类、词义、搭配和色彩。具体来说,要做到以下四点:判断应该使用哪一词类,是名词、动词、形容词还是其它词类,排除不符合要求的选项;根据语段的意义分析正确的词义应该是什么,排除词义不符的选项;对词义相符的选项,要注意在它的上下文中出现的词语,看与之搭配是否合适;对词义、搭配都合适的词语,要注意其色彩,即口语和书面语、正式用语和日常用语、褒贬义。

二、应试技巧

1.确定法:当考生通读了题干后,如果其中的一个空你很有把握确定它的答案,并且在选项中也存在,且是惟一恰当的,那么你可以马上做出选择,不必再考虑其他的空的答案,以节省时间。

2.排除法:从否定的角度来考虑选项的方法。即看一看一个词是否不能填入空中,如果不能,就可以把它排除在选择之外,经过几次排除,剩下的就是正确的答案,虽然你不能判定它的准确性,但是因为你清楚地知道另外三个选项都是不合适的,所以它一定是正确的。这种方法常用于有不认识的词语的时候。

> **本课小结**
> ➤ **考点与难点:**①词语辨析②后缀③量词④四字格⑤特殊补语的意义
> ➤ **考生主要的错误:**概念不清楚 + 头脑不清醒
> ➤ **主要应试策略与技巧:**①确定法②排除法

课后练习

选出填入空格中最恰当的一项:

1.虽然我体谅父亲独自生活的困难,但我实在_____,为什么在母亲走后那么短的时间里,爸爸就能_____地接受别人?那段时间,我看到他们有说有笑的时候,心里就

_____作痛,觉得父亲移情别恋;看他们有些不高兴的时候,又担心他们和别人一样过不长久,因为父亲_____折腾。

- A.想不懂　安然　暗暗　受不了
- B.想不通　坦然　隐隐　经不起
- C.搞不懂　欣然　深深　禁不住
- D.弄不懂　贸然　约约　忍不住

2. 小小的集成电路带给世界经济前所未有的_____。首先它在电子计算机的微型化方面发挥了_____性的作用,将过去那些房间般大小的机器变成了今日的微型计算机和个人电脑,_____使人们掌握了一种最为便捷的工具。而此后的计算机领域的很多_____也都必须以它作为基础。

- A.冲撞　决策　结果　创造
- B.打击　肯定　终于　开创
- C.冲突　一定　以便　创建
- D.冲击　决定　从而　创新

3. _____家庭轿车的造型,我总想起巴黎的老城区。论及"保持古都风貌",巴黎堪称一绝。且不说成为城市象征的艾菲尔铁塔、凯旋门、卢浮宫,就是流连于那些_____完好的百年民居、街头雕塑、露天咖啡馆之间,你也会感受到一股浓郁的历史_____。惟一体现着现代人文_____的,是街头巷尾像城市血脉般流动着的轿车。

- A.讨论　保护　气氛　景色
- B.探索　保管　空气　风景
- C.探讨　保存　氛围　景观
- D.探究　保留　气氛　风情

4. 作为我国历史悠久的著名园林城市,苏州集中了我国南方园林建筑艺术的_____。以表现寄傲山水、享受城市山林乐趣为_____的苏州园林,大部分建于明清时期,而园中形态_____、玲珑多姿的太湖石,更是园林建筑中的精品。

- A.精粹　题目　奇怪
- B.精髓　选题　怪异
- C.精华　主题　奇异
- D.精神　话题　奇特

5. 现代人太过_____实时科技,又害怕遗漏任何讯息,"讯息焦虑症"可能_____成新的文明病。任何_____都将光速_____快速流通,从而改变了每个人的生活节奏。

- A.依靠　普遍　消息　样
- B.依赖　普及　信息　般
- C.依照　普通　讯息　状
- D.信赖　遍及　音讯　式

6. 进入 80_____,随着"辞书热"的到来,国内多家出版社_____出了不同版本的少儿百科_____图书,有些为了提高儿童的读书兴趣,还_____引进了许多国外儿童百科和知识书的版权。

- A.年代　拿　性　继续
- B.时代　取　式　连续
- C.时候　印　型　接连
- D.年代　推　类　相继

7. 十几年以前,在北京每到夜里谁也不想出门,因为街上没有街灯,四周都_____的。11 年以来,北京发生的变化让人难以置信。可是国外一些媒体总是_____地批判北京多么落后,那是因为他们没有_____来北京看看她的发展。

- A.黑乎乎　一味　亲自
- B.黑洞洞　一向　自己
- C.黑黢黢　一直　亲身
- D.黑黝黝　一贯　亲眼

8. 试用期对新员工来说也是一个_____,在新员工报到的当天,就要接受为时两个小时的"入厂教育",内容包括公司的_____制度等。在试用期即将结束前,新员工还要接受为期一周的封闭_____,由一位指导老师进行指导,在三个月的试用期结束时,指导人要对自己指导的新人做出_____。

- A.考察　规则　培养　评论
- B.考查　规定　培育　评议

C.考验　　规章　　培训　　评价　　　　　　　D.考核　　规矩　　教训　　评估

9.“经济型轿车”与“10万元轿车”作为两个＿＿＿＿＿基本相同的固定词组,近来＿＿＿＿＿出现在各家媒体的各种版面上,每一＿＿＿＿＿“经济型轿车”或“10万元轿车”的下线或上市,都既是行业新闻,又是经济新闻,还是社会新闻。一辆又小巧又便宜的小型车大约是中国老百姓＿＿＿＿＿中的理想模式。

A.意义　　常常　　种　　心情　　　　　　　B.含义　　频频　　款　　心目
C.意思　　次次　　类　　心理　　　　　　　D.概念　　屡屡　　型　　心胸

10.男子在＿＿＿＿＿的外表下其实存在着更为脆弱的一面,这＿＿＿＿＿他们比女人有着更多的不良习惯,比如吸烟、酗酒、喝浓咖啡等。如果你吸烟特别＿＿＿＿＿瘾的话,当心患上膀胱癌,可是如果你真的一时戒不了的话,＿＿＿＿＿常喝一些咖啡,这有助于吸烟者减少患膀胱癌的机会。

A.坚强　　在于　　有　　不免　　　　　　　B.顽强　　由于　　过　　不如
C.刚强　　源于　　上　　不妨　　　　　　　D.强壮　　出于　　成　　不得

11.落花有意,流水无情。如果我爱的人不能成为爱我的人,我会选择彻底的＿＿＿＿＿。就像＿＿＿＿＿地行走在路上,一不小心,认错了人,不必＿＿＿＿＿太久,收拾起自己的尴尬,尽快＿＿＿＿＿好心态,继续前行,才是最应该做的。

A.忘记　　急急　　耽误　　调节　　　　　　B.忘怀　　忙忙　　延误　　调理
C.忘情　　匆忙　　拖延　　调协　　　　　　D.忘却　　匆匆　　耽搁　　调整

12.法布尔没有把这样一部昆虫学著作写成纯学术著作,而是＿＿＿＿＿用散文的形式和朴素的文字表现生命的真实细节之美。他一方面在昆虫身上＿＿＿＿＿了深刻的人文关怀,另一方面又从昆虫＿＿＿＿＿人类生活,思考人生的生存状态、生活态度、价值观念等,睿智的哲思时时＿＿＿＿＿纸上。

A.挑选　　倾斜　　反照　　欣然　　　　　　B.选择　　倾注　　反观　　跃然
C.挑拣　　倾泻　　反映　　哗然　　　　　　D.选择　　倾泄　　观照　　昭然

13.当年大学少年班曾经＿＿＿＿＿一时,社会舆论给他们冠以“神童”、“天才”等种种＿＿＿＿＿之词,但过高的心理期待给一些少年班的孩子造成了过大的压力,他们取得的成就不是杰出而是一般。因为表现＿＿＿＿＿,一些匆匆兴起的大学少年班也就＿＿＿＿＿结束了。

A.风景　　赞美　　常常　　草率　　　　　　B.风光　　溢美　　平平　　草草
C.风情　　华美　　一般　　匆忙　　　　　　D.情景　　赞叹　　平常　　忙忙

第三课

题型与特点

题型

排列句序题是从101题到110题,共10道。每题有A、B、C、D四个语句,考生要按照一

定的顺序将四个语句排列成一段话。如:

【例1】

A.其实,健康的概念要广泛得多

B.还包括心理健康和社会交往方面的健康

C.什么叫健康? 过去许多人认为不生病就是健康

D.现代科学认为,健康的新标准,除了身体健康外

正确答案:[CADB]　　　　　　　　　　　　　　　　　（样题第104题）

 **特　点**

这部分试题主要是通过长句、复句、语段及特殊用语,考查考生的成段表达能力,特别是恰当地使用关联词语,以较强的逻辑性进行语段表达的能力。

考点与难点　关联词

 **说　明**

清楚地掌握各个关联词语所表示的关系、搭配和出现的位置是做排列句序题的关键。从关联词语表示的关系看,可归纳为11种关系:

1.并列:一边……一边……　　又……又……　　既……又……　　一方面……一方面……　　一会儿……一会儿……　　时而……时而……

2.递进:不但\不仅\不光……而且\还……　　甚至　　甚而　　不但不\没……反而(还)……　　不单……也……　　……尚且……何况……

3.因果:因为……所以……　　由于……以致\以至……　　之所以……是因为……

4.选择:是……还是……　　或者……或者……　　不是……就是……　　与其……不如……　　与其……宁可……　　宁可……也不\也要……　　要么……要么……

5.转折:虽然……但是\可是……　　尽管……但是……　　反而……反倒……　　不是……而是……　　仍旧\仍然　　固然……但是……　　虽……却……　　其实

6.假设:要是\如果\假如\假设……就……　　否则　　幸好……不然……　　要么……否则　　要不是……就……　　倘使……也\就……

7.条件:只有……才……　　只要……就……　　不管……也……　　既然……就……　　无论……都……　　除非……才……　　别管……都……　　任凭……也\都……　　除非……否则\不然……　　凡是……都……

8.让步:哪怕……也\都……　　就是……也……　　即使……也……　　固然……也……　　纵然……也……　　就算……也……

9.目的:为的是……　　以便　　以免　　省得　　免得

10.解说:一来……一来……　　一是……一是……　　宁肯\宁愿……也不\也要……

11.紧缩:一……就……　　越……越……　　愈……愈……　　非……不\才……

170

另外,由"虽然、因为、只要、不管、尽管"引进的小句一般作为第一个小句出现,但也可以放在另一小句之后,只要前一小句没有"所以、就、都、还"等词。如:

①因为天气不太好,所以原计划取消了。

原计划取消了,因为天气不太好。

②虽然他的父母不同意,可是他还是坚持己见。

他还是坚持己见,虽然他的父母不同意。

【例2】

A.由于人类为着自身利益乱砍乱伐,滥捕滥猎,破坏了这种和谐关系

B.因此人们应该看到,保护动物也就是在保护我们人类自己

C.大家普遍认为,自然界本是一个和谐的整体

D.进而威胁到人类的发展与生存

正确答案:[CADB]   (样题第109题)

这道题 A、B、C、D 的四个选项中,在 A、B、D 中各出现了三个关联词,分别是"由于"、"因此"和"进而",因此我们可以确定,A 在 B 前,D 从意思上看是 A 句的递进,所以这道题的答案是 CADB。

常见错误

1.写错了字母,特别是在精神比较紧张的情况下,容易把 B 写成 D,出现 ABCB、DCAD 这样的答案。

2.看错了题号。答题时未看清答题纸上的题号顺序是横排还是竖排,结果整个答案都不对了。

应试策略与技巧

1.关联词排序法:如果题目中出现了关联词,那么只需要根据它们之间的关系,确定其先后顺序就可以了。如【例2】。

2.时间词排序法:如果题目中出现了表示时间的词语,我们通常可以通过时间的先后确定句子的顺序。

3.提问法

(1)句子中有"其、之、这、那、它、他、她、此"等代词时,这个句子一定不是首句,我们可以问"这个代词指代的是什么?"然后带着这个问题去找答案。排序时,带有答案的句子一定在有代词的句子前。

(2)句子中有缺少的成分时,如缺少主语、宾语、原因、结果等,我们可以提出"谁?""什么?""为什么?""怎么样了?"等问题。一般来说,缺少主语和宾语的句子前一定有别的句子可以回答出"谁"或"什么",缺少原因的句子前有别的句子可以回答出"为什么",缺少结果的句子后有别的句子可以回答出"怎么样了"。

4.同义合并法:如果整个语段中表达了两种不同的意思,如褒义和贬义,那么表达褒义的句子在排序时应归纳在一起,表达贬义的句子则应归纳在一起。

5.确定首尾法:如果一个句子意思完整,它有可能是首句,也可能是尾句。如果用前四种方法找不到可在此句前出现的句子,此句就是首句;相反用前四种方法找不到可在此句后出现的句子,此句则是尾句。

【例3】

A.它有生津止渴之功,清凉解暑之效

B.一些胃弱的人,吃多了就会引起腹痛或腹泻

C.夏日炎炎,在众多的果品中,西瓜可算最受欢迎了

D.然而,从中医的角度来看,西瓜性属寒凉

正确答案:[CADB]　　　　　　　　　　　　　　　　　（样题第105题）

　　这道题有 A、B、C、D 四个小句,在 A 句中有代词"它",显然不是首句,我们可以问"它是什么?";在 B 句中动词"吃"缺少宾语,我们可以问"吃多了什么会引起腹痛?"另外也缺少原因,我们可以问"为什么胃弱的人会有问题?"、C 句从句义上看非常完整,并且出现了"西瓜",这就是我们问题中的"它",C 句前不可能再出现别的句子,因此它一定是首句;D 句中有一个转折词"然而",从句义上看,它的前边一定是说西瓜好的一面,那只有 C 句和 A 句,同时 D 句也很好地回答了 B 句"为什么"的问题,因此 D 句在 B 句前。综上所述,这道题的答案是 CADB。

本课小结

➤ **主要考点与难点:关联词语**

➤ **考生主要的错误:**①看错了字母②看错了题号

➤ **主要应试策略与技巧:**①确定首尾法②提问法③同义合并法④关联词⑤时间词

课后练习

请按一定顺序将 A、B、C、D 四个句子排列成一段话:

1.A.特别在当今知识经济时代,使得这一点显得尤为重要

　B.作为中国的文化中心

　C.这种文明程度表现为市民的知识结构、受教育程度、综合素质、社会秩序化程度等等

　D.北京的社会文明程度显然要比别的地方高出许多

2.A.因为它已经受了 42 年的检验

　B.越能体现此项发明无与伦比的价值

　C.在这 42 年当中,它迅速改变着整个世界,改变着我们的生活

　D.或许发明完成与获得诺贝尔奖的时间间隔越大

3.A.同时人与自然的和谐统一也尽现在工业园区的每一个角落

　B.新兴的苏州工业园区就远离繁华的市区

　C.景致的秀丽让苏州格外注重城市的环境保护

　D.在这里你不仅可以看到现代工业文明的欣欣向荣

4.A.上海不仅是中国经济、金融、贸易、文化、科技、信息中心

　B.也是世界上最繁华、最具经济活力的城市之一

　C.世界上屈指可数的国际大都市之一

　D.作为中国的第一大城市

5. A. 由于就业的困难,使他们的生活也产生了诸多困难

   B. 众所周知,残疾人在我国现仍属于一个典型的弱势群体

   C. 残疾人在就业方面还面临着许多困难

   D. 这就需要全社会都来关心和帮助他们

6. A. 转基因作物如今已经在世界上多个国家成为环境和健康的中心议题

   B. 那么到底什么是转基因作物呢

   C. 赞同它的人认为科技的进步能大大提高我们的生活水平,而畏惧它的人则认为科学的实践已经走得"太快"了

   D. 并且,它还在迅速分裂着大众的思想阵营

7. A. 在提供公共产品、调节社会成员收入分配等方面有着十分重要的作用

   B. 是统治合法性的一个外在表现

   C. 个人所得税是国家税收的有机组成部分

   D. 同时,从历史上看,税收能力还是一种典型的政府能力

8. A. 北京人艺的早期作品恐怕都符合这一定义

   B. 查阅《新华字典》对"话剧"的解释是——用普通语言与动作表演的戏剧

   C. 它已成为许多人对话剧的固有认识与印象

   D. 最鲜明的例子便是《茶馆》

9. A. 我国还拥有约300万平方公里的海洋专属经济区和大陆架

   B. 在很多国人的意识里,我国的领土面积是陆地面积960万平方公里

   C. 其中享有完全主权的领海和内水面积达38万平方公里

   D. 但实际上根据《联合国海洋法公约》

10. A. 有空掏掏耳朵,瞧瞧自己耳朵里的耳垢是湿润的还是灰色干燥的

    B. 并且发现这些基因可能与乳腺癌的患病率有着某种关联

    C. 可别小看这些不起眼的耳垢

    D. 研究者最近发现了与耳垢相关的基因

11. A. 然而,在我们的社会中,优越感作为一种精神资源正在逐渐丧失

    B. 追逐中的人们越来越难以满足

    C. 欲望太多,诱惑太多,不平衡的心理越来越多

    D. 寻找优越感,就是寻找活下去的依据

12. A. 主要经营长途公共汽车客运业务

    B. 这意味着市民出行将更加方便舒适

    C. 本市将出现一家新的客运公司——北京八方达长途巴士客运有限责任公司

    D. 该公司由北京巴士股份有限公司和北京市长途汽车公司共同出资组建

13. A. 也仍然会存在着苦、累、脏的工作,这些工作同样要有人去做

    B. 但只要存在着社会分工,行业之间就必然存在着差异

    C. 在如今的现代化大都市中,掏粪工是个已经消失了的行业

    D. 因此"一人脏换来万家净"的精神在今天仍没有过时

14. A. 可素以务实著称的新一代大学生为什么如此热衷于当志愿者呢

    B. 任何志愿者服务都是艰辛而没有经济回报的

C.得到的回答是彩虹志愿者服务是一个极好的锻炼自己的机会

D.同时也是为大运会、为北京申奥出力的一个好机会

15.A.但达到国家二级排放标准的污水治理量只有大约 0.1 亿吨

B.90% 的城市污水处理未达标就直接排放

C.目前中国城镇日排放污水总量约为 1.37 亿吨

D.从而导致了严重的水污染

16.A.而女人也不必为此耿耿于怀

B.她们花在为宠物忙这忙那的时间远多于花在为丈夫干事的时间

C.这是美国搜索引擎与在线广告公司最近的一项调查结果

D.比起为妻子服务来,男人花在为上司挑选礼物上的时间更多

17.A.如果你能从宇宙观察,就会发现地球会显得很亮,因为反射率高

B.地球反照光反射回宇宙的量被称为反射率

C.当太阳从冰雪覆盖的地方升起,就会有更多的阳光被反射

D.它跟许多因素有关,例如云层厚度、季节变化等

18.A.而 55% 的女人也有同感,不知道婆婆她老人家喜欢什么讨厌什么

B.那就是都认为给对方的母亲选礼物最难

C.说到挑选礼物,男子和女子有一点是共同的

D.59% 的男子认为给丈母娘选礼物十分困难,不知选什么好

19.A.喝咖啡的吸烟者患膀胱癌的危险比只喝咖啡不吸烟的人高三倍

B.这么看来,如果你是个吸烟者的话

C.还是适当喝点咖啡吧

D.但同时,不喝咖啡的吸烟者患膀胱癌的危险比只喝咖啡不吸烟的人高七倍

20.A.即使你再爱他,对他极度朝思暮想

B.你都应该在遵循社会道义、法规、道德的基础上去实施你合理的追求

C.但是,所谓"君子爱人,求之有道"

D.爱一个人却不想永远拥有他,那是假的

21.A.当然还斜背着挂着各式小宠物的卡通书包

B.如果你走在大街上仔细观察,会发现以前穿仔服、戴墨镜的"酷"一族已渐渐不再流行了

C.取而代之的是"可爱"一族

D.她们无一例外地梳着可爱的小辫,走路蹦蹦跳跳

22.A.职业经理人为什么要出走? 出走的本质是什么?

B.每个人都有一个自认为比较满意的答案

C.职业经理人由于个人、体制、矛盾等原因频频出走的案件接二连三

D.如果要问中国这两年来出走的职业经理人有多少,恐怕没有人算得清楚

23.A.甚至有人开始怀疑网络的价值

B.互联网却越来越成为企业营销推广的新途径

C.尽管互联网正在遭遇严酷的冬季

D.但不可否认的是,在传统的营销方式之外

24．A.这部分核心客户是企业信用管理的重点

B.根据管理学 80/20 的原则,企业 80％的生意来自于 20％的客户

C.对这部分客户不仅要进行调查,还要进行深度调查以及跟踪调查

D.做到不论他们发生了什么变化,企业都要知己知彼

25．A.现今凡 35 岁以上的中国公民对那些熟悉的名字应该是难以忘怀的

B."文革"时期的文艺界,真可谓满目萧条、遍地凄凉

C.《红灯记》、《创业》等曲目和影片,在当时历史条件下所产生的轰动效应,可以说是前无古人

D.除了京剧和电影这两个品种,其余几乎全是空白

26．A.因为医学的发展和财富的积累,使他们能获得更好的健康护理

B.各种因素有很多,包括基因、饮食、生活习惯、自然环境等等

C.一般来说,发达国家的居民寿命比不发达国家的居民要长

D.是什么在影响人的寿命呢?

27．A.最初在学习阶段可能智力因素的作用要大

B.则是两方面因素的合力

C.一个人的发展是由智力因素与非智力因素综合决定的

D.但最终决定一个人的发展

28．A.这是有史以来首次有科学证据表明相对于传统种植法,有机种植是农民较佳的选择

B.美国科学家进行的研究显示,有机种植的苹果除了有助于环境保护外

C.而且可使果民赚更多的钱

D.还比传统种植的苹果更清甜

29．A.因为对于经济而言,短缺有短缺的烦恼,过剩有过剩的麻烦

B.产品的丰富在社会学上是好事,但对经济学就未必是好事

C.都不利于社会经济发展

D.可见,供求关系的任何一种不平衡

30．A.特别是对后者而言,信息的作用可能是具有革命性的

B.并打破传统的商业加广告的消费模式

C.对于生产,信息的共享使生产的效率进一步提高

D.而对于消费,同样可以大大提高效率

第四课

题型与特点

🔲 **题 型**

汉字填空题是从 111 题到 120 题,共 10 道。题干是几篇短文,每篇短文中都有若干个

175

空,要求考生根据文章内容的需要,填出一个最恰当的汉字。如:

【例1】

经理先生、女士们、先生们:

我对贵公司的访问,从一开始就受到了热情接待。今晚我应贵公司的[115]请出席这个宴会,深感荣幸,请允许我代表我的同事,并且以我个人的名义,向经理先生、各位朋友,表示[116]心感谢!

在贵国访问期间,我们在坦率友好的气[117]中进行了会谈,通过会谈,我们增进了相互了解,双方都表示愿意进一步加强科技合作。我真诚地希望我的这次访问有利于我们双方[118]易往来,有利于促进我们友谊的发展。

为各位的健康干杯!

正确答案:115[邀]　116[表]　117[氛]　118[贸]　　　　（样题第115～118题）

 **特　点**

这部分主要考查语篇理解能力、词汇量和汉字书写能力。答案是惟一的,要求考生在准确把握短文意思的基础上,写出空中缺少的汉字,并且汉字的书写一定要正确,不能写别字或错字。

考点与难点（一）　固定搭配

 **说　明**

句子中的固定搭配除了关联词语的搭配以外,还有一些介词或动词的固定搭配。有时同一词语可以和不同的几个词语搭配,所表示的意义就有所不同,这一点要特别注意。如:

1.与"来说"的搭配

(1)拿……来说:用于举例说明。如:

很多北京人不常去北京的名胜古迹游玩,拿我来说吧,已经好几年没去故宫了。

(2)就……来说/看:用于列举某个方面。如:

就你目前的汉语水平来说,考到 HSK 八级还有一定的难度。

(3)对/对于……来说:用于引出对象。如:

对大多数父母来说,孩子的幸福就是他们的一切。

2.与"为"的搭配

(1)为……打(下)基础:你现在的努力是为你将来的生活打基础。

(2)为……起见:为保险起见,你还是配两把钥匙吧,一把自己用,一把放在父母家。

3.与"在"的搭配

(1)在……看来:　在我看来,这样做没什么不合适的。

(2)在……陪同下:　教育部长在校长的陪同下,检查了学校的各项日常工作。

(3)在……之间:　你要在这两个爱你的人之间做出选择。

(4)在……范围内:　我尽力在我的职权范围内帮助你。

(5)在……时期:　在三年自然灾害时期,很多孩子身体发育不良。

4. 与"以"的搭配

    (1)以……为……： 在我去过的地方中,以黄山为最美。

    (2)以……领先： 比赛进行到30分钟时,A队已经以两个球领先于B队了。

5. 与"居"的搭配

    (1)居……之首/冠： 据最新的人口普查数据,四川地区的人口居全国之首。

    (2)居……前列： 中国运动员的乒乓球水平居世界前列。

6. 与"从"的搭配

    (1)从……着眼： 从长远利益着眼,你现在吃点亏是有好处的。

    (2)从……以来： 从有了孩子以来,她真切地体会到了为人母的辛苦与幸福。

    (3)从……起： 他从三岁起就开始学习钢琴了。

7. 其它

    (1)提到……日程上来： 如果申奥成功,道路交通的整治工作就会马上提到日程上来。

    (2)由……组成： 我们班由几个不同国家的留学生组成。

    (3)到……为止： 到目前为止,此案还在调查中。

    (4)应……的邀请： 应泰国王室的邀请,中国国家主席近日将出访泰国。

    (5)本着……原则： 1997年7月,本着"一国两制"的原则,香港顺利回归祖国。

    (6)正值……之际： 第一次来时,正值"电脑节"开幕之际,道路两旁摆放了各种鲜花。

    (7)借……之机： 我想借出差之机回一趟老家。

【例2】

《中外书摘》是全国第一家书摘杂志,创刊9年来,[111]知识分子、干部、青年学生及其他读书爱好者中,享有良好的声誉。

    正确答案:[在]   (样题第111题)

这道题中的空位于一句话的开始,后边是一连串的名词,但在这一小句的最后,有一个"中"字,从这些情况我们可以判断,在这里应该是表示范围的介词"在",其搭配是"在……中"。

考点与难点(二)　　常用语素

 说　明

    词是由语素构成的,就汉语来说,虽然也有两个字表示一个语素的,如"玻璃"、"葡萄"等,但是大部分一个汉字就是一个语素。从语素的构词能力来看,有的构词能力较强,而有的语素构词能力差一些。下边我们列举一些常用语素及其构成的词语。

吃:吃苦、吃亏、吃惊　　　　　　　　观:观点、观光、观念

自:自豪、自满、自信、自愿　　　　　合:合资、合股、合并

可:可见、可惜、可靠、可行　　　　　任:任期、任职、常任

超:超级、超支、超越　　　　　　　　入:入场、入境、入侵

风:风格、风情、风采　　　　　　　　同:同步、同期、同胞

插：插嘴、插手、插足　　　　　　　兼：兼顾、兼职、兼备

繁：繁华、繁忙、繁重、繁多　　　　带：带头、带动、带领

和：和蔼、和睦、和谐、和解　　　　盲：盲从、盲目、文盲

交：交叉、交涉、交错　　　　　　　精：精确、精华、精辟、精密、精美

就：就餐、就近、就业、就地　　　　提：提前、提醒、提升

盛：盛情、盛产、盛行　　　　　　　推：推行、推动、推销

兴：兴办、兴起、兴建　　　　　　　简：简易、简短、简陋、简明

势：势力、势必、态势、形势　　　　出：出主意、出风头、出点子

【例3】

　　该刊以传递知识信[112]、提高读书兴趣为宗旨，抓住当前读书热点，全方位地展示最新中外图书之[113]华。文字优美，知识性、可读性强，通过有限的篇幅，能够[114]足读者多层次的阅读兴趣。

　　正确答案：112[息]　113[精]　114[满]　　　　　　　　　（样题第112～114题）

　　这道题有三个空，都是常用词里缺少了一个语素，[112]的答案是"息"，组成"信息"一词；[113]的答案是"精"，组成"精华"一词；[114]的答案是"满"，组成"满足"一词。

常见错误

1.知道词语中所缺的字，但是写错了汉字。

2.写出的不是汉语中的词，而是自己造出的词。

3.写出的词的词类与考题不符，如应该填动词却写成了形容词等。

4.写出的词的词义与考题不符。对语段的意思没有理解，因此写出的词"离题"了。

应试策略与技巧

　　这部分考题表面上是考汉字，实际上考查的则是考生的阅读、理解、词汇量、词语辨析和汉字书写等几项能力的综合水平，它包括的范围非常广泛，可以说所有的词语都可能成为一个考点，因此靠死记硬背是没有多大用处的，需要考生努力增加自己的阅读量，扩大自己的词汇量，根据短文的意思写出最恰当的汉字。

　　1.不要急于填出汉字，首先要通读全文，准确理解其基本意思。

　　2.根据上下文，分析缺少的是属于什么词类的词。

　　3.空的前边或后边出现的词语，是非常重要的线索，以此为中心联想你所学过的词，再结合语段的意思从中选出合适的词，填出缺少的汉字。

　　4.检查一下所写的汉字是否正确，不要与其它的同音字混淆。

本课小结

➤ **主要考点与难点**：①固定搭配②常用语素

➤ **考生主要的错误**：①写错别字②写自创词③词类错误④词义错误

➤ **主要应试策略与技巧**：①理解全文的意思②确定词类③联想

课后练习

请在每个空里填一个恰当的汉字:

1~4

据新疆航空公司[1]露,从 7 月 1 日起,新航将在乌鲁木齐至北京、上海、广州三条航线上开[2]"红眼航班",其目标直指铁路客运市场。

"红眼航班"是指夜班航班。由于该航班提高了飞机利用率,降低了飞行成本,票价也比其他航班便宜很多。据介绍,"红眼航班"的机票实现现行票价的 2 折至 9 折优[3]。

"红眼航班"将在每天凌晨起飞,[4]经验丰富的飞行员驾驶波音 757 飞机承担飞行任务。

    1. _____   2. _____   3. _____   4. _____

5~8

中华律师事务所李化律师受大明有限责任公司委托,授权发表严[5]声明:

大明有限责任公司是实行现代企业管理制度的国有独资企业,多年来,以其良好的信誉、可靠的质量和优质的服务赢得了广大消费者的信任和厚爱。目前,社会上个别单位和个人以个别地区事件借助媒体炒做,无端指责和攻击大明有限责任公司,严重损害了大明有限责任公司的信誉,在社会上造成极其恶[6]的影响。本律师在此[7]重敬告有关单位和个人立即停止对大明有限责任公司的名誉损害,大明有限责任公司保留对造谣损害我公司名誉的行为人[8]究法律责任的权利。

授权声明人:中华律师事务所

李 化 律师

2000 年 7 月 10 日

    5. _____   6. _____   7. _____   8. _____

9~12

德国[9]华使馆文化处设立的留德人员审核部将与使馆签证处合作,为申请赴德留学人员提供一种新的签证[10]理程序。

20 分钟的面试,将考核申请人所提交的材料是否与其水平[11]符。所问问题不是深奥的或专业性很强的问题,而是与其知识水平相当的有关问题。同时确定申请人的外语水平。[12]过面试的申请人,可以进入简化的签证办理程序。签证处的面谈将取消。详情请致电659071138 咨询。

    9. _____   10. _____   11. _____   12. _____

13~16

今年 8 月,北京将迎来新世纪全世界大学生的第一次体育盛会,为[13]合这一盛事,由北京第 21 届大运会组委会、文化部等单位[14]办,市委宣传部、市文化局等单位承办,中央电视台协办的以"青春、友谊、和平"为主题的"北京大运会文化节"将于 8 月 21 日至 31 日与大运会同时举行。

本次文化节将采取国际与国内相结合、剧场与广场相结合、高雅与通俗相结合、专业性与群众性相结合的多种活动形式,[15]图以文化节开闭幕式演出、艺术精品展演、中外大学生联欢等活动,向来自 160 多个国家和地区的近万名运动员、裁判员及各国记者展现古都北京的独特[16]力。

13. _____　14. _____　15. _____　16. _____

17～18

昨天在北京八大处游览的游客,被一项新推出的智能语音导游服务所吸引。不方便请导游的游客,购买或租用上一个小小的"百世通"智能语音系统终端机,通过无线传输方式就可以在每个景点听到有音乐伴[17]的该景点的历史典故传说。这一系统的开通将使手持电喇叭的导游讲解方式成为历史。

据介绍,智能语音导游服务系统最大的特点是运用网络技术,使每个游客无论走到哪儿,都好像[18]身带了个私人导游。

17. _____　18. _____

19～20

香港昨天遭遇持续暴雨,天文台先后发出黄色暴雨警告和红色暴雨警告逾9个小时。其中新界北区两小时内的降雨量高[19]120多毫米,为十年一遇。

昨天清晨4时25分,香港天文台发出黄色暴雨警告,15分钟后发出新界北部水浸警告。上午9时30分,因为雨量增大,天文台发出红色暴雨警告。直到13时30分,红色暴雨警告才被改为黄色信号,并于15时30分取[20]。暴雨期间,有人因不适或轻微受伤被送往医院治疗。

19. _____　20. _____

21～24

[21]联合国教科文组织委托,今年8月21日～8月23日将在北京举办首届"亚洲儿童艺术节"。在新世纪的第一个仲夏,在中国北京举办这样一个国际性的儿童艺术节,具有特殊的纪念意[22]。与会的各国儿童将以本届艺术节为媒介,以本国民族艺术的形式开展对话,有益于加强了解,增[23]友谊。这也为展现我国悠久的历史,灿烂的文化,让世界更多的国家和人民认识中国,了解中国,提供了极好的[24]会。

21. _____　22. _____　23. _____　24. _____

25～26

今天,"96777"——全市统一使用的燃气报修电话开通试运行。不管您使用的是哪种燃气,也无论您家住在哪里,出现问题时只需拨打"96777",就会迅速得到答[25]。

据了解,为开通"96777"报修电话,市燃气集团成立了用户报修服务中心,24小时为用户提供电话服务。报修服务中心不仅受理用户的报修、解答咨询,而且还承[26]处理服务投诉、核查服务质量及收集反馈信息等职责。"96777"将按本市普通话费标准收费。

25. _____　26. _____

27～30

昨天,北京同仁堂崇文门中医医院正[27]挂牌号脉,这意味着以经营药店为主的老字号准备用"金字招牌"敲开治疗市场的大门。

目前同仁堂已经办了4家规[28]在"20名以上坐堂医生"的大型医馆,可四个医馆总是人满为[29],这使同仁堂的经营者们发现,老字号的含金量越来越高了。于是他们决定扩大经营外延。其实解放前的同仁堂既制药也行医,解放后才改成[30]门制药的企业。

27. _____　28. _____　29. _____　30. _____

31～32

　　见过玻璃艺术品的人都会被它的晶莹剔透和光与影的流动产生的神秘莫测的效果深深吸引。7月27日，一个"玻璃世界"将在中华世纪坛迎候观众，这就是由中国对外艺术展览中心、玻璃工房等[31]构共同举办的"国际现代玻璃艺术大展"。它无疑是今年最重要的艺术展览之一，届时将有来自15个国家和地区的68位艺术家的200余件作品会聚一堂，这些作品很多出自当代[32]尖艺术家。

　　　31.　_____　　32.　_____

33～36

　　由司法部法制宣传司主办、法律出版社和法制日报社共同承办的"加强社会治安及整顿和规范市场经济秩序法律知识竞赛"活动[33]开了帷幕。

　　这次竞赛活动分个人和集体两种参赛形式，采用统一的答题卡，试题和答题卡[34]登在5月24日的《法制日报》上。活动历时3个月，于8月公布获奖名单，并在昆明召开经验交[35]会及表彰大会。

　　竞赛组委会办公室组织有关专家编写了《公民法律基本知识1000题》，作为本次知识竞赛的[36]一资料。

　　　33.　_____　　34.　_____　　35.　_____　　36.　_____

37～40

　　人才招聘网站在今年[37]届毕业生中做了一项调查。调查显示：毕业生们正在逐渐失去对以网络公司为代表的高新科技企业的兴趣，转而将目光投向了那些在业内知名[38]高、历史悠久的传统企业。

　　在受调查者中只有5%的毕业生将网络业看做是最热门的行业，而仅仅在一年前，持此看法的毕业生曾高达36%。而生物工程和银行投资业在学生中的受欢迎程度则大[39]度上升，[40]别由去年的3%攀升到今年的12%和11%。

　　　37.　_____　　38.　_____　　39.　_____　　40.　_____

41～44

　　以开发、生产、销售高低压电器、成套设备等为主的大型集团企业——人民电器集团正式入主北京。在昨天的该集团北京有限公司成立[41]式上，集团董事长表示，一直将规模扩张和品牌战略视为拓展海内外市场的关[42]的人民集团，将充分利用北京的人才和技术优势，逐渐把"人民"品牌向华北、东北及海外市场扩展。

　　此次入主北京，该集团将通过建立新的生产基地，从[43]高低压电器等产品的开发、生产和销售。另外，该集团还计划通过联合兼并等方式盘活北京的国企，解决部分下岗职工的[44]业问题。

　　　41.　_____　　42.　_____　　43.　_____　　44.　_____

练习答案

第一课

练习（一）

1.B　　2.D　　3.A　　4.C　　5.C

练习(二)

1.起来　　2.出来　　3.起来　　4.过 来　　5.到

练习(三)

1.B　　2.C　　3.C　　4.D　　5.D

练习(四)

1.C　　2.D　　3.B　　4.C　　5.B

练习(五)

1.D　　2.A　　3.C　　4.C　　5.A

课后练习

 1.D　　 2.B　　 3.C　　 4.B　　 5.C　　 6.B　　 7.A　　 8.C　　 9.D
10.A　　11.C　　12.C　　13.D　　14.A　　15.C　　16.C　　17.A　　18.B
19.A　　20.B

第二课

练习(一)

1.　(1)颁布　　　　(2)颁发
2.　(1)帮忙　　　　(2)帮助
3.　(1)保守　　　　(2)保卫
4.　(1)必需　　　　(2)必须　　　(3)必要　　　(4)必要
5.　(1)辩解　　　　(2)辩论　　　(3)辩护
6.　(1)表达　　　　(2)表明　　　(3)表示　　　(4)表示　　　　(5)表现
7.　(1)禁不住　　　(2)忍不住　　(3)禁不住＼忍不住＼不禁
8.　(1)差距　　　　(2)差别
9.　(1)产生　　　　(2)产生　　　(3)生产
10.(1)场合　　　　(2)场面　　　(3)场所
11.(1)充沛　　　　(2)充实　　　(3)充足
12.(1)促进　　　　(2)促使
13.(1)单纯　　　　(2)单调
14.(1)关于　　　　(2)对于　　　(3)对于
15.(1)改进　　　　(2)改善
16.(1)刚(刚)　　　(2)刚才
17.(1)自己　　　　(2)亲自
18.(1)忽视　　　　(2)忽略
19.(1)坚决　　　　(2)坚强　　　(3)坚定　　　(4)坚实　　　　(5)坚固
20.(1)宽敞　　　　(2)宽大　　　(3)宽广　　　(4)辽阔＼宽阔　　(5)宽大
21.(1)整个　　　　(2)所有　　　(3)一切　　　(4)全部
22.(1)尊敬　　　　(2)尊重　　　(3)尊敬/尊重
23.(1)深厚　　　　(2)深刻　　　(3)深奥　　　(4)深沉

182

24. (1)安详　　(2)安宁　　(3)安定　　(4)安静
25. (1)记忆力　(2)记性　　(3)记忆　　(4)记性
26. (1)检察　　(2)检查
27. (1)简单　　(2)简易　　(3)简陋
28. (1)减轻　　(2)减少　　(3)减弱
29. (1)揭示　　(2)揭露
30. (1)界线　　(2)界限
31. (1)精美　　(2)精密　　(3)精确　　(4)精细
32. (1)经验　　(2)经历　　(3)经历
33. (1)纠正　　(2)改正
34. (1)具备\具有　(2)具有　　(3)具备
35. (1)老成　　(2)老实
36. (1)兴趣　　(2)乐趣
37. (1)灵巧　　(2)灵活　　(3)灵活　　　　(4)灵敏
38. (1)茂密　　(2)茂盛
39. (1)年龄\年纪　(2)年纪
40. (1)年轻　　(2)年青
41. (1)偶然　　(2)偶尔
42. (1)普及　　(2)普遍
43. (1)朴实　　(2)朴素
44. (1)启事　　(2)启示
45. (1)亲切　　(2)亲密　　(3)亲热
46. (1)容易　　(2)轻易
47. (1)确凿　　(2)确切
48. (1)融化　　(2)溶化　　(3)熔化
49. (1)日程　　(2)日期
50. (1)互相　　(2)相互
51. (1)功夫　　(2)工夫　　(3)功夫
52. (1)后果　　(2)效果　　(3)结果\后果
53. (1)心里　　(2)心理
54. (1)难免　　(2)未必　　(3)未免\不免　(4)未免
55. (1)舒适　　(2)舒畅　　(3)舒服
56. (1)鼓舞　　(2)鼓动　　(3)鼓励　　　　(4)鼓舞
57. (1)保持　　(2)维持　　(3)保持　　　　(4)维持
58. (1)隔离　　(2)隔绝　　(3)隔阂
59. (1)周到　　(2)周密
60. (1)规则　　(2)规定　　(3)规矩

练习(二)
　1.观　　2.化　　3.型　　4.性、化　　5.性　　6.级、型　　7.率　　8.力

9.化　　10.性　　11.感　　12.型　　　13.级　　14.型　　　　15.感　　16.者

练习(三)

1.股/阵　　2.轮　　3.批　　4.番　　　5.线　　6.项

7.系列　　8.份　　9.场　　10.身、场　　11.番

练习(四)

1.废　　2.辞　　3.相　　4.喻　　5.穷　　6.川　　7.意　　8.私

9.异　　10.主　　11.入　　12.供　　13.归　　14.顾　　15.处　　16.添

17.晓　　18.连　　19.益　　20.泣　　21.美　　22.俱　　23.副　　24.名

25.善　　26.弄　　27.萍　　28.分　　29.赴　　30.盈　　31.恐　　32.番

33.顺　　34.微　　35.奈　　36.设　　37.矛　　38.诸　　39.还　　40.至

41.画　　42.周　　43.斩　　44.勃　　45.朝　　46.蒂　　47.邪　　48.绝

49.则　　50.拔

练习(五)

1.怪不着　　2.合得来　　3.比不过　　4.划不来　　5.禁不住

6.犯不着　　7.想得开　　8.留不住　　9.看不上　　10.说不过

课后练习

1.B　　2.D　　3.C　　4.C　　5.B　　6.D　　7.A

8.C　　9.B　　10.C　　11.D　　12.B　　13.B

第三课

1.BDCA　　　2.DBAC　　　3.CBDA　　　4.DCAB　　　5.BCAD

6.ADCB　　　7.CADB　　　8.BADC　　　9.BDAC　　　10.ACDB

11.DACB　　　12.CDAB　　　13.CBDA　　　14.BACD　　　15.CABD

16.DABC　　　17.BDCA　　　18.CBDA　　　19.ADBC　　　20.DCAB

21.BCDA　　　22.CDAB　　　23.CADB　　　24.BACD　　　25.BDCA

26.DBCA　　　27.CADB　　　28.BDCA　　　29.BADC　　　30.CDAB

第四课

1.透　　2.通　　3.惠　　4.由　　5.正　　6.劣　　7.郑　　8.追

9.驻　　10.办　　11.相　　12.通　　13.配　　14.主　　15.力　　16.魅

17.奏　　18.随　　19.达　　20.消　　21.受　　22.义　　23.进　　24.机

25.复　　26.担　　27.式　　28.模　　29.患　　30.专　　31.机　　32.顶

33.拉　　34.刊　　35.流　　36.惟　　37.应　　38.度　　39.幅　　40.分

41.仪　　42.键　　43.事　　44.就

第六单元 作 文

第一课

HSK(高等)的主观性考试包括作文和口语两部分。

"作文"是 HSK(高等)考试中的第四大部分,考试时间为 30 分钟,要求写出一篇 400~600 字的短文,也就是说,要求考生的写作速度是每分钟 18~20 字。

题型与特点

题 型

作文考试的命题模式为限制性命题作文,有两种出题形式:一是给出题目和一段相关的语料,要求考生参照语料完成命题作文;二是直接给出题目,要求考生完成命题作文。

在 HSK(高等)的作文考试中,这两种命题形式交替出现,每次考试写一篇。

这一课先看第一种题型,《中国汉语水平考试大纲(高等)》中的作文试卷样题就属于这种题型:

精美服装公司招聘启事

本公司由于业务发展的需要,特招聘以下人员:

服装设计师:2 名。

广告设计师:2 名。

推　销　员:2 名(具有两年以上推销经验),精通一门外语。

服装模特:男,2 名,身高 1.80 米以上,相貌端正。

女,2 名,身高 1.70 米以上,相貌端正。

应聘人员请将本人简历、从事这一工作的经验、成绩、本人特长等情况写明,寄往我公司,并请注明联系地址。

联　系　人:季翔

精美服装公司

考试的题目是:《一封求职信》,考生要根据上面的招聘启事的要求来写,书写的格式是书信体。

特 点

一、HSK(高等)考试中作文考试的总的特点

在 HSK(高等)的考试中,作文考试属于主观性的考试,这就是这部分试题的最大的特

点。这种主观性考试区别于客观性考试的最明显的地方有如下几点：

第一，考试的目的有所不同。听力理解、阅读理解、综合表达等客观性考试都要在不同的程度上测试考生的语言知识，而作文考试是以测试考生运用语言的能力为主要目的的。

第二，题目的形式完全不同。正是因为考试的目的不同，所以作文考试的具体形式也和客观性考试完全不同，除了上面提到的两种考试形式以外，没有客观性考试中常用的选择、填空、回答问题等考试形式。

第三，答案的情况不同。客观性考试的答案有惟一性，而作文考试答案的内容带有极大的主观性，受到考生思维能力、人生经验、情感体验、学识专业等主观因素的影响，因此与客观性考试中答案的惟一性相比，它具有多元性的特点。

第四，评分的标准和方法不同。客观性考试有惟一正确的答案，所以也就有惟一的评分标准；而主观性考试由于它的答案带有很大的主观性，每个考生的答案都是不相同的，所以就只有一个分级的标准(即作文考试的五级标准)，而没有一个非常具体的、能够明确判断对与不对的评分标准，这就使主观性考试的评分也带有主观性，即考生作文成绩的高低取决于阅卷者的主观判断，评分的客观性会受到阅卷者主观意志的制约。

还需要说明的一点是，高级阶段书面语言水平的高低重点体现在得体性和流利性两个方面，而这两个方面在作文考试中体现得最具体，最充分。

得体性是指在交际中能用符合目的语文化习惯的语言进行交流，并能对操该种目的语的本族人的语言交际做出正确的理解和反应，其前提是语言运用的正确性。作为一个更高档次上的语言能力，就要求学生达到既正确又得体的语言境界。对于高等汉语水平考试来说，得体性是一个非常重要的水平区分标准。而决定文章的语言是否得体的重要因素，是对文化的理解和掌握。汉民族那些由历史的积淀而形成的社会文化和语言文化隐含在汉语的语音、语法、词汇中，这就要求学习者一定要充分重视对文化的理解和掌握。

书面表达的流利性是指语言运用的熟巧程度。它的基础是使用目的语进行思维，因此也是高级阶段语言能力的一个重要表现。在 HSK(高等)的作文考试中，对流利性的考查主要是通过对语速的定量控制体现出来的。除了要求学生在 30 分钟之内写出 400～600 字的文章之外，还要求汉字书写清楚，语言通顺流畅，另外还要做到语法正确。因为如果语法失误过多，语言就会疙疙瘩瘩，根本谈不上流利。因此书面表达要做到流利，对语法方面的要求就比较严格。

二、第一种命题模式的特点

为了减少主观性考试在阅卷时由于阅卷人员的主观判断和主观意向而对考生成绩的公正性带来的不利影响，命题人员设计出了这种题型，即给出作文题目和相关的语料，要求考生按照所给的相关语料完成命题作文。

具体来看，所给语料有很多形式，比如，可能是一则招聘启事，要求考生根据这则招聘启事写一封求职信或推荐信；也可能是一小段故事，要求考生根据故事的内容写一篇感想或小评论；还可能是一首诗歌，要求考生参照诗歌所提供的情景写一篇散文，等等。概括起来看，试卷所提供的语料一般都是不同文体的短文或漫画，然后从不同的角度设计出考试题目，要求考生写作的文体也是各种各样的。无论试卷提供什么形式的材料，都要求考生必须正确理解材料的含义，正确把握材料的主旨，在这个基础上写好作文。

应该说，这样的命题作文限制性是很强的，同时又有比较强的实用性，它能有效地考查考生的阅读能力和书面表达能力。比如样卷的作文题，它提供的语料是一则招聘启事，题目是要求考生根据招聘启事规定的条件写一封求职信。这个题目的限制性就很强，首先，要求考生写的是一篇书信体的应用文，这是一种限制；这封书信又不是一般的书信，而是一封求职信，这又是一种限制；这封求职信又要求考生按照招聘启事的要求和条件来写，考生应该按照要求介绍自己的外貌、简历、相关工作经验及本人特长等，这又是一种具体的限制。正因为它对写作范围有了这么明确的限制和具体的规定，也就为阅卷评分提供了依据，使阅卷者能更客观地把握评分标准。

考点与难点（一）　准确领会相关语料的内容和含义

 **说　明**

考生要想高质量地完成第一种命题模式，一个最重要的前提就是一定要认真阅读并准确领会相关语料的内容和含义，否则就会前功尽弃，答非所问。

我们再拿已经公布的样题作为例子来进行说明。该样题提供的相关语料是一则《精美服装公司招聘启事》，考试的题目很明确，就是根据这则招聘启事的要求写作一封求职信。要写好这封求职信，首先必须准确理解招聘启事的全部内容。

首先，考生应该清楚地知道精美服装公司这次所要招聘的是哪些方面的工作人员。

其次，考生要根据自己各方面的情况迅速做出选择，以决定自己去"应聘"哪一个职位。这里说的"各方面的情况"，可以是自己的实际情况，比如自己的学历、专业、特长，自己的外貌、长相，以及自己以前曾经从事过或接触过上面提到的哪方面的工作等等；但也可以脱离开自己的实际情况，从写作的角度来考虑去"应聘"哪一个岗位能使自己的写作水平发挥得更好，使文章的内容更加精彩。

第三，一旦决定自己所要"应聘"的职位，就要准确地了解招聘启事中对这一职位的具体要求。在这则启事中，对服装设计师和广告设计师没有提特别的要求，你可以根据自己对这两个职位的理解来自由发挥，但对推销员和服装模特就有一些具体的要求了，考生在写作时必须加以注意。

第四，除了要注意每个职位的具体要求以外，考生千万别忘了仔细阅读招聘启事的最后两行，在这里对每一个应聘者都应该写清楚的内容提出了要求，不管你申请哪一个职位都需要提供这些资料。

常见错误

1. 由于 HSK（高等）的作文考试只有 30 分钟的时间，所以考生常常因为时间紧张而错看或漏看语料的内容。比如在写上面题目所要求的求职信时，有的考生只注意了招聘启事中每个职位的具体要求，而忽视了最后对每一位应聘人员所提的共同要求，造成由于文章内容不完全符合要求而丢分的情况。另外，还有相当多的考生把最后的联系人的名字"季翔"看成了"李翔"，虽然不是什么大的错误，但也是错看的一种表现，如果这种错误出现在理解关键词语的时候，那"损失"就大了。

2. 文章没有针对性，也就是说，不顾自己所要应聘的职位的一些特殊要求和语料的限定,随心所欲地进行写作,最后使文章变成了一篇普通的自我介绍。

3.把握不好阅读语料所应该使用的时间。有的考生在阅读语料时,花费了过多的时间,以至于由于没有充足的时间来进行写作而不能在规定的时间内完成作文。

 **应试策略与技巧**

1.快速把语料默读一遍。为了尽量避免错看漏看,考生应该在拿到试卷后用最快的速度把所给语料从头到尾不出声地默读一遍,并在做出准确理解的同时构思自己的文章。

2.让自己文章的内容与语料的要求一一对应。考生在看准要求的基础上,使自己文章的内容与题目的要求对应起来,这样就会有针对性了。就拿上面的例子来说,如果你想"应聘"的是推销员这个职务,那么根据题目要求,你应该一一回答以下问题:你是否具有两年以上的推销经验,你是否精通一门外语,还有你的简历、从事这一工作的经验、成绩,以及有什么特长等等。在回答完这些必须回答的问题之后,你再进行其他与题目有关的发挥。

考点与难点(二)　确定文体

说　明

在 HSK(高等)的作文考试中,确定文体,按照题目要求的文体来写作也是非常重要的一点。具体来说,HSK(高等)的作文考试所考的文体主要有四种:记叙文、议论文、说明文和应用文。每一种文体都有自己的文体特点、写作规律和技巧,考生一定要在认真审题,确定文体之后,根据这种文体的特殊要求来进行写作。

比如在样题中,就明确要求考生写一封"求职信",而且一定要用书信体的格式来写,如果考生不了解书信体的特殊格式,那么即使这封信的内容很好,也不完全符合题目的要求。

各种文体都有自己的特殊要求。考生写作什么样的文体,除了可以根据题目的明确要求来选择以外,还要学会通过审题确定文体。比如像《一个难忘的人》这样的题目,一看就知道只能写成一篇记叙文;像《一本好书》这个题目,如果试卷没有提出明确的文体要求,那么我们分析这个题目就会发现,它把你所要介绍的书定为"好书",而一涉及到"好"与"坏",就势必要进行一番评论,以说明它到底好在哪里;而在介绍书的过程中,又难免要概括地叙述一下书的内容,包括主要情节、主要人物,或主要观点等等,所以我们可以基本上确定,这个题目比较适合用夹叙夹议的方法来进行写作,在具体行文的时候,考生还可以根据自己的文笔特点来选择是以"叙"为主,"议"为辅,还是以"议"为主,"叙"为辅。这样写出来,就是一篇叙述与议论相结合的小散文了。但是,如果试卷明确提出要求考生写作一篇"书评",那么考生就应该完全用论述的方法来进行写作,严格控制文章中"叙述"的成分;而如果试卷的要求是写一篇记叙文,那么考生就应该完全用叙述的方法来介绍这本书的内容,通过你的叙述来表现这本书到底好在何处。再比如像《试论"便宜没好货"》这样的题目,不用试卷提要求,我们一看就知道,这只能写成一篇议论文,而不能是其他任何文体。

常见错误

1.没有注意试题对文体提出的要求,根据自己的理解,怎么方便就怎么写,结果常常使写出来的文章的文体不符合题目的要求。

2.考生没有文体方面的常识,不了解或不完全了解每一种文体在格式、结构、语言等方面的特点,因此即使注意了题目所提出的要求,也不知道应该怎么写才能符合要求。

3.文体的特点不突出。最常见的是,在写议论文的时候,没有注意自始至终从结构、语言等各个方面充分突出文体的特点,过多地运用了叙述的手法,结果把议论文写得像记叙文一样。

 应试策略与技巧

1.考生首先要树立文体概念。在考试的时候,要一看题目,二看文体,把确定文体放在重要的地位。另外,考生还要注意牢牢掌握每一种文体的基本特点,这样才能在写作中把它充分体现出来。

2.通过阅读比较掌握文体特点。我们知道,要掌握某一种事物的特点,进行比较是一个好方法。理解文体的特点当然也不例外。对于每一种文体的特点,考生除了要从理论的角度去加以掌握以外,还要在平时通过大量的阅读和比较,去认真体会。比如对于议论文和记叙文的特点,如果你只看了教材上的,或老师教的那些条条,但没有感性的认识,恐怕还不能完全理解这两种文体的差异。如果你能多找一些这两种文体的文章,进行仔细的阅读和比较,那么它们各自的特点掌握起来就比较容易了。

3.在考试的过程中,始终有意识地坚持在文章中体现文体特点。考试时,我们在确定了文体之后,就要进入实质性的写作阶段了。为了防止在写作的过程中出现“文体游离”(就是没有始终坚持体现题目所要求的文体的特点,写着写着文体就走样了)的现象,考生在写文章的自始至终都要时刻提醒自己按照文体的特点来写,稍有游离,就赶快纠正。有些会影响文体特点的内容,即使再好,也要坚决舍弃,或尽量言简意赅地加以表现,千万不要因此而影响了文体特点的体现。

考点与难点(三)　一般书信的写作

说 明

在 HSK(高等)的作文考试中,特别是在第一种出题模式(即要求考生参照提供的语料完成命题作文)中,常常会出现要求考生写作书信体的文章的题目。

书信可以分为两种,一种是一般书信,也叫私人书信;一种是专用书信,指用于某种特定的场合,针对某种特定的要求和事务所写的书信。专用书信有很多种,比如介绍信、感谢信、慰问信、推荐信、申请信、求职信等等。这些不同种类的书信,应用于不同的场合,写给不同的对象,在写作上也有不同的要求。

这里先说说一般书信的写作。

一般的中文书信由六个部分组成:称呼、问候、正文、祝愿(也叫祝颂语)、署名和日期。

下面分别说一说这六个部分的具体写法。

称呼:写在信纸的第一行,要独占一行,而且要顶格写,称呼的后面要写上冒号(:)。独占一行并顶格写表示对看信者的尊重;后面使用冒号表示告诉对方下面有话要对他说。在使用称呼时,最重要的原则是合适和恰当,也就是说,对不同的对象应该采用不同的称呼。因为在汉语中,不同的称呼方式包含着不同的感情和意味。比如“张林先生”这个称呼,用来称呼与你有工作关系的，或某个不认识的人可能合适，但用来称呼朋友、同学或同事就不合适了。另外，对同一个人，当称呼的方式变化时，你对他的亲近程度、尊重程度，甚至关系的性质就也随之发生了变化。比如一开始，你可能称呼他"张林先生"，后来关系熟悉起来了，你可能就叫他"张林"，再往后，你们成了好朋友，你可能就会称呼他"阿林"了。所以，在写信时，称呼不仅表明收信人是谁，而且还体现着写信人和收信人的关系，反映着写信人对收信人的态度，过分随便，过分客气，过分亲昵，过分尊敬、过分郑重，都是一种失礼。失礼的称呼一方面会使收信人感到不愉快，另一方面对写信人来说也是一种无知的表现。所以，写信时选择一个合适的称呼是很重要的。

问候：应该写在称呼的下面一行，不要接着称呼写；还要注意换行时不要顶格，而要空两格，使它成为一个单独的段落，同下面的正文分开，以突出它的重要性。问候的方式一般有三种：一是一般的问候，比如："你好"、"您好"、"你们好"等等；二是节日的问候，比如："新年好"、"圣诞快乐"、"生日快乐"、"春节好"等等；三是对收信人的工作、学习、生活、身体等情况进行问候，比如："近来工作忙吗？""最近学习还顺利吗？""最近身体怎么样？""全家一切都好吗"等等。

正文：这是一封信的最主要的部分，写信人要向收信人讲述的内容都要在这里进行表述，这也是一封信写得好不好的关键之所在。正文要另起一行，空两格后写，转行时顶格。正文的结构一般包括缘起语、主体文、总括语这样三个部分。**缘起语**就是信的开头，常见的几种写法是：向对方表示关心和思念之情；知道对方很担心自己，解除对方的挂念；得知对方正因为某事而烦恼或痛苦，可以宽慰对方；受惠于人，先表示谢意，显得对别人的好意十分珍惜；有负于人，则应该先道歉，显得郑重而不是漫不经心；如果是初次通信，应该先作自我介绍；如果估计收信人会对来信感到突然，应该先说明写信的缘由；对于非常熟悉的人，也可以用开门见山的写法，直截了当地陈述要说的事情。**主体文**是信的中间部分，是一封信的核心。主体文的写作，没有统一的格式，但有以下一些基本要求：①清楚明白。首先，写信人的意思要表达得清楚明白。写信是一种单方面进行的谈话，在交流过程中不能马上得到对方反馈的信息，所以一定要把话说明白，不让收信人产生疑问。假如写的内容使对方难解或误解，那就不能达到写信的目的了。其次，字要写得清楚明白。汉字的书写是一种艺术，字能写得美观，给人艺术的享受，这当然最好。如果达不到这样的要求，至少也应该把字写清楚，不能写得乱七八糟，或过于潦草，老让别人去做猜字游戏，那写信的效果就要打折扣了。②简洁有序。简洁，就是信要写得简明扼要，切不可语无伦次，把本来几句话就能说明白的事，写得很长，这样反而会妨碍对方对信中的重要内容的理解。有序，就是信的内容要有条理。要做到这一点，最好在动笔前先快速地考虑一下信的内容，确定主次、先后、详略，也就是打一打腹稿，再动笔去写。这样，写出来才会有条有理，层次分明。③得体礼貌。就是要根据收信人不同的辈分、身份、地位以及和自己的关系等，使用不同的语气。一般来说，写给长辈的信，语气要尊重、恭敬；写给跟自己有工作关系的人，语气要认真、慎重；写给比较熟悉、关系密切的同学、同事、朋友的信，语气可以轻松、随便一点；写给学生或晚辈的信，语气则应该亲切、温和。**总括语**就是在信的主要内容写完之后总结一下，多半用在内容比较多的书信的结尾，强调重点，以加深收信人的印象，使收信人更清楚地理解全信的内容和意图。如果信比较短，内容比较简单，也可以不写总括语。

祝愿：也叫祝颂语。在信的正文写完之后，一般都要写上表示敬意、祝愿或勉励的话，来作为信的结尾。这既是出于礼貌的需要，也是完成信的完整结构的需要。中文里的祝颂语有很多，必须根据写信人与收信人的关系，以及收信人的具体情况来加以选择。另外，写祝颂语的格式也要加以特别的注意。祝颂语虽短小，但却要分成两部分，而且要分两行来写，具体写法如下：

　　…………………………………………………………………………………。

　　　　　　此致

敬礼！

或：

　　……………………………………。　　此致

敬礼！

　　下面列举一些常用的祝颂语：(★标志四类祝颂语：一般的、节日的、新婚的、问候病人的)

★此致	敬礼	敬请	近安	敬祝	健康长寿
祝	愉快	祝	健康	祝	春(夏、秋、冬)安
祝	顺利	祝	安好	祝	进步
祝	工作顺利	祝	万事如意	祝	全家幸福
祝	心想事成	祝	事业成功	祝	阖府安康
★敬祝	节日快乐	敬贺	春禧	恭贺	年禧
祝	新年快乐	祝	圣诞快乐	祝	新春愉快
祝	新年进步	祝	新年发财	祝	生日快乐
★恭贺	新婚之禧	恭祝	喜结良缘	祝	新婚幸福
祝	永远相爱	祝	相亲相爱　白头偕老		
★敬候	痊安	敬祝	早日康复		

　　署名：祝颂语写完之后，要写上写信人的名字，这就是署名。署名的位置一般是在正文的下方、与正文隔一至三行，写在靠右的地方。为了卷面的美观，署名不要紧靠着正文，也不要隔得很远，更不能因为这一页已经写满而单独把名字写到另一页上去。完整的署名包括称谓、姓名和表示尊敬的行为用语，比如："学生　张林　敬上"、"女儿　小清　顿首"等等；现在也有不少年轻人喜欢在修饰性词语后面加上称呼，比如："想念你的　小云"、"最爱您的女儿"等等；但是最常用的还是直接写上自己的名字。值得注意的是，署名时也要遵守"适当"这个原则。因为如何署名，也体现了写信人与收信人的关系。如果由于署名不合适而使收信人产生不舒服的感觉，或者影响了双方的关系，那么信的效果就会受到很大的影响。比如写一封"求职信"，写信人与收信人之间是一种比较疏远的工作关系，如果写信人在署名时使用了亲密朋友或家人对自己的称呼，那显然是非常不合适的；而如果给家人写信时用了一般工作关系或社会关系的人对自己的称呼，那也是一件很别扭的事情。另外还应该注意的是，信首对收信人的称呼与信尾的署名要互相适应。

　　日期：在署名之后，不要忘了写上写信的日期，这样不仅能使一封信显得更加完整，也可以给收信人阅读和理解信的内容带来方便。

⊠ 常见错误

1. 格式不符合要求。这种情况很常见。很多考生在复习时没有特别关注过一般中文书信的写作,不了解中文书信特殊的格式要求,就用写一般文章的格式来写作书信体的文章,结果造成格式不符合要求的情况。

2. 内容凌乱,缺乏条理。有的考生觉得反正是写一封普通的信,可以随便一点儿,不用那么严谨,所以不加考虑,提笔就写,想到哪儿就写到哪儿,使得文章的内容散乱无章。比如有一个题目是:给朋友或家人写一封信,谈谈自己的留学生活,有一位学生的文章就像平时聊天一样,先说自己宿舍的情况,再说老师们的情况,接着又说宿舍的周围环境,然后又说起了班里其他同学的情况,又说了食堂和中国菜的问题,最后说了自己学汉语的感受。像这样的内容,一看就知道作者没有经过很好的组织和安排,所以虽然内容生动有趣,但完全没有章法。应该特别注意的是,这个问题在写其他文体的文章时也常出现。

3. 一写到底,中间不分段。有的考生觉得文章不长,不用分段了,其实这是一种误解。一是书信的格式本身就要求你分段(至少"问候"部分应该单独成一段),二是内容的表达上也要求你分段,最好一个意思一段,看起来清楚明确,三是为了使卷面更加美观,更加规范,也应该分段。不分段的文章让人看起来更像是"段",而不像是完整的"篇"。不仅写信是如此,写作其他的文章也是如此,考生要切记。

⊞ 应试策略与技巧

1. 动笔之前先打腹稿。所谓"打腹稿",就是在正式写作之前,先在脑子里想一想自己所要表达的内容。为了避免信的内容凌乱无序,没有条理,考生在拿到题目以后,应该先快速地考虑一下,我这封信要表达一个什么中心意思,应该先说什么,再说什么,最后说什么,然后再动笔写作,这样写出来的信一定会层次分明,详略得当,井然有序。

2. 用"角色替换"的方法默读全文。写完信之后,请你把自己的身份由写信人变为收信人,站在收信人的立场上把刚写完的信默读一遍。这样做的主要目的,是通过这样的"角色替换",能够发现自己信中用词不合适、表达不明白的地方。写信是一种"单向交流",收信人在阅读时如果遇到什么看不明白的地方,一般不能与写信人马上进行直接的交流,所以写得清楚明白特别重要。但有时候写信人自己觉得明白了,也恰当了,收信人却不一定也产生完全一样的感觉。特别是在考试当中,时间和心理都很紧张,就难免会有表述不清、用词欠妥的地方,这时候如果考生能够换个角度,站在收信人的立场上再把信默读一遍,一定能及时发现一些需要修改的地方,从而也就能够最大可能地避免丢分。

考点与难点(四) 专用书信的写作

⊞ 说 明

专用书信是 HSK(高等)的考试中常常涉及的内容,样题"写一封求职信"就是一种专用书信。专用书信的用途很广,种类很多,这里重点说一说比较常用的申请书(信)和求职信的写作。

在一般情况下,申请书是个人向某个集体或组织表达愿望,向上级部门提出请求时使用的一种文书,它的使用范围非常广泛,比如,个人在学习、工作、生活上对有关部门有所请求时,可以使用申请书;下级在学习、工作、生活等方面对上级有所请求时,也可以使用申请书。

申请书与一般书信的主要区别表现在内容、语言和格式三个方面。在内容上,一般书信比较广泛,公事私事,什么都可以写,而且"私人性"很强,一般不能公开;申请书就不同了,它的内容比较单纯,一般都是一事一书,而且由于是个人交给组织的,所以具有一定的"公开性"。这个区别导致了申请书在语言上与一般书信的差别。一般书信的语言风格是轻松、随意,还可以非常个性化,而申请书的语言风格则应该是准确朴实,简明扼要。在格式上,申请书与一般书信也有区别。一般书信的第一行应该是顶格写称呼,而申请书的第一行却应该在正中写上申请书的名称。可以只写"申请书"三个字,也可以具体一点儿,写"入学申请书"、"延长学习时间申请书"、"改换专业申请书"等等。在这个题目下面,你应该顶格写出接受申请书的组织的名称或有关人士的姓名,然后换行,空两格写申请书的正文。正文是申请书的主要部分,你应该把所要申请的事情和理由用非常清楚、明确、得体的语言表达出来,并根据内容适当分段,让人看起来一目了然。申请书的结尾一般是写"此致 敬礼"这样的祝颂语,格式与一般书信一样;另外还可以写"敬请批准"、"请您批准"、"请予批准为荷"这样的话。最后,与一般书信一样,别忘了署名和写上日期。

求职信既是书信,实际上也是一种申请书,是求职者给用人单位写的申请信,目的是申请得到自己想要的职位。所以几乎每个人都会有写求职信的机会,而且写好写坏,关系重大,不仅在考试中是如此,在现实生活中更是如此。

求职信的格式:①题目。写求职信,最好也在第一行的正中位置写上"求职信"这个题目,这主要是为了让人一眼就清楚地了解到这封信的性质。②称呼。在题目的下面,顶格写明收信人的单位名称或有关个人的姓名。如果是单位名称,后面要写上"负责同志",如果是个人姓名,后面应该有适当的称谓,比如"女士"、"先生"、"经理"、"主任"、"校长"等等,这样就比较礼貌得体了。③正文。在称呼的下面一行,空两格开始写正文。可以先简单地介绍一下自己的姓名、性别、年龄、学历等基本情况,接着就可以正式提出求职的申请了。比如:

尊敬的总裁阁下:

　　我叫山下健二,男,现年22岁,刚刚毕业于东京大学经济学系,获得了经济学学士的学位。我非常高兴地看到了贵公司12月12日的报载广告,我想我会成为担任您的中文翻译的最佳人选,特此向您提出申请。

接下来,可以说一说你对所要去的单位或所要申请的职务的看法,并对自己所具备的有利条件做一个充分而又客观的评价。在这里,要特别注意掌握好语言的分寸,既表现出充分的自信,又不给人自吹自擂的感觉。同时,也可以实事求是地介绍自己的不利条件,并分析一下为什么这些不利条件不会对今后工作带来不好的影响,或表明自己克服不利条件的决心,这样更能让人感觉到你非常诚实、诚恳的个性。我们再接着刚才的信往下写:

　　我一直关注着贵公司在中国业务的蓬勃发展,并猜测到由于业务的不断繁荣,贵公司一定会需要熟练掌握汉语的人。这一方面是因为我和您的国籍相同,而且我又十分仰慕您及您的公司；另一方面是因为我已经学习了四年的汉语，从听、说、读、写四个方面非常熟练地掌握了这种语言，并且已经获得了 HSK 考试的高级(11级)水平证书，所以非常希望能在中国找到一份合适的工作。

　　还值得一提的是，我在大学期间就开始学习汉语了，并且到北京大学汉语中心进修过一年。在这一年中，我广泛接触了来自各界的中国人，阅读了大量关于中国的书籍，对中国的现实社会和传统文化有着浓厚的兴趣和比较深入的了解。这样的学习经历使我不仅是经营管理方面的内行，而且又很适合在中国谋求发展。而您的翻译这个职位正好符合我的理想，我认为我的才华一定会在为您的工作中得到最好的发挥。也许您会认为我只是一个初出茅庐的年轻人，缺乏工作经验，但我认为我对贵公司的仰慕、我对工作的投入和热情以及我认真负责的工作精神一定能够弥补我在工作经验上的暂时的不足的。而且我也深信，我一定会在工作中尽快积累起丰富的经验，以便今后更好地为贵公司服务。

在求职信的结尾处，可以写上附件的内容，并再一次强调一下自己的愿望和要求，同时也别忘了留下联系地址：

　　附上我的个人简历和学位证书、大学成绩单的复印件，还有我毕业大学的校长对我的学业和品行的评语，我想这有助于增加您对我的信任。如阁下批准我的求职申请，使我有机会为贵公司效力，我将不胜荣幸！
　　我的联系方法是：……希望能尽快得到您的答复。

在信的最后，写上祝颂语、名字和日期：
　　　此致
敬礼！

山下健二　　敬上
×年×月×日

⊠ 常见错误

　　1.没有注意专用书信在格式上与一般书信之间的相同和不同之处，在格式上出现不恰当的地方。比如：开头没有标题，甚至没有称呼，后面没有祝颂语或日期等等。

　　2.在内容表达的分寸上掌握得不好。有的考生在写申请书中的申请理由和求职信中的自我介绍时，有意无意地夸大自己的有利条件，给人留下"吹嘘"的印象；而有的考生又过于"谦虚"，显得没有自信。

　　3.内容缺少针对性。专用书信内容单一，目的明确，所以在陈述理由时，一定要与目的紧密地结合起来。比如你要想得到的是翻译这个职位，那么你所提出来的理由一定要是与翻译工作有联系的，比如你的学习情况、工作情况、现在掌握外语的程度，或者你的翻译作品的情况、对翻译工作的看法等等；但有的考生在写作时没有注意目的与理由之间的联系，申请的是翻译的工作，但却在主要的篇幅中谈论自己对语言研究的看法，或是大谈自己在中学、大学时代参加的一些课余活动和得奖情况等等。这些内容对你申请翻译这个职位不是完全没有好处,但是你不能谈得太多,占用的篇幅太大,否则就会冲淡了主题,使内容缺乏针对性了。

4.语言风格把握得不好。专用书信和一般书信用途不同,语言风格也应该不同。一般书信主要在私人之间使用,所以在用词造句上可以充分表现个人风格,只要不影响意思的表达就行了。而专用书信是用在特别的场合,一般用于个人与组织之间的事务,所以不宜表现太强的个人风格,而应该用通俗、简单、朴实的语言来表现一种正式、郑重的语言风格。有的考生对这一点没有清楚的认识,在写专用书信的时候表现出过于轻松、随便或个性化的语言风格,这对于专用书信来说是非常不合适的。

 应试策略与技巧

1.牢牢把握写信的目的。每一封专用书信都有非常明确的实际目的,有的是申请到某个学校学习,有的是申请延长自己的学习时间,有的则是为了找一个理想的工作。我们可以说,专用书信的这些实际目的,就是它的主题。对于一篇400~600字的短文来说,它的容量是很有限的,为了使文章的内容更集中,更有针对性,考生必须在写作的过程中时刻把握住这封专用书信的目的,使文章中的所有内容都能为更好地达到目的服务。这样,专用书信一定会既内容丰富,又主题突出。

2.在安排内容时分清主次。在安排专用书信的正文部分的内容时,根据写信的目的来区分哪些是主要的内容,哪些是次要的内容,把主要内容放在前面先说,把次要的内容放在后面说,这样不仅在内容上主次分明,而且层次也会非常清楚。比如你是要申请一个翻译的工作,那么最能体现你的翻译水平的材料,包括你的专业、学历、学习成绩、工作经历、发表成果等等,就是最重要的东西,应该放在前面作为重点说;而你的与翻译无关的其他成绩、业余爱好什么的,就是次要的内容,可以放在后面略说。

3.少用形容词和口头语。我们前面已经说过,专用书信的语言风格应该是平实而又正式的,那么如何在文章中很好地体现出这种风格呢?有一个比较好的方法,就是在写专用书信的时候,尽量以用简单、朴素的语言陈述客观事实为主,少用一些花里胡哨的形容词;特别是在涉及到对自己的水平和成果进行评价的时候,更是应该少用程度较高的形容词,这样就不会给人造成"吹嘘"、"不谦虚"的感觉。另外,多用规范、正式的书面语,少用随便的口头语,也是使专用书信的语言风格显得更加正式、庄重的好方法。

考点与难点(五)　标点符号与卷面情况

📖 说　明

有许多考生很不重视标点符号和卷面情况(包括汉字书写是否正确整齐、书写格式是否规范),认为它一般不会直接影响分数,其实并非如此。

首先,从HSK(高等)作文考试的五级评分标准来看,都把标点符号的使用情况和考生卷面的书写情况列在其中了。最高级5级是这样要求的:汉字及标点书写正确,有极个别汉字书写上的错误。4级的要求是:有个别汉字书写错误,但不影响交际。3级的要求是:有汉字书写方面的错误,基本上不影响交际。如果汉字书写错误比较多,那么你的成绩就只能进入

2 级甚至 1 级了。当然,决定分数的因素还有很多,但至少标点符号和汉字书写是其中的一个因素,所以可以说,标点符号和汉字书写等卷面方面的情况也是会直接影响考生的成绩的。

其次,主观性考试的一个特点就是,评判者的主观意识会在评判的过程中起一定的作用。一篇作文要想赢得评判者的好感,标点符号是否正确、恰当,卷面是否正确、整洁、美观是非常重要的一个方面。因为这一方面说明了考生的学习态度是不是认真、严谨,另一方面也说明考生的总体文化水平是一个什么样的情况。试想一下,如果你是一个评分者,面对一份书写正确认真、卷面整齐美观的卷子和一份书写错误百出,卷面乱七八糟的卷子,你会给谁高分,给谁低分呢?答案应该是不言而喻的。

第三,标点符号和汉字书写表面上看起来是小事,但实际上越是在小的地方越能显示出你的汉语到底地道不地道,也是你的汉语水平的一个重要的组成部分,绝对不可小看。

下面来简单说明一下常用的一些标点符号的名称和用法:

1. 逗号(,),表示一句话中间的停顿。

2. 句号(。),表示一句话完了以后的停顿。

3. 顿号(、),表示一句话中并列词语之间的停顿。

4. 分号(;),表示一句话中并列分句之间的停顿。

5. 问号(?),表示一句问话完了以后的停顿。

6. 感叹号(!),表示带有强烈感情的感叹句末尾的停顿,也可以用在不成句的词语之后。

7. 冒号(:),表示提起下文。

8. 引号(""或''),表示文章中引用的部分;表示特定的称谓或需要着重指出的部分;表示讽刺或否定的意思。

9. 省略号(……),表示文章中省略的部分,或表示迟疑、不清楚的语气和事情在继续下去。

10. 书名号(《》),表示文章中提到的书籍、文件、报刊、文章、歌曲、电影等的名称。

11. 破折号(——),表示下面是对上文的解释和说明。

12. 括号(( )),表示文章中注释的部分。

在汉语中,标点符号绝对不是可有可无的,它在文章中起着重要的作用。比如,它可以表示不同的语气;它所在的位置不同,表示的意思也会不同;它还可以起到标示的作用等等。

关于标点符号的写法,请注意以下三个方面:

1. 写单个的标点符号要注意两点:一是在用稿纸写作时,每个标点符号要占一格;二是标点符号不能写在每一行的开头(即第一个字的位置)。

2. 写分为前后两部分的标点符号时也要注意两点:一是标点符号的前后两部分应该各占一格;二是标点符号的前一部分可以写在每一行的第一格,但不能写在最后一格,而标点符号的后一部分则不能写在每一行的第一格,但却可以写在最后一格。

3. 省略号和破折号应该各占两格。

关于汉字的书写,应该有四个基本要求,首先是**正确**,这是基础,没有正确就谈不上别的;其次是**清楚**,也就是说,如果只是写对了,但却龙飞凤舞、乱七八糟,那也是会失去很多分数的。以上这两点是最基本的,每个考生都应该做到。再次是**工整**,把字写清楚了以后,还要写得横平竖直,结构匀称,这就是工整,对于一般考生来说,能做到这一点就很好了;最后就是**美观**了。汉字的书写是一种艺术,写得好看能给人带来美的享受,能做到这点当然就更好了。

最后说说汉语写作的基本格式。我们已经学习了书信体文章的格式,那么如果写别的文体,正确的格式是什么样的呢? 简单地说,有以下三点需要注意:

1.标题应该在第一行居中的位置。

2.署名的位置,可以在标题下面,也可以在文章的末尾。

3.正文部分,要分段,每一段前面空两格。

✕ 常见错误

1.把所有的标点符号都写成小黑圆点。由于很多考生从来没有注意过汉语中标点符号的写法和用法,所以在考试中就把所有的标点符号都用小黑圆点代替,这样做一是说明你的汉语学得还不到家,二是就算你的文章内容不错,但你的分数档次也就很有可能进入不了最高的一级 5 级了。因为在 5 级的标准中,要求标点书写要正确。

2.汉字错误很多,卷面杂乱,不够整洁。这无疑是会影响考生的作文成绩的档次的。

3.文章不分段,一写到底。在写各种文体的文章时都有这类问题。

应试策略与技巧

平时就要注意养成正确书写标点符号、汉字,正确运用格式的习惯。在考试的短短 30 分钟里,考生需要考虑和书写的内容很多,不太可能再用更多的时间去注意标点符号、汉字和格式,如果你在平时就养成了正确运用它们的习惯,那么在考试时就会自然而然地做得很好,而不需要去加以特别的注意了。

实例分析

下面列举几篇学生在 30 分钟之内完成的作文,题目的形式是 HSK(高等)作文考试的第一种模式。在"分析"的部分,主要就文章审题、主题表现、材料选择、篇章结构等方面进行评述,对具体的语言文字问题不作修改,学生可在教师的指导下,作为练习完成这一内容。

实例 1

作文的题目:根据《精美服装公司招聘启事》写作一封求职信(见样题)。学生作文如下:

贵公司应聘者,

我希望能在你们这家非常有名的公司来工作。我看我真适合你们希望会找到的招聘者。你们的要求又多又难得到的,然而我还是以为我的经验、能力、与相貌就是你们迫的。你们公司的工作条件也比较理想,再说如果有机会与这贵公司合作的话那么就可以提高我的基本能力并我的已经相当丰富的经验。其他招聘者的个人简历会跟我的一样好,不过我应该说这些人都不会有我的对工作这么好的态度的精神。我是你们好久在追而找不到的一位人员。我的个子就 1.80 米高,外貌像一位在巴黎工作的模特一样好看。我到去年在世界上最有名的模特学院学习,我的成绩不仅是很高而且我也获得了本年的……

分 析

这篇作文的毛病很多,有些问题是比较典型的,下面我们来一一加以分析。

首先，文章没有能够在规定的时间内写完，字数也没有达到最起码的 400 字的要求，文章没有达到"完整"这个最基本的条件，这说明考生的汉语书面表达还很不熟练。

其次，格式完全不符合书信体的要求。从开始的称呼，到每段前面的空格，都不规范；又因为文章没有写完，所以在最后也就没有了书信体文章所应有的"祝颂语"、署名、日期等等的内容。

第三，文章的主题不是明确的，而是模糊的。对于一封"求职信"来说，最重要的是，作者要针对"招聘启事"所提出的要求，直截了当地说明自己所要申请的是什么职位，然后再陈述自己申请这一职位的理由和条件，这应该就是求职信的主题。但是这篇文章一直写到了300 多字的地方，还没有明确地说明自己到底要申请"招聘启事"中所提到的哪一个职位，因此我们有理由认为，文章前面所陈述的一些内容对表达文章的主题没有太大的作用。而且我们还发现，有类似缺点的文章不在少数，所以务必要引起考生的重视。

第四，这篇文章在"得体性"上的缺陷也是显而易见的。作者在强调自己的优势时，语气过于夸张，用词也不够得体。比如："我的经验、能力、与相貌就是你们追的(正是你们所追求的)"、"其他招聘者(应为：应聘者)都不会有我的对工作这么好的态度的精神(我对工作的这么好的态度和认真负责的精神)"、"相貌像一位在巴黎工作的模特一样好看"等等，这些句子的语气都有"自吹自擂"的嫌疑，这与"充满自信"是两回事，作者没有把握好表述上的分寸。

第五，从语言表达来看，这篇文章自然也谈不上有什么"流利性"，因为我们可以很清楚地发现，文章中几乎每一句话都是有毛病的，这当然就没有"流利性"可言了。

第六，文章没有注意按照意思分段，所以看起来更像是一段话，而不像是一篇文章。

实例 2

这篇作文的题目与"实例 1"的一样，但所犯的错误则有所不同。

精美服装公司招聘承担部门人士

季翔先生：

您好！本人张亭愿求职在此冒昧寄信。本人七五年生，北京人。毕业于西京大学经营管理专业，主要考研题目是新闻媒体给与消费行为的影响。现在得知贵公司招聘广告设计师，因为本人对该业务有所长善，所以在此应聘。

本人对经营管理进行考究的同时，利用生来的文学嗜好曾经在校园杂志上发表过几篇文章，受到学友的热烈欢迎。还有参加过电脑培训班，善于网页设计。本人在大学上学的同时还在一家出版社进行一年实习，承担对外推销部门的工作，因此已了解广告宣传结构。

本人在大学的成绩良好，出版社实习也获得相当良好的认定。性格开朗，喜欢购阅国内外杂志，对服装流行相当通。我相信我一定给贵公司带来新的活力，并且能够帮助贵公司的发展。

分 析

这篇文章对求职信进行了分段，显得正规了一些，语言的错误跟前一篇比也相对少了一

些,但也有明显的缺点:

首先,开头称呼的写法显然不符合正确的格式要求,第一行文字完全应该删除。文章的最后也缺少必须有的祝颂语、署名和日期,而且篇幅也没有达到要求。

其次,这位作者在求职信的第一段中就明确地提出自己所要申请的职位,就是服装公司的广告设计师,这是完全正确的;但是,作者在表述自己的个人情况时,没有注意设计出符合自己目标的条件。虽然在题目提供的"招聘启事"中没有对广告设计师这个职位提出什么具体的要求,然而我们都清楚地知道,广告设计师是一种专业性很强的职业,需要具备一些专门的条件,特别是在美术方面。但是作者所提供的自身条件,却没有围绕着这个职位的特点来设计。例如,他说自己毕业于经营管理专业,有文学方面的爱好,在校园杂志上发表过几篇文章,参加过电脑培训班,会设计网页,在出版社实习过,以及学习成绩良好、喜欢购买杂志等等,这些条件都与他所要申请的广告设计师的职位没有直接的联系,也就是说,他所选择的材料不能够或者不足以用来有力地表现主题,我们很难想像服装公司的老板会选择具有这样一些条件的人来担任自己公司的"广告设计师"。所以,可以说这篇文章的主题还是不突出,不鲜明。这是这篇文章的一个致命的弱点。

另外,这篇文章的语病也不少,作者也不太熟悉求职信的一些特别用语,说明作者的中文基础还不是非常扎实。

实例 3

在题目所提供的"招聘启事"中,还要求写明个人的简历,我们来看看下面这封求职信是怎么样安排这个内容的:

精美服装公司
季翔先生

《本人简历》

姓名:丁美心
民族:汉族
地址:北京市朝阳区团结湖 99 号楼 1 单元 88 号
电话:1234-5678
Bp 机:……
身份证号码:……
年龄:28 岁,未婚
1997 年:北京大学外语系日语专业毕业
1997~2000 年:日商岩井株式会社总务部担任秘书

本人以优秀的成绩大学毕业以后,在日本公司驻京办事处就任总经理秘书,具有较高的日语基础。

本人性格开朗、善于涉外活动,因此,希望进入贵公司以后担任推销工作。

本人虽然没有推销经验,但是在日本公司就任时,曾与不少日本客户打过交道。如果贵公司想打开日本市场,我相信我会当个比较优秀的推销员。

另外,工资方面我有少少的要求。我希望一个月只少要 3000 元基本工资以外,请公司参加一个保险。

本人很希望在贵公司就业,请贵公司速回本人通知。

丁美心

2001 年 3 月 16 日

 **分 析**

这位作者把自己的简历放在求职信的一开始,而且使用类似于表格的方式安排内容,这种方法与全文的格调与格式是不协调的,也不符合写求职信的一般规则。再从这个简历的内容来说,有些是个人基本情况和简历,而有些则是通讯和联系的方式,不属于“个人简历”的范畴,因此放在这里也是不恰当的。

那么应该如何在求职信中安排“个人简历”这个重要的内容呢? 一般来说有两种方式:一是与信的总体格调一致,采用叙述的方法来向对方介绍自己的情况。比如:“我叫丁美心,今年 28 岁,女性。我 1997 年毕业于北京大学外语系日语专业,毕业后即在日商开办的岩井株式会社的驻京办事处担任总经理秘书的职务……。”这样的表述跟求职信的总体风格协调一致,符合写求职信的一般规则;二是先在求职信中简单介绍一下自己的简历,如果觉得有必要,在求职信之外再搞一个“附录”,把“个人简历”的详细内容安排在“附录”中。同时要注意,“个人简历”的内容应包括个人基本资料(如姓名、性别、年龄等)和个人的学习和工作经历,像通讯地址和联系方式之类的内容,应该另作安排。

另外还应该指出的是,由于“本人简历”在这封求职信中占据了太多的篇幅,所以使其他内容显得薄弱了许多,个人的优势没有得到充分的强调。

还有,在求职信中对工资提出具体的要求,这似乎是不明智的,开玩笑地说,也许对方准备给你更高的工资呢? 你一提出具体的数字,不是反而把自己限制住了吗?

最后应该指出的是,这封信的最后一句话的语气欠妥,如果这样说会更好一些:“如果贵公司能尽快给我消息,本人将不胜感激。”或者:“我急切地等待着贵公司的消息。”还可以这样说:“请您在百忙之中抽空给我个回音,我将急切地期待着。”

本课小结

➤ **主要考点与难点**:①准确领会相关语料的内容和含义②确定文体③一般书信的写作④专用书信的写作⑤标点符号与卷面情况

➤ **考生主要的错误**:①错看或漏看语料的内容②内容没有针对性③不注意题目对文体的要求④文体特点不突出⑤书信的格式不符合要求⑥内容凌乱,缺乏条理⑦在专用书信的内容表达的分寸上把握不好⑧语言风格把握不好⑨不能正确使用标点符号和格式

➤ **主要应试策略与技巧**:①快速默读语料②让文章的内容与语料的要求——对应③在考试过程中始终坚持体现文体特点④动笔之前先打腹稿⑤用“角色替换”的方法默读全文⑥牢牢把握专用书信的写作目的⑦在安排内容时分清主次⑧养成正确书写标点符号和汉字,正确运用格式的习惯

一、给下面这段文字加上适当的标点符号：

婚姻的温床

童年的时候__曾经读到过一篇欧洲童话__书中的主人公担负了某项使命__要出外周游世界__他走着走着__看见一棵大树下有一对雍容富态的男女__躺在一张舒适柔软的大床上__但是不知道什么原因__两个人正挤在软床的中央相互踢打推骂__女人说男人占的空间太大__男人说女人太贪__不给别人留一点地方__两个人一直在愤怒地争吵__旁边的这个行人看得莫名其妙__因为这张软床又宽又大__看上去可以容下不止十个人__他劝不住这两个人__只好继续往前走了__走着走着__他又遇到一对衣衫破旧的男女__躺在一棵树下__他定睛一看__这两个人睡在一根竹竿上__只听见男人说____亲爱的__你看这竹竿全让我占去了__你快移过来一点儿吧__女人也说__亲爱的__你都快掉到床外边儿去了__快往我身边儿挪一挪吧__

小时候我不懂__一根竹竿怎么能睡得下两个人__而且还有那么多的剩余的空间__那时我也不明白__一张可容纳十个人的大床__为什么两个人在上面还要争吵__成年以后__特别是在对世事人情有些经历和体会之后__才了解到一点__这个故事的作者不单是在写一个让儿童出神入迷的奇遇__他描述的恐怕是一个更接近成人世界的寓言__

在过去的几年中__每听到一桩婚姻离合的悲剧__脑海里总不免要浮现这两对童话夫妻的形象__婚姻失败的原因和借口很多__感情的背叛与欺骗__肉体或心灵的慰藉不足__志趣与成长的方向变异等等__但一言以蔽之__原本在各方面都相益互利的大前提出现了不均衡的状况__我在外面赚的钱比你多__我为这个家庭牺牲得比你多__你对我的精神支持太少了__你给我的物质享受太少了__把一本婚姻的陈年老账摊开来算__不免让人想起在大床中央推挤争吵的那对夫妻__他们已经看不到周围的广阔空间了__

事实就是这样__尽管婚姻具有法律所认可的权利和义务__法律却不能保证它的持久性__共度患难的夫妻不一定能共享富贵__共享富贵的夫妻也不见得能共度患难__同睡过一根竹竿的贫贱夫妻更难保以后不会变成软床上踢打推骂的富贵怨偶__婚姻不单是爱情的实践__不单是肉体的结合__不单是经济利益的合作__也不单是一种社会关系__如果纯粹为了社会地位而结婚__你就必须是个好演员__如果纯粹为了经济利益而结婚__你就必须是个好商人__肉体会有衰老的一天__爱情也有经不起煎熬的时候__婚姻的温床其实只有靠两只脚来支撑__那就是许诺和信任__今生今世好或坏__富贵或贫贱__健康或病弱__总要相依相持__同甘共苦__在这种互信的基础上结合的夫妻__不论是睡在软床上还是竹竿上__都会发现婚姻的温床上其实还有很广阔的空间__

二、阅读语料后根据要求写作：

写作要求：

1.题目：《一封求职信》(请根据招聘启事的要求写)

2.字数：400～600 字。

3.格式：书信体格式。

4.“体育电视台”招聘启事：

经市人事局人才市场管理办公室批准,现招聘以下人员：

体育记者(5名)：25岁以下,大学的相关专业毕业,有记者工作的经验,有比较丰富的体育知识,会使用一般的摄影器材,身体健康,能经常出差。

文字编辑(3名)：30岁以下,学历在大学本科以上,文字能力比较强,能上夜班,能熟练使用电脑。

美术编辑(1名)：30岁以下,美术专业毕业,有广告设计或电视美术设计经验者优先,能熟练使用电脑和有关的软件。

节目主持人(2名)：25岁以下,大专以上学历,相貌端正,口齿清楚,普通话水平达到一级乙等以上,常常参加体育活动,有丰富的体育知识。

应聘人员请将本人基本情况、对所申请的职位的认识,以及从事这一工作的经验、成绩、有何特长等情况写明,寄往我公司,并请注明联系方法。

联系人：刘林

三、阅读语料后根据要求写作：

写作要求：

1.阅读下面的语料,给你的有抽烟习惯的朋友或家人写一封劝他戒烟的信。

2.字数：400～600字。

3.格式：书信体格式。

4.有选择、有目的地使用语料的内容,不能原封不动地照搬。

5.语料：关于香烟

(1)世界卫生组织和几乎所有的医生都不止一次地向人们发出警告：吸烟危害人体健康。

(2)香烟中的尼古丁可以使人成瘾,也可以加快心率,升高血压,加重心脏的负担,使人容易形成动脉血栓,发生心脑血管疾病。

(3)香烟中的焦油是一种致癌物质,再加上其他有毒物质,使香烟容易导致癌症、慢性气管炎等病的发生。

(4)据调查,在发达国家中,抽烟与85%的肺癌死亡有关,与75%的慢性支气管炎死亡有关,与25%的心脏病死亡有关。在所有的死因中,与烟草有关的病占据了明显的地位。

(5)被动吸烟对家人、同事也有很大的危害,特别是孕妇和儿童。

四、阅读语料后根据要求写作：

写作要求：

1.阅读下面的一个成语故事,写一篇读后感,题目自定。

2.文体：议论文。

3.字数：400～600字。

4.成语故事：《揠苗助长》

宋朝的时候有个农夫,种了庄稼,一心只想要快点收获。他每天都要去田里看好几次,量量禾苗又长高了多少;可是,禾苗似乎不理解他的心情,老是原来的样子。

于是这个农夫就辛辛苦苦地把整个田里的禾苗一株一株地往上拔。干完活后,他虽然已经累得精疲力尽了,却依然神采飞扬。因为他终于迫使禾苗长高了。

那天他回到家里时,已经很晚了,他向全家人宣告了他的伟大成就。这使他的儿子大为吃惊,整个晚上都心急如焚。第二天天一亮,他就往田里跑。到那儿一看,唉!禾苗都已经开始枯萎了!

五、阅读语料后根据要求写作:

写作要求:

1.阅读下面的文字,然后以《爱情与金钱》为题,谈谈自己的看法。

2.文体:议论文。

3.字数:400~600字。

4.关于金钱与爱情的不同看法:

有人说人一穷,感情也不细致了。有调查显示,在年轻人选择恋人的众多标准之中,经济基础也是不可忽视的一条。那么,爱情与清贫是否真的势不两立?

姓"爱"不姓"钱"派认为,世上有着一种唯美的爱情,能够超脱生死、贫富的诱惑,直到天荒地老。清贫不是爱情的绊脚石,有很多清贫甚至艰苦的家庭,他们的收入不高,但感情却非常好,令人羡慕;而一些富有的夫妻却并不快乐,因为他们之间没有真诚地相爱,他们之间隔着金钱。

中立派认为,爱情和清贫,可以做朋友,也可以做敌人。一方面,清贫之中是可以产生爱情或者维持爱情的。另一方面,在清贫的压力之下,爱情很容易悄悄消退甚至消逝。也就是说,如果生存成问题,爱情也就会成问题。所以,清贫,要看清贫到什么程度;爱情,也要看爱到什么程度。

有情难过清贫关派认为,清贫的爱情是经不起时间考验的,爱情和清贫最终会势不两立。现代社会充满着太多来自物质的诱惑,爱情已经被高度物质化了,人人都会自然地把爱情与烛光晚餐、鲜花、钻石联系起来。没有金钱的滋养,浪漫的爱情玫瑰就不会绽放。"贫贱夫妻百事哀",这是前人经验的总结,也是发自内心饱含辛酸的感慨。

第二课

这一课分析作文考试的第二种命题模式,即给出作文题目,要求考生按照题目完成命题作文。

题型与特点

题型

在使用这种题型进行考试时,试卷上除了一般的考试要求以外,还会提供一个作文题目,除此之外,没有其他材料。

以这种形式进行考试时,试卷也有可能会给考生提出一个简单的要求,比如,题目是《一个难忘的人》,写作要求是:写出这个人的特点,以及他为什么让你难忘;题目是《一本好书》,写作要求是:写出这本书的一些基本情况(作者、国籍、年代、主要内容等)以及它对你的主要影响;题目是《试论"便宜没好货"》,写作要求是:以议论文的手法,从正反两个方面论述你对这个问题的看法。

 **特 点**

与作文考试的第一种命题模式相比,第二种命题模式有其自身的特点,最明显的一点就是,因为这种命题模式不提供相关的语料,只是一个题目,所以考生在答题时可以排除阅读因素对表达的干扰,直接进入对题目的思考。另一个便利是,考生在写作时,只要明确了解写作的基本要求就可以了,不用再像做第一种题型那样,需要特别注意自己文章的内容是否和语料的内容完全符合。这有利于考生放开思路,比较自由地表达自己的思想。

另外,也是由于这种命题模式不提供语料,所以它虽然也具有一定的限制性,但比第一种命题模式要小一些。一般来说,只是在文体、字数等方面受到硬性的限制,而在内容的表达上则是比较自由的。

同时,这种简单的命题模式可能也会使某些考生感到为难。因为题目所给的具体要求少了,提示也少了,这就需要考生有更强的思考能力,更开阔的思路和更加灵活的语言表达能力。

还有,由于题目的限制性不强,答案的内容相对来说也就会各种各样,这就使阅卷者是否能客观、准确地把握评分标准显得更加重要了。

综上所述,作文考试的第二种模式是一种综合性很强的试题,它既要考查考生审题、把握主题和运用材料的能力,又要考查考生布局谋篇和语言表达的能力,另外还要考查考生的知识面和思维能力,是最能体现考生综合水平的试题。

考点与难点(一) 确立主题

说 明

在HSK(高等)的作文考试中写作任何形式的文章,不论是一封普通书信,还是一封专用书信,不论是记叙一件事情,还是论述一个观点,也不论是说明一个事物,还是描写一处风景,都应该有明确的写作目的。根据这个特点,就要求考生在动笔写作时,首先要确立一个中心,即要有一个基本思想或明确观点,并贯穿全文。这个基本思想和明确观点,就是文章的主题。

在不同文体的文章中,主题的具体含义也有所区别。在叙述性的文章中,主题是指作者通过记叙的人物和事件表现出来的基本思想和主要感受;在议论性的文章中,主题就是作者对所要论述的问题所持的观点和看法;在书信等应用性的文章中,主题就是作者想要说明的主要事实和作者的写作目的。

给文章确立一个主题,是文章写作过程中的一个重要的步骤,也是决定文章好坏的一个关键因素。特别对于 HSK 考试所要求的 400～600 字的短文来说，主题是否明确、突出尤其显得重要，可以说，它是一篇文章的灵魂所在。如果读完你的文章以后，不知道你到底要说些什么，要表现些什么，那么你的文章也就失去了最基本的意义。

另外，主题对于文章本身来说也具有纲领和统帅的作用。在写文章的过程当中，材料如何取舍，结构如何安排，语言如何运用，都应该根据主题的需要来决定。如果主题不明确，文章就没有了中心，那么组织材料、安排结构、运用语言就都没有了依据，写出来的文章必然是内容芜杂，结构混乱，叫人不知所云。就拿写一个人来说，关于他的事情一定很多，如果考生不先确立一个主题，也就是你到底要表现这个人的哪个最突出、最有特色的方面，而只是随便写来的话，那么在 400～600 字的篇幅里，是很难表现出一个生动的人物的。

主题既然这么重要，那么应该怎样来确立文章的主题呢？

首先，应该明确写作的目的。鲜明的目的性，是作文的主要特征之一。在 HSK 的考试中，以任何题目来写作文，都有着明确而又具体的目的。比如，写求职信，当然是为了找到理想的工作；写申请信，是为了达到某个实际的目标；写议论文，是为了表述自己的观点；写记叙文，是为了通过记人记事来表现事物的某个或某些特征；如此等等。可以说写作目的是写作过程中第一重要的，因为它控制和指导着主题的形成、材料的组织和写作的方式。所以考生在动笔写作时，一定要对自己的写作目的有一个明确的把握。

其次是要善于抓住所要表现的事物的本质特点。主题是作者对现实生活、客观事物由感性认识向理性认识飞跃的产物。抓住事物的本质，就是通过对感性材料的分析研究，把握事物蕴含的思想意义。在 HSK 的作文考试中，考生应该通过快速的思考，对事物的本质意义产生一定的认识，这样就能提炼出一个新颖、独到的主题来。

🔲 常见错误

1.在写作之前没有确立一个明确的主题，提笔就写，想到哪儿写到哪儿，结果是毫无目的地罗列了一些现象，但是却漫无中心，不知作者想要说明什么问题。

2.想说明的内容太多，或想表述的观点太多，但因为篇幅有限，哪个方面都没有说透，看起来面面俱到，但重点不突出，缺乏明确的主题。

3.有的考生本来有一个主题，但是由于没有选择最能表现主题的材料，或者因为对有些与主题没有关系的内容不愿割爱，于是就离开了原来的考虑，没有在写作过程中始终坚持主题，写着写着走了题。

⠿ 应试策略与技巧

1.在考试中，不管写什么文体的文章，都应该首先确立主题。

2.在确立了主题之后，应该根据表现主题的需要来选择材料，安排结构，运用语言，并且把主题坚持到底。

考点与难点（二） 选择材料

 说 明

材料就是作者为了某一个写作目的而搜集、整理的客观事物，以及为了表现主题而写入文章之中的一系列事实现象和理论依据。也就是说，材料既包括那些作者写入文章之中的

事实现象或理论依据,也包括经过搜集、整理,但由于种种考虑最后没有被实际采用的那些事实现象或理论依据。

材料的积累,是一件需要长时间进行的事情,对于参加 HSK 考试的考生来说,要想在考试时写出内容充实生动的文章来,必须在平时就注意从各个方面吸收信息,不断扩大自己的知识面,这样到考试时,才会有选择材料的余地。

这里重点要说的是,考生在写作时应该怎么样选择材料。如果说主题是一篇文章的"灵魂",那么材料就是一篇文章的"血肉"。在写作过程中,材料是说明观点,表现主题的支柱。如果没有充实具体的材料,文章就会空洞无物,缺乏说服力和影响力。考生给文章找到了好的主题,但还要把这个好的主题很好地表达出来,让读者理解或接受,这就必须要有充分的材料来帮助。

在叙述性的文章中,所用的主要材料是在某一种思想贯穿下的一个个典型、生动的细节和具体描写;在议论性的文章中,所用的主要材料则是在某一个观点统帅下的各种事实现象或理论依据。

考生在写作时,应该根据什么原则来选择材料呢?

首先,要根据表达主题的需要来选择材料。主题是一篇文章的中心思想或基本论点,是文章的"灵魂",因此所有材料的运用都必须符合它的需要。凡是和主题有关,可以有力地说明、突出、烘托主题的材料,就可以选用,否则就应该舍弃。

其次,要从能够表现主题的材料中选择最典型的材料。事物的本质总是会通过许多事实表现出来的,但是,并不是任何事实都能最确切、最深刻地反映事物的本质特点。因此,考生应该在可以表现主题的许多材料中选择那些最有特征、最为深刻,具有代表性和说服力,能够全面反映事物本质特点的材料,这些材料就是所谓的典型材料。

第三,选择生动、有趣的材料。生动,就是指活泼、形象的材料;有趣,就是指能引发人的兴趣,给人留下深刻记忆的材料。

常见错误

1.材料不够丰富。出现这种情况的原因主要有两个,一是平时不重视了解信息,吸收知识,到考试的时候,没有材料可用;二是写作时缺乏联系的能力,不会融会贯通,即使有好的材料也不知道怎么使用,怎么跟自己的文章挂起钩来。

2.材料的质量不够好。或不够典型,或不够生动,或不够有趣,使文章缺乏说服力、吸引力和感染力,读起来平淡无味。

3.材料没有为表现主题服务。考生没有材料要为表现主题服务的意识,写作时随便选择材料,使材料与主题脱节,因而也就失去了支撑主题的能力。主题没有得到有力的说明,整个文章的整体性和说服力也就无从谈起了。

应试策略与技巧

1.注重平时积累。俗话说,巧媳妇难做无米之炊。要在考试时运用材料,首先考生的肚子里得有材料。所以对于运用材料来说,没有比平时积累更重要的了。可以说,有了平时的积累,就有考试的顺利;没有平时的积累,考试时即使挖空心思去想,也不一定能找到合适的,而且还浪费了非常宝贵的时间。

2.善于联系。有时候主题与材料之间,材料与材料之间,从表面上看不出来有什么联系,但当你寻找到一个好的切入点之后,你会发现它们之间在某个角度或某个层面上有着密切的关系,可以互相说明。

3.学会从多角度、多方面考虑问题。前面已经说过,写文章的材料可以是各种各样的,有时候是客观事实,有时候也可以是分析和说明。考生在说明或论证自己的主题时,可以灵活地进行思考,善于从各个不同的角度或不同的方面去加以说明或叙述,这样也可以使文章的材料丰富起来。

考点与难点(三) 写作记叙文

 说 明

记叙文就是以叙述、描写为主要手法、以记人、叙事为主要内容的一种文体。记叙文是HSK(高等)的作文考试中会出现的文体,考生应该对这种文体给予足够的重视。

记叙文大致可以分为写人、叙事、绘景等几种类型。一般地说,写人的记叙文,要紧紧抓住人物的特点,通过写人物在一定事件中的言谈举止,来反映他的思想品德、性格特征,揭示他的内心世界,从而塑造出这个人物的生动形象。叙事的记叙文,应该在完整地叙述事件发生、发展、结束的过程中,展示事件的前因后果、来龙去脉,以及人物在事件中表现出来的性格特征和内心世界。绘景的记叙文,要善于抓住景物的特征,写出景物的姿态、情调和自己对所表现的景物的独特感受,并把自己的情感寓于景物描绘中。

关于记叙文的要素:写作记叙文有几个要素,就是时间、地点、人物、事件。其中"事件"还包括事件的起因、发生、发展与结局。考生在写作时,要注意把记叙文的几个要素交代清楚。

关于叙述的人称:人称,就是作者叙述的立足点。换句话说,就是作者以什么地位,从什么角度来叙述。记叙文的人称,通常有第一人称、第二人称和第三人称三种。第一人称就是作者以"我"或"我们"的身份在文章中直接出现,用"我"或"我们"的口吻进行叙述。给人的感觉是所叙述的事情都是作者亲身经历或者亲眼看到、亲耳听到的。第二人称就是作者以"你"或"你们"的口吻在文章中进行叙述,给人的感觉是作者和读者或文章中的人物在直接对话,能使读者感到亲切。第三人称,就是作者站在第三者的立场上,用叙述他人事情的口吻来说话,把人物和事件直接展现在读者面前。在文章中所用的主要人称代词是"他"或"他们"。

关于记叙的手法:不管记叙文如何分类,都有一些基本的写法,最常用的有顺叙、倒叙、插叙等几种。

顺叙:就是按照时间的推移、事件发展的进程或人物活动的次序来进行叙述。这是"叙述语言"的基本类型,是写记叙文的常用方法之一。用这种方法叙述起来文章会有头有尾,顺序而下,不仅层次清楚,而且给人以完整的印象,也便于组织材料,比较符合读者的"接受心理"。

倒叙:这是顺叙的逆转,即先把事件的结果或高潮写出来,然后再按一定的顺序继续叙述。它并不是由"尾"至"头"地整个进行逆叙,这样的倒叙是很少的,而只是局部的"倒插",

即结局提前,或高潮提前等等。所以倒叙的方法实际上只是顺叙的一个局部的变通而已。

插叙:就是在叙述主要事件的过程中,暂时中断原来的叙述线索而插入与文章内容有关的另一个内容的介绍或交代。这可以帮助读者了解事件发展的缘由,丰富叙述的容量,也可以使文章在结构上富于变化。插叙结束后,文章可以仍然回到原来的叙述上来。

关于描写的方法:写记叙文离不开描写。描写就是用形象的语言,对人物、事件、环境做具体、细致的描述与刻画。它也是记叙文中最常用、最基本的表现手法之一,常常和叙述结合在一起使用。可以说,在客观事物的基础上,借助于联想和想像,用语言文字来塑造形象,从而给人以直观的、立体的感受,这就是描写的最基本的特点。

根据描写的对象的不同,描写主要可以分为肖像描写、心理描写、语言描写、行动描写、景物描写、场面描写等很多种。

关于写作记叙文的基本要求:写作记叙文,除了要遵守写作的一般规定以外还要注意最重要的三点:

1. 交代明白;

2. 线索清楚;

3. 繁简得当。

下面来看一个记叙文的例子:

最后一支香烟

在我很小的时候,母亲就给我立下了家规:抽烟有百害而无一利,你长大了千万不能抽烟。上山下乡我去了内蒙古,枯燥、单调的作息,匮乏的精神生活,使我把母亲立下的家规抛到脑后,抽起烟来。回京后不敢当着母亲的面抽,烟瘾来了,像做贼似的背着母亲偷偷抽上几口,但母亲还是知道了。母亲为执行家规一直不屈不挠,并不因为自己年逾古稀,也不因为我已身为人父而懈怠。手段也由说教到劈手抢过烟来掰碎扔掉。那年秋天,我的右手出了工伤,在家休息。看了会儿书后颇觉百无聊赖,去了母亲家。

母亲正坐在小板凳上洗衣服,见我的手包得里三层外三层,心疼得嘴角直抖动。双手来不及擦,甩了甩,托起我的伤手看起来。

我在沙发上坐下,左手习惯性地掏出烟来。猛一抬头,碰见了母亲的目光,腾地,一股内疚蹿上心头。我躲闪开母亲的目光,尽管那目光里没有丝毫的责备——因为我的手出了工伤的缘故吧?但我还是感到了尴尬。我把头一低,宽慰着自己,既然烟拿出来了就抽吧。在母亲面前,我想再做一次破坏家规、明知故犯的孩子。我的左手摸出打火机,咔、咔、咔,火没打着;咔、咔、咔,火还是没打着。母亲一手按膝一手扶墙,缓缓站立起来,拿起窗台上的火柴,推开盒屉,哆哆嗦嗦地捏出一根柴棒。嚓——,随着一股蓝烟的升腾,爆出一束火苗。母亲弯腰伸臂,把这束火苗颤巍巍地递了过来。

我看到了母亲操劳了一辈子的手,骨节粗大,腕处还贴着伤湿止疼膏;皱巴巴的皮肤上散布着几块褐色的老人斑;灰白的头发稀稀疏疏,松弛的耳垂上那个童年扎就的耳眼黑洞洞的;脊背弯驼,稍一活动,就有些气喘。我第一次如此真切地感觉到了母亲的衰老。

208

"来，来，来……"母亲催促着我，召唤着我。蓦地，一股热流翻涌上来，泪水夺眶而出，那束火苗变得温温柔柔模模糊糊，四周还罩上了七彩的光晕。

——这是我抽的最后一支烟。

这篇短文写的是一件平常的事情：戒烟，结构基本上也是按照普通的时间顺序来安排的，但因为作者把戒烟与深厚的母子之情联系了起来，从而找到了很好的切入点，赋予了文章一种非常感人的情韵。文章虽然很短，但却有非常细致的动作描写、心理描写、肖像描写，甚至还有画龙点睛的事物描写，这一切都更增加了文章的感染力。

常见错误

1.文体特点不突出，没有采用记叙文常用的结构和表达方法，文章既像记叙文，又像议论文；

2.要素交代不明白，线索不清楚；

3.表现手法单一；

4.主题不鲜明，不突出；

5.语法和书写错误过多；

6.许多考生常常忘了在文章的第一行正中写上题目，这一点一定要注意。不要认为试卷上已经有题目了，就可以不写题目了。而且不管写作的文体是什么，记叙文也好，议论文也好，求职信也好，都要记住把题目写在正确的位置上。

应试策略与技巧

1.对于记人的记叙文，要注意突出人物的特点，而千万不要追求面面俱到。

2.对于记事的记叙文，最好在一篇文章中安排一个事件，不宜有很多头绪；而且要注意线索清楚，繁简恰当。

3.不管是记人，还是记事，都要注意在文章中寓情、寓理。

 考点与难点（四） 写作议论文

说 明

在 HSK(高等)的考试中，议论文也是常常出现的一种文体，具体的考试形式有：小评论、读后感、命题阐述，有时还让考生就一些具有现实感或针对性的问题发表自己的看法等等。

简单地说，议论文就是以阐述事物道理、表明作者观点和见解为目的的、以议论为主要表达方式的文章。

关于议论文的三个要素：议论文要具备三个要素，即论点、论据和论证。

所谓论点，就是作者对所议论的问题的看法和主张，也就是作者表示赞成什么，反对什么。这是议论文的中心。论点必须正确、鲜明。正确，就是指符合事物的客观规律，切合实际，能够经受时间和实践的考验。鲜明，就是说论点应该十分明确，作者肯定什么，否定什

么,赞成什么,反对什么,都要清清楚楚,不能含糊,也不能模棱两可。

一篇议论文一般有一个基本论点,这个基本论点称为"中心论点"。在写作的过程中,为了论述得充分透彻、条理清楚,可以把文章分为几个部分,从几个方面来谈,这样,围绕中心论点又产生出了几个分论点。这些分论点用来证明和发挥中心论点,为表现和说明中心论点服务。

论点的提出没有统一的规律,究竟在什么时候提出来最合适往往要根据论述问题的需求或文章的结构安排来确定。

所谓论据,就是用来证明论点的材料,是证明论点的理由和依据。常用的论据有事实论据和理论论据两类。事实论据包括现实的材料、历史的事实、经验以及各种统计数字等。用事实论据来证明论点有充分的说服力。理论论据就是正确的理论和科学道理。主要包括经过实践所证明的真理、科学公理、定义、法则以及人们公认的名言、警句等。

考生在选择论据时应该注意几点:一是要选择真实可信的材料;二是要选择典型的、有说服力的材料;三是要选择新颖生动的材料;四是一定要注意论据与主题之间的关系。也就是说,要选择能够有力地说明主题的论据。

所谓论证,就是运用论据来证明论点的过程和方式。论点解决的是"要证明什么"的问题;论据解决的是"用什么来证明"的问题;论证则是解决"如何证明"的问题。因此,论证反映了论点与论据之间的逻辑关系。它是用论据来证明论点,使材料和观点统一起来。

关于议论的方式,从大的方面看,可以分为立论和驳论两种。所谓"立论",就是作者从正面提出自己的观点,阐明其成立的原因、根据,证明这个观点是正确的;所谓"驳论",就是作者从反面批驳别人的观点,指出其错误或不成立的原因,从而也就证明了自己观点的正确。

关于论证的方法,从小的方面看,主要有以下几种:一是例证法,就是用具体的事例作论据来证明论点;二是引证法,就是用人们已知的、公认的事理来证明论点;三是对比法,就是通过两种不同事物的比较,或过去与当前情况的比较来有力地证明自己的论点;四是分析法,就是通过层层深入、合情合理的分析来进行论证;五是类比法,就是根据两种事物在某些特征上的相似做出它们在其他特征上也可能相似的结论的论证方法;六是比喻法,就是借助比喻来进行论证;七是反证法,就是通过否定别人的观点来阐明自己的观点的理由;八是归谬法,就是先假定对方的论点是对的,然后以它为前提,引导出一个显然是荒谬的结论,从而证明对方的观点是错误的。

论证的方法很多,考生可以根据实际情况来选择适当的方法。应该注意的是,在一篇文章中,往往不仅仅只用单一的论证方法,而常常是几种方法结合起来使用。

关于议论文的总体安排:议论文的结构安排是灵活多样的,但对于 400~600 字篇幅的短文来说,一般应该按照提出问题、分析问题、解决问题的次序来安排,表现在文章中可以说是序论、本论、结论三部分。序论是议论文的开头部分,即提出问题的部分。这一部分的主要任务是提出问题,明确中心论点,使读者对文章所要论述的内容有一个概括的了解,并引起注意。本论是议论文的分析问题部分,也是论证中心论点的重点部分。它的任务是分析问题,组织论据来证明论点的正确或反驳谬论的错误。结论是议论文的解决问题的部分。

序论提出问题,本论分析问题,结论做出答案。结论是全文的综合与概括,总结与提高。

下面我们来看一个议论文的例子。

成功与失败

"失败是成功之母",这的确是一个真理,历史上的伟人都以他们自己一生的实践证明了这一点。由于失败而堕落下去的人,不但眼睁睁地坐失良机,而且永远不知成功的意义。失败为下次成功打下基础,盼望成功的人应当考虑到这一点,绝不能放着失败这个教训不吸取而盲目地悲观失望。

拿自然科学的发展来说,从古至今,由于人们不懈地努力,科学好像又踏实、又稳步地发展到如今。但这是从历史的整体来看,而从每个科学家的研究过程这个角度来讲,肯定不会那么一帆风顺的,是经过数不清的失败和挫折的。科学是在这许多失败的基础上发展起来的。

我记得小学语文课本里有篇文章,称赞波兰伟大的物理学家居里夫人的业绩,谈到了她发现"镭"的过程。她为了发现"镭",孜孜不倦地反复进行科学实验,认真地研究失败的根源,最后她的研究终于结出了丰硕的果实。

在中国的历史上也有很多由于刻苦努力而得到成功的例子。"卧薪尝胆"这个成语就含有这个意思,越王勾践睡在草上,尝着苦胆,以便使自己时时刻刻不忘记耻辱,终于报仇雪耻。现在"卧薪尝胆"用来形容人刻苦自励,发愤图强了。

为了得到成功,重要的因素有三个:第一是下决心。不怕做不了,只要你相信自己,就一定会成功。第二是刻苦努力,坚持到底。如果你过去很努力,但遇到困难就放弃了,那么一切都会化为泡影,就会半途而废。第三,要动脑筋,认真总结经验。刻苦努力虽然是重要的因素,但是你如果瞎费劲,不考虑实际情况和以前的经验教训,不根据科学道理,结果只能是你白白地浪费时间,白白地劳累罢了,对你不会有好处的。你要研究上次失败的原因究竟在哪儿,并从中吸取教训,得出新的结论。

如果你注重以上三点,你的理想肯定会达到的。所以假如你今天失败了,不用难过,继续努力下去吧,你总会取得成功的。功夫不负有心人,这是千真万确的真理。

这篇议论文的结构安排很规矩,完全是按照立论、本论、结论的程序来进行的。文章的立论清楚明确,本论部分论据充足,既有道理论据,又有事实论据,使论点得到了充分的论证。同时,在本论部分,作者还在并列式的基础上,结合推进式来安排内容,使文章得到进一步的深化。文章的结论部分强调了主题,并且富有号召性。

▨ 常见错误

1.没有认真审题,对题目的理解出现偏差,以至于使整个文章都走了题。最典型的例子是,我们出的题目是:《成功是成功之母》,要求学生写一篇议论文,但居然有不止一个学生把自己的作文写成了《失败是成功之母》,这说明他们在匆忙之中根本没有仔细地审看题目,而这样做是非常危险的,希望考生们能够引以为戒。

2.观点不够鲜明、突出。

3.想到哪儿写到哪儿,结构混乱,没有章法。

4.所用的论据不恰当或不典型,不能有力地证明论点。

5.内容过于单薄。

应试策略与技巧

1.认真审题,准确理解题意,这对于写好整篇文章来说是很重要的。

2.按照序论、本论、结论的结构模式来安排文章的内容,并且使议论文的三要素保持齐全,这样就能写出一篇基本上像样的议论文。

3.在本论部分,为了避免结构混乱,可以用第一、第二、第三或首先、其次、再次的方式来安排结构,这样可以使作者的观点看起来更加清楚明确。

4.善于在事物之间建立联系,运用已有的材料来证明观点。

5.学会"没话找话说"。在考试中,常常会碰到平时不熟悉,没有考虑过的问题,考生会觉得一下子不知道说些什么。这时候,考生不能慌张,要沉着冷静地迅速选择一个自己比较熟悉的角度来分析题目,先得出中心论点,然后在论点与材料之间建立合理的联系,这样就能找出话来说了。

实例分析

下面列举的几篇作文,是几位学生在 30 分钟之内完成的,作文题目的形式是 HSK(高等)作文考试命题模式的第二种。在"分析"这部分,主要评述文章的审题、主题的确立、材料的选择和篇章结构的安排等等,不对具体的语言问题进行修改。学生可在老师的指导下,把修改在文章中出现的语言问题作为练习来完成。

实例 1

作文的题目是《我最喜欢的人》,文体要求是记叙文。

我特别喜欢一直向前看的人。这个人的特征是指在不好、不利的情况下也绝对不死心,不怕失败,对什么也都积极,所以很活泼,开朗。这就是我的目前的理想。因为向前看有以下的好处。

一、可以避免陷入心理的恶怪圈

人们一旦失败容易丧失自信,往往就不再试试,一直阴沉沉的心情。在这样的情况下,难道达成自己的目标呢? 相反,向前看的人重新研究失败的原因,第二次再也不犯一样的错误。这就是"失败是成功之母。"

二、对周围的影响相当好

向前看的人,如果觉得不满意的时候也不常发泄情绪。因为他们以不利的情况为一种考验。如果跟这样的人在一起,我们也受到积极的气氛。

三、对健康很好

人们与其每天难过、不满,不如不在乎琐碎的事,什么也痛痛快快地做。大家都知道愉快是长寿之秘诀。

212

但是,实际上,一直向前看是真不容易的。人们并不是能干,常常碰钉子。我想一步一步地靠近向前看的理想。我相信,来日方长,有完成的时候。

分 析

公平地说,这篇文章的内容还是很有意思的,但遗憾的是,作者把题目要求的记叙文写成了一篇议论文,犯了一个简单而又致命的错误。

分析作者之所以犯这样一个错误的原因,我们可以得出两个结论:一是作者没有文体方面的基本知识,不太了解文体的特点,搞不清楚"记叙文"到底是一个什么概念,所以犯了错误;二是作者有关于文体的知识,但是却没有认真地审题,在匆忙之中,想当然地提笔就写,结果越写越"离题千里"了。这两点是考生们应该引以为戒的。

实例2

下面这篇文章的题目与上文相同,只是出现的问题有所不同。

我妈妈一共有十个兄弟姐妹,她是其中最小的一个。因此哥哥、姐姐们长大了离开家以后,家里就剩下姥姥、四舅和我妈妈,他们成家以后还留在家里,因此我对四舅的了解比较深刻。

我妈妈曾经给我讲过四舅年青时候的故事。他从小患了眼病,到了二十岁几乎什么也看不见了。他加入了天主教也许因为想救自己吧。从那以后他成为很热心的天主教徒,每星期天都去教堂。

二十几岁那年,医生对他说:"这样下去不过半年你的眼睛完全消失视力,如果现在做手术,还有恢复视力的希望,虽然这个希望是很微小的"。四舅听了医生的话以后决定做手术,因为他相信,如果神认为他是在这个世界上有用的人的话,他的眼睛一定会好起来,所以他对手术一点都不担心。

但是手术结果没有成功,他消失了他的视力。这件事对他的打击很大。他每天闷闷地问他的神"为什么您拿走了我的眼睛?难道您不要我了吗?"他怎么想也不明白。后来经过很长时间的思考以后,他最终明白神的意图了。

妈妈流着眼泪告诉我当时四舅说的话。他说:"我想神认为我是在盲人当中需要的人,所以神把我变成盲人的。"

分 析

看过这篇文章的人都不得不承认,它的确叙述了一个既吸引人,又有深刻内涵的故事,而且文章在语言表述上也比较流畅得体,错误比较少,如果我们把文章的题目改一改的话,这篇文章不失为一篇好文章。

但是,大家都知道,考试所规定的题目和要求当然是不能随意更改的。现在的题目是:《我最喜欢的人》,我们再回过头去看看这篇文章,作者写的这个"四舅"是他最喜欢的人吗?如果是,那么作者喜欢"四舅"什么呢?这个问题的答案恐怕在文章中是找不到的。也就是说，这篇文章的内容好是好，但却没有紧扣"我喜欢的人"这个中心来展开，没有有意识地突出我之所以喜欢"四舅"的原因，而是侧重在表现"四舅"的眼疾对他的心理状态和人生之路的影响，所表达的感情，更多的是深深的同情。这可能就是这篇文章不能得高分的主要原因。

实例 3

这篇文章的题目还是《我最喜欢的人》，全文如下：

> 现在我在一家银行工作，从上大学以后，离开父母，独立生活。我感谢父亲，因为父亲严格地培养我。
>
> 父亲方脸膛，个子一般，但是显得很魁梧。他是日本典型的工薪阶层，上班族，而且我的家庭是中国人不喜欢的大男子主义的家庭结构。
>
> 小时候我不愿意跟他一起上街，因为他一边对我聊天，一边劝我生活态度。虽然他常批评我，但说话有意义。他常说："朽木不可雕。"好像把将来的希望寄托在我的身上。
>
> 我上高中以来，我和父亲的关系越来越稀。他是公司的部长，不但工作很忙，而且隔一天在酒吧喝酒，所以成天晚点儿回家。母亲有时批评他把家务当做一下，只有吃饭、睡觉才回来。他并不反驳，只是笑笑。我常常会在夜晚睡下很久后，听见他用那一大串钥匙开门的声音，偷偷地进来家里。
>
> 时间的流逝，带来了我的成长。尽管父亲工作忙，天天喝酒，但我感谢父亲培养我。现在我在北京单身生活，不知道最近的父亲的情况。我希望喜欢的父亲多保重，健康生活。

分 析

父子之间有着亲密的血缘关系，父亲当然可以是子女最喜欢的人。可以说，这篇文章中的父亲是一个个性鲜活的人，这个父亲的形象在某些方面也具有典型意义。

这篇文章的不足之处主要是在选择材料方面。作者写了父亲是个大男子主义者，从来不做家务，以至于母亲对他都不太满意；写了父亲常常在"我"睡下以后才回家；写了自己小时候不愿意跟父亲上街，上高中以后和父亲的关系更是"越来越稀"(疏远)，等等，这些材料用来表现一个自己最喜欢的人恐怕是没有说服力的。

在第一段中，作者曾提到自己感谢父亲，因为父亲严格地培养了自己；在最后一段中，作者又一次提到感谢父亲的培养，这倒可以成为作者最喜欢父亲的原因，但是在文章中，除了说到跟父亲一起逛街时，父亲常常规劝他、批评他以外，就没有其他的材料来充实这一点了。所以可以说，这篇文章所选择的材料偏离了中心，不符合表现主题的需要，因而主题也就没有得到很好的表现。

另外，文章中对"朽木不可雕也"这句话的理解显然是不准确的；还有一些词句，像"稀"、"成天"、"进来"、"对我聊天"、"把家务当做一下"等，都有明显的错误。希望学生在老师的指导下对这些错误进行修改。

这是一个议论文的例子。文章的题目是:《成功是成功之母》,文体要求是议论文。

你认为"成功是成功之母"吗? 可能你很少听到这句话。一般我们都认为"失败是成功之母",这是大家都熟悉的"至理名言"。但也许成功不必非要由失败来开始,而它可以不断地由成功走向新的成功。

但我觉得"成功是成功之母"这句话还是不对的。因为世界上没有一个十全十美的人。人都有缺点,所以经常犯错误,而带来失败。但失败不只是一个不好的结果,它可以给我们丰富的经验。例如,世界上很多有名的科学家们,他们都是克服了多次失败而取得成功的。

如果世界上有一个一次也没有失败,而一直成功的人,你说他的人生是成功的吗? 我觉得不会。因为他没有失败过,所以不能理解失败者的心情。他只认为自己很了不起,所以自己成功的。但其实这样吗? 他的成功是只他一个人的能力吗? 没有周围的帮助,他会成功吗? 肯定不会的。如果他不知道这一点,那么他的人生是失败的。他在工作上多么成功多么有名,但如没有做到这一点,他的人生是失败的。所以我还是认为"失败是成功之母"。只失败过的才明白、理解失败者的痛苦。

分 析

我们可以看到,这篇文章的主要观点是,"成功是成功之母"这句话是不对的,而只有"失败是成功之母"这种看法是正确的。也就是说,文章的作者大胆地否定了考试的题目。那么,我们应该如何来看待这种做法呢? 这篇文章到底写得怎么样呢? 这需要加以具体的分析。

首先,从审题和切题的角度来看,我们认为文章作者的做法是不够明智的。考试的题目是《成功是成功之母》,而不是给考生留有余地的《论"成功是成功之母"》,或者更加直接的《驳"成功是成功之母"》。所以说,考试的题目是一个非常明显的、没有什么可商量的立论的题目,这就要求考生应该主要从正面来论述题目所规定的论点,如果没有这样做,就是审题不够准确,文章的内容当然也就不会切题了。

其次,文章的论点在逻辑上也不能自圆其说。第一,说成功是成功之母,并不等于否定"失败是成功之母"这句名言,这两种情况是可以共同存在的。因此,作者通过证明"失败是成功之母"来否定"成功是成功之母"就变得完全没有说服力了。第二,作者说,世界上没有十全十美的人,人人都有缺点,都会犯错误,错误又会带来失败,这个论据并不能证明成功就不是成功之母,道理很简单,难道因为人会犯错误就一定会失败、一定不会成功吗? 不是连作者也在第一段中这样承认吗:也许成功不必非要由失败来开始,也可以不断地由成功走向新的成功。这跟后面的观点不是自相矛盾了吗? 第三,作者在第三段中说,一个从来没有失败过的人,就不能理解失败者的心情。如果说这个看法还有一点儿道理的话,那么下面的结论则完全是不能成立的了:因为他从来没有失败过,就只认为自己很了不起,自己的成功与其他人没有任何关系。这两者之间绝对没有作者所说的这种必然的联系,那么又怎么能证明作者后面的观点:没有失败过的人就不知道感谢别人,因而他的人生是不成功的呢?

经过以上分析我们可以看到,这篇文章中的小论点都是牵强附会,经不起仔细推敲的,因而大论点当然也得不到有力的论证。

再次,文章的结构安排也不够合理。文章的篇幅很小,所以应该在第一段中就立论,然而作者却先表示同意一个后面自己要加以批判的观点,不仅浪费了篇幅,而且还造成了自相矛盾的结果。

总的来说,这篇文章没有紧扣题目的要求来写,也没有进行合理有效的论证,得出有说服力的新见解,因而是不成功的。在这里还应该提醒考生注意的是,作文考试主要考的是你的写作能力和思辩能力,而不是你自由发挥自己真实见解的合适场所。如果你不紧扣题目的要求来写,到头来只会弄巧成拙。

实例5

这也是一篇议论文,题目还是《成功是成功之母》,我们来看看作者是怎么写的:

> 虽然"失败是成功之母"这句话是个"名言"而是个道理,但有时候也有成功到成功走的人。这个"现实"到底怎么能解释呢?
>
> 首先想一想"失败"和"成功"的意思。如果"失败"是那个事情完全不能作,要从头开始的意思的话,有可能"没有失败的成功"。因为很多时候人会中途再考虑,修改小小的错误,以致"成功"。而且他的确以那次成功为下一次挑战的基础,向新的成功。
>
> 可是我认为"失败"不一定是这样的外面的、看得见的东西。你还没完全失败,但是有时候还是受很大的伤害的事情。也许它是小的问题,可是它会对你的"成功"还是明显的妨碍,而且这样的时候对你的精神上的打击更大。这时候,你应该克服内心的挫折,尽量避免事实上的"失败"。我认为这样的失败的前兆,常常是心理上的压力也是广泛意义上的"失败"。
>
> 这样想的话,还是"失败是成功的母"也是个真理。而且这样造出来的"没有事实上的失败的成功"会给你提示挑战下一次的成功时候的坚固的基础。

分 析

首先,这篇文章的语言表述不够清楚。读者几乎不太可能读一遍就马上清楚地了解作者的主要意思,特别是第二和第三段中对什么是"成功"和"失败"的解释,更是让人觉得费解,非得读上几遍才能"明白"作者的意思,而且这个"明白"还带有读者自己的理解和猜测,不能确定一定是作者的真实意思。而这些内容正应该是文章的核心内容,如果表述得不清楚,肯定会影响文章的质量。

其次,文章中表现出来的对关键词语的理解不够准确,因而让人觉得意思模糊,有些费解。这主要是因为文章中表现出来的、作者对"成功"和"失败"的理解有很大的局限性。作者在第三段中所说的那种"小的问题"、"内心的挫折"和"心理上的压力"是根本不能称之为

"失败"的,所以用这样的事实来说明"失败是成功之母",肯定是没有说服力的。

第三,文章的论述重点出现了偏差。这表现在两个方面:

一是题目要求论述的内容是"成功是成功之母",可是作者把主要的篇幅用来讨论什么是"成功"和什么是"失败",而忽视了对"之母"这个含义的说明和阐述。

二是文章的第二段先表达了可以从一次成功走向另一次成功的观点,但通过第三段的论述,作者又在第四段中说:这样想的话(指第三段中的内容),"失败是成功之母"也是个真理。那么你的文章到底是要论述"成功是成功之母"呢,还是要说明"失败是成功之母"呢?作者在认识上进入了一个误区,就是:如果论述"成功是成功之母",就意味着自己原来所熟悉的名言"失败是成功之母"就是错误的。而自己又不愿意承认"失败是成功之母"是不对的,所以说来说去,又回到论证"失败是成功之母"这句话是对的这个角度来了。这当然就会使文章偏离中心了。

事实上,"成功是成功之母"和"失败是成功之母"这两句话所表述的是事物的两个不同的方面,根本就没有谁对谁错的问题。

实例 6

再来看一篇议论文,题目是:《饲养宠物的利与弊》。这个题目很具体,所规定的范围也很明确。但即便是这种比较容易做的题目,如果考生不小心或没有经验的话,也会出现问题。请看下面的例子:

饲养一种宠物利大于弊。首先,从家里气氛来看,饲养一种宠物给我们带来无穷的快乐。

我在上初中时,养过一条狗。大家应该都知道,"狗是与人类最好的朋友"。当初,我不太喜欢养狗,可后来,我对它产生了与家庭成员般的感情。我一放学回家,第一次迎接我的不是家人,而是"汪汪"。它边晃着尾巴边跑过来舔我的手背,让我感到快乐。可以说是它给我们每个家人更带来温心和快乐。

其次,从孩子们教育的角度来看,家里饲养一种宠物更利大于弊了。据美国医学专家研究表明,家里饲养一种宠物,不仅给孩子们带来心理平衡,而且,给他们提供了很好的"朋友"。

再次,从人们的心理健康的角度来看,家里饲养一种宠物是很好的事情了。要是家里养一种宠物,可以通过养宠物的事情,学到对生命——不管是哪种,尊重。

总之,我认为家里养一种宠物对我们来讲很好的嗜好。我们应该鼓励人们,家家户户养一种宠物,让人们的生活更丰富、更快乐起来。

分 析

可以看得出来,这位作者是一个真正热爱动物的人,因为他自始至终都在说饲养宠物的好处,以至于忘记了题目还有一个"弊"字,这使得他的文章缺少了一部分必须要说的内容。他是否是认为养宠物只有好处没有坏处呢? 如果真是这样,倒也没有什么不可以,关键是一定要在文章中提到对养宠物的"弊"的看法。

再给这篇文章挑点儿小毛病。由于作者思考的时间有限，有些问题来不及做特别仔细的分析，所以在这篇文章中的有些关键的地方缺少一两句点明事物之间联系的重要的话，影响了意思表达的清晰程度。比如在"首先"这部分中，作者说：从家里气氛来看，饲养一种宠物给我们带来无穷的快乐。这两句话说的是两件有联系的、不同的事情，作者没有把这两件事情很好地联系起来。再比如，在"其次"这部分中，作者要说的是孩子的教育问题，但所举的两个方面：给孩子带来心理平衡和提供很好的朋友，也没有紧密地跟"教育"这个概念联系起来。

总的来说，这篇文章还是有不少优点的，比如：观点明确，结构完整，层次清楚，语言也比较通顺。但可惜的是上面的这些问题影响了文章的得分，不然会得到更好的成绩。

实例7

这篇文章的题目也是《饲养宠物的利与弊》，文章是这样写的：

> 我也是一个饲养宠物的，所以知道有跟自己密切关系的宠物怎么可爱。
>
> 饲养宠物的最大的利点还是精神上的寄托。我们在现代社会中，受到各种各样的压力，内心的疲劳渐渐地增加。可是，一回家看到宠物，就能忘记它们。动物比人更纯粹，更天真，并不骗还是说谎，让我们失望。跟宠物在一起时我们才能释放在人间社会受到的压力等。
>
> 我认为饲养宠物的弊害并不在宠物上，而在养它们的主人上。每天要喂饭、携带它去散步、按期办手续等，这些活动我不算是劳苦。我以为是应该做的。有养宠物的乐趣意味着有到最后照顾它们的责任。但是我觉得现在忘记这个理所当然的道理的人太多了。他们随心所欲地买动物，然后觉得不要它了，就放弃。对我来说，是无法接受的情况。这些人没有饲养宠物的资格、权力、素质，我认为这样。

分析

第一，这篇文章的开头不太符合议论文的特点，应该使用更具有论说性的词句。

第二，文章中两个关键的词语"利点"和"弊害"是作者生造的词语，应该使用"好处"、"坏处"、"益处"、"害处"、"有利的方面"、"不利的方面"等词语。

第三，文章对饲养宠物的好处的分析还是比较有说服力的，但是对饲养宠物的坏处的分析就显得有些不得要领了。作者认为既然养了宠物，就应该在它生命的整个过程中都一直照顾它，并且批评了一些对宠物不负责任的人。作者所说的这些无疑是有道理的，但却并不是"饲养宠物"这件事情的坏处，而是饲养宠物的某些人的不良表现，这是两回事，两个概念，不能混为一谈。这样一来，文章的后半部分就明显地走题了。

第四，这篇文章的篇幅还显得不够，内容也有点儿单薄，不够充实。

本课小结

➢ **主要考点与难点**：①确立主题②选择材料③写作记叙文④写作议论文

➢ **考生主要的错误**：

①在写作之前没有确立主题；

②重点不突出，缺乏明确的主题；

③材料不够丰富；

④材料的质量不够好；

⑤材料没有为表现主题服务；

⑥记叙文的要素交代不明白，线索不清楚；

⑦表现手法单一；

⑧议论文的观点不够鲜明、突出；

⑨想到哪儿写到哪儿，结构混乱；

⑩所用的论据不恰当或不典型。

➢ **主要应试策略与技巧**：

① 动笔之前先要确立主题；

②根据表现主题的需要来选择材料、安排结构、运用语言；

③善于在材料与主题之间建立联系；

④学会多角度、多方面考虑问题；

⑤对于记人的记叙文，要注意突出人物的特点；

⑥对于记事的记叙文，最好在一篇文章中安排一个事件；

⑦不管是记人还是记事，都要注意在文章中寓理、寓情；

⑧按照序论、本论、结论的模式安排议论文的结构；

⑨在本论部分，按照第一、第二、第三的方式来安排内容，可以使文章条理清楚；

⑩学会"没话找话说"。

课后练习

一、按照题目完成记叙文：

1. 我的童年

2. 记一个我最喜欢(或尊敬、难忘)的人

3. 一件令人难忘的事

4. 我见过的最美丽的地方

5. 记一次旅行

6. 我的好朋友

7. 我最喜欢的一种(或几种)动物

（提示：可以写自己喜欢的某种动物，也可以写自己养动物的经验或与宠物相处中发生的趣事）

8. 请到我的家乡来(要求:介绍家乡各方面的情况,使读者产生想去看看的愿望)

9. 一个最有意思的节日

  (要求:介绍节日的来历、主要活动及喜欢它的原因)

10. 关于"我"

    (要求:通过典型的例子介绍自己的性格特征)

11. 难忘的校园生活

  (要求:写自己在学校生活中的一个难忘的片断)

12. 我与体育运动(要求:讲一两件自己与体育运动之间的事情)

13. 我与我的家庭

  (要求:通过具体事例谈谈家庭对自己成长的影响)

二、按照题目完成议论文:

1. 读一本好书有感

2. 中国发展家用轿车之我见

3. 高科技(不)是一把"双刃剑"

4. 我看"妇女回到家庭"

5. "死刑"有必要存在吗

6. 谈谈对青少年犯罪的看法

7. 我看北京"申奥"

8. 我对"安乐死"的看法

9. 谈谈目前的环境问题

10. 论男性与女性

11. 养宠物是"玩物丧志"吗

12. 大城市的外来人口应该控制吗

13. 跨国婚姻的利弊

14. 关于吃狗肉

15. 我的健康观

第七单元　口　试

<hr>

第一课

HSK(高等)的主观性考试一共有两项,除了作文以外,还有口语考试。

"口语考试"是 HSK(高等)考试中的第五大部分,也是最后的一部分,主要考查考生的汉字认读能力和口头表达能力。全部考试时间大约是每个考生 10 分钟,考试内容有两项,一是朗读一篇 250 字左右的短文,时间约用 2 分钟;二是口头回答两个问题,共用 6 分钟,每一个问题的答题时间约用 3 分钟。考试用录音的方式进行。

题型与特点

题　型

这一课先看口语考试的第一种题型,即给出一段 250 字左右的短文请考生朗读。在《中国汉语水平考试大纲(高等)》中,公布了口试试卷的样题,第一道题,就是朗读下面这一段短文:

【例1】

小时侯,我最喜欢看电影。那时候,我家住在农村,无论春夏秋冬,只要本村或周围村庄演电影,是非看不行的。当时,我曾有个愿望,只要村里有个电影院,让我能定期看上电影,我就什么也不想了。

电影对我有着如此大的魔力,这是为什么呢? 现在想来,一个非常重要的原因,那就是我是以一个孩子的眼光去看电影的。大人导演的电影,以强烈的艺术感染力"哄"了我,使我完完全全地相信电影上的一切都是真的,容不得我有半点怀疑。而且看了电影后,我对英雄人物的崇拜,对坏人的憎恨,感情都从心底里产生。应该说在一定程度上,是电影影响了我以后的人生,教会了我怎样做一个对社会有用的人。

完成这部分考题,要求考生语音语调正确,句逗停顿恰当,语气符合文章句式的要求。

样题所给的这段陈述性的语料不仅易于上口,而且包含了各个级别的词语,既有大量的甲、乙级词,也有一些丙级词、丁级词,还有个别超纲词;同时,句式复杂多样,有大量的陈述句,也有疑问句;另外,还有比较多的常用结构和句式。所以,就鉴别考生的汉字认读能力来说,它具有很强的区分性。通过让考生阅读这段文字,可以比较清楚地了解到考生的语音语调情况,考查出考生的认读汉字的能力和对汉语言文字的理解能力;同时,通过考查考生在朗读中语音停顿和断句是否恰当,以及朗读是否带有感情色彩,可以知道考生对文章的理解程度,也可以从中了解考生对汉语的直觉和感悟水平,以及他的语言能力的综合水平。

 特 点

一、HSK 口语考试总的特点

口语考试作为 HSK(高等)考试中主观性考试的一部分,在某些方面有着与作文考试相同的特点。比如,考生的答案也受到主观因素的影响,千差万别,与客观性考试中答案的惟一性这个特点完全不同;再比如,正因为考生答案的多样性,无法制定一个惟一正确的标准答案,所以口语考试的评分也是和作文考试一样,有一个分为五级的评分标准,这也就使得口语考试的评分带有一定的主观性,即考生的成绩取决于评分者根据五级评分标准所做的主观判断。

当然,口语考试也有着与作文考试不同的特点。

首先最明显的就是,测试的目的不同。作文考试以测试考生的书面写作能力为主要目的,而口语考试则是以测试考生的口语运用能力和表达水平为主要目的。

其次是题目的形式和考试的方法完全不同。作文考试有两种不同的题型,但每次只考一种,两种题型在考试中轮流使用;口语考试也有两种题型,但在每次考试中,这两种题型都会出现。

再次,从考试的方法来看,作文考试是笔试,而口语考试则是试卷采用书面形式,答卷采用录音的方法进行口试。传统的口语考试一般都是考官和考生面对面地进行,这种方法显然不适合考生数量很大的 HSK 考试;而采用录音的方式可以很好地解决考官数量少,考生数量大的矛盾。另外,采用录音的方式进行口语考试,还有避免考生直接面对考官容易产生紧张情绪,从而产生表达失误的好处;同时,由于考生的录音可以反复审听,也就便于评分时得出相对客观、准确的评价。

另外,这两种考试在考试时间上也有着很大的差别,作文考试的时间是 30 分钟,要求写400~600 字;而口语考试的时间则只有 10 分钟,除了第一道题目有字数限定以外,第二道题目只有时间限定,但没有对语速的限定。

二、HSK 口语考试中第一个题型的特点

首先,这是一种限制性的口试题型,要求考生必须朗读规定的短文,这样能在很大程度上提高评分的可比性和可靠性。

其次,这个题型的考查重点是考生的汉字认读能力,所以所选的短文中甲、乙、丙级词分布合理,并且有一定数量的丁级词和超纲词,句式复杂多样,内容贴近生活。题目有很强的区分性,一般听完考生的朗读,就能够对他的汉字认读能力和语音水平做出比较客观、准确的评价。

第三,要求考生在朗读文章时用正常的语速,约 120~180 字/分钟。并且要在正确理解文章意义的基础上,准确、熟练地运用普通话,做到语音正确,吐字清晰,语调自然地道,停顿恰当,朗读连贯流畅,快慢适当,语气符合文章句式和内容的要求。

考点与难点（一） 读准形声字

说明

所谓形声字，就是由表音和表意两部分合起来的汉字，表音的部分叫声旁，表意的部分叫形旁。比如"桐"字，它左边的"木"是形旁，它右边的"同"就是声旁。这些形声字，按声旁来读，本来应该是对的，但古今读音变化很大，变化规律也很复杂，所以现在不少汉字的声旁已经不可靠了，不能完全按照声旁来确定形声字的读音。所以考生在朗读时，遇到形声字一定要慎重，不能想当然地读半边字。

下面就列举一些容易读错的形声字：

隘(ài)，狭隘，不读益(yì)。

愎(bì)：刚愎自用，不读复(fù)。

濒(bīn)：濒临，不读频(pín)。

哺(bǔ)：哺育，不读甫(fǔ)。

糙(cāo)：粗糙，不读造(zào)。

刹(chà)：一刹那，不读杀(shā)。

阐(chǎn)：阐述，不读单(dān)。

忏(chàn)：忏悔，不读千(qiān)。

惆怅(chóu chàng)：不读周长(zhōu zhǎng/cháng)。

撑(chēng)：撑船，不读掌(zhǎng)。

骋(chěng)：驰骋，不读聘(pìn)。

炽(chì)：炽热，不读只(zhǐ)。

憧(chōng)：憧憬，不读童(tóng)。

簇(cù)：花团锦簇，不读族(zú)。

磋(cuō)：磋商，不读差(chā)。

惮(dàn)：肆无忌惮，不读单(dān)。

涤(dí)：洗涤，不读条(tiáo)。

淀(diàn)：沉淀，不读定(dìng)。

玷(diàn)：玷污，不读沾(zhān)。

恫(dòng)：恫吓，不读同(tóng)。

咄(duō)：咄咄逼人，不读出(chū)。

踱(duó)：踱步，不读度(dù)。

沸(fèi)：沸腾，不读弗(fú)。

犷(guǎng)：粗犷，不读旷(kuàng)。

诡(guǐ)：诡计，不读危(wēi)。

刽(guì)：刽子手，不读会(huì)。

憾(hàn)：遗憾，不读感(gǎn)。

阂(hé)：隔阂，不读孩(hái)。

徊(huái)：徘徊，不读回(huí)。

讳(huì)：忌讳，不读伟(wěi)。

畸(jī)：畸形，不读奇(qí)。

汲(jí)：汲取，不读吸(xī)。

歼(jiān)：歼灭，不读千(qiān)。

沮(jǔ)：沮丧，不读且(qiě)，也不读阻(zǔ)。

忾(kài)：同仇敌忾，不读气(qì)。

瞰(kàn)：俯瞰，不读敢(gǎn)。

铿(kēng)：铿锵，不读坚(jiān)。

脍(kuài)：脍炙人口，不读会(huì)。

廓(kuò)：轮廓，不读郭(guō)。

凛(lǐn)：寒风凛冽，不读禀(bǐng)。

缕(lǚ)：千丝万缕，不读娄(lóu)。

履(lǚ)：履行，不读复(fù)。

裸(luǒ)：赤裸裸，不读果(guǒ)，也不读棵(kē)。

娩(miǎn)：分娩，不读晚(wǎn)。

陌(mò)：陌生，不读百(bǎi)。

捺(nà)：按捺，不读奈(nài)。

拟(nǐ)：比拟，不读以(yǐ)。

匿(nì)：匿名，不读若(ruò)。

懦(nuò)：懦弱，不读需(xū)，也不读儒(rú)。

畔(pàn)：河畔，不读半(bàn)。

咆(páo)：咆哮，不读包(bāo)，也不读抱(bào)。

抨(pēng)：抨击，不读平(píng)。

瀑(pù)：瀑布，不读暴(bào)。

223

迄(qì):迄今为止,不读乞(qǐ)。

憔(qiáo):憔悴,不读焦(jiāo)。

沁(qìn):沁人心脾,不读心(xīn)。

倾(qīng):倾向,不读顷(qǐng)。

茸(róng):茸毛,不读耳(ěr)。

冗(rǒng):冗长,不读沉(chén),也不读拥(yōng)。

枢(shū):中枢,不读区(qū)。

墅(shù):别墅,不读野(yě),也不读署(shǔ)。

涮(shuàn):涮羊肉,不读刷(shuā)。

悚(sǒng):毛骨悚然,不读束(shù)。

耸(sǒng):耸立,不读从(cóng)或耳(ěr)。

塑(sù):塑造,不读朔(shuò)。

恬(tián):恬静,不读舌(shé),也不读刮(guā)或添(tiǎn)。

迢(tiáo):千里迢迢,不读召(zhāo)。

彤(tóng):彤云密布,不读丹(dān)。

湍(tuān):湍急,不读喘(chuǎn)。

唾(tuò):唾手可得,不读垂(chuí)。

侮(wǔ):侮辱,不读悔(huǐ),也不读物(wù)。

纤(xiān):纤维,不读千(qiān)。

屑(xiè):不屑,不读肖(xiāo)。

衅(xìn):挑衅,不读半(bàn),也不读畔(pàn)。

酗(xù):酗酒,不读凶(xiōng)。

揠(yà):揠苗助长,不读堰(yàn)。

诣(yì):造诣,不读旨(zhǐ)。

屹(yì):屹立,不读乞(qǐ)。

莠(yǒu):良莠不齐,不读秀(xiù)。

妪(yù):老妪,不读区(qū)。

娱(yú):娱乐,不读吴(wú),也不读玉(yù)。

蕴(yùn):蕴藏,不读温(wēn)。

绽(zhàn):破绽,不读定(dìng)。

沼(zhǎo):沼泽,不读召(zhāo)。

拯(zhěng):拯救,不读丞(chéng),也不读逞(chěng)。

脂(zhī):脂肪,不读旨(zhǐ)。

滞(zhì):停滞,不读带(dài)。

幢(zhuàng):一幢楼房,不读栋(dòng)。

赘(zhuì):累赘,不读敖(áo)。

谆(zhūn):谆谆教导,不读醇(chún),也不读敦(dūn)。

滓(zǐ):渣滓,不读宰(zǎi)。

常见错误

1.有的形声字的声旁已经不起注音的作用了,但考生还是按照声旁来读这个字,结果就读错了。比如把"屹立"的"屹"(yì)读成了"qǐ";把"干涸"的"涸"(hé)读成了"gù"。

2.有的形声字的声旁仍然起注音的作用,但考生担心读错,不按声旁来读这个字,而是按包含这个声旁的其他字来类推,因而读错。例如"缔造"的"缔"字,就应该读它的声旁"dì",但考生却参考"蹄"字读成了"tí";"嘈杂"的"嘈",应该读声旁"cáo",但考生却参考"糟"字读成了"zāo"。

3.有的考生遇到比较难的独体字不会读,就按用这个独体字作声旁的字音来类推,因而读错。例如见了"冗"字而想到"沉"字,所以把"rǒng"读成"chén";见了"韦"字而想到"伟"字,把"wéi"读成了"wěi"。

应试策略与技巧

1.尽量多记住形声字的准确发音。

2.在考试中一旦遇到不会读的形声字,不要停顿,也不要跳过去不读,就按照这个字的声旁来读,这样做至少可以保持朗读的连贯性,同时也有读对的可能性。

考点与难点(二) 读准轻重音

说 明

朗读质量的好坏,最重要的就是体现在语音上,而要想做到语音正确、地道,就不仅要读准文章中每一个词的发音,还要注意词语和句子中轻重音的变化,这种变化包括轻声、词重音和语句重音三个方面。

一、轻 声

所谓"轻声"并不是四声之外的第五种声调,而是四声的一种特殊音变,就是在一定的条件下读得又短又轻的调子。轻声的音高是不固定的,它会受到前一个字的声调的影响。一般来说,上声后面的轻声字音高比较高,阴平、阳平后面的轻声字音高偏低,去声后面的轻声字音高最低。试比较一下:

阴平字+轻声字:妈妈	跟头	竿子	蹲下
阳平字+轻声字:棉花	石头	桃子	爬下
上声字+轻声字:点心	里头	李子	躺下
去声字+轻声字:地方	木头	柿子	坐下

在汉语的词汇中,一般的书面词语、科学术语、新词等没有轻声音节,口语中的常用词才有读轻声音节的。下面的一些成分在普通话中通常读轻声:

1.助词:的、地、得、着、了、过,比如:

穿红衣服的 高高的 高兴地 生气地 学得好 跑得快

吃着 拿着 走了 买了 去过 学过

2.语气词:吧、嘛、呢、啊等,比如:

你呢 铅笔呢 谁啊 没有啊 算了吧 放心吧

3.叠音词和动词重叠形式后头的字,比如:

妈妈 爸爸 哥哥 妹妹 娃娃 星星

看看 走走 试试 等等 说说 尝尝

商量商量 研究研究 打听打听 锻炼锻炼

4.构词用的"子"、"头"和表示多数的"们",比如:

鸽子 桌子 包子 木头 石头 馒头

女士们 先生们 同学们 孩子们 大人们 市民们

5.用在名词、代词后面,表示方位的语素或词有时要读轻声,比如:

马路上 山上 地下 树下 村子里 车里

左边 那边 前边 外面 里面 后面

6.用在动词、形容词后面,表示趋向的词,比如:

进来 过来 起来 出去 上去 回去

走过去 跳上去 爬起来 拿起来 要回来 说出来

7.量词"个"常常读轻声,比如:

这个 哪个 六个

8.有一些常用的双音节词,第二个音节习惯上要读轻声,比如:

太阳	月亮	葡萄	萝卜	核桃	玻璃	窗户	耳朵	嘴巴
消息	先生	招呼	清楚	明白	干净	东西	风筝	扫帚
行李	力气	将就	凑合	商量	打听	马虎	云彩	蘑菇
护士	脑袋	事情	胳膊	干部	西瓜	应付	招呼	吩咐
便宜	客气	精神	亮堂	关系	丈夫	动静	钥匙	力量
厉害	本事	老实	琢磨	窝囊	大方	裁缝	小气	舒服

二、词重音

词重音是指多音节词里面的重读音节。汉语中的复合词大都有固定的重音形式。有些词不是轻声词,但构成复合词的前后两个语素在读音的轻重上还是有区别的,朗读时,应该尽量把这种轻重音的变化体现出来。我们把这类词分为三类:

1.前重后轻式,比如:

| 傍晚 | 道德 | 节日 | 价格 | 汉语 | 外科 | 高级 | 必然 |
| 羡慕 | 重视 | 迅速 | 气候 | 想法 | 农业 | 气愤 | |

2.前轻后重式,比如:

| 提高 | 说服 | 青春 | 未来 | 无限 | 革命 | 群众 | 军队 |
| 支出 | 收获 | 地震 | 水平 | 电视 | | | |

3.前后等重式,比如:

| 社会 | 车马 | 人民 | 历史 | 开支 | 运动 |

三、语句重音

语句重音是指在语句里念得比较重,听起来特别清晰完整的音。读出重音,对表达文章的思想内容、抒发感情都有重要的作用。

重音的特点主要是表现在增加强度和延续时间上,可以分为两种:一种是根据语法结构的特点而重读的,叫语法重音;一种是为了突出句中的主要内容或强调说话人的某种特殊感情而重读的,叫逻辑重音,也叫强调重音。

1.语法重音:根据句子的语法关系在某些词语上读出的重音就是语法重音。语法重音是有规律的,句子中需要重读的语法成分主要有这样几类:

A.一般短句中的谓语动词常要重读,比如:

春天到了!

老师已经告诉我们了。

你看了没有?

B.定语、状语、补语常常比中心词读得稍重一些,比如:

这是一本非常有意思的书。

他是一个幽默的人。

你好好儿看看。

她认真地做了起来。

衣服洗得真干净。

你的字写得太棒了。

那个地方的风景美极了。

C. 表示疑问和指示的代词常读重音,比如:

他什么活动都没有参加。

你为什么这么说呢?

这个人是我的朋友。

那个东西我从来没有见过。

D. 有宾语的句子,宾语重读;带两个宾语的句子,后一个宾语重读,比如:

她在听音乐。

他说了一句话。

老师教我们说汉语。

我给了他一本书。

应该注意的是,宾语是人称代词时,宾语不重读,而它前面的动词重读,比如:

老师很关心我们。

我非常感谢你。

E. 列举事物时并列的词语要稍重一些,比如

正像黄瓜、大豆和豌豆一样,西红柿是一种蔓生的果实。

山川、河流、树木、房屋,全都罩上了一层厚厚的雪。

F. 人名、地名的最后一个字要读得稍重一些,比如:

巴金　　鲁迅　　华盛顿　　上海　　鼓浪屿　　剑桥

2. 强调重音:根据文章的意思,句子中一些需要突出和强调的词语常常要重读。强调重音没有固定的位置,要根据话语的具体内容和说话人的心理、感情来确定。强调重音的位置不同,话语的侧重点和感情色彩等也随之不同。比如:

我知道你会说英语。(别人不知道你会说英语)

我知道你会说英语。(你不要瞒着我了)

我知道你会说英语。(别人会不会说我不知道)

我知道你会说英语。(你怎么说不会呢?)

我知道你会说英语。(会不会说法语我不知道)

既然强调重音没有固定的位置,哪一个词语都可能成为强调重音,那么考生在朗读时应该如何掌握呢? 关键就在于正确理解文章的思想内容。例如,在下面这段话中,强调重音应该放在画线的位置:

同样是观察虫子,两个人所处的角度不同,他们的感觉和判断就不可能一致,他们获得的启示也就有差异。

在朗读这段话时,只有把标出的强调重音读出来,才能体现出句子的意思。如果机械地按照语法重音的规律把定语读成重音,就会使听的人不知所云。可见,前面讲的语法重音是就一般情况而言的,在一定的语言环境里,语法重音要服从强调重音。

 **常见错误**

1.应该读轻声的地方没有读出来。比如在样题中,应该读作轻声的词有:小时候、喜欢、那时候、什么、为什么、孩子、大人、容不得等,有的考生对轻声词掌握得不够熟练,考试时来不及做出及时的判断,把应该读轻声的地方按照一般的发音读了出来。有些词不读轻声,不仅显得普通话不标准,而且会让人觉得带有港台腔,比如"喜欢"、"为什么"、"孩子"等等;而如果把"大人"(dàren)读成"大人"(dàrén),那就连意思也改变了。

2.没有注意表现语句重音。就拿样题来看,可以说每一个句子都有它的语法重音或强调重音,我们用几句话来作为例子,用下划线来表示句中应该读重音的地方:

> 小时候,我最喜欢看电影。那时候,我家住农村,无论春夏秋冬,只要本村或周围村庄演电影,是非看不行的。当时,我曾有个愿望,只要村里有个电影院,让我能定期看上电影,我就什么也不想了。

有的考生没有注意把这些应该重读和强调的地方表现出来,这就至少产生了两个问题。第一,语调平平,没有抑扬顿挫,听起来不好听,像一首催眠曲。第二,缺少感情色彩,也就缺乏感染力,同时,也只能说你对文章内容的理解和感受非常一般。

应试策略与技巧

1.尽量多记住一些常用的轻声词。考生应该熟悉和了解前面所讲的轻声词组成的规律,最好能记住一些常用的轻声词,这样就能大大降低读错的几率。

2.采用"模棱两可"的方法。对一些实在拿不准的词,既不要读得太重,也不要读得太轻,使读音介于"重音"和"轻声"之间,这样可以避免出现让人觉得完全读错的情况。

3."扫读"全文。在准备时间内一目十行地迅速浏览全文,基本了解文章的中心内容和作者的感情倾向,这有助于你在朗读时自然地找到语句重音。

4.有感情地朗读,把作者的喜怒哀乐准确地表现出来,这样,即使找不到语句重音,也可以在很大程度上避免语调平平的毛病。

考点与难点(三) 使用正确的语调

说 明

说话或朗读时,句子有停顿,声音有轻重、快慢和高低的变化,这些就总称为语调。朗读时要求语调正确,这就要求考生要能够正确处理停顿、语速、重音、句调等各方面的情况。关于重音,前面已经详细说过了,这里再来说一说停顿、语速和句调的问题。

一、停 顿

说话或者朗读的时候,常常需要在句子的前后或中间作大大小小的停顿。这一方面是出于调节呼吸的需要,另一方面,是为了让朗读的语调更加优美动听,富有吸引力和感染力;另外,也是更为重要的一点,就是为了更好地表达文章的内容和感情,同时,也可以让听的人有时间来充分领会朗读的内容。有些句子,停顿的地方不同,句子的意思也不同。例如:

我看见他,笑了。(我笑了) —— 我看见他笑了。(他笑了)

儿子死了母亲,真可怜。(儿子可怜) —— 儿子死了,母亲真可怜。(母亲可怜)句中的标点符号表示停顿。从这个例子我们可以看到,朗读一个句子时,在什么地方换气停顿,对于能否准确地表达文章的内容是非常重要的。

朗读时的停顿有以下三种情况:

(一)利用标点符号进行停顿

我们平时进行语言表达的时候,在句与句之间或句子中间都会有长短不同的停顿。在使用书面语的时候,这种停顿是用标点符号来表示的,那么我们在朗读的时候,就可以按照标点符号来停顿。关于停顿时间的长短,有以下几点要注意的:

1.一般是顿号最短,逗号稍长一点,分号比逗号再长一点。

2.句子中的省略号和破折号也需要有一定的停顿。

3.位于句末的标点符号,包括句号、问号、感叹号,表示的停顿要比分号长一些,章节、段落之间的停顿还要更长一点。

4.冒号是一种运用比较灵活的符号,它所表示的停顿一般比分号长,比句号短。

一般地说,考生只要按照标点符号来采取不同的停顿,就能够使朗读听起来抑扬顿挫,富有节奏感,语意也会显得层次分明。

(二)相对来说比较长的句子,中间没有标点符号,一口气读下来有些费劲,而且也不好听,那么一般可以按照语法成分作短暂的停顿。具体来说:

1.主语部分或谓语部分比较长的时候,可以在主语或谓语之间停顿。比如:

明天要带孩子去石景山游乐园玩儿的人/请在上午九点到这里集合。

山田小姐/今天下午要去王府井百货大楼买新上市的春装。

2.宾语部分比较长的时候,可以在宾语前稍作停顿。比如

他非常希望/能在北京大学这所中国最有名的大学里攻读硕士学位。

我认为/保护环境应该由每个人从一点一滴做起。

3.定语部分比较长的时候,可以在离中心语远的那个定语后面稍作停顿。比如:

我要买最近刚刚出版的/反映中西方文化冲突的那本热门小说。

这是一位从北京师范大学中文系毕业的/非常有经验的老师。

4.状语部分比较长的时候,可以在状语后面稍作停顿。比如:

在老师和同学们的热情都助下/他进步很快。

这就像我上班迟到就要扣我的奖金一样/是一种惩罚的手段。

5.补语部分比较长的时候,可以在补语的前面稍作停顿。比如:

他说汉语说得/像一个能说普通话的中国人一样好。

他走起路来/就像一只胖胖的企鹅一样摇摇摆摆。

(三)有时为了突出某一个事物,强调某一个观点,表达某一种感情,而在句中没有标点符号的地方作适当的停顿。这种停顿叫做逻辑停顿。逻辑停顿在句子中没有固定的位置,要根据朗读的内容,朗读人的感情来确定。

二、语速

说话、朗读时吐字快慢的不同,叫做语速。

语速在说话和朗读中对于表达不同的情感起着重要的作用。朗读不同内容的文章,应

该采用不同的语速。如果没有语速或语速变化不当,就会影响内容的表达和感情的抒发。

(一) 朗读抒情性的文章

一般在激动、欢快的时候,语速会相对快一些;而在痛苦、悲伤、情绪低沉的时候,语速往往会慢一些。在具体操作中,对于抒情散文,朗读时语速不宜过快;而对于慷慨激昂的文章、激情奔放的诗歌,语速则不宜过慢。同时,在同一篇文章或诗歌的朗读中,语速的处理应该随着作品中情感的变化而有所变化,这样,才能表达出一定的起伏,不至于使朗读过于平淡。

(二) 朗读陈述性的文章

朗读一般的论说文、说明文时,语速应该不紧不慢,平缓有致;而朗读带有故事情节的记人叙事的文章,语速也应该随着情节内容的变化而加以变化,这样可以使朗读带有感情色彩,从而更具有感染力。

三、句调

句调是指整个句子的音高的高、低、升、降的变化。

句调的变化在表达口语的语气时非常重要。汉语中常见的句调有四种:

(一) 升调

句子的调子由平升高,常用来表示反问、疑问、惊异、号召、鼓动、呼唤等语气。如:

你不是挺聪明的吗? 怎么这么简单的问题都不明白呢?

哎呀,厨房里进蚂蚁啦!

这是什么呀?

(二) 降调

句子的调子先平后降,常用来表示肯定、坚信、感叹、祝愿或请求等语气。如:

你穿黑色的衣服一定会很好看的。

今天的天空真蓝哪!

你过来!

(三) 平调

句子的调子始终保持同样的高低。常用来表示庄重、严肃、冷淡或叙述等语气。如:

世界和平需要大家一起来维护。

你想怎么办,就怎么办吧。

那是一个秋天的早晨,天还没有亮。

(四) 曲折调

句子的调子升高后降低,或者降低后再升高,整个句调高低起伏,变化较多,通常形成"低—高—低"的调式,或者也可以只体现在句子中的一两个音节上,将这一两个音节拖长声音,加以变化。常用来表示讽刺、怀疑、诙谐、愤怒、踌躇、含蓄、双关、言外之意等语气。例如:

哎呀呀,你可真是个好人啊!

谁不知道你是天下第一美男子啊!

都什么时候了,你怎么还在这儿!

1.在有标点符号,应该停顿的地方不作停顿,而是继续一口气念下去,听起来既没有节奏感,也影响了文章意思的表达,说明考生不能很快地、清楚地理解文章的内容。

2.停顿的时间掌握得不好。有的考生不了解标点符号与停顿时间之间的关系,在应该停留时间很短的地方却停得很长,而在应该停留得长一点儿的地方,却又接得特别紧,这也很不利于清晰、准确地传达出文章的本意。

3.读破句子。有的考生由于不能很快理解文章的内容,或者由于词汇量不够,遇到了生词的干扰,或者是由于不具备基本的朗读技巧和精神过于紧张,常常在没有标点符号的地方停下来调整呼吸或作短暂的思考,甚至在一个完整的词语中间停顿,这就造成了读破句子,或者读破词语的现象,这是朗读时的大忌,会在很大程度上影响考生的口语成绩,所以是一定要加以避免的。

4.没有注意掌握好语速。有的考生在应该用稍快语速时却读得很慢,而在需要用稍慢的语速时又读得很快,或者是语速不匀,没有理由地忽快忽慢,影响了朗读的效果。

5.语调平平,缺乏升降变化,语气不符合文章句式的要求。

应试策略与技巧

1.按照标点符号来进行停顿。在有标点符号的地方一定要停顿,该长的长,该短的短;在没有标点符号的地方,如果没有十分的把握,就不要停顿。

2.在一个完整词语的中间一定不要停顿。

3.事先找好对速度的感觉。考试时很容易紧张,一紧张就不容易把握好朗读的速度,造成速度过快或过慢,还会有忽快忽慢的情况。为了避免这种情况,在考试之前,应该把模拟试题上的朗读短文,或自己找一段字数差不多的短文,试着用录音机读一读,听一听,自己找到用符合要求的速度朗读时的感觉,并且要试着习惯和掌握这种感觉,这样,到了考试的时候对朗读的速度就有把握多了。

 **考点与难点(四)　读准语气词**

说　明

考生在朗读时,还需要读准符合文章句式的语气词。

在汉语中,表达不同的语气主要是通过语调的变化来完成的,另外,运用合适的语气词也可以达到表达语气的目的,所以语气词的运用是很常见的。考生在朗读时,一定要注意读准语气词。

语气词是能放在句尾或句中停顿处表示各种语气的词。根据所表示的语气的不同,语气词可以分为以下四种:

1.表示陈述语气的:的、了、吧、呢、着呢、嘛、呗、罢了、而已、也罢、也好、啦、嘞、喽、啊

2.表示疑问语气的:吗、么、吧、呢、啊

3.表示祈使语气的:吧、呢、了、啊

4.表示感叹语气的:啊

普通话里最基本的语气词实际上只有六个,即:的、了、吗、呢、吧、啊。其他的语气词有的是因连读合音而引起变化的结果,有的则是北京话里的语气词。

语调的变化,语气词的运用,所表达的都是句子的语气的变化。从文章的角度来看,语气的变化要根据不同的文章内容而变化,可以严肃、可以轻松、可以幽默、也可以悲哀。一般说来,口语风格的文章读起来轻松活泼,书面语的文章则要严肃、庄重,抒情的诗歌、散文要声情并茂,一般介绍性的文章则应该平和有致。

常见错误

1.读错语气词。考生没有掌握有些语气词的正确发音,读起来发音错误或不准,影响了朗读的质量。

2.发音生硬,不够自然;或者与前面的朗读内容割裂,使朗读缺乏连贯性。

应试策略与技巧

1.注意区分各个语气词在发音上的差别。

2.朗读时,在语气词的前面一定不要有任何停顿,以保持语音上和意义上的连贯性。

3.读语气词时,要与文章或句子的内容联系起来,体现出文章的总体风格,符合文章所体现的感情色彩。

 考点与难点(五) 读准多音字

说 明

在汉语中有不少多音字,在朗读的时候,如果不加注意,常常容易读错,这也是考生应该特别小心的。

汉语中的多音字主要有两种,一是多音多义字,二是多音同义字。

所谓多音多义字,就是这些字的字音不同,字义也不同,这样的字容易在口头上被错读成同一个音。下面列举一些常用的、容易读错的多音多义字:

长:一读 zhǎng,如:生长、成长;二读 cháng,如:长短、长度。

担:一读 dān,如:担负、承担;二读 dàn,如:担子、扁担。

都:一读 dū,如:首都、都市;二读 dōu,如:都是、都去。

好:一读 hǎo,如:好人、很好;二读 hào,如:爱好、好恶。

背:一读 bēi,如:背带、背包袱;二读 bèi,如:后背、背景、背诵。

奔:一读 bèn,如:投奔、奔命;二读 bēn,如:奔驰、奔跑。

辟:一读 bì,如:复辟;二读 pì,如:开辟、辟谣、精辟。

屏:一读 bǐng,如:屏弃、屏息;二读 píng,如:屏风、屏障。

柏:一读 bǎi,如:松柏、柏树;二读 bó,如:柏林。

薄:一读 bò,如:薄荷;二读 bó,如:单薄、浅薄、日薄西山;三读 báo,如薄片、薄纸。

差:一读 chā,如:差错、差别;二读 chà,如:差不多、听差了;三读 chāi,如:出差。

场:一读 cháng,如:场院、一场雨;二读 chǎng,如:操场、市场、广场。

称:一读 chèn,如:对称、相称;二读 chēng,如:自称、名称、称赞、称重量。

重：一读 chóng，如：重新、重复；二读 zhòng，如：重量、重要。

处：一读 chǔ，如：处理、相处；二读 chù，如：去处、好处、办事处。

畜：一读 chù，如：家畜、牲畜；二读 xù，如：畜养、畜牧业。

揣：一读 chuǎi，如：揣度、揣测；二读 chuāi，如：揣在怀里、揣进兜里。

传：一读 chuán，如：宣传、传单；二读 zhuàn，如：传记、自传。

创：一读 chuāng，如：创伤、重创；二读 chuàng，如：创造、创作。

大：一读 dà，如：大小、大众；二读 dài，如：大夫、大王。

打：一读 dǎ，如：打击、打电话；二读 dá，如：一打铅笔、一打袜子。

弹：一读 dàn，如：炮弹、子弹；二读 tán，如：弹簧、弹性、弹琴。

当：一读 dàng，如：恰当、适当；二读 dāng，如：当家、相当、当老师。

倒：一读 dǎo，如：倒霉、倒塌、颠倒；二读 dào，如：倒退、倒水。

得：一读 děi，如：你得好好学习、我得走了；二读 dé，如：得到、得当。

地：一读 dì，如：地势、地理、地方；二读 de(轻)，如：高兴地笑了、热情地欢迎我们。

的：一读 dí，如：的确；二读 dì，如：目的、有的放矢；三读 de(轻)，如：你的、我的。

斗：一读 dǒu，如：漏斗、熨斗、北斗星；二读 dòu，如：斗争、战斗。

度：一读 dù，如：温度、高度、适度；二读 duó，如：揣度、忖度。

发：一读 fā，如：发射、发觉、发明；二读 fà，如：理发、怒发冲冠、千钧一发。

分：一读 fèn，如：部分、充分、过分；二读 fēn，如：分开、分析、分寸。

佛：一读 fó，如：佛教、佛经；二读 fú，如：仿佛。

干：一读 gān，如：干燥、干净；二读 gàn，如：树干、骨干、干活。

更：一读 gēng，如：更换、更正、自力更生；二读 gèng，如：更加、更好。

勾：一读 gōu，如：勾销、勾结；二读 gòu，如：勾当。

冠：一读 guàn，如：冠军；二读 guān，如：衣冠、鸡冠。

还：一读 hái，如：还是、还有；二读 huán，如：还原、还手、还钱。

和：一读 hé，如：和平、和睦；二读 hè，如：附和、唱和；三读 huó，如：和面、和泥。

喝：一读 hē，如：喝水、喝酒；二读 hè，如：喝彩、大喝一声。

横：一读 héng，如：横竖、人行横道；二读 hèng，如：蛮横、横财。

哄：一读 hōng，如：哄动、哄堂；二读 hǒng，如：哄骗；三读 hòng，如：起哄。

华：一读 huá，如：中华、华丽、精华；二读 huà，如：华山。

几：一读 jī，如：几乎、茶几；二读 jǐ，如：几何、几天、几个。

奇：一读 qí，如：奇怪、希奇；二读 jī，如：奇数。

假：一读 jiǎ，如：虚假、假装；二读 jià，如：放假、假期。

间：一读 jiān，如：时间、房间；二读 jiàn，如：间隔、间断、间谍。

强：一读 qiáng，如：坚强、强调、强壮；二读 jiàng，如：倔强、脾气强；三读 qiǎng，如：强词夺理、勉强。

校：一读 xiào，如：学校、校内；二读 jiào，如：校对、审校。

教：一读 jiào，如：教学、教育；二读 jiāo，如：教书、教汉语。

结：一读 jiē，如：结实、开花结果；二读 jié，如：团结、结构、结合。

禁：一读 jīn，如：禁受、禁不起、禁不住；二读 jìn，如：禁止、禁忌、紫禁城。

劲：一读 jìn，如：有劲、干劲、起劲、劲头；二读 jìng，如：劲旅、刚劲。

降：一读 jiàng，如：下降、降落、降低；二读 xiáng，如：投降、降伏。

卷：一读 juǎn，如：卷报纸、行李卷儿、春卷儿；二读 juàn，如：画卷、试卷、第一卷。

圈：一读 quān，如：圆圈、跑一圈；二读 juàn，如：猪圈、羊圈。

卡：一读 kǎ，如：卡车、卡片、打卡；二读 qiǎ，如：关卡、卡子。

看：一读 kàn，如：看书、看电影；二读 kān，如：看守、看护、看门。

空：一读 kōng，如：天空、空气、空前；二读 kòng，如：空白、空隙、有空。

勒：一读 lè，如：勒令、勒索、悬崖勒马；二读 lēi，如：勒紧绳子、勒住。

俩：一读 liǎ，如：咱们俩、哥俩；二读 liǎng，如：伎俩。

了：一读 le(轻)，如：吃了、玩儿了；二读 liǎo，如：了解、了结、了不起、直截了当。

率：一读 shuài，如：率领、坦率、表率；二读 lǜ，如：效率、利率、出勤率。

落：一读 luò；如：落实、落成、部落；二读 lào，如：落枕；三读 là，如：丢三落四。

没：一读 méi，如：没有、没去；二读 mò，如：没落、埋没、没收。

模：一读 mó，如：模范、模特、模型、模仿；二读 mú，如：模样、模子。

难：一读 nán，如：难题、难过；二读 nàn，如：灾难、遇难、责难。

宁：一读 níng，如：安宁、宁静；二读 nìng，如：宁可、宁愿。

磅：一读 bàng，如：1 磅、磅秤；二读 páng，如：磅礴。

便：一读 biàn，如：方便、便利、顺便；二读 pián，如：便宜。

泊：一读 bó，如：停泊、淡泊；二读 pō，如：湖泊、血泊。

仆：一读 pū，如：前仆后继；二读 pú，如：仆人、女仆。

壳：一读 ké，如：贝壳、脑壳、蛋壳；二读 qiào，如：地壳、甲壳。

曲：一读 qū，如：弯曲、曲折、曲线；二读 qǔ，如：歌曲、戏曲。

散：一读 sǎn，如：散文、松散、散漫；二读 sàn，如：解散、散步、散会。

塞：一读 sāi，如：塞住、塞子；二读 sài，如：要塞、塞外；三读 sè，如：闭塞、堵塞。

任：一读 rén，指人的姓；二读 rèn，如：任务、任何、主任。

单：一读 shàn，指人的姓；二读 dān，如：单独、单位、成绩单。

舍：一读 shě，如：舍己为人、舍得；二读 shè，如：宿舍、校舍。

似：一读 shì，如：像个孩子似的、飞也似地；二读 sì，如：似乎、相似、类似。

调：一读 tiáo，如：调和、调皮、协调；二读 diào，如：调查、音调、调度。

吐：一读 tǔ，如：谈吐、吐露、扬眉吐气；二读 tù，如：呕吐、上吐下泻、吐血。

为：一读 wèi，如：因为、为什么、为了；二读 wéi，如：作为、认为、所作所为。

恶：一读 è，如：罪恶、恶劣、恶霸；二读 ě，如：恶心；三读 wù，如：可恶、厌恶。

兴：一读 xīng，如：新兴、兴奋、兴起；二读 xìng，如：兴致、高兴、兴高采烈。

行：一读 háng，如：行列、银行、太行山；二读 xíng，如：发行、飞行、风行、行文。

省：一读 shěng，如：江苏省、节省、省略；二读 xǐng，如：反省、省悟、不省人事。

宿：一读 sù，如：宿舍、住宿、宿愿；二读 xiǔ，如：住了一宿、谈了半宿。

臭：一读 chòu，如：臭气、香臭、臭名昭著；二读 xiù，如：无色无臭。

吁：一读 xū，如：气喘吁吁、长吁短叹；二读 yù，如：呼吁。

燕：一读 yān，如：燕京、燕国、姓燕；二读 yàn，如：燕子、莺歌燕舞。

要：一读 yāo，如：要求、要挟；二读 yào，如：需要、紧要、将要、要是、提要。

咽：一读 yè，如：呜咽、哽咽；二读 yān，如：咽喉、咽头；三读 yàn，如：吞咽、狼吞虎咽。

应：一读 yīng，如：应当、应该、应有尽有；二读 yìng，如：适应、反应、应付、应届。

乐：一读 lè，如：快乐、乐趣、乐于、取乐、乐而忘返；二读 yuè，如：音乐、乐曲、奏乐。

载：一读 zǎi，如：三年五载、登载、记载；二读 zài，如：装载、满载而归、载歌载舞。

攒：一读 cuán，如：攒(聚拢，拼凑)钱、攒聚、攒电脑、万头攒动；二读 zǎn，如：积攒、攒(积聚储蓄)钱。

藏：一读 cáng，如：收藏、躲藏、储藏室、藏而不露；二读 zàng，如：西藏、藏蓝、宝藏。

炸：一读 zhá，如：油炸、煎炸、炸糕、炸鱼；二读 zhà，如：炸弹、炸药、炸毁。

粘：一读 nián，如：粘液、粘米；二读 zhān，如：粘在一起、粘牙、粘贴。

朝：一读 cháo，如：坐南朝北、朝代、朝鲜族、朝阳区；二读 zhāo，如：朝阳、朝思暮想。

涨：一读 zhǎng，如：涨价、水涨船高；二读 zhàng，如：涨红了脸、豆子泡得涨起来了。

折：一读 zhē，如：折腾、折跟头；二读 zhé，如：曲折、转折、周折、百折不挠；三读 shé，如：折本、树枝折了。

症：一读 zhēng，如：症结；二读 zhèng，如：病症、急症、不治之症、对症下药。

只：一读 zhī，如：只身、两只手；二读 zhǐ，如：只要、只有、只管、只顾。

种：一读 zhǒng，如：播种、种族、两种；二读 zhòng，如：种植、种瓜得瓜，种豆得豆。

中：一读 zhōng，如：中文、中间、中心；二读 zhòng，如：看中、中计、中肯、中毒。

转：一读 zhuǎn，如：转折、转变、扭转、回心转意；二读 zhuàn，如：旋转、打转。

着：一读 zhe(轻)，如：拿着、看着、正忙着呢；二读 zháo，如：着急、着火、睡着了；三读 zhāo，如：高着儿、一着棋；四读 zhuó，如：衣着、附着、着重、着色、着落。

钻：一读 zuān，如：钻研、钻营、钻探；二读 zuàn，如：钻石。

还有一种汉字，它们在不同的词里字音不同，但字义却相同，这些字就叫做"多音同义字"。这种变化，一般不容易掌握，也是常常考生容易读错的字。

这种字音的区别，主要有两种情况：一种是这个字单用时和用这个字构成复合词时的读法不同；另一种是在个别词语中的读音与一般读音不同，这类字数量不多，但却非常容易读错。

下面就列举一些常用的"多音同义字"。

薄：一读 báo，如：这本书很薄、一条薄被子；二读 bó，如：稀薄、单薄、刻薄。

剥：一读 bāo，如：剥花生、剥皮；二读 bō，如：剥削、剥夺、剥落。

臂：一读 bei(轻)，如：胳臂；二读 bì，如：手臂、臂膀。

答：一读 dā，如：答理、答应；二读 dá，如回答、答复、对答。

逮：一读 dài，如：逮捕；二读 dǎi，如：逮老鼠、逮住。

给：一读 gěi，如：给你书、把包给我；二读 jǐ，如：供给、给予、自给自足。

巷：一读 hàng，如：巷道；二读 xiàng，如：小巷、街巷、巷子。

吓：一读 xià，如：吓唬、吓人、吓一跳；二读 hè，如：恐吓、恫吓、威吓。

嚼：一读 jué，如：咀嚼；二读 jiáo，如：嚼碎、细嚼慢咽、咬文嚼字。

露：一读 lòu，如：露面、露出马脚；二读 lù，如：露天、露骨。

量：一读 liáng，如：量杯、丈量、测量；二读 liàng，如：量力而行、不可限量。

绿:一读 lù,如:绿林、鸭绿江;二读 lǜ,如:绿化、绿色。

那:一读 nà,如:那么、那里;二读 nèi,如:那个、那天。

扫:一读 sào,如:扫帚;二读 sǎo,如:扫地、扫盲、打扫、扫兴。

削:一读 xiāo,如:削铅笔、削苹果、削球;二读 xuē,如:剥削、削弱、削减。

血:一读 xiě,如:出血了、血的教训、吐血;二读 xuè,如:输血、血统、呕心沥血。

这:一读 zhè,如:这里、这儿;二读 zhèi,如:这个、这边儿。

常见错误

1.掌握的多音字比较少,常常读错。

2.朗读时拿不定主意,造成不应有的停顿;或试探多种发音,打断了朗读的连贯性,读破了句子。

应试策略与技巧

1.平时多记住一些多音字,并通过练习达到熟练运用的程度。

2.在朗读时,如果拿不准多音字的读音,可以根据与它组合成词的另一个字来猜测这个词的意思,从而确定这个多音字的准确发音。比如"乐曲"的"乐"是个多音字,根据它后面的"曲"字我们可以知道,在这个词里,"乐"这个字是"音乐"的意思,所以它一定是读 yuè,而不是读 lè。

考点与难点(六) 读准形近字

说 明

在汉语中,还有一类字容易读错,这就是"形近字"。

在朗读时,我们常常会发现,有的字和另一个字从形体上来看差不多,因而很容易把这个字读成那个字的音。汉字本来就是靠一点一横等笔画形状来作为结构上的区别的,有时差别很细微,字就很容易读错,这一类容易读错的字就是"形近字"。

下面我们就列举一些使用频率比较高的、又比较容易读错的"形近字",从字形和字音上进行对比和分辨。

簿(bù):练习簿——薄(bó):薄弱

谄(chǎn):谄媚——陷(xiàn):陷阱——馅(xiàn):饺子馅

悼(dào):悼念——掉(diào):扔掉

陡(dǒu):陡峭——徒(tú):徒弟——徙(xǐ):迁徙

厄(è):厄运——危(wēi):危险

赋(fù):赋予——贼(zéi):乌贼

亘(gèn):亘古及今——恒(héng):恒心

弧(hú):括弧——孤(gū):孤独

淮(huái):淮河——准(zhǔn):准确

肓(huāng):病入膏肓——盲(máng):盲人

棘(jí):棘手——辣(là):辣椒

缄(jiān):缄默——减(jiǎn):减少——咸(xián):咸味

菅(jiān):草菅人命——管(guǎn):管理

浸(jìn):沉浸——侵(qīn):侵略

兢(jīng):兢兢业业——克(kè):克服

迥(jiǒng):迥然不同——回(huí):回家

慨(kǎi):慷慨——概(gài):概念

栗(lì):栗子——票(piào):车票

掠(lüè):掠夺——凉(liáng):冰凉——谅(liàng):原谅

券(quàn):证券——卷(juàn):画卷

蜃(shèn):海市蜃楼——唇(chún):嘴唇

矢(shǐ):有的放矢——失(shī):失败

恃(shì):有恃无恐——持(chí):支持

祟(suì):鬼鬼祟祟——崇(chóng):崇拜

肄(yì):肄业——肆(sì):放肆

隅(yú):一隅——偶(ǒu):偶然

驭(yù):驾驭——驳(bó):反驳——驶(shǐ):行驶

垣(yuán):残垣——恒(héng):恒心

粤(yuè):粤菜——奥(ào):深奥

眨(zhǎ):眨眼——贬(biǎn):贬低

瞻(zhān):瞻仰——赡(shàn):赡养

湛(zhàn)湛蓝——堪(kān):不堪——甚(shèn):甚至

稚(zhì):幼稚——雅(yǎ):高雅

峙(zhì):对峙——持(chí):支持

惴(zhuì):惴惴不安——揣(chuǎi):揣测

缀(zhuì):点缀——辍(chuò):辍学

灼(zhuó):真知灼见——勺(sháo):勺子

汉语中的形近字还有很多,考生可以通过本课的课后练习准确掌握更多的形近字。

常见错误

1.把两个形近字搞混,造成发音的错误。

2.根本不认识那个字,就用形近字的发音来代替。

3.想当然地用这个字的左边或右边的发音来代替这个字的发音。比如:把"赋(fù)"读成"wǔ"或者"bèi";把"兢(jīng)"读成"kè"等等。

应试策略与技巧

1.在平时的学习中,要勤查字典,注意区分形近字的发音的不同,千万不要想当然地随便放过去。这样做在平时可能不会有太大的问题,但一到考试时或一些公开场合、关键时刻可就要露怯了。

2.通过做一些专门的练习来掌握形近字的发音。

本课小结

➤ 主要考点与难点：①读准形声字②读准轻重音③使用正确的语调④读准语气词⑤读准多音字⑥读准形近字

➤ 考生主要的错误：

① 按声旁读形声字,造成发音错误;

② 不能准确地读出轻声;

③ 没有注意表现语句重音;

④ 在有标点符号的地方不作停顿;

⑤ 停顿的时间掌握不好;

⑥ 读破句子;

⑦ 读错语气词;

⑧ 发音生硬,不够自然;

⑨ 拿不准多音字的发音,多次试探,打断了朗读的连贯性;

⑩ 把两个形近字搞混,造成发音错误。

➤ 主要应试策略与技巧：

① 尽量多记住一些常用的轻声词;

② 采用"模棱两可"的方法;

③ 有感情地朗读;

④ 按照标点符号来进行停顿;

⑤ 在完整的词语中间不作停顿;

⑥ 事先找好对速度的感觉;

⑦ 注意区分各个语气词在读音上的差别;

⑧ 在语气词前面不作任何停顿;

⑨ 对于多音字,可根据与它组合成词的另一个字来猜测这个字的意思,从而确定它的读音。

课后练习

一、比一比下面的各组汉字,给它们加上拼音,并分别组成词语：

1. 奏（　　） 2. 棒（　　） 3. 骤（　　） 4. 扬（　　） 5. 旋（　　） 6. 漆（　　）
   秦（　　）   捧（　　）   聚（　　）   场（　　）   旅（　　）   膝（　　）

7. 泼（　　） 8. 治（　　） 9. 奖（　　） 10. 盲（　　） 11. 刮（　　） 12. 乞（　　）
   拨（　　）   冶（　　）   浆（　　）   育（　　）   乱（　　）   气（　　）

13. 魁（　　） 14. 魂（　　） 15. 磨（　　） 16. 权（　　） 17. 拣（　　） 18. 经（　　）
    魅（　　）   魄（　　）   摩（　　）   杈（　　）   练（　　）   迳（　　）
    魔（　　）   鬼（　　）   靡（　　）   枚（　　）   炼（　　）   径（　　）

19. 塞（　　） 20. 浸（　　） 21. 婪（　　） 22. 恳（　　） 23. 诱（　　） 24. 寺（　　）
    赛（　　）   侵（　　）   梦（　　）   垦（　　）   透（　　）   持（　　）

238

寨（ ）	寝（ ）	焚（ ）	良（ ）	锈（ ）	恃（ ）
25.衷（ ）	26.播（ ）	27.缕（ ）	28.脾（ ）	29.孤（ ）	30.掏（ ）
哀（ ）	插（ ）	楼（ ）	牌（ ）	弧（ ）	淘（ ）
衰（ ）	潘（ ）	搂（ ）	碑（ ）	狐（ ）	陶（ ）
31.宗（ ）	32.末（ ）	33.隐（ ）	34.幻（ ）	35.冠（ ）	36.虑（ ）
宋（ ）	未（ ）	稳（ ）	幼（ ）	寇（ ）	虚（ ）
37.曝（ ）	38.亨（ ）	39.躺（ ）	40.淌（ ）	41.忠（ ）	42.饶（ ）
瀑（ ）	享（ ）	趟（ ）	倘（ ）	患（ ）	绕（ ）
43.跪（ ）	44.缴（ ）	45.肆（ ）	46.掠（ ）	47.慈（ ）	48.若（ ）
脆（ ）	邀（ ）	肄（ ）	谅（ ）	滋（ ）	苦（ ）
49.揭（ ）	50.竭（ ）	51.蓄（ ）	52.甲（ ）	53.卷（ ）	54.湛（ ）
喝（ ）	褐（ ）	畜（ ）	申（ ）	券（ ）	堪（ ）
55.桂（ ）	56.睛（ ）	57.品（ ）	58.肃（ ）	59.具（ ）	60.刀（ ）
挂（ ）	晴（ ）	晶（ ）	萧（ ）	真（ ）	刃（ ）

二、朗读下面的短文,每段大约用 2 分钟:

(一)中国人对生活的态度十分有趣。比如闹水的龙和吃人的虎,都很凶恶,但在中国的民间,龙的形象并不可怕,反而要去耍龙灯,人龙一团,喜庆热闹;老虎的形象也不残暴,反被描绘得雄壮威武、憨态可爱,虎鞋虎帽还跑到孩子身上去了。通过这种理想方式,生活变得可亲可爱。同样,虽然生活的愿望难以成真,但中国人并不停留在苦苦期待上,而是把理想、愿望与现实生活拉在一起,用文化加以创造,将美丽而空空的向往,与实实在在的生活神奇地合为一体。一下子,生活就变得异样地亲近和充满生气了。这也是我们过年时对生活的一种十分特别而又美好的感觉。

(二)波音公司于 1930 年 5 月 15 日开始雇佣 8 名护士随机服务,开"空中小姐"的先例。这一措施开始是由波音公司的一名职员向主管提出的书面建议:"试想班机服务人员加入年轻女性,在心理方面收获一定很大。本人并非建议雇佣奇装异服的轻浮少女,而认为一般护士学校毕业的少女,具有相当常识者较为适宜。"结果,公司接受了他的建议。

波音公司当时选用空中女服务员的条件是:年龄在 25 岁以下,体重在 50 公斤以上,身高 170 公分以下,每月飞行 100 个小时,月薪 125 美元。雇佣时规定她们的服务项目为:起飞前打扫机舱、擦地板、整理座位,检查座位是否与地板锁紧;飞行中警告乘客不要将烟头丢出窗外,注意乘客起身去洗手间时不要错开了飞机门。

(三)三个人同去攀登高山,第一个人刚开始攀登几步,感到山陡难登,就退下来了,他说:"我是知难而退。"

第二个人攀登到半山,气喘吁吁,望着上面险恶高峻的山势,摇摇头说:"还是适可而止吧。"也退了下来。

只有第三个人,在攀登途中,知难而进,披荆斩棘,勇往直前,几次跌倒,都爬起来再上,无所畏惧,毫不气馁,最后终于登上了峰顶。

过了几天,这三个人又碰面了。第一个人说:"登上峰顶,也不过那么回事,还是我知难而退好,省了许多力气。"第二个人说:"是呀! 所以我适可而止,中途退下,还是明智的。"那个登上峰顶的人笑了笑,说道:"不过,顶峰上的无限风光你们是无法看到的。"

(四)水果富含多种营养成分,而脂肪和淀粉的含量相对较低,一直被誉为健康养颜佳品。现在,不少都市女性索性以水果为正餐,以达到清洁肠胃外加美容减肥的效果。

多吃水果没有什么不好,但是营养学专家提醒人们,想靠吃水果达到减肥的目的是不科学的。因为水果中的主要营养成分是碳水化合物和一些维生素,而人体的正常运转还需要蛋白质等其他物质。平时多吃水果对保持无机盐确有益处,但水果中缺乏铁、钙等成分,所以长期以水果作正餐势必会造成体内这些物质的缺乏,引起贫血,时间久了可能还会引起其他疾病。营养学家告诫爱美的女士,只吃水果达不到减肥的目的,而应该通过限制饮食中的脂肪类、肉类的摄入控制体重的增长。与此同时,应该多吃些谷类、牛奶、鱼类,这样才能确保人体所需的营养物质。

(五)在实际生活中,普遍存在着一个令人困惑不解的现象:不少"神童"往往在少年时很"神",其掌握的知识远远超过了同龄孩子;但是成年后却趋于平常。这是怎么回事呢?

对大脑的科学研究发现,人脑的左右两半球在功能上是高度专门化的,左脑擅长语言和逻辑思维,右脑擅长形象思维。左右脑在创造性活动中起着不同的作用:右脑靠无意识的直觉产生顿悟,左脑则对其进行理性的验证。

目前的教育偏重于逻辑和语言的训练,比较重视发挥左脑的作用,却忽视了对右脑灵活性思维的培养和开发。许多所谓"神童"的"神"只是表现在学习知识、积累知识方面,即左脑的功能上。况且,过早、过多地进行学龄前教育,人为地剥夺了孩子自然成长的机会,在大多数情况下是弊多利少的。

(六)优秀的武侠小说不仅从另一个角度反映了时代风貌和各色人等的心理历程,也铸造了独特的艺术风格。它们多是线条粗犷,没有雕琢,甚至略有仓促,但让人读后心在跳、血在流,透出一股逼人的热气。这就是它们中的佼佼者共同具有的豪放美。这种美的形态是从宏伟的力量、崇高的精神呈现出来的,它往往引发人们十分强烈的感情,或促人奋发昂扬,或迫人扼腕悲愤,或令人仰天长啸,或使人悲歌慷慨。这种气势美,恰恰就在于它表现出我们中华民族精神面貌里的一种豪放、一种对理想境界的追求、一种价值判断的准则。

已故著名数学大师华罗庚先生曾根据自己读武侠小说的感受,称其为"成人的童话"。这是指武侠小说都建构了一个想像的世界,它以虚构的梦幻的形式,揭示历史、人生及人性的现实。

(七)北京是世界著名的历史文化名城。3000 年的建城史,近千年的帝都,给这里留下了数以百计的具有极大历史、文化、艺术价值的文物古迹。有学者把北京称为"人类最伟大的个体工程"并非过誉,因为北京城本身就是一个伟大而丰富的历史博物馆:巍峨盘旋于群山之间的古长城;雄伟壮丽的故宫;庄严肃穆的天坛;风景如画的皇家园林颐和园、圆明园和北海;超凡脱俗的宗教建筑,无一不让人深深领略到古老东方文化的魅力。

北京的文学艺术传统源远流长,并且因不同时代多民族文化的交汇碰撞而显现出多样化的趋势;但在多样化的背后,又有着浓浓的地域和乡土特质,最具代表性的莫过于堪称中国国粹的京剧艺术了。在这座逐渐现代化的城市里,民俗风情仍然体现出这座古都传承东方文明的精细态度。在琉璃厂文化街,在老四合院里,在庙会上,你可以看到流动的现实和悠久历史遗存的痕迹奇妙地交融。

(八)有一天,一只狐狸落在老虎的爪子下,眼看着就要成为老虎的美餐了。狐狸绝望地勉强抗争,对老虎说它是天帝派来作百兽之王的,岂能允许一只小小的老虎把它吞掉! "你要是胆敢这样做",它对老虎说,"就是违抗天意,将会受到严厉的惩罚。"

老虎用眼睛打量了一番狐狸的小个头儿,犹犹豫豫地表示它不十分相信。"好吧",狐狸见状,变得大胆起来,它装出一副不耐烦的神气说,"要是你的怀疑还没有消失的话,就让我来证实一下我的话吧。跟上我,瞧瞧当我露面的时候,百兽对我是何等的敬畏!"

于是狐狸昂首阔步在前面走,老虎必恭必敬地在后面跟着。它们走过森林,遇到不少动物,这些动物一见到老虎,都慌忙逃命。狐狸得意地说:"怎么样? 你看到它们的那副狼狈相了吧?"而老虎呢,还真以为那些野兽逃跑是由于害怕狐狸的缘故,不由得更加诚惶诚恐了。最后,它找个机会悄悄溜走了。

(九)朋友送我一对珍珠鸟。放在一个简易的竹条编成的笼子里,笼内还有一卷干草,那是小鸟儿舒适又温暖的巢。

有人说,这是一种怕人的鸟。我把它挂在窗前。那儿还有一大盆异常茂盛的法国吊兰。我便用吊兰长长的、串生着小绿叶的垂蔓蒙盖在鸟笼上,它们就像躲进深幽的丛林一样安全;从中传出笛儿般又细又亮的叫声,就格外轻松自在了。

我很少扒开叶蔓瞧它们,它们便渐渐敢伸出小脑袋瞅瞅我。我们就这样一点点熟悉了。

三个月后,那一团愈发繁茂的绿蔓里边,发出一种尖细又娇嫩的鸣叫。我猜到,是它们有了雏儿。我呢? 决不掀开叶片往里看,连添食加水时也不睁大好奇的眼去惊动它们。过不多久,忽然有一个更小的脑袋从叶间探出来。哟,雏儿! 正是这小家伙! 瞧,多么像它的父母:红嘴红脚,蓝灰色的毛,只是后背还没生出珍珠似的圆圆的白点;它好肥,整个身子好像一个蓬松的球儿。

(十)大雪整整下了一夜。今天早晨,天放晴了,太阳出来了。推开门一看,嗬! 好大的雪啊! 山川、河流、树木、房屋,全都罩上了一层厚厚的雪,万里江山,变成了粉妆玉砌的世界。落光了叶子的柳树上挂满了毛茸茸亮晶晶的银条儿;而那些冬夏常青的松树和柏树上,则挂满了蓬松松沉甸甸的雪球儿。一阵风吹来,树枝轻轻地摇晃,美丽的银条儿和雪球儿簌簌地落下来,玉屑似的雪末儿随风飘扬,映着清晨的阳光,显出一道道五光十色的彩虹。

俗话说,"瑞雪兆丰年"。这个话有充分的科学根据,并不是一句迷信的成语。寒冬大雪,可以冻死一部分越冬的害虫;融化了的水渗进土层深处,又能供应庄稼生长的需要。我相信这一场十分及时的大雪,一定会促进明年春季作物的丰收。有经验的老农把雪比作是"麦子的棉被"。冬天"棉被"盖得越厚,明春麦子就长得越好,所以又有这样一句谚语:"冬天麦盖三层被,来年枕着馒头睡。"

我想,这就是人们为什么把及时的大雪称为"瑞雪"的道理吧。

(十一)1895 年,美国商人从西印度群岛运来一批西红柿。按美国当时的法律,输入水果是免交进口税的,而进口蔬菜则必须缴纳 10% 的关税。纽约港的关税官认定西红柿是蔬菜。理由是:它要进入厨房,经过烹制,成为人们餐桌上的佳肴。商人则认为西红柿应属水果,据理力争的理由是:西红柿有丰富的果汁,这是一般蔬菜所不具备的;它又可以生食,同一般蔬菜也不一样,形状色泽也都应当属于水果范畴。双方为此争执不下,最后只好把西红柿作为被告,送进美国高等法院,接受审判。

经过审理,法院一致判决:"正像黄瓜、大豆和豌豆一样,西红柿是一种蔓生的果实。在人们日常的生活中,总是把它和菜园中种植的马铃薯、胡萝卜等一样作为饭菜用;无论是生吃还是熟食,它总是同饭后才食用的水果不一样。"从此,西红柿才法定为蔬菜,成为人们餐桌上的一种佳肴。

第二课

这一课分析 HSK(高等)口语考试的第二种题型,即口头回答两个问题。这两个问题,一个是叙述性或介绍性的,另一个是说明性或议论性的。

题型与特点

题　型

在口语考试的考卷上,考生可以看到两个指定的问题,要求考生口头进行回答,每个问题大约可以用 3 分钟的时间,一共是 6 分钟。比如《中国汉语水平考试大纲(高等)》公布的样题中,要求考生回答这样两个问题:

【例 1】

1. 介绍一下你的家乡[或居住的城市];
2. 你认为什么样的家庭组合比较合理?

　　大家庭制(子女婚后仍与父母一起生活)? 小家庭制(子女婚后与父母分开生活)? 为什么?

回答这部分考题,要求考生做到观点清楚,能用语音较为纯正的普通话连贯流利地表达思想,要做到内容充实,表述得体。

这部分考题不仅可以考查考生的语音语调和口头自由表达的能力,而且还可以从考生的回答情况中了解到他的分析问题、理解问题的能力和逻辑思维能力,这也是与语言学习密切相关的重要方面。一般来说,这部分考题会采用大部分考生熟悉的、有话可说的题目,并且会尽量避免专业性太强的内容,以排除由于内容陌生,无话可说形成的干扰和由于对知识领域的陌生而形成的干扰。

特　点

与口语考试的第一种题型相比,第二种题型具有以下一些特点:

1. 首先最明显的是,口语考试的第一部分试题是"朗读",而第二部分试题则是"说话",这是两种从内容到形式都不一样的试题。

2. 考查的内容不一样。第一种题型主要是考查考生的汉字认读能力,而第二种题型主要是要考查考生的口头表达能力。

3. 难度有所不同。这部分试题要回答的两个问题,第一个是叙述性或介绍性的,第二个是说明性或议论性的。就拿样题来说,从题目的内容我们就可以看到,第一个问题:介绍一下你的家乡或居住的城市,这是一个介绍性的题目,考生应该用叙述的方法讲述自己家乡或所居住的城市各方面的情况,从内容上说,只要把客观情况介绍清楚就可以了,不需要有很多个人的看法和意见。但因为需要自己组织语言和内容,所以比口语考试的第一个题型难度要大多了。而第二个问题又有所不同,题目是:你认为什么样的家庭组合比较合理? 一看就知道,这是一个议论性的问题,也就是说,题目要求考生要能够就"什么样的家庭组合比较合理"这个问题发表自己的看法,在这里,考生要表述的,不是客观情况,而是个人的意见。所以考生不仅要组织好语言,而且还要提出自己的思想,这就比回答第一个问题的难度又大了一些。可见,总的来说,第二种题型的难度要比第一种题型大。

4. 所用的时间不一样。第一个题型需要用大约 2 分钟时间,而第二个题型则要用 6 分钟的时间。

5. 第一个题型对考生的语速有具体的要求,约为 120~180 字/分钟;而第二个题型则对考生的语速没有具体的要求。

考点与难点(一) 准确区分两个问题的不同性质和要求

 说 明

在口语考试的第二个题型中,试卷所提供的两个问题在性质上有很明显的区别,即第一个问题是叙述性或介绍性的,第二个问题是说明性或议论性的。这就决定了考生在回答这两个问题的时候,应注意使用不同的句式和语气,安排不同的内容。

所谓叙述,就是对一个或一些事实、事件按照它的客观情况作一般性的介绍、说明和交代,或对过程作一般性的陈述,让听的人了解它的真实面貌,它的基本特点就是事实、事件的叙述性。所谓议论,就是对某个问题或对象提出自己的见解或主张,并说明理由,使听的人觉得信服。它的基本特点是议论的说服性。

具体来说,回答第一个问题时,主要应该采用客观介绍的方法,用叙述的语气层次清楚地把要说的内容表述出来;而回答第二个问题时,则应该采用表述主观看法的句式和语气,把自己的观点明白地表达出来。

比如样题的第一个问题是:请介绍一下你的家乡(或所居住的城市),那么考生可以从家乡或所居住的城市的各个方面的情况来进行介绍,比如家乡的自然景色、城市面貌、气候情况、发展变化、物产工艺、风俗习惯、风土人情、历史文化、经济政治、名胜古迹、著名建筑等等。当然,没必要这样面面俱到,只要突出家乡最有特色的方面就可以了。在介绍的过程中,可以表达自己的感情倾向,但一定要在客观的叙述中自然地流露出来,不要直接发表自己对某一个问题或某一个方面的个人意见或看法。

样题的第二个问题是：你认为什么样的家庭组合比较合理？题目非常清楚地要求考生回答对"家庭组合"这个问题的个人意见和看法，所以，考生的答案应该紧紧围绕这个问题来发表个人的意见，而不能再以客观介绍为主了。

❌ 常见错误

"叙述"或"议论"的特点不突出。有的考生在审题时对题目的要求理解得不清楚或不准确，不能明确区分这两个问题的不同性质和对考生回答时的不同要求，把叙述与议论掺杂在一起，从而使该叙述的问题"叙述"的特点不明显，该议论的问题"议论"的特点不明显。

比如在回答第一个问题的时候，有的考生掺杂上了自己对一些情况的意见和看法，或者把两个事物或两件事情进行比较，得出自己的结论，这样做就使得自己的答案不能完全符合"叙述性或介绍性"的要求。

在回答第二个问题的时候，有的考生过多地停留在对事实进行解释和说明上，而应该突出的自己的观点却不够明确、清晰，这就使得回答的内容更倾向于叙述性，而缺乏议论性，这也偏离了题目的要求。

📋 应试策略与技巧

1. 在内容上对两个问题进行严格的区分。
2. 注意使用符合内容特点的句式和语气。

 **考点与难点（二）　内容充实有序，主次分明**

🎲 说　明

口语考试第二种题型中的两个问题一共要用大约 6 分钟的时间，如果考生按照一般的语速，即每分钟说 120～180 字的话，那么每个问题就大约需要说 360～540 字，两个问题加起来，一共需要说 720～1080 字左右。对于语速比较快的考生来说，可能所要输出的字数会更多一些。对于这样一个不算小的篇幅，说什么和怎么说，需要统筹安排一下。所以，不论是回答第一个叙述性的问题还是第二个议论性的问题，都有一个如何安排内容的问题，也就是说，要按照一定的顺序来讲述，说完一层意思以后，再说第二层意思，避免杂乱无章的现象。

具体来说，回答叙述性的问题，考生可以按照事情发生的时间顺序来叙述，也可以按照不同的地理位置来介绍，也可以按照事物的不同特点、不同特征来说明。回答议论性的问题，一般应该先表明自己的观点，紧接着就应该说明自己之所以这样看的理由。有时候可能会有几个观点，那么就应该按照顺序一一加以说明。在进行说明的时候，可以讲理，也可以用具体的例子来证明。另外，在回答议论性问题的时候，也可以对这个问题的不同方面来进行议论。总而言之，不管回答什么样的问题，考生都应该把主要的、重点的内容放在前面先说，然后说其次重要的，最后说最次要的。这样，考生的答案就可以做到充实有序，主次分明了。

比如介绍自己的家乡，这是一个叙述性的问题，考生可以按照家乡发展的时间顺序来介绍，也可以按照家乡不同的地理位置来介绍（中心；东南西北），还可以按照家乡各个方面的不同情况来介绍。不论使用哪种顺序，都应该把家乡最与众不同的方面放在前面，接着再依次说其他方面的情况，还要注意使用丰富的材料来充实你的内容。再比如，谈论对家庭组合的看法，这是一个议论性的问题，考生也要把自己最基本、最重要的观点放在前面说，然后再依次说其他的看法和观点，同时，别忘了说说你之所以这样看的原因和理由。

✖ 常见错误

1.内容没有条理。有的考生对自己所要表述的内容缺乏全盘考虑，东一句，西一句，想到哪儿，说到哪儿，内容混乱，颠三倒四，不能成篇。

2.内容的主次安排不够分明。有的考生没有按照"先主要后次要"的原则安排内容，或者对主要的内容轻描淡写，匆匆掠过，而对次要的内容反复啰唆，结果变得喧宾夺主。

3.内容离题。有的考生一开始是根据题目的要求来回答问题的，但是说着说着就走了题，滑到另外一个与主题离得很远，甚至完全没有关系的问题上去了，所以回答的内容不符合题目的要求。

4.内容过于单薄、简略。考生似乎对试卷提出的问题感到无话可说，常用"哼"、"哈"这样毫无用处的语气词来拖延时间，或语句断断续续，割裂严重，常常不能连贯成句。

▶ 应试策略与技巧

1.树立强烈的主次意识，善于快速抓住事情的主要方面和关键之处。

2.先主后次，主详次略。在叙述时，严格按照先主要后次要的原则来安排内容，对主要的内容，要多说、详说，对次要的内容，则要少说、略说。

3.紧紧围绕题目来展开内容，使自己的每一句话都与题目有关，都能为说明和表现题目服务。

4.打好腹稿。口语考试有十分钟的准备时间，主要应该用于准备第二部分的试题。拿到题目以后，考生要能快速打好腹稿。

打腹稿可以分三步进行：①先想好自己要说什么；②然后确定自己所要说的内容的先后次序；③为每个方面准备好必要的材料。

在打腹稿同时，也可以在试卷的空白处简单地写下提纲，作为回答问题时的提示，这样可以避免出现在正式回答问题时把已经准备好的内容遗忘了的不利局面。

5.要学会"没话找话说"。有的考生常常抱怨考试的题目不好，不是自己感兴趣的内容，无话可说，从而把考试成绩不理想的原因归结为题目不适合自己。这种看法是片面的，也不利于考生今后的学习。事实上，无论是在生活中，还是在工作中、学习中，并不是任何一个需要我们发表看法的问题都是我们非常感兴趣的、有很多话要说的问题；恰恰相反，常常是需要我们发表看法的问题正好是我们平时没有多加注意的问题或不感兴趣的问题。考试的时候就更是这样了，可以说，任何一个题目都会使一部分考生感到陌生或无话可说。所以考生不应该把答好问题的希望寄托在题目上，而应该寄托在自己答好问题的能力上。而"没话找话说"正是考生答题能力的重要组成部分。

那么怎么样"没话找话说"呢？首先一点是考生要善于把抽象的东西具体化。比如说家乡的景色好，既可以说一说春、夏、秋、冬的不同变化，也可以说一说著名景点的具体的内容，以及城市风貌等等，这样一来，内容就充实起来了。其次，要善于找到这个事物与其他事物之间的联系。还是说家乡的景色这个话题，如果你把景色跟气候条件联系起来，跟家乡的物产联系起来,跟家乡的历史文化联系起来,甚至跟发展经济、保护环境这样的话题联系起来,那内容就会又丰富许多。

考生要想提高自己"没话找话说"这方面的答题能力,一定要在平时加强这方面的练习,要有意识地让自己去思考一些自己不感兴趣、没话可说的题目,更不要以"没话可说"为理由,轻易放弃在课堂上的练习机会。

 **考点与难点(三)　语言表达得体、流利**

📇 说　明

在第六单元"作文"的第一课中,曾经说到了衡量高级阶段书面语言水平的高低,有两个重要的标准,就是得体性和流利性。而对于考查高级阶段考生的口语水平来说,这两个方面同样也是非常重要的标准。

得体性是指在交际中能用符合目的语文化习惯的语言进行交际,并能对操该目的语的本族人的语言交际做出正确的理解和反应。得体性的前提是正确性。但有时候语言表达正确,却未必得体。所以,能做到既正确又得体,那就是语言学习的一个很高的境界了。

语言的得体性主要决定于对操该目的语的民族的文化的理解和把握。汉语口语跟汉语的书面语一样,包含着十分丰富的文化内涵,这个文化内涵包括两个方面,一个方面是社会文化,即由历史的积淀而形成的民族信仰、道德观念、价值取向、审美意识、思维方式等;另一个方面是语言文化,是指那些以语言为载体的文化,它们主要隐含在汉语的语音、语法、词汇、语用系统中,比如中国特有的称呼、亲属称谓、敬语、谦辞、成语、俗语、习惯用语等。对"社会文化"的掌握决定了在特定的交际场合"说什么"才是得体的;对"语言文化"的掌握决定了"怎样说"才是得体的。

与书面语一样,口语表达的流利性也是指语言运用的熟巧程度。高等 HSK 对流利性的考查,,主要是通过对语速的定量控制体现出来的。比如在写作考试中,要求考生在 30 分钟之内写出 400～600 字;在口语考试的第一种题型中,要求考生 2 分钟之内朗读 250 字左右的短文。那么在口语考试的第二种题型中,流利性又是通过什么来进行考查的呢? 主要是通过考查考生是否能用正常的语速通顺连贯地把想要说的内容表达出来,有没有不恰当的语音停顿和过多的语法失误来确定这个考生口语的流利性程度的。如果语速过慢,语句不够通顺连贯,不恰当的停顿过多,停顿时间过长,或对同一词语进行多次重复等等,都表明考生使用目的语进行思维还有困难,对目的语的掌握也还没有达到熟巧的程度,从而影响了口头表达的流利性。

⊠ 常见错误

1. 对词语的褒贬色彩理解不正确,从而造成使用错误。
2. 有些词语使用语境不当,或不符合一般的习惯。
3. 人称、比喻、句式等使用不恰当。
4. 对汉文化的不正确理解造成表达不得体。
5. 语句缺乏连贯性,不适当的停顿和重复过多,或者停顿的时间过长。

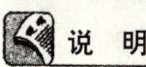 **应试策略与技巧**

1．充分重视对词语和句式中的文化因素的理解，特别是要正确掌握成语、俗语、惯用语等的褒贬色彩。

2．不熟悉的、没有把握的词语和句式尽量不用，这样可以避免相当一部分失误。

3．平时采用计时读课文的方式可以有效地提高口头表达的流利性。

4．必要时，应该背诵一些句子或段落，记忆一些词语和句式的正确语法，这样可以使你的表达更加连贯和流利，从而既可以保证正确性，又可以节省思考的时间。

考点与难点（四） 选用合适的表达方式

说　明

口语考试第二部分的两个问题具有不同的性质和特点，要求考生能够根据具体情况进行回答。为了使答案更符合题目的特点，有时候考生可以选用一些专门的表达方式。对于第一个问题来说，句式符合叙述的语气就可以了，可选择的余地比较大；而回答第二个问题时，考生就需要有意识地使用一些能突出"议论"特点的表达方式了。这些表达方式是各种各样的，在这里把最常见的介绍一下。

一、在叙述时，我们常常需要用"开场白"来使叙述更生动、自然。常用的开场白有：

1．有人说……／俗话说……／常言道……／古人云……

中国有句古话，……／有这么一句老话，……

有这么一种说法，不知道你听说过没有，……

2．我发现……／我碰见(遇到)过这么一件事……

有这么一种情况(现象)，不知你注意到没有，……

3．我们都知道，……／大家都知道，……／众所周知，……

4．你一定听说(看到)过……／你一定学习(去;做;到)过……

据统计(说;报道;调查;研究…)，……

你知道(听说过;见过)吗？

(说起来)你可能不信，……

二、叙述时，可以用以下词语来表示假设或想像：

1．如果(要是)……，就……／如果(要是)……的话，那……

假如……，那将会……／假使……，那么……／要……那……

2．……，就……／……就好了，……

……，如果(要是;假如)……(的话)。

3．除非……，(要不;否则)……

……，不然(要不;要不然;否则)……

要不是……

万一……

但愿……

4．让我们来假设(设想;想像)一下儿，……／让我们充分发挥想像力，……

不难想像,……

三、在叙述、谈论某种情况时,常常需要使用下列两类句式:

1.回忆或回顾

在……时代/ 在……年代

(在)……时候/ 当……(的时候),……/ 那时候,……

在……的那一年,……/ 在……的那一段时间,…… 在……的那一天,……

2.停顿与强调

应该承认,……/说实在的,……/ 说实话,……/ 说真的,……/ 不瞒你们说,……

依我看,……

其实,……

四、在各种形式的表达中都会使用到比较的方法,常用的句式有:

……比……+形容词+(多了;百分之…;一点;一些;得多…)

跟(和;同)……一样(不一样)…… 跟(和;同)……相同(不同)……

有(没)……+形容词/有(没)……那么(这么)+形容词

像(不像)……那么(这么)……

……不如……/……比不上……/ ……不比……+形容词

越来越……/愈来愈……

一……比一……+形容词/ 一……赛一…(+形容词)

跟(和;同)……相比,……/ 跟(和;同)……比起来,……/ 比起……来,……

五、议论首先就是要把自己的观点清楚明白地表达出来。在阐述观点、发表见解的时候,常常可以使用下列的句式来谈自己的看法、举例阐述、进行进一步说明,或归纳、总结自己的观点:

1.我(我们)认为……/ 我(我们)以为……/ 我个人认为(以为)……

我觉得(看;想;感觉)……

我的观点(看法;意见;想法)是……/我个人的看法(意见;想法;观点)是…

我有这么个想法……/ 我有个不成熟的想法……/ 我是这样想(看)的,……

我对……问题的看法是,……/ 对……,我的看法是……

关于……的问题,我的观点是……/ 关于……的问题,我是这样想(看)的……

2.比如(例如),……/ 比如说……/ 比方说……

举个例子……/打个比方……

就拿……来说,……/就说……吧,……

像……,……

3.或者说……/ 也就是说……

换句话说,……/ 简而言之,……

我的意思是……/ 我是说……

4.关于……,我是这么想(看)的,……

要我说呀,……/ 依我看,……/ 如果是我的话,……

这么说(看)(起)来,……

248

你想想，……/你想想看，……

5. 从……方面来说(来看)，……

就……而言(来说；来看)，……

就总体而言，……/总的来看(来说)，……

从……角度说(看)，……/从长远来看，……

6. ……，再说，……/……，再则，……

……，况且，……/……，更何况……

7. 确实，……/的确如此，……

据调查(统计；估计…)，……

我们应该看到，……

我倒不这么认为，……

这么看虽然也有道理，但是……/这样做好是好，但是……

退一步说，……

8. 一方面……，另一方面……

第一……，第二……，第三……

首先……，其次……，再次……，此外……

一来……，二来……/一则……，二则……

9. 总之，……/总而言之，……

可见，……/由此可见，……

说到底，……/归根结底，……

我相信，……/我坚信……

常见错误

在回答叙述性或介绍性问题时，过多地、不恰当地使用表达观点的句式；在回答说明性或议论性的问题时，却又没有明显地使用表达观点的句式，而只是使用一些叙述时常用的句式。

应试策略与技巧

考生应该有意识地多使用符合问题性质和特点的句式，这样可以使答案更具有针对性，更符合题目的要求。

实例分析

下面我们列举一些学生回答 HSK(高等)的口语考试中第二部分题目，即"回答问题"的情况，并加以简要的分析。

第一类：回答第一个问题。

实例1

下面的两段话回答的是同一个问题：请介绍一下你的家乡。

（一）我的家乡是韩国的汉城，大家都认为汉城只是一个首都，是一个最发达的大城市，说的也是，汉城有这么一个局面。但汉城不应该完全这么看，汉城是一个实现了现代化和保留着古代遗物的、现代式高楼和古代遗物共存的这么一个城市，加上美丽的环境，和蔼可亲的国家、人，都欢迎你们到韩国游览。

（二）（先读了问题）我是韩国人，我是在汉城出生的，所以汉城是我的故乡。汉城是韩国的首都，汉城虽然很小，但是有很多地方去玩儿。韩国也有很长的历史，也有很多名胜古迹，所以每年有很多外国人访问韩国，然后他们都去汉城看很多地方，他们说，他们都说，韩国非常好玩儿。我去汉城的时候，我……

分 析

这两段话的字数都在 140 字左右，要是用正常的语速来说话的话，也就是 1 分钟左右，这离"每个问题可用 3 分钟"的要求比起来，显得有些太短了。

从回答的内容来看，这两段话中都有一个很常见的问题，就是过于抽象简单，不够具体。这两位考生说话时都吞吞吐吐，好像实在想不起来说些什么，这说明他们的思路还没有打开，也不善于进行广泛的联系。其实关于自己的家乡，可说的方面还很多，就拿这两段话中提到的韩国的历史遗迹、其他好玩儿的地方等等来说，还大有扩展的余地，比如可以具体介绍一下汉城最有名的名胜古迹或旅游景点的具体情况等等，这样一来，内容就会丰富得多。

还有，第二位考生一开始读了问题，最后也没有把话说完，这都不符合考试的要求，也是应该加以注意的。

实例 2

这个实例所回答的问题与前面的相同：

我是韩国人，我的老家是在韩国的南端，我在光州，韩国南端的韩国一个城市，名叫光州，我在光州出生，我出生于光州，我从小到大一直在光州长大的。我的老家光州是在韩国的南端，人口大约 200 多万，人口大约有 200 多万人口。很多韩国人把光州称之为艺术的故乡，意思是光州这个城市从，从古至今，很多艺术名人、诗人在那儿出生的，所以人们才这么样叫，才这么叫艺术的故乡，我特别喜欢这个城市。我们光州那儿有几个特产，第一个是那个五等山（音），第二个是五等山西瓜。光州位于比较大的那个丘陵上，建立一个城市的。一边矗立着一个高大的，矗立着一座大山，那叫五等山。以前人们对平等社会，人们对平等社会强烈的愿望，所以把它起名为五等山。所以很多起义、很多民主人士在那儿起兵的，比如说光州民主化运动也是在那儿开始的。我刚才说的五等山西瓜是在光州只有，只有光州那儿有的，就是光州特产。很多光州人举一个光州特产，就他们会说，那就是五等山西瓜。五等山西瓜那个很大，是椭圆形的，跟别的西瓜相比，五等山的西瓜很大，又重又甜。过去在封建时代，封建朝代里朝鲜王朝，就是朝鲜王才可以吃上这样的，就是那个这样的珍品的。我们光州将举行 2002 年世界杯，世界杯那个预赛，世界杯足球赛，所以很多人想去光州去旅游。光州这个我们老家很干净，所以很多人，还有跟韩国的南海岸和西海岸很近，所以很多韩国人愿意到光州去旅游。

分析

我们不难看出来,这位考生不仅很热爱自己的故乡,而且也很了解自己的故乡。但是考试给我们的时间有限,不可能面面俱到地把家乡的情况都说出来,而应该有选择地把精华的的内容在有限的时间里表达出来。

还有,这段话在内容安排的次序上也有些凌乱,前面提到的内容,在后面又有补充,而不是一次把有关的内容全部交代完,显得没有条理。

另外,在语言上,凡是读完的人都会有啰唆、重复的感觉。在口语表达中,有一些合理的重复是允许的,但不必要的重复太多,语言就不够干净利索了。

正因为作者要说的内容太多,再加上语言的重复啰唆,使得考生在回答这一个问题时,就用了 5 分钟左右的时间,第二个问题没来得及说完,时间就到了,这样做得不偿失,应该加以避免。

实例 3

下面这段话回答的问题与前面的相同:

> 我小时候住一个小胡同里,一个小巷的小胡同里,那里有一个,那里有很多小孩子,跟我年龄差不多的,八九个小孩子,一起玩儿。当时我很喜欢打球,比如踢足球、打棒球、打篮球什么的,我还是喜欢那种在外边儿玩儿那种运动。当时我觉得,当时我那时候很瘦,我觉得,那时候想,当时我还以为越瘦越跑得快,,所以我那时候吃得没那么多。那时候的饮食习惯影响了现在的我,我现在还是这么瘦。无论如何那时候我每天外边儿玩儿,到了傍晚的时候我的外婆叫我来吃晚饭。我们夏天的时候在外边儿乘凉,还有春天、秋天的时候去山上玩儿。那时候我跟我哥哥一起用一个房子,还有我跟哥哥一起走路上学。那时候我很羡慕有自己的房子的那些小孩子,还有坐公共汽车上学的同学。到了中学的时候,我们家搬家了,搬到一个离学校比较远的地方。还有我有了我的我一个人的房子,也可以坐公共汽车上学。刚开始的时候觉得挺好的,但是后来觉得已经越来越习惯了,就没有什么感觉了,还是挺想念以前的那个小胡同,那时候跟朋友们一起玩儿,打球,我还是挺想念那时候的我。后来我们家又搬到一个新的公寓里去了,大家都知道,公寓里我们互相都不认识,邻居住的是谁,隔壁住的是谁,我们都不知道,这样就产生了一种有距离的感觉。如果我可以回到以前的小胡同里的话,我觉得还是挺高兴的。

分析

这段话的内容很充实,也很有意思,但由于考生没有准确领会题目的要求,所以完全走题了。它的题目与其叫"介绍家乡",倒不如改为"我的童年"更加合适。"家乡"和"家",这是两个不同的概念,题目的要求是"请介绍一下你的家乡(或居住的城市)",那么考生就应该从家乡或城市这个大概念上去发挥,而不能把重点放在自己的家,自己以前的生活情况上。

从语言上来看,这段话还有一个比较明显的问题,就是反复使用"那时候"和"……的时候"、"当时"这样的句子,显得重复啰唆,影响了语言的得体性。

实例 4

在下面这段话中,考生回答的问题是:你认为什么样的家庭组合比较合理? 是大家庭制(子女婚后仍与父母一起生活)呢,还是小家庭制(子女婚后与父母分开生活)?

> 我想两个都可以吧。因为每个家里的,每个家里的组合不一样嘛,所以住大家庭制的家里的好处是,很多人在一起生活的话,好像很多东西要、可以学,还有生活也很开心。可是不好的是不能个人的,不能个人的生活,对吧,这个吧。小家庭制是好像一般……

分 析

这段话的第一个问题是内容过于单薄,展开得很不够,这样的话,考试时回答问题的时间肯定太短了。

第二个问题是内容不完整。考生在前面先说两种组合方式都可以,那么就应该分析两种家庭组合各自的优点,但考生只说了大家庭制的好处,小家庭制的好处就说不出来了,这会严重影响答案的质量。

实例 5

这个实例回答的问题与实例 4 所回答的一样:

> 我觉得大家庭制比较合理,又合理吧。很多人在一起的生活有人情味儿吧,对孩子来说,我们可以教礼貌,对老人,我们的父母来说,他们也不会感到孤独。这样的生活,大家庭制最好的。

分 析

这位考生倒是有明确的观点,但分析和说明得太简单了,大概只说了半分钟,而且"议论"的色彩也很不明显。

实例 6

下面这段话回答的问题与实例 4、实例 5 相同:

> 我觉得,我认为大家庭制比较合理。因为根据我的经验来说,我有一个哥哥,但是他比我大 8 岁,所以一起吃饭、或一起玩儿的机会,时间不太多,好像是独生子女,我是好像是独生子女一样的。所以呢,比如说,人家给我家送礼物的时候,如果是吃的东西,我不必要跟别人分,全部都可以,全部都可以属于我的。但是如果有兄弟的话,应该把这些东西分给他们。如果一个人长大的话,他会自私,而且父母是,当然疼爱自己的孩

子。如果跟很多人一起生活的话,那个孩子必然地可以考虑其他的人的事情。因此我认为大家庭制是比较合理的。

分 析

这位考生有明确的观点,但说明理由的角度和证据不符合题目的要求,说明他没有仔细地理解题目的要求。题目说得很清楚,所谓"大家庭制",就是"子女婚后仍与父母一起生活";所谓"小家庭制",就是"子女婚后与父母分开生活"。但这位考生没有结合"子女婚后是否与父母一起生活"这个话题来谈,而是拐到"有没有兄弟姐妹"和"独生子女"这个问题上去了,很显然,这位考生对题目所说的"大家庭制"和"小家庭制"的概念没有一个准确的理解,回答的内容自然也就不切题了。

本课小结

➤ **主要考点与难点:**

①准确区分两个问题的不同性质和要求;

②内容充实有序,主次分明;

③语言表达得体、流利;

④选用合适的表达方式。

➤ **考生主要的错误:**

①"叙述"或"议论"的特点不突出;

②内容没有条理,主次不分明;

③对词语的褒贬色彩理解不正确,有些词语的使用语境不当,人称、比喻、句式等使用不恰当,或对汉文化的不正确理解造成表达不得体;

④语句缺乏连贯性,听起来不流利;

⑤回答第一个问题时,过多地使用表达观点的句式;回答第二个问题时,没有或很少使用表达观点的句式。

➤ **主要应试策略与技巧:**

①在回答的内容上对两个问题进行严格区分;

②快速抓住问题的主要和关键之处;

③先主后次,主详次略;

④打好腹稿;

⑤学会"没话找话说";

⑥不熟悉、没有把握的词语尽量不用;

⑦有意识地使用符合问题性质和特点的句式。

根据题目回答问题,每一组大约用 6 分钟:

(一) 1. 请介绍一下你的周末生活。

      2. 请谈谈你对吸烟的看法。

(二) 1. 如果现在具备一切条件,你最想做的是什么?

      2. 你认为现在的世界要保持和平,最重要的是什么?

(三) 1. 请介绍一下你和你的家人的爱好。

      2. 你认为对一个国家或民族来说,教育的重要性体现在哪些方面?

(四) 1. 请你说一说你所居住的地方,或你所知道的其他地方的环境情况。

      2. 对发展中国家来说,应该先保护环境还是应该先发展经济? 请谈谈你的看法。

(五) 1. 你喜欢动物吗? 请说说你和动物之间发生过的一些事情。

      2. 你对有的人喜欢穿用动物皮毛做的衣服有什么看法?

(六) 1. 你理想中的男性和女性是什么样的? 请描述一下。

      2. 你认为在你生活的地方男女平等吗? 你对男女平等有什么看法?

(七) 1. 请介绍一个你认为是最幸福的或不幸福的家庭的情况。

      2. 现在有一些人选择终生独身,你对此有什么看法?

(八) 1. 请说说你在童年时期一些印象比较深的事情。

      2. 你认为在教育孩子时,是严格一些好,还是宽松一些好? 为什么?

(九) 1. 请谈谈你学汉语的经历和经验。

      2. 你认为学生打工是利大于弊还是弊大于利?

(十) 1. 请给我们介绍一个你最信赖的人。

      2. 有人说:"婚姻是爱情的坟墓。"你对这句话有什么看法?

第八单元 模拟考试(二)

HSK

中国汉语水平考试试卷

[高等]

注 意 事 项

1. 高等汉语水平考试 (HSK)包括三项内容:
   (1)听力理解(40 题,约 25 分钟)
   (2)阅读理解(40 题,40 分钟)
   (3)综合表达(40 题,40 分钟)
   全部考试时间约 105 分钟。

2. 全部试题的答案必须写在答卷上,不能写在本试卷上。
   (1)多项选择题,每题都有四个供选择的答案,要求在答卷上画出代表正确答案的字母,每题只能画一横道,多画作废。如:[A] [B] [C] [D] 请考生注意,高等 HSK 使用阅读机阅卷,横道一定要画得粗一些,重一些,否则阅读机难以识别。
   (2)41~55 题,答案请用汉字写在答卷的横线上。
   (3)101~110 题,每题有四个语句,请按一定顺序排列成一段话。
   (4)111~120 题,请在答卷的空格中,各填写一个恰当的汉字。

3. 注意看懂题目的说明,严格按照说明的要求,在规定的时间内回答问题。

4. 严格遵守考场规则,听从主考人的指挥。考试结束后,必须把试卷和答卷放在桌子上,等监考人员回收、清点后,才能离场。

1·1·1·1·1

一、听力理解

(40 题, 约 25 分钟)

第 一 部 分

说明：1~25 题, 在这部分试题中, 你将听到几段讲话或对话。每段话之后, 你会听到若干个问题, 每个问题都有四个书面答案, 请你从中选出惟一正确的答案。

例如：第 8~9 题, 你听到：

女：李玉田的对象怎么样？

男：论人品, 没的挑；论长相, 不敢恭维。

女：他不是非要找个漂亮的吗？

男：这你就不懂了, 这就叫"情人眼里出西施"啊!

第三个人根据这段对话提出两个问题：

8. 李玉田想找个什么样的对象？ 你会在试卷上看到四个答案：

    A. 人品好的

    B. 长相好的

    C. 不爱挑毛病的

    D. 喜欢恭维人的

根据对话, 第 8 题惟一正确的答案是 B, 你应在答卷上找到号码 8, 在字母 B 上画一横道：

    8　[A]　■　[C]　[D]

你又听到：

9. 男的认为李玉田的对象长得怎么样？ 你会在试卷上看到四个答案：

    A. 比较漂亮

    B. 胜过西施

    C. 不太漂亮

    D. 不敢公开

根据对话, 第 9 题惟一正确的答案是 C, 你应在答卷上找到号码 9, 在字母 C 上画一道横道：

    9　[A]　[B]　■　[D]

1·1·1·1·1

1. A. 中国有了《收养法》
   B. 收养人的年龄在上升
   C. 很多有子女的家庭收养孩子
   D. 福利院收养的孩子大幅度增加

2. A. 降低了年龄限制
   B. 对学历要求高了
   C. 必须自己没孩子
   D. 家庭生活很富裕

3. A. 他只有一个儿子
   B. 为孩子找个伴儿
   C. 他家庭生活富裕
   D. 他孩子身体不好

4. A. 作家少读者多
   B. 没有文学精品
   C. 文坛竞争激烈
   D. 作品供大于求

5. A. 严酷的
   B. 宽容的
   C. 孤芳自赏的
   D. 机会均等的

6. A. 不谋而合
   B. 截然不同
   C. 略有分歧
   D. 大同小异

7. A. 充满着信心
   B. 幸灾而乐祸
   C. 不满而激烈
   D. 谦虚而和善

8. A. 电视节目主持人
   B. 晚会节目主持人
   C. 电台节目主持人
   D. 移动电话接线员

9. A. 除夕之夜
   B. 元旦前夜
   C. 2001 年结束之时
   D. 21 世纪的第 1 天

10. A. 《婚姻法》草案引起大讨论
    B. 法制时代出现的一些新问题
    C. 《婚姻法》与精神补偿问题
    D. 《婚姻法》引出很多新案例

11. A. 婚外同居
    B. 包办婚姻
    C. 买卖婚姻
    D. 禁止重婚

12. A. "包二奶"现象日益严重
    B. 老百姓的法律意识提高了
    C. 买卖婚姻为什么屡禁不止
    D. 《婚姻法》亟待宣传普及

13. A. 小姜
    B. 郭玲
    C. 老陈
    D. 毛遂

14. A. 办事很快
    B. 怕出问题
    C. 账目不清
    D. 不尊重人

15. A. 夫妻
    B. 母子
    C. 邻居
    D. 朋友

16. A. 前妻
    B. 妻子
    C. 女友
    D. 未婚妻

257

17. A. 已熬到头
    B. 刚刚不好
    C. 还挺好的
    D. 早已不好

18. A. 跟老人住在一起
    B. 两个人住在一起
    C. 两个人分居单过
    D. 经常去外地旅行

19. A. 应该做的事很多
    B. 房管处不应该管
    C. 房管处不愿意管
    D. 不想麻烦房管处

20. A. 不太满意
    B. 经济实惠
    C. 比较省心
    D. 相当满意

21. A. 他刚搬了家
    B. 不相信单位
    C. 喜欢商品房
    D. 想找旧房子

22. A. 去找房管处
    B. 过几年再搬
    C. 让孩子转学
    D. 趁早买新房

23. A. 被人解雇了
    B. 受到了处分
    C. 降低了职位
    D. 生意赔本了

24. A. 志强四十岁了
    B. 公司要年轻化
    C. 老板怕被顶替
    D. 志强业绩不行

25. A. 赞叹
    B. 埋怨
    C. 奇怪
    D. 愤慨

第 二 部 分

说明：26~40题,请你听几段采访的实况录音。每段录音之后,你将听到若干个问题,每个问题都有四个供选择的书面答案,请你从四个答案中选择惟一正确的答案。

26. A. 钻研一个冷门
    B. 热爱自然科学
    C. 听从父亲意见
    D. 理科更有前途

27. A. 那里是他的故乡
    B. 没有合适的机会
    C. 从没有想过离开
    D. 研究沙漠的条件好

28. A. 名誉得到了恢复
    B. 事业得到了成功
    C. 得到了世界的承认
    D. 事业有了发展的希望

29. A. 王沙
    B. 王纱
    C. 王莎
    D. 王绿洲

30. A. 他搞了近二十年沙漠
    B. 他放弃了出国的机会
    C. 他正在攻读博士学位
    D. 他的学科很难找到新的生长点

31. A. 他为什么提出那个提案
    B. 提案出来后的各种反应
    C. 他是怎么向人们解释的
    D. 他和女委员的意见分歧

32. A. 男女是否应该同工同酬
    B. 妇女是否应该回到家庭
    C. 男女在家里应如何分工
    D. 如何看家庭妇女的社会地位

33. A. 由于误解
    B. 出于偏见
    C. 习惯思维
    D. 曲高和寡

34. A. 支持者中男性占多数
    B. 首先支持他的是女的
    C. 给他打电话的多极了
    D. 反对者后来逐渐减少

35. A. 有趣
    B. 后悔
    C. 疲惫
    D. 鼓舞

36. A. 老人走失
    B. 离家出走
    C. 热线电话
    D. 老年痴呆症

37. A. 准备追悼会
    B. 到处去寻找
    C. 无望地等待
    D. 发寻人启事

38. A. 建立起帮助热线
    B. 动员青年志愿者
    C. 建立起一支队伍
    D. 启发人们的良知

39. A. 照料老人麻烦
    B. 助人反被牵连
    C. 这类事情太多
    D. 这是警察的事

40. A. 现在世风日下人心不古
    B. 人们往往无意中帮助人
    C. 应倡导舍己助人的风气
    D. 好的社会机制便于助人

2·2·2·2·2

二、阅读理解
(40题,40分钟)

第一部分
(15题,15分钟)

说明：41～55题,请你在15分钟的时间内,快速阅读几段文章,每段文章的后面有若干个问题,请根据文章内容,用最简洁的文字回答问题。答案要用汉字书写,汉字要写在答卷的横线上。

41～43

"如果我们增加深眠的时间,所分泌的成长荷尔蒙就会随之增加。"医药专家考特博士这样表示。"也许可以藉由研究出帮助深眠的药品或是特定荷尔蒙的注射来延缓老化的现象。"考特指出,这样将可使得中年男性的大敌——啤酒肚,延缓十年甚至二十年出现。

年过四十的中年男子似乎很难避免身材走样,双下巴、啤酒肚几乎已成了中年男子的正字标记。究竟是什么原因让中年男性身材走样? 根据最新的研究调查显示,睡眠品质是决定性因素。最新研究报告指出:男性随着年龄的增长,睡眠中的深度睡眠也就越来越少,进而影响成长荷尔蒙的分泌,使男性身材走样。深眠的时间越少,促进成长的荷尔蒙分泌也就减少,成长荷尔蒙的缺乏则会使得体内脂肪组织增加并囤积于腹部,从而出现俗称的"啤酒肚",同时还会减少肌肉的质量、力量及运动的负荷量,而且年纪越大影响越大。

大家知道,一位正常的成人每天需要的睡眠大概是8小时左右。考特博士和她的研究小组,在1985～1999年间,针对149位年龄16～83岁的健康男性的睡眠进行了一系列的研究。结果发现,一旦男性年过45岁,就几乎丧失了深眠的能力;此外,年过五十的男性,睡眠时间每十年会减少27分钟。25岁以下的男性,深眠约占了晚上睡眠总时间的1/5;25岁～35岁的男性则降低到1/8;35岁以上的男性,深眠期就只占不到1/20了! 在深眠期,我们的血压较低、心跳也比较缓慢,所以深眠期间也可以使我们的心血管系统得到休息。

考特博士建议,男性最好从35～40岁之间就开始进行一些改善睡眠的措施,如:睡前洗个热水澡增高体温,运动二十分钟以上、每周三～四次,这些都有助于增加深睡眠时间。

【41】中年男子身材走样的标志是什么?

【42】一般情况下,一位30岁的男子每晚深眠的时间大约是几个小时?

【43】怎样才有可能避免出现"啤酒肚"?

44～47

前不久，"周薪制"在成都亮相，一家网络开发公司宣布实行"周薪制"，开始每周给员工结算和发放工资。而在几年前，浙江西冷公司、北京25中将实行"周薪制"作为一项改革措施，也曾经被媒体提出来报道过。

"周薪制"在英、美等国并不罕见，尤其是在服务行业，薪酬大多按小时计算，然后每周发放。据说，每到周五的发薪日，年轻人领取了一周的劳动所得，交了房租水电之后便会安排一大堆的节目将其花光，然后下周再挣、再领。

"周薪制"在国内的频频现身会不会对目前以月为主的工资发放方式产生冲击？近几年来，随着钟点工在家政服务行业的兴盛，人们对"小时工资"已经司空见惯；出于反腐倡廉和深化改革的考虑，许多有识之士在呼吁对国有企业的经营管理者实行年薪制。如此，现在是不是到了对月薪制的"垄断地位"提出质疑的时候了？

对此，人民大学的曾湘泉教授说："讨论工资是一月发一次还是一周发一次，并没有多大意义。应该探讨的更重要的问题是，几种工资发放的形式与不同职业的工作特征、不同的绩效考核方式之间的关系。"

上周来京推销"周薪制"的上海赛洋企业发展有限公司解释本单位实行"周薪制"的原因说："在企业改革的过程中，他们感到原来用月薪对员工的工作业绩进行考核的做法已经落伍。缩短结薪周期、每周对员工进行考核是他们实现人力资源节约化、密度化的探索之路。过去一年对员工进行12次考核，而现在一年要进行50次考核。企业通过这种高密度的、制度化的考核，使员工的精神处于高度亢奋之中，从而充分发挥他们的主观能动性，目的在于提高劳动生产率。"

人才科学研究所曾毓敏女士同意这个说法，她认为工资对于劳动者具有保障功能和激励功能。过去我们实行铁板一块的"月薪制"，主要是强调工资的保障功能；现在，企业出于调动员工积极性提高生产效率的目的，开始注重发掘工资的激励功能，"周薪制"的出现正是基于这样一个现实。

曾湘泉教授指出，对于用工单位而言，从年、月到周、日、小时，工资的计算单位越具体、越小，越有利于企业节省成本。因为核算单位越小，意味着对单位时间的工作量的统计越精确。但这仅仅是问题的一个方面。薪资的发放形式与不同职业的工作特征和与之相配的用工方式有更为紧密的关系。打个比方，一个研究人员的工资不可能按小时来计算，因为他研究工作的进展和成果通常需要一个月、半年甚至几年才能见出分晓。同样，也不可能对一个建筑工人实行"年薪制"，除了这个职业的不稳定性因素，以年为周期来对他进行绩效考核也是不可想象的。

【44】国外实行"周薪制"主要是哪个行业？

【45】目前中国主要采用何种工资发放方式？

【46】为什么有些中国企业开始推行"周薪制"？

【47】本文共提到了几家试行"周薪制"的中国公司或单位？

48～52

一次性发泡塑料快餐盒由于价格远远低于替代品,因此屡禁不绝,于是有人形象地称之为"盗版光盘"。然而,与盗版光盘不同的是,一次性发泡塑料快餐盒并非在性能上不如替代品(甚至优于替代品),而决定它被淘汰命运的是环境因素。它对环境主要有两种危害,即"视觉危害"和"潜在危害"。

视觉污染是指散落在环境中的废弃制品对市容、景观的破坏。前几年倍受关注的"白色污染"就是极为典型的例子——只要是坐过火车的人无不感受到它的触目惊心。潜在污染是指废弃餐盒进入自然环境后难以降解而带来的长期的深层次环境问题。塑料结构稳定,不易被天然微生物破坏,在自然环境中长期不分解。目前,我国对于生活垃圾主要采用的是卫生填埋的方式,而塑料废弃物的存在将影响填埋场处理垃圾废物的能力。

从80年代中期开始使用,到90年代的广泛普及,我国一次性发泡塑料餐具在十几年发展时期里,产量规模不断扩大,而随即造成的对环境的污染却没有引起足够的重视。而国外对包装材料从生产到使用,都以环境因素作为重要的考核条件。1991年6月,德国颁布了世界第一个针对所有包装废物(包括一次性发泡塑料餐具)进行回收利用的《包装条例》,首次在包装废物回收利用领域应用"污染者负担"原则,使生产者对产品的整个生命周期负责。条例规定了生产者和销售者回收利用以及处理处置包装废物的义务,分担了以前完全由地方政府承担的包装废物的责任,同时也促进了包装废物的再生利用。

而回过头来再看我国,虽然严令淘汰一次性发泡塑料餐具的生产,而真正由包装行业,尤其是一次性快餐餐具带来的污染还不能真正地加以解决。

铁路沿线曾经是发泡餐盒废弃物最严重的区域之一。1996年7月1日,铁道部正式下令在铁路沿线严禁发泡塑料餐盒的使用。目前,铁路沿线"白色垃圾"满天飞舞的景象已经基本消失,这除了归功于禁令以外,有人认为,强制管理也在其中起到重要的作用。

所谓的强制管理,指的是近年来随着空调列车的增多,全封闭的车厢创造了一个减少人们沿线丢弃的强制环境。反之,如果没有这个强制管理的环境,即使列车中全部使用了可降解的快餐具,由这些废弃餐具带来的视觉污染仍然无法消除,即使它的降解性能极为优秀,它也仍然会在几十天,甚至几个月里沿线保持着污染的视觉状态。

也就是说,实际上,如果不对废弃快餐盒进行妥善处理,一次性发泡快餐盒所带来的视觉污染仍不可避免。而解决视觉污染的最好办法只有回收。

然而,目前由于受到价格、技术水平等条件的控制,纸制餐具等替代制品都还不能解决回收问题。在没有回收措施保障下的替代品的大量使用,会不会造成新一轮的视觉污染? 这将不得而知。

【48】一次性发泡塑料快餐盒和"盗版光盘"的共同点是什么?

【49】中国目前处理生活垃圾以何种方式为主?

【50】在德国《包装条例》出台之前,处理包装废物的义务主要由什么部门承担?

【51】一般所说的"白色污染"在什么地方最为严重?

【52】怎样才能解决"视觉污染"?

53～55

一直被视为教学改革"瓶颈"的语文学科终于有了突破，湖北省宜昌市率先在全国实行中考语文开卷考试，引起国内语文界的高度关注。

对语文这样最具开放性和包容性的学科而言，其考查内容、方式同样也应具有开放性和包容性。然而令人遗憾的是，十多年来，过于精雕细刻、繁琐刁钻的"标准化"试题（尤其是具有"指挥棒"功能的中考、高考试题）却一直大行其道。在这些标准化试题中，相当多的"语基题"（语言基本知识和运用）其实是按照极其严格、脱离现实的书面语要求，由命题专家们苦思冥想的产物；标准化阅读题的"暗藏玄机"和非此即彼的单向封闭思维更使大多数学生白白花费心思而一无所获。结果是语文考试手段越是花样翻新，学生语文素质越是大幅滑坡。

宜昌市此次语文开卷考试最突出的特点是废止标准化试题，其具体做法是减少客观性试题、增加各抒己见试题。试卷也因废止标准化试题而呈现出前所未有的开放性和灵活性。这些开放型的考题充分体现了语文素质教育对写字、阅读和写作的基本要求，正如负责试题设计和评卷的有关人士介绍，只要考生言之有理，均可得分；同时让考生能够充分展开想像的翅膀，使那些好读书、会读书、勤思考、勤动笔、悟性强的学生在考试中脱颖而出。

宜昌的做法如果在全国得以大面积推广，必将对中学语文教学产生积极的根本性影响。许多有识之士早就指出，语文是最不应当实行标准化考试的。可以设想，一旦摆脱那种繁琐不堪而又神秘兮兮的标准化试题，语文教学就不会也不必再有令人窒息的题海战术，学生学习语文的主要精力将集中在认真练字、广泛阅读和勤奋写作等"正途"上。这无疑有利于学生个性的充分发展，并使他们从中体会到阅读的乐趣、表达的乐趣、创造的乐趣。在刚刚结束的全国基础教育工作会议上，考试评价制度的改革已被认为是实施素质教育的关键环节，并提出要以高考为突破口，改革考试评价制度。作为高中语文教师，笔者衷心希望语文高考改革能早日迈出实质性步伐。

这种废止标准化试题的考试，也对语文教师提出了更高要求。"语文学习的外延与生活的外延相等"，语文学习不能囿于课堂，课内课外、家庭社会……处处都是学习语文的广阔天地，时时都能培养听说读写能力。这就要求教师能主动、创造性地实现课内外衔接，变僵化封闭教学为灵活开放教学。这样的教学没有现成的教参，没有标准答案，没有权威，是对传统教学方法的一个挑战。

【53】宜昌市此次语文开卷考试的最大特点是什么？
【54】作者认为什么是语文教学的基本要求？
【55】作者从事什么职业？

第二部分

(25题,25分钟)

> 说明:56~80题,每段文字后都有若干个问题,每个问题都有ＡＢＣＤ四个答案,请读后根据文章内容选择惟一正确的答案,在答案的字母上画一横道。

56~58

　　别人都说,一个女孩子关心你的感情生活,为你"吃醋",说明她喜欢你;别人还说,女孩子的心思,是不容易看出来的……所以,我一直都想试试玲对我有无好感。

　　机会终于来了。一日,玲到我这儿做饭,我边帮她洗菜,边聊起了我过去的一些感情经历,也没忘了标榜自己的情深似海。玲听得很认真,不时还插上几句,对我的坎坷恋情进行评价,一副投入的样子。我觉得时机到了,停顿了一会,鼓足了勇气,涨红了脸颊,轻轻问玲:"你吃醋吗?""吃呀!"玲的回答果断而肯定。

　　顿时,我心花怒放。谁说"女人心,海底针"? 并不是所有的女孩子感情都那么纤细曲折,玲不就很痛快地表白了吗! 一切进展顺利,看来玲对我是喜欢的,我沉浸在一种甜蜜的想像之中。

　　"醋呢?"玲问。

　　"什么?"我有些摸不着头脑。

　　"你不是要拿醋给我吗,干嘛呆坐着?"

　　啊? 我不知所措……

【56】下面哪种说法不对?

　　A.作者比较喜欢"玲"

　　B.听作者讲话时,玲非常专心

　　C.作者以前没谈过恋爱

　　D.两个人的"吃醋"意思不同

【57】"女人心,海底针"的意思是:

　　A.女人的心思难以了解

　　B.女人恋爱时情深似海

　　C.女人的心像海一样深沉

　　D.女人的感情像大海捞针

【58】"摸不着头脑"的意思是:

　　A.头脑有点乱

　　B.完全不明白

　　C.不知道该怎么办

　　D.沉浸在想像之中

59～60

　　有关机构的"社区交通安全调查"显示，当前北京市大型居住社区日益增多，有的社区多达几十幢、甚至上百幢楼房，居民多、车辆多，特别是私人机动车大量增加，造成部分社区内车辆乱停、乱放、乱行问题比较突出，严重影响了社区交通秩序，危害社区居民的交通安全。有鉴于此，最近开展的"交通安全进社区"活动将以本市城镇居民社区为依托，对社区内机动车和机动车驾驶员分别登记造册，定期进行车辆安全检查，完善社区交通标志设施，划定机动车停车泊位和自行车停放区，组织巡逻保安人员加强行车和停车秩序管理，以此保障社区内交通秩序良好。据悉，此项活动也是近期全市交通安全宣传的重要内容之一，并将作为评比"文明社区"的一个重要指标。

【59】这段文字主要讲的是：

　　A. "社区交通安全调查"结果

　　B. 评比"文明社区"的活动

　　C. "交通安全进社区"活动的成效

　　D. 北京的社区交通安全问题

【60】保障社区交通安全的具体措施不包括：

　　A. 完善社区交通标志设施

　　B. 对社区车辆登记造册

　　C. 组织保安人员巡逻管理

　　D. 进行全市交通安全宣传

61～64

一名妙龄"美眉",因不堪他人在网上对其公开侮辱,将其告上法庭,前些日子,法院受理了这起网上侵权案。

这位李姓"美眉"今年 22 岁。去年 2 月,李小姐开始上网,并为自己取了网名。去年 11 月,李小姐参加某网站一些网友举行的聚会,互通了网名和真实姓名。回家后,李小姐上网却发现刚才一起打牌的一名熟悉网友,竟在网上发出一份侮辱性的帖子,称李小姐是某网站上的"竞开的交际花",还有一些粗俗、不堪入目的言语。李小姐当即发帖要求对方不要乱写侮辱人。当网站管理者把帖子删除后,这位网名"大飞跃"的网上无赖又将先前的帖子复制多份,放到其它公开的版块上。

自今年 3 月起,此人又以"华帅哥"的网名发帖子,炮制更为恶劣的侮辱性语言,声称"我和'阿妹时光'有一腿",还捏造了"华哥哥我好喜欢你写的文章"等多条留言,假冒李小姐的网名署名。其中有的帖子对李小姐的人格进行侮辱。这些帖子对李小姐名誉造成极大的损害,甚至相恋甚好的男友也离她而去。李小姐要求法院判决被告停止侵害及赔偿精神损失。

【61】本文提到的两人见面时间是:

A. 前些日子

B. 去年 2 月

C. 去年 11 月

D. 今年 3 月起

【62】李的网名是:

A."竞开的交际花"

B."华帅哥"

C."大飞跃"

D."阿妹时光"

【63】两人之间的网上纠纷:

A. 网站管理者不予理睬

B. 因相互熟悉而产生

C. 未对李造成精神伤害

D. 将通过法律来解决

【64】这名网上无赖未曾做过的是:

A. 告诉李的男友两人关系特别

B. 发表诽谤李的帖子

C. 和李在一起玩儿过

D. 捏造很多署名李小姐的留言

65～68

据报道,美国原本估计中国加入 WTO 后,将可能成为世界上最大的粮食输入国,这样就会大大提高美国的粮食输出。然而,根据美国最近对中国粮食储备的调查,竟意外发现,中国粮食储备远远大于美国的估计,美国农业部和粮食专家们对此结果都感到十分失望。

上个月,美国农业部对中国今年收成季节之前所储备的小麦进行调查,结果是他们原来估算的 4 倍。农业部在 4 月份估算出来的数据是 1370 万吨,而最新估算的是 5420 万吨,两者的差距相当于美国大平原一季小麦的总产量。

联合国粮食和农业组织也重新修正了对中国小麦产量的估算,目前他们估计中国大陆今年收成季节之前所剩余的粮食总量,大约是 3.62 亿吨的小麦、玉米和其他谷物类,这是联合国去年 9 月估算结果的 13 倍。联合国还指出,中国政府喂饱自己的人民不成问题。

对于在美国国会频频游说让中国加入世贸组织的美国农业团体而言,这个结果无疑是令人沮丧的。至于美国农业官员,中国的粮食储备问题始终令他们头痛,因为中国一直认为粮食产量和储量是国家机密。

【65】美国大平原一季小麦的总产量是多少?
A. 3.62 亿吨
B. 4050 万吨
C. 1370 万吨
D. 5470 万吨

【66】对中国粮食的实际储备量是否感到失望,本文未加说明的是:
A. 美国国会
B. 美国农业团体
C. 美国农业部
D. 美国粮食专家

【67】承上题,美国失望的原因是:
A. 希望中国从美国进口更多的粮食
B. 不想让中国成为美国农业的竞争者
C. 粮食经济专家的估算数字太不准确
D. 不希望中国政府喂饱自己的人民

【68】中国粮食的实际储备量不易被了解,是由于:
A. 联合国希望如此
B. 专家们研究能力太低
C. 中国不透露有关信息
D. 中国的人口太多

69～73

记得爸爸来美国探亲的那次，他一点也没有好奇心，只是整理随身带的钓竿，问有什么地方可以钓鱼。住在我家的三个月，早上天一亮就载他到海边，傍晚才接他回来，每天多少都有收获，令他信心大增。这几乎成了他一生最光荣的时刻，回台湾以后说起来都是"我在美国钓鱼的时候如何如何"，每说一次都把他钓到的鱼加大又加多。弟弟们都是内行，当然不服气，偷偷一致同意是美国鱼比较笨，不像台湾鱼这些年来被钓多了那样诡诈。

不知道为什么，好像钓鱼最大的快乐就是事后大吹一通，让同是钓鱼迷者羡慕。有人把钓鱼比作谈恋爱，不只是当时快乐，更大的好处是以后可以回忆，越回忆越美。"钓鱼而不吹牛者，几希！"以至有美国法官在一次判案时问证人："你有何办法证明他是一个诚实不吹牛的人？"证人回答："他说过他钓了一整天、一条鱼都没钓到的话。"法官接受了这样的证词。

如果问钓鱼迷："为什么你每次说起钓到的鱼大小都不一样？"他们倒是很通达地回答道："反正没人信，高兴怎么说就怎么说呗。"曾经听到这么个笑话："前天张太太生了个女娃，借的是某钓鱼迷称鱼专用的磅秤，你可知道小娃娃多重？一生下来就有30公斤！"明白了钓鱼者的玄机，不由得为他们叫累，更由此想到，不知道鱼会不会回家也向老婆吹牛？说它今天偷吃了多大的饵，而没有被钓走。

钓鱼季节又快到了，家里那位正好放了长假。于是隔壁邻居问钓鱼迷准备好了没，我据实回答："大概差不多了。昨天我看到他为他的相机买了放大镜，要为钓到的鱼拍照呢。"

【69】从第一段可以知道
 A. 爸爸在美国钓到的鱼又多又大
 B. 爸爸在台湾可能有时钓不到鱼
 C. 美国的鱼比较笨
 D. 台湾鱼比较诡诈

【70】本文引用法官判案的例子是想说明
 A. 爱钓鱼而不吹牛的人非常少
 B. 钓鱼和吹牛没有必然的关系
 C. 诚实的人是不吹牛的
 D. 这个法官判案不太认真

【71】下面哪句话正确
 A. 作者的家人都很喜欢钓鱼
 B. 爱钓鱼的人也爱谈恋爱
 C. 钓鱼的真正乐趣是钓到大鱼
 D. 爸爸在美国不如在台湾快乐

【72】根据本文，钓鱼迷不太可能
 A. 让人相信他们的钓鱼成绩
 B. 把钓到的鱼说得比实际上大
 C. 用放大镜给钓到的鱼照相
 D. 偷偷改装称鱼的秤

【73】本文的语言风格是
 A. 严肃的
 B. 激昂的
 C. 感伤的
 D. 诙谐的

74～80

　　有消息说,在遥远的可可西里,有人要开始藏羚羊的围栏养殖并将出售种羊。

　　藏羚羊是世界上最濒危的动物之一,国家在青藏高原上建起了保护区,是为了保住它们世代繁衍生息的领地,打击盗猎分子。与此同时在全世界,特别是藏羚羊绒披肩曾盛行一时的伦敦、巴黎,时装设计师、模特和环保人士都起来抵制销售和利用藏羚羊的毛皮。中国民众、海外华人纷纷为拯救藏羚羊捐款,……然而所有努力可能被人工养殖一招棋毁掉。

　　藏羚羊只能生活在大自然的环境中,为什么非要养殖它们呢? 还不是惦记着它们的皮毛,要用它们的皮毛做披肩——无非是一个"钱"字! 由此带来的灾难性的后果就是<u>无法分清哪条披肩是野生藏羚羊的,哪条是人工养殖的!</u> 这也是为什么冷冻封存了十几年(人工繁育后老死病死)的老虎,到今天谁也不能卖的道理;在非洲,从盗猎者手中缴获到的犀牛角和象牙都要焚毁,也是这个道理。否则,你怎么知道自己买到的不是盗猎物? 全世界这一共识正是来自严酷的事实:一旦这些濒危动物具有了可利用的经济价值,对它们的保护就成了无稽之谈。

　　有人拿美国养育短吻鳄的例子来说明人工控制濒危物种并繁衍成功的可能性,其实这仍是个借口。美国是在全面保护好的野生环境下进行鳄鱼的繁殖的,国民的法律意识和整个国家的法律环境比我们完善,即使有了很多鳄鱼,也几乎没有盗猎的问题出现。

　　对大自然,很多人还是只想到直接利用,把自然环境中的各种存在只看成资源,而没有从长远的生态学意义上、从各种物种的存在对地球与人类的意义上来考虑。森林的价值不仅是木材或造纸,其生长对人类、对各种物种的存在有更重大的意义。藏羚羊也一样。每一个物种的灭绝都可能导致其他生物的灾难,如果再不遏止这种灭绝,大自然就会崩溃。很久以来,人类都是从经济学的角度看世界,把不能变成钱的东西视为"荒地"、"荒山",而为了一点蝇头小利,又会去拼命"开荒",并由此做出了更多现在看来非常愚蠢的事情。

　　退一步说,把藏羚羊圈起来,拿饲料喂它,它的基因会不会发生什么改变? 它很可能不再等同于野生藏羚羊的种群;同时青藏高原上其他生物的生活链条,又会因此发生什么变化? 我们均无法了解,因此最让人担心的是会出现怎样的生态灾难。对这些可怜的生活在远离人群的海拔4000多米高原上的藏羚羊,希望人们能让它们呆在应该呆的地方,不要再盯着那点经济价值,而将其逼至死地吧!

【74】根据本文,以下哪项工作不能保护藏羚羊?

　　A. 打击盗猎分子,建立保护区

　　B. 捐款开会

　　C. 人工养殖

　　D. 抵制销售和利用藏羚羊产品

【75】作者认为有人要养殖藏羚羊的真正目的是:

　　A. 藏羚羊的经济价值

　　B. 得到藏羚羊的毛皮

　　C. 保护这种濒危动物

　　D. 人工繁衍藏羚羊

【76】画线句子所表示的忧虑最有可能是：

A. 人们买不到真正野生的羊披肩

B. 养殖的藏羚羊披肩不如野生的好

C. 盗猎者会把野生的假称是养殖的

D. 藏羚羊披肩不再是自然的出产

【77】关于美国养育鳄鱼成功的一段文字是要说明：

A. 人工养殖藏羚羊和该例子不能简单类比

B. 美国国民法律意识完善,盗猎行为极少

C. 美国的野生环境保护得既全面又好

D. 人工养殖只有在美国才可能成功

【78】对于"开荒",作者的态度是：

A. 赞同

B. 批评

C. 无所谓

D. 以上皆非

【79】人工圈养藏羚羊最令人担心的后果是：

A. 藏羚羊的基因可能发生变化

B. 出现生态灾难

C. 是养殖还是野生的很难区分

D. 藏羚羊会灭绝

【80】下面哪句话不符合文章的原意？

A. 中国已经建立了藏羚羊的自然保护区

B. 应该尽量避免有经济价值物种的灭绝

C. 自然界的万物不只是作为资源而存在

D. 可利用的濒危动物很难得到真正保护

三、综合表达

（40题，40分钟）

第一部分

> **说明：** 81～90题，每段话都画出了 A　B　C　D 四个部分，请挑出有错误的一部分，在答卷的字母上画一横道。

81. 随着人们物质文化生活水平的提高以及生活方式的变化，玩具已成为伴随儿童成长的
<u>　　　　　　　　　　A　　　　　　　　　　　　　　　　　　　　　　　B</u>
重要伙伴。 值得注意的是，儿童玩具不同一般物品， 它的消费主体是自我保护能力较
<u>　　　　　　　　　　C　　　　　　　　　　　　　　　　　　　D</u>
弱的孩子。

82. 《享受艰难》取得了很大的成功，一方面它让孩子们感受到了艰难是人生的经历和一种
<u>　　　　　A　　　　　　　　　　　　　　　　　　　B</u>
享受，另一方面它的现实针对性不但使青少年获益，并且成人在回首自己的人生历程
<u>　　　　　　　　　　　C</u>
时也会有所领悟。
<u>　　D</u>

83. 小班化教育是以缩小班级规模为主要形式，以提高教育质量为核心，通过多样的教学活
<u>　　　　　A　　　　　　　　　　　　　　　　B　　　　　　　　　　　C</u>
动方式，学生的潜能和个性得到发展的教育教学模式。
<u>　　　D</u>

84. 相信随着电视业的蓬勃发展，还会有更多、更新的节目出现， 益智类节目终究也会被其
<u>　　　　　　　　　　　A　　　　　　　　　　　　　　　　　　B</u>
他更适合观众口味的节目所取代。 而这一切变化对观众而言，无异于一件幸事， 究竟
<u>　　　　　　　　　　　　　　　　　　C</u>
观众有了更多的挑选余地。
<u>　　D</u>

85. 拿即将结婚的人来说，婚前财产公证这种形式让人望而生畏。它更像是一份经济合同
<u>　　A　　　　　　　　　　　B　　　　　　　　　　　　　　C</u>
中的一个条款——双方投资多少，在合同失效时财产如何分配。
<u>　　　　　　D</u>

86. 中国的小康步伐在20世纪最后5年面临的是建国以来从未遇到过：1997年始发于泰国
<u>　　　　　　　　　　　　　　　　　A</u>
的金融危机迅速波及整个亚洲， 对中国的经济增长造成冲击； 在国内，有效需求不足
<u>　　B　　　　　　　　　　　　　　　C</u>
成为经济生活中的突出矛盾。
<u>　　D</u>

87. 当心里不痛快时人们总想找知心朋友谈谈，倾吐内心的一切苦衷。任何的人都不能完全防
　　　　　　　　　　　　　　　 A 　　　　　　　　　　　　　　　　　　　　 B
止不良情绪的产生,关键在于如何调整自己的不良情绪,不让它随意泛滥和持续时间过长。
　　C 　　　　　　　　　　　　　　　　　　　　 D

88. 参加游行的人们强烈要求接受试管婴儿技术的双方必须是夫妻，而且确实是因为患有
　　　　　　　　　　　　　　 A 　　　　　　　　　　　　　　　　　　 B
某种疾病,至于不能正常生育,否则就是"违背了上帝的意志"。
　　　　　 C 　　　　　　　　 D

89. 征服历来是人类的天性和乐趣。一种由古希腊发明的惊险刺激的游戏一代一代流传下
　　　　　　　　 A 　　　　　　　　　　　　　　　　　　　　　　　　 B
去,到今天竟然扎根在美国,成了西部牛仔热衷的竞技活动。
　　 C 　　　　　　　　　 D

90. 我原先给公司开过别克,有一次在路上把一辆夏利车撞上了,结果别克的保险杠一点也
　　 A 　　　　　　　　　　 B 　　　　　　　　　　　　　 C
没变形,这给我留下了非常深的印象。
　　 D

第 二 部 分

91. 一些生产玩具的小厂家_____空心思,生产出的却是一些问题玩具。据了解,中小企业
生产的玩具_____集中在小商品市场等处出售,虽然价格不贵,而且种类众多,只是这
些劣质、暴力、色情等不健康的玩具严重地_____了儿童的身心健康,对社会也造成了
_____程度的危害。

A. 掏　　　　　　　大都　　　　　　　伤害　　　　　　　某种
B. 挖　　　　　　　大多　　　　　　　损害　　　　　　　一定
C. 想　　　　　　　大部分　　　　　　危害　　　　　　　必须
D. 钻　　　　　　　大体　　　　　　　厉害　　　　　　　肯定

92. 知识是人类劳动创造的结晶,只要人类的劳动创造不_____,新知识就会源源不断地总
结、提炼出来,原有的知识就会不断地发展演变_____。"物竞天择,适者生存",能力差
的人,将面临着生存的_____。因此,树立与知识_____社会发展相适应的思想观念、
行为模式和生活方式,将是 21 世纪中国青年提高社会适应能力的最佳选择。

A. 间断　　　　　　下来　　　　　　　考察　　　　　　　性
B. 中止　　　　　　过来　　　　　　　考查　　　　　　　式
C. 中断　　　　　　下去　　　　　　　考验　　　　　　　型
D. 终止　　　　　　起来　　　　　　　考证　　　　　　　化

93. 公共艺术_____建筑和艺术之间,最能体现公共情怀。优秀的公共艺术与环境珠联璧合,使环境人性化,有的更成为城市的精神_____。纽约的自由女神、哥本哈根的美人鱼,无论对于市民,_____对于外来者,都是不可或缺的。在线条和方块组成的新兴城市,没有公共艺术将更是_____乏味。

    A. 处于   特征   或者   干燥

    B. 介于   象征   还是   枯燥

    C. 位于   特色   还有   烦躁

    D. 置于   表象   或是   干枯

94. 清洁工的工作在_____社会都必不可少,没有他们,我们的城市、我们的环境就会变得一_____糟,甚至无法生存。可现在有很多人对这一工作_____有偏见,清洁工常受到不公正的待遇,"二低一差"的_____在许多地方仍很普遍,即工资低,地位低,工作环境差。这也是许多人不喜欢这一职业的原因。

    A. 任何   团   抱   状况

    B. 所有   把   怀   情况

    C. 一切   阵   带   情状

    D. 每个   起   持   状态

95. 离天亮还早,北海的观景台就挤满了等待日出的游客,人们_____首等待,等待着东方那无际无涯的云海深处,出现一个庄严的奇迹。终于,极远处的云海渐渐地_____出亮光,红日朝气勃勃地露出了笑脸!当一_____红日喷薄而出,当朝霞把人们拥抱在怀里,所有的人都被太阳_____了,感染了,激动了。人们用不同的方式,_____着对太阳的共同感受,真切地问候太阳:太阳,你早!

    A. 抬   露   片   熔化   表现

    B. 仰   渗   圈   溶化   表露

    C. 昂   照   个   溶解   表明

    D. 翘   透   轮   融化   表达

96. 这盆景水碧山青春常在,一派_____。看山上,苔藓绿茵茵,亭台楼阁曲径通幽,文竹好似苍松翠柏,还有那山顶的小宝塔意境深远,令人_____。望水中,安静时的河虾仿佛一尊尊玻璃雕像,那透明的身体、轻盈的舞姿漫步于水草丛中、雨花石间,让人_____。而当虾儿们遨游于青山绿水逍遥自在时,那种_____的感觉更是令人叹为观止,心旷神怡。

    A. 生机勃勃   心猿意马   心悦诚服   昏昏欲睡

    B. 春意浓浓   心花怒放   专心致志   沾沾自喜

    C. 生机盎然   心驰神往   赏心悦目   飘飘欲仙

    D. 生气勃勃   心神不定   叹为观止   洋洋得意

97. 恋人们对婚前财产公证的_____情绪,与其说是在担心对方会产生不被信任的想法,不如说是觉得这体现了对方对自己的不信任。据词典上的解释,公证是指"法院或被授予权力的机关对于民事上权利义务关系所做的证明"。多简明,哪儿有那么多_____的意思呀! 咱大家都是公民吧,都具有法律_____的权利并且要担负法律规定的义务吧,婚前财产公证无外乎是执行了一个小小的法律_____,当然这不是必须的。

   A. 抵制　　　　　隐藏　　　　　给予　　　　　顺序

   B. 抵触　　　　　隐含　　　　　赋予　　　　　程序

   C. 抵抗　　　　　暗含　　　　　授予　　　　　手续

   D. 反抗　　　　　隐瞒　　　　　交予　　　　　过程

98. 夜色终于降临了。窗外竟然还在_____地下着小雨。这样一个闲适的夜晚找一只_____的瓷白色的杯子,冲上一杯_____的咖啡,_____地坐下来在窗前听雨。

   A. 滴滴答答　　　圆圆乎乎　　　雾气蒙蒙　　　冷冷清清

   B. 点点滴滴　　　滚圆滚圆　　　喜气洋洋　　　平平安安

   C. 淅淅沥沥　　　圆圆润润　　　热气腾腾　　　安安静静

   D. 哗哗啦啦　　　圆圆满满　　　死气沉沉　　　安安稳稳

99. 这群年轻人具有很强的时间观念,但却没有早睡早起的习惯,_____的精力,令他们无论工作多忙多累,也要安排出时间满足个人喜好或是约上几个_____相投的朋友尽情轻松一下,繁华区的商场、剧场、体育馆、酒吧是他们经常_____的地方。时间对于他们是世界上最_____的东西,他们极不情愿把大把时间疲于奔命于上下班的路程中,更不情愿把精力浪费在本应属于休闲时间的来往路途中。

   A. 充满　　　　　兴趣　　　　　光顾　　　　　珍贵

   B. 充分　　　　　乐趣　　　　　惠顾　　　　　可贵

   C. 充沛　　　　　志趣　　　　　光顾　　　　　宝贵

   D. 充实　　　　　情趣　　　　　光临　　　　　名贵

100. 呼啸而下的大雪崩在威胁登山者生命的_____,也对观众心理_____力进行着极限挑战。观众席上不断传来紧张的尖叫,_____甚至还有人躲闪到门外以求得一_____喘息。

   A. 时候　　　　　接受　　　　　中间　　　　　点

   B. 同期　　　　　忍受　　　　　途中　　　　　串

   C. 期间　　　　　承担　　　　　半途　　　　　阵

   D. 同时　　　　　承受　　　　　中途　　　　　丝

第三部分

说明：101~110题,每题都有ＡＢＣＤ四个语句,请按一定顺序将四个语句排列成一段话,然后在答卷上按排定的顺序写下四个字母。例如:

105. A 往往就是思想丰富多彩的反映

B 一个思想僵化、粗枝大叶的人

C 可见语言的丰富多彩

D 很难写出生动活泼、严谨周密的文章来

105题的正确答案应该是ＢＤＣＡ,请在答卷上找到号码105,在105后面的横线上按顺序写上ＢＤＣＡ;

105

[A]

[B]　B D C A

101. A. 那就是几乎已经被人们遗忘的儿童影片

B. 然而就在它们如日中天的同时

C. 却有一个角落仍处于黎明前的黑暗阶段

D. 近几年一部部阵容强大、耗资惊人的商业片为夺取票房优势使出了浑身解数

102. A. 不仅是我国多年来控制环境污染的一个难题

B. 如何在环境基础研究和新技术的开发以及新技术的主要用户和环境政策制定者同执行者之间进行有效的沟通

C. 而在这些方面,国外有许多可供借鉴的成功经验和可利用的先进设备

D. 还成为了解决和有效控制环境污染的关键

103. A. 其实这个想法不对,因为家长给孩子讲故事和别人讲故事是不同的

B. 许多家长认为没有必要自己给孩子讲故事了

C. 现在的儿童节目越来越丰富,动画片也越来越多

D. 它特别有利于家长和孩子之间的感情沟通

104. A. 至少不需要那么大和那么多了

B. 已经有人大胆预测,以往那种扎堆办公的时代即将结束

C. 随之而来的21世纪将是一个人在家办公,通过网络联系工作和沟通客户的年代

D. 如果这一天真的来临,那就意味着在上个世纪占尽风光的大办公室将成为"历史遗迹"的一部分

105. A. 该展览的主题是 1973 年以来中国的重要考古发现,时间跨度自商代至辽代,约 2500 年
   B. 其中《中国考古发现展》就是此次活动的重头戏
   C. 届时将举办规模空前的文物和艺术展
   D. 2000 年金秋,作为东西方文明重要发源地的中国、法国将在巴黎进行历史性的对话

106. A. 一般溶洞常见的石盾、石旗、钟乳石、石笋、石竹等各种形态的碳酸钙化学沉淀物,在这里随处可见
   B. 经国内外洞穴专家鉴定,此种大型毛状晶体为世界溶洞首次发现,堪称世界岩溶奇观
   C. 银狐洞是一座名副其实的地下迷宫
   D. 在一个支洞内倒挂着一只长近两米,形似猫头狐狸身的大型晶体

107. A. 做一个"不婚妈妈"当然也可以解释为是个人的事
   B. 要不要婚姻是一项公民个人权利,可以自由选择
   C. 但不可忽视的问题是这样做是对孩子权利的剥夺
   D. 做不做母亲同样也是公民个人权利,可以自由决定

108. A. 这种鸟大部分羽毛从粉红色到深红色,十分鲜艳
   B. 火烈鸟是一种古老的鸟,出土化石表明它们可能已经有了四千万年的进化历史
   C. 致使这种可爱的动物也同样遭到生存的危机
   D. 可是由于世界经济的迅速发展,许多人开始向火烈鸟居住的地区寻求资源

109. A. 从古至今,北京已有 3040 多年的建城史和五个朝代历时 800 年的建都史
   B. 也是一座具有悠久历史和灿烂文化的世界名城
   C. 北京是中国的首都,是全国的政治中心、文化中心
   D. 悠久漫长的历史进程,使这座城市沉淀了丰富璀璨的文化遗产,如紫禁城、颐和园

110. A. 你看,那橘红色的灯笼花、绿色的金银花、紫的玫瑰花,泡在透明的玻璃杯中
   B. 这种茶是把鲜花干燥后加工而成的
   C. 别说喝,单是看着那份美丽,就叫人心动
   D. 你喝过用鲜花泡的茶吗

3·3·3·3·3

第四部分

111～114

溜冰是北京人喜闻乐见的一项娱乐健身活动，如今即使在烈日炎炎的夏季，您也可以体验这项运动的魅力。

位于崇文门新世界二期B1层的冠军溜冰场在佳节到来之际，除了照常迎接溜冰爱好者外，还特意推出了节日短期溜冰培训班。这[111]那些平日学习紧张的学生和工作繁忙的上班族来说，无疑是件好事。您可以[112]用这个短暂的假期，锻炼一下身体，体验一下溜冰的[113]趣。

在节假日期间，冠军溜冰场还为您准备了丰富多彩的冰上表演节目。您可以不花一分钱，就能够欣赏到为您精心安[114]的节目。咨询电话：67089523。

115～118

中国预防医学科学院营养与食品卫生研究所日前公[115]的一份抽查结果显示，儿童肥胖率随看电视时间的增加而增加，平均看电视时间每增加1小时，肥胖发生率增加约1.5%。

这份抽查还显示，儿童少年早餐行为也与肥胖的发[116]有关。每周食用0至1次

早餐组的肥胖率为18.6%，每周食用2至4次早餐组的肥胖率为13.5%，每周食用5至7次早餐组的肥胖率为11.8%。不吃早餐、经常吃快餐成为导致儿童肥胖的主要行为因[117]。

这次抽查采用三阶段分层整群随机抽样法，从广州、上海、济南、哈尔滨4城市的城区及近郊区抽取4至16岁儿童少年9356名，按照统一设计并经过预试验的问卷收[118]资料。

119～120

《为您服务·旅游风向标》栏目自开播[119]来，一直成为收视热点。到目前为止，已有200多位旅游爱好者走进荧屏，面对观众，讲述自己的旅游经历。2001年《为您服务》栏目将再次出击，推出系列节目"大脚走天下《自助旅游线路设计比赛》"，设计方[120]一经入选，还将获得与栏目制作人员一路同行，共同记录旅游历程的酸甜苦辣的机会。如果您是一个自助旅游爱好者，如果您拥有丰富的旅游经验，千万别错过，快用您淋漓尽致的语言，志在必得的创意，拿下大奖吧。

HSK

中 国 汉 语 水 平 考 试

[高等]

作 文 试 卷

考 试 要 求

1. 考试题目:《一封书信》(你的朋友最近给你来了一封信,说自己正因为找不到合适的工作而非常烦恼。请你给他写一封回信)。
2. 书写要求:全部用汉字书写(也可以用繁体字),每个空格写一个汉字。汉字书写要清楚工整。标点符号要正确,每个标点占一个空格。
3. 字数要求:400~600 字。
4. 书写格式:书信体格式。
5. 考试时间:30 分钟。

HSK

中国汉语水平考试

[高等]

作 文 答 卷

考生代号_____   试卷号码_____

姓　　名_____   国　　籍_____

HSK

中 国 汉 语 水 平 考 试

[高等]

口 试 试 卷

注 意 事 项

1 考试时间总共 20 分钟。准备,10 分钟;考试,10 分钟。

2 准备时可以写口试提纲,作为回答问题时的参考。提纲可以写在考题下面的空白处。

3 考试共有两项内容:

　〈1〉朗读一段文章,时间约用 2 分钟。

　〈2〉口头回答指定的两个问题,每个问题可用 3 分钟。

　请按规定时间完成每一项考试内容。

4 考试是用录音的形式,你的口试答案都要录在磁带上:

　〈1〉考试开始,由主考打开录音机,当你听到"现在开始进行口试"的指令时,你应该按照卡片上填写的内容说:

　　　　我的考生代号是××××××××××,试卷号码是××××××
××,我的名字叫××××,我是××国人。

　　　　现在我开始朗读文章。

　〈2〉朗读完毕,中间不停顿,你应该说:朗读完了,现在我回答第一个问题。

　〈3〉第一个问题回答完以后,中间不停顿,你应该说:第一个问题回答完了,现在开始回答第二个问题。

　〈4〉第二个问题回答完以后,你应该说:问题全部回答完了。

　〈5〉考试结束,由主考统一关机。

一、朗读

　　《生命交响曲》这部电影讲述的是一位普通音乐教师贺文在三十年的教学中如何向他的学生付出心血和真情的故事。这部电影委婉、亲切而抒情，用的是平凡的叙述手法，温馨的激情使观众渐入佳境。影片最后，贺文老师退休了，当似乎是凄凉的晚景到来时，一场料想不到的音乐会却让他感受了人生的辉煌。原来，他在三十中教过的学生从四面八方赶回来了，他们给贺文老师一个惊喜：为他专门举行了一场热烈而隆重的告别音乐会，演奏的是贺文自己创作的《生命交响乐》，而主持人竟是现任女市长、当年想像"美丽晚霞"的女学生……《生命交响曲》最终的成功也在这里，每一个观众都如亲临其境，参与到这场音乐会中，和贺文老师的学生们一起分享一份人生的喜悦、音乐的喜悦和人性美好的喜悦。

二、回答问题

　　1. 请介绍你的一次有趣的旅行。

　　2. 请谈一谈你对爱情与金钱的关系的看法。

HSK(高等)口试答卷

(磁带卡)

高等汉语水平考试
口试答卷

考生代号_____ 试卷号码_____

姓　　名_____ 国　　籍_____

分　　数_____

注: 高等汉语水平考试口试答卷是一盒磁带,考生要认真填写磁带卡,然后将卡片装入磁带盒中。

模拟考试(二)
答案、题解、听力录音文本

一、听力理解

【答案】

1.C	2.A	3.B	4.D	5.A	6.B	7.C	8.C	9.B	10.D
11.A	12.B	13.C	14.D	15.B	16.B	17.D	18.A	19.C	20.A
21.D	22.B	23.A	24.C	25.D	26.C	27.A	28.D	29.B	30.A
31.B	32.B	33.A	34.D	35.C	36.A	37.C	38.A	39.B	40.D

【听力录音文本】

第一部分

1～3

自 1999 年以来,前往北京市第一儿童福利院收养孩子的市民大幅度增加,其中 1/3 是有子女的家庭。为什么会出现这种现象呢?原来,旧的收养法对于收养福利院里的孤儿和残疾儿童没有做出规定,而且收养人必须年满 35 周岁。1999 年 4 月开始实施的新《收养法》,规定收养孤残儿童和社会福利机构抚养的查找不到亲生父母的弃婴和儿童,可以不受收养人有无子女等限制,收养人年龄也降低为 30 周岁。34 岁的鲁先生生活富裕,女儿已经 4 岁,看到女儿孤孤单单,感到对孩子的健康成长不利,前不久,他从福利院收养了一名 3 岁的女孩。据有关人士分析,如今越来越多的家庭具备了收养孩子的物质条件。为独生子女找个伴,是许多收养人申请收养的初衷。

1.这段讲话主要谈了一个什么新现象?

2.新《收养法》对收养人的条件做了什么修改?

3.鲁先生为什么要收养一个女孩?

4～7

我期望的文学环境是这样的:少量的作家和大量的读者。可惜目前的情况却恰恰相反:自命的作家仿佛"雨后春笋",而真正识货的读者却寥若晨星——大多数人都在盲目地消费着一些粗制滥造的次品,即使偶尔有精品诞生,也会有明珠暗投之感。文坛上有句俗话——写诗的人比读诗的人要多。那么写给谁看呢?作家们只好孤芳自赏了。

中国的作家人数可能是全世界最多的,可惜的是,我们至少已经有几十年没有产生大师了。对于这一现象,人们往往抱怨文学环境不好,我却不以为然。说起来不好意思,我反而期待文学环境更恶劣一些——最好就像弱肉强食的自然界一样无情。那样,投机者将告退,谋利者将破产,无能者将被自然淘汰,而只有那些能够披荆斩棘走过蛮荒之地的人才能生存下来。

　　4.作者认为目前中国的文学情况怎么样?

　　5.作者希望有一种什么样的文学环境?

　　6.根据这段讲话,作者跟很多人的看法怎么样?

　　7.作者的语气是什么样的?

8~9

亲爱的听众朋友,新年好!

　　此刻,您或许正驾驶着出租汽车行驶在张灯结彩的大街上,或许正守候在电话旁等待着参与我们的节目,无论您在哪里,相信您一定和我一样地激动。我们"午夜人生热线"的这一期节目不仅是从2000年开始,到2001年结束,而且是一期跨世纪的节目。再过一会儿,二十一世纪的钟声就要敲响,让我们共同度过这一难忘的时光吧!

　　8.说话的可能是什么人?

　　9.说这段话时是在什么时候?

10~12

　　某法院的一位副庭长告诉记者,自从《婚姻法》颁布实施以来,他们这里的新鲜事特别多,20天的时间,已经受理了不少以前从未出现过的案例,很多人就是冲着修改后的新《婚姻法》来的。如,男方由于不忠在离婚时不得不赔偿女方的精神补偿费,除了买卖婚姻、包办婚姻、重婚等早已被禁止的老问题外,更多的是妻子状告丈夫"包二奶"。很多案件在以前几乎都涉及法律空白,但是新《婚姻法》都分别做出了法律规定,如"过错赔偿"、"禁止有配偶的人和他人同居"等。不少法官感慨道:还从来没有哪一部新法律像《婚姻法》这样能引起这么多普通群众的关注,一些来告状的家庭妇女甚至都能背出相应的法律条例,来保护自己的权益。这些现象说明,一个法制时代正在来临。

　　10.这段文字的标题应该是什么?

　　11.根据这段文字,原《婚姻法》对什么没有明确规定?

　　12.不少法官感慨什么?

13~14

女:老陈,这次到西北施工现场出差,您看谁去合适?

男:这个项目是郭玲做的,应该说她最合适,但她有孩子拖后腿,指不上。小姜呢,倒是无牵无挂,说走就能走,但这小伙子有点目中无人,特别不买郭玲的账,我怕出问题。实在不行只好毛遂自荐了。您看呢?

女:姜还是老的辣啊!就这么定了。

　　13.女的决定派谁去施工现场?

　　14.男的认为小姜怎么样?

15~18

女：小华，你跟我说老实话，你跟玲玲的关系现在到底怎么样了？

男：我看是熬到头了，办手续只是个时间的问题了。

女：你们不是前几个月刚从外地旅行回来吗？那会儿不是还挺好的吗？怎么这一两个月就闹成这样？

男：冰冻三尺，非一日之寒。出去玩儿一次只不过是想挽救一下关系，白搭。

女：是不是因为住在我这儿，我和玲玲的关系一直处不好，我把你们给拖累了？

男：我估计婆媳关系是一个因素，但主要不是这个。我们不是前两个月已经搬出去单过了吗？照旧天天吵。

    15.两个说话人是什么关系？

    16.玲玲是男的的什么人？

    17.旅行之前，玲玲和男的关系怎么样？

    18.两个月以前，玲玲和男的是怎么生活的？

19~22

男：听说你刚搬了家，恭喜你乔迁新居啊！

女：什么呀！ 只能说乔迁旧居。

男：我就想要这样的旧居，多经济实惠呀！

女：我要是你就趁早买商品房，一次到位，别像我这样再折腾一次。我是图孩子上学近，只好先在这儿凑合几年。

男：你这是单位的房子，有什么事都可以找单位，这就省心多了。

女：省心？ 你看这块玻璃，刚买的，有一扇窗户的玻璃碎了。

男：这样的事儿为什么不找房管处，他们应该管呀！

女：应该的事儿多了。

    19.女的最后一句话有什么含义？

    20.女的对她的新居感到怎么样？

    21.对于男的可以知道什么？

    22.女的有什么打算？

23~25

女：志强，你今天怎么没精打采的？公司里出什么事了吗？买卖做砸了？受处分了？降职了？

男：还真让你猜着了，不过更惨点儿，让人给炒鱿鱼了。

女：怎么回事？

男：我们老板刚刚出台一个新政策，要年轻化，四十以上的走人，我不是正好四十吗？

女：这可怪，四十正当年呐！

男：其实这只是个借口。这两年公司经营得不太好，上边对我们老板不满意，有些人就在议论,根据我的能力和这些年的业绩,我可能是一个人选,于是我们老板就先下手为强了。

女:真是岂有此理!

23.志强今天怎么了?

24.公司为什么要做这个决定?

25.女的最后一句话是什么语气?

第二部分

26～30(沙漠)

主持人:4月10日在国家环保总局召开的探索沙尘暴科学考察活动新闻发布会上,西线科考总指挥、从事了近二十年沙漠化研究、获得多项国家科技奖的王涛成为人们关注的焦点。

王涛十二岁那年随父母支边从上海到了新疆,从小酷爱文学的他高考时因为遵从父亲的意见报考了理科。从那时候起,王涛与沙漠结缘。1988年王涛成为我国第一个沙漠化研究的博士。

记　者:当初你为什么要选择研究沙漠化这个专业呢?

王　涛:从学科角度来讲,它是一个比较冷的一个学科,因为这个学科本身它处在一个上升时期,它是一个发展的学科,而不像传统的学科,你很难找到它的生长点,在这个学科里面,你很有机会能把握住这个生长点。

主持人:对于王涛来说,有两次可以远离这种艰苦环境的机会:一次是留在北京,一次是在日本做访问学者。但最终他的导师、我国著名沙漠科学家朱振达让他又回到了沙漠。

王　涛:导师对我讲,你要是真要搞沙漠沙漠化,你还是要回到兰州沙漠所来,因为这才是你的阵地。

记　者:那么这两次选择,今天回过头来看,你觉着你的选择怎么样?

王　涛:这种选择我觉得不后悔。我们现在有充够……充足的经费,我们有很好的这支队伍,特别是,就是去年10月,我作为首席科学家承担的"973项目",就是"中国北方沙漠化过程及其防治",这个"973项目",我们希望在这种强度的支持下,就是2500万的这种费用支持下,我们希望呢通过五年的研究,能够使我们,就是老一代科学家和我们现在所梦想的能够把沙漠科学更推进一步的这种梦想能够成为现实。

记　者:当你把这个消息告诉导师的时候,他是不是也很高兴?

王　涛:是,他是很激动的。当我告诉他以后他知道这个消息以后,他哭了,当时我也很感动。

记　者:你也流泪了?

王　涛:是的。……我孩子的那个起名叫王莎,是草字头下面一个"沙",这很有……有个说法,这是她爷爷起的,就是说,我希望呢,这个"莎"呢就是说上面有"草",就是沙漠变绿洲的意思。

26.考大学时王涛为什么报考理科?

27. 王涛为什么没有离开西北?

28. 当王涛把有关"973"的消息告诉导师时,他们为什么哭了?

29. 王涛的孩子叫什么名字?

30. 对于王涛,我们能知道什么?

31～35(妇女回家)

主持人:那么王先生你的……你刚才谈到了你3月份您在这个全国政协会上提出了一个提案,在社会上引起轩然大波,这个提案的名字你看是否准确,叫做"家政的呼唤与回归——男女平等与分工的思考"。现在咱们先不谈这个女性回归的这个……回家的这个问题,我想先问就是你这个提案提出以后,您回家之后,你身边的环境怎么样?

王委员:有支持我的,觉得我这个观点是好的,但是也有反对的。就在我在全国政协会议期间,我就接到很多电话,坚决反对的。我记得印象最深的呢,是武汉有一位妇女,我到现在还记得她姓蔡,蔡女士,打电话找到我。那么她跟我讲,她说"王委员呵,你为什么要全国妇女都回家?你要是这样做的话,我要发动全国的妇女造你的反。"我听了之后,我也感到很遗憾的是什么地方呢? 因为我觉得她误解了我的意思。我的意思并不是要全国妇女都回家,我也没有这个能力要全国妇女都回家。我只是感觉到,提出这个问题来,我觉得应该提高家庭妇女的这种社会地位,那么号召、鼓励在自愿的基础上回到家庭里面去。

主持人:支持您的人都说了些什么?

王委员:支持我的人呢就认为我现在提出这个问题非常好,是的确男女应该有所分工,有所不同,各有侧重,那么共同把这个家管好,把孩子照顾好,把这个……把这个家庭的事业呵可以搞得更好。

主持人:支持你的男性偏多女性偏多?

王委员:总的印象呢还是男性偏多些,但是首先起来支持我的呢是个女性,她说"我看了你的发言材料,大会发言材料,"我说"哪一份呢?"她说"就是关于这个妇女回家的问题。"我当时就很紧张,我说"你肯定很反对吧?"她说"不,我很支持。"她说"我非常赞成您这个观点。"我就说"那我太感谢你了,"我说"我特别看中你的支持,因为你本身是位女同胞。"

主持人:也是因为反对的太多了吧?

王委员:那时候还没,反对还没起来,这个后来呢就逐渐地就反对的就多起来了,而且我所住的这个……这层楼里面呢就有大量的妇女界的委员,她们都纷纷打听"王贤才是谁呀? 这个…怎么提这么个提案呐?"

主持人:是不是只要有电话到你的房间你的心就跳?

王委员:那个阶段里面呐总机告诉我给我房间打电话要排队,就是等着……等着往里面接,有媒体的,有个人的。所以我……我后来就讲我说我的确是心力交瘁了。没有想到会这样。

31. 王委员主要谈的是：

32. 支持者和反对者的主要分歧是什么？

33. 王委员认为人们为什么反对他的提案？

34. 下面哪种说法是不对的？

35. 这件事使王委员感到怎么样？

36～40（失踪者）

投影电视录音：陈桂林,2001年1月2日外出上班时失踪,至今下落不明。

陈桂林的家人：无论是家里还是自己都无法想像,真是莫名其妙,人就没了。1月2号,后来
我们当天我们报了案。一直就没有回音,就是觉得很蹊跷,现在想起来觉得这个一个
一个人就消失了,消失在阳光空气中那种感觉似的,仿佛家里边……两个月了嘛……
仿佛家里边就没有这个人,这感觉特别地怪异,人没了,说句不好听的话,连追悼会
都没法开。

主持人：我们今天呢请来了几位客人,和我们一起来谈这个话题。我来介绍大家认识,这是
信息产业协会的徐祖则先生,这是中国社科院的杨团女士。……这个杨团女士你
觉得还有什么好办法？

杨　团：我觉得如果说是启动一种这种社会的公共服务的机制,那么这个社区的公共机制
呢,它当然要有设备,刚才我觉得徐先生讲的是很对的,就是确实需要有一定的设
备,但是光有设备还不行,还要有呢……有一支队伍,像上海它已经就形成了这个
队伍,而且这队伍不是光是专职人员,它也包括什么呢,也包括就等于说是……好
多志愿者,而且呢甚至连……就是街边的路人,他其实都加入到这个系统里来了,
那么有了这样的一个系统,然后呢又还应该通过这个系统启发人们的这种良知。

主持人：实际上我们在调查这个事件的过程中呢,知道有很多人呐不愿意管这样的事情,因
为怕找麻烦,因为有一些可能这个截然相反的事情教训了他们,比如他们找到了一
个老人,把他送回家,结果老人和家里的人都讹上了他。您怎么看这样的事情呢？

杨　团：有的人讲呵,说这个现在这个世风日下人心不古……

主持人：当好人不容易。

杨　团：哎,觉得是老百姓的这个好像善心良心少了,我觉得不能那么简单地看这个问题。
我是觉得因为现在市场体制下这个各种矛盾都很复杂,我们不能够要求每个人他
为了献出爱心的话要牺牲自己的一切,如果说呢每个人他献出的是他可以不经意
当中就能做到的事情,我想呢大家都不会觉得它是个负累。比如说在路边你看到
了这么一个老人,然后呢你发现这个事情这个老人可能是有一点问题,看看他那个
样子就不太对头,那么哪怕你没有时间,你能不能打一个电话,当然要这个电话比
较容易记,而且是大家都知道的,比如说现在什么110呵……

主持人：徐先生刚才说这个挺好的,丢三落四请拨一二五六,这个挺好,您那个热线开通了
吗？

徐祖则：没有,我们现在正在争取之中。

288

36.他们讨论的是什么话题？

37.陈桂林的家人现在在做什么？

38.徐先生的办法可能是什么？

39.现在不少人为什么不爱管这些事？

40.杨女士是如何看待助人的问题的？

二、阅读理解

【答案】

41.双下巴、啤酒肚　　　42.一个小时

43.改善睡眠(增加深眠时间)　　44.服务行业

45.月薪制(按月发放)　　46.提高劳动生产率

47.四家　　48.价格低、屡禁不绝

49.卫生填埋　　50.地方政府

51.铁路沿线　　52.回收

53.废止标准化试题　　54.写字、阅读、写作

55.高中语文教师

56.C　57.A　58.B　59.D　60.D　61.C　62.D　63.D　64.A　65.B　66.A　67.A　68.C
69.B　70.A　71.A　72.A　73.D　74.C　75.A　76.C　77.A　78.B　79.B　80.B

【题解】

41.(双下巴、啤酒肚)见第二段首。

42.(一个小时)成人一般需8小时睡眠，25～35岁男子深眠时间占睡眠1/8，即1小时(第三段)。

43.[改善睡眠(增加深眠时间)]第二段说明男子身材走样的原因在于睡眠时间减少，最后一段提出了建议。

44.(服务行业)"尤其是在服务行业，薪酬大多按小时计算，然后每周发放"(第二段)、"与服务业相关的从业者大多按小时拿工资、每周结算"(最后一段)。

45.[月薪制(按月发放)]"周薪制的频频现身会不会对目前以月为主的工资发放方式产生冲击"(第三段)、"过去我们实行铁板一块的月薪制"(第六段)。

46.(提高劳动生产率)在第五、六段各提到一次。

47.(四家)成都一家网络开发公司、浙江西冷公司、北京25中(第一段)、上海赛洋企业发展有限公司(第五段)。

48.(价格低、屡禁不绝)本文首句即此。

49.(卫生填埋)"目前，我国对于生活垃圾主要采用的是卫生填埋的方式"(第二段)。

50.(地方政府)第三段"德国……《包装条例》……规定了生产者和销售者回收利用以及处理处置包装废物的义务，分担了以前完全由地方政府承担的包装废物的责任"。

51.(铁路沿线)第二段首次提到"白色污染"，坐火车可以看到；第五段提到"铁路沿线'白色垃圾'满天飞舞"。

52.（回收）见倒数第二段。

53.（废止标准化试题）"宜昌市此次语文开卷考试最突出的特点是废止标准化试题,其具体
做法是……"（第三段）。

54.（写字、阅读、写作）"这些开放型的考题充分体现了语文素质教育对写字、阅读和写作的
基本要求"（第三段）,"学生学习语文的主要精力将集中在认真练字、广泛阅读和勤奋写
作等'正途'上"（第四段）。

55.（高中语文教师）"作为高中语文教师,笔者衷心希望……"（第四段末）。

56.（C）作者以前没谈过恋爱。"我过去的一些感情经历"、"我的坎坷恋情"（第二段）。

57.（A）女人的心思难以了解。从"谁说'女人心,海底针'?并不是所有的女孩子感情都那
么纤细曲折"来看,"女人心,海底针"的意思大概是"女孩子感情纤细曲折";再联系
文章开头的"别人还说,女孩子的心思,是不容易看出来的",可知为A。

58.（B）完全不明白。作者的反应是问"什么",所以应该是"不明白"。C是"不知所措"。

59.（D）北京的社区交通安全问题。A、B都是与文章主题D相关的一个方面。C的成效文
中未谈。

60.（D）进行全市交通安全宣传。具体措施有四点:①"对社区内机动车和机动车驾驶员分
别登记造册",②"定期进行车辆安全检查",③"完善社区交通标志设施,划定机动
车停车泊位和自行车停放区",④"组织巡逻保安人员加强行车和停车秩序管理"。

61.（C）去年11月。"去年11月,李小姐参加……网友聚会,回家后发现刚才一起打牌的
一名熟悉网友,竟……"（第二段）。

62.（D）"阿妹时光"。那个网上无赖称"我和'阿妹时光'有一腿"——"阿妹时光"不可能是
李小姐的真名（第三段）。

63.（D）将通过法律来解决。见文章开头和结尾。A、C与文内事实相反;纠纷原因是网友
侮辱李,不是B。

64.（A）告诉李的男友两人关系特别。文章未提及此人与李男友有接触。参见61题,可知
B不对。

65.（B）4050万吨。第三段:"4月份估算出来的数据是1370万吨,而最新估算的是5420万
吨,两者的差距相当于美国大平原一季小麦的总产量"（第三段）。

66.（A）美国国会。"中国粮食储备远远大于美国的估计,美国农业部和粮食专家们对此结
果都感到十分失望"（第一段）;"对于在美国国会频频游说让中国加入世贸组织的
美国农业团体而言,这个结果无疑是令人沮丧的"（最后一段）。

67.（A）希望中国从美国进口更多的粮食。"美国原本估计中国……将可能成为世界上最
大的粮食输入国,这样就会大大提高美国的粮食输出"（第一段）。

68.（C）中国不透露有关信息。"因为中国一直认为粮食产量和储量是国家机密"（最后一
段）。

69.（B）爸爸在台湾可能有时钓不到鱼。A是爸爸的吹牛,C、D是弟弟的解嘲。爸爸在美
国天天能钓到鱼,"成了他一生最光荣的时刻",回台后常常吹嘘,因此B是对的。

70.（A）爱钓鱼而不吹牛的人非常少。本文的主旨就是讲钓鱼的人都喜欢吹牛,举例前的
"钓鱼而不吹牛者,几希!"之语也是此意。

71.（A）作者的家人都很喜欢钓鱼。作者的爸爸、弟弟和丈夫("家里那位")无不如此。"有

的人把钓鱼比作谈恋爱",所以 B 不对;"钓鱼最大的快乐就是事后大吹一通",C 也不对。

72. (A)　让人相信他们的钓鱼成绩。见第三段:"反正没人信,高兴怎么说就怎么说呗。"B 见第三段的笑话,C 见第四段。

73. (D)　诙谐的。本文的语言风格是幽默诙谐的,使人读了想笑。

74. (C)　人工养殖。第二段列举了多种保护措施,A、B、D 均在其内,最后说"所有努力可能被人工养殖一招棋毁掉",这也是本文主要想说明的。

75. (A)　藏羚羊的经济价值。"无非是一个'钱'字!"(第三段)

76. (C)　盗猎者会把野生的假称是养殖的。下文讲的人工繁育的老虎和从盗猎者那里的缴获物不能卖,与此同理:无法确定买到的不是盗猎物而是繁育品或缴获物。至于 A、B、D 提到的披肩,作者本来就反对生产和使用。

77. (A)　人工养殖藏羚羊和该例子不能简单类比。人工养殖藏羚羊和该例子的相关条件完全不同,因此作者认为这完全是个借口。

78. (B)　批评。对此作者使用了一个感情色彩极强的词:"愚蠢"。

79. (B)　出现生态灾难。见最后一段。

80. (B)　应该尽量避免有经济价值物种的灭绝。作者认为所有的物种都应该保护,否则"大自然就会崩溃",并尤其反感人类只注意物种的经济价值。A 见第一段。C 见第五段开头,D 见第三段末。

三、综合表达

【答案】

81. C	82. D	83. D	84. D	85. A
86. A	87. C	88. C	89. B	90. B
91. B	92. C	93. B	94. A	95. D
96. C	97. B	98. C	99. C	100. D
101. DBCA	102. BADC	103. CBAD	104. BCDA	105. DCBA
106. CADB	107. BDAC	108. BADC	109. CBAD	110. DBAC
111. 对	112. 利	113. 乐	114. 排	115. 布
116. 生	117. 素	118. 集	119. 以	120. 案

【题解】

81. (C)　"儿童玩具不同一般物品"这句话表示比较,少了一个"于"字,应为"儿童玩具不同于一般物品"。

82. (D)　"并且"用错了,C 和 D 之间不是并列关系,而是让步关系关系,应改为"即使是成人在回首自己的人生历程时也会有所领悟"。

83. (D)　这句话的主语是"小班化教育",而在 D 句中却转为"学生的潜能和个性",因此应改为"使学生的潜能和个性得到发展的教育教学模式"。

84. (D)　"究竟"一词用错了,应改为"毕竟"。"究竟"强调疑问,"毕竟"强调原因。

85. (A) "拿……来说"用于举例,而这句话的意思表示的是对象,所以应改为"对即将结婚的人来说"。

86. (A) "中国的小康步伐在 20 世纪最后 5 年面临的"是名词性主语,而谓语"是"的后面"建国以来从未遇到过"是动词性的,造成"是"的前后词性不一致,应改为"建国以来从未遇到过的"。

87. (C) "任何"后面如果是单音节词"人"或"事",它们中间不能有"的",应改为"任何人"。

88. (C) "至于"用错了,在这句话中应用表示因果关系的"以致",而"至于"则用于改变话题、引出另一事物时。

89. (B) "流传下去"应改为"流传下来"。"流传下去"表示的时间是站在现在说未来,"流传下来"表示的时间是站在现在说过去。

90. (B) "把……撞上了"应改为"撞上了……"

91. (B) "挖空心思"是固定搭配;"伤害"的对象侧重于精神、感情等;"损害"的对象侧重于利益、声誉;"危害"的对象侧重于群体、环境、健康。

92. (C) "考察"表示通过实地视察得出结论或了解情况;"考查"表示通过考试考核达到检查的目的;"考验"表示通过某种具体的情况达到检验的目的,其对象多是人;"考证"多用于历史、考古等科学研究,表示通过研究证明某种观点或结论。

93. (B) "处于"和"位于"后面都是具体的处所,而"介于"后面则可以是两种不同的事物。"干燥"指没有水分,"枯燥"指内容无味,"烦躁"指心情不好,"干枯"多形容树木或人的身体。

94. (A) "一团糟"是固定搭配。

95. (D) "一轮红日"是固定搭配。

96. (C) "生机盎然"形容生物很有生命力的样子;"心驰神往"形容心中充满了向往;"赏心悦目"形容观赏的效果非常舒服;"飘飘欲仙"形容感觉舒服极了,好像神仙一样飞了起来。

97. (B) "抵触"侧重一种情绪;"隐含"的对象多是意义、意思。

98. (C) "热气腾腾"描写的是冒着热气的样子。

99. (C) "精力"的修饰语在这里只能是"充沛"。

100. (D) "喘息"的量词是"丝"。

101. (DBCA) 答题时注意:B 句中的"然而"、"它们";A 句中的"那";C 句中的"却"。

102. (BADC) 答题时注意:A 句中的"不仅";C 句中的"而"、"这些";D 句中的"还"。

103. (CBAD) 答题时注意:A 句中的"其实"、"这个"、"因为";B 句中的"没有必要";D 句中的"它"。

104. (BCDA) 答题时注意:C 句中的"随之而来的 21 世纪";B 句中的"以往";A 句中的"至少";D 句中的"这一天"。

105. (DCBA) 答题时注意:A 句中的"该";B 句中的"其中";C 句中的"届时"。

106. (CADB) 答题时注意:A 句中的"这里";B 句中的"此种";D 句中的"在一个支洞内"。

107. (BDAC) 答题时注意:A 句中的"当然也";C 句中的"但"、"这样做";D 句中的"同样也"。

108. (BADC) 答题时注意:A 句中的"这种鸟";C 句中的"致使"、"这种";D 句中的"可是"。

109.（CBAD） 答题时注意:B 句中的"也";D 句中的"这座"。
110.（DBAC） 答题时注意:B 句中的"这种";C 句中的"那份"。
111.（对） "对……来说"。
112.（利） "利用……假期(时间)"。
113.（乐） "乐趣"指快乐的感觉。
114.（排） "安排"。
115.（布） "公布"指权威机构发布消息让公众知道。
116.（生） "发生"在这里意思是出现。
117.（素） "因素"意思是原因。
118.（集） "收集"与"资料"搭配。
119.（以） "自……以来"。
120.（案） "设计方案"。

中国汉语水平考试 [HSK]答卷

[高等]

姓名	中文	
	英文	

试卷号码 | |

序号

[0] [1] [2] [3] [4] [5] [6] [7] [8] [9]
[0] [1] [2] [3] [4] [5] [6] [7] [8] [9]
[0] [1] [2] [3] [4] [5] [6] [7] [8] [9]
[0] [1] [2] [3] [4] [5] [6] [7] [8] [9]
[0] [1] [2] [3] [4] [5] [6] [7] [8] [9]

国籍/民族 | |

代号

[0] [1] [2] [3] [4] [5] [6] [7] [8] [9]
[0] [1] [2] [3] [4] [5] [6] [7] [8] [9]
[0] [1] [2] [3] [4] [5] [6] [7] [8] [9]

[A] ■■■

性别
□ 男
□ 女

考点代号

答题要求

1. 用铅笔按规定填写
2. 汉字要写得清楚工整
3. 修改时要用橡皮擦干净

1

1 [A] [B] [C] [D]	9 [A] [B] [C] [D]	17 [A] [B] [C] [D]	25 [A] [B] [C] [D]	33 [A] [B] [C] [D]
2 [A] [B] [C] [D]	10 [A] [B] [C] [D]	18 [A] [B] [C] [D]	26 [A] [B] [C] [D]	34 [A] [B] [C] [D]
3 [A] [B] [C] [D]	11 [A] [B] [C] [D]	19 [A] [B] [C] [D]	27 [A] [B] [C] [D]	35 [A] [B] [C] [D]
4 [A] [B] [C] [D]	12 [A] [B] [C] [D]	20 [A] [B] [C] [D]	28 [A] [B] [C] [D]	36 [A] [B] [C] [D]
5 [A] [B] [C] [D]	13 [A] [B] [C] [D]	21 [A] [B] [C] [D]	29 [A] [B] [C] [D]	37 [A] [B] [C] [D]
6 [A] [B] [C] [D]	14 [A] [B] [C] [D]	22 [A] [B] [C] [D]	30 [A] [B] [C] [D]	38 [A] [B] [C] [D]
7 [A] [B] [C] [D]	15 [A] [B] [C] [D]	23 [A] [B] [C] [D]	31 [A] [B] [C] [D]	39 [A] [B] [C] [D]
8 [A] [B] [C] [D]	16 [A] [B] [C] [D]	24 [A] [B] [C] [D]	32 [A] [B] [C] [D]	40 [A] [B] [C] [D]

2

41
[A] _____
[B] _____
42
[A] _____
[B] _____
43
[A] _____
[B] _____
44
[A] _____
[B] _____
45
[A] _____
[B] _____

46
[A] _____
[B] _____
47
[A] _____
[B] _____
48
[A] _____
[B] _____
49
[A] _____
[B] _____
50
[A] _____
[B] _____

51
[A] _____
[B] _____
52
[A] _____
[B] _____
53
[A] _____
[B] _____
54
[A] _____
[B] _____
55
[A] _____
[B] _____

56 [A] [B] [C] [D]	61 [A] [B] [C] [D]	66 [A] [B] [C] [D]	71 [A] [B] [C] [D]	76 [A] [B] [C] [D]
57 [A] [B] [C] [D]	62 [A] [B] [C] [D]	67 [A] [B] [C] [D]	72 [A] [B] [C] [D]	77 [A] [B] [C] [D]
58 [A] [B] [C] [D]	63 [A] [B] [C] [D]	68 [A] [B] [C] [D]	73 [A] [B] [C] [D]	78 [A] [B] [C] [D]
59 [A] [B] [C] [D]	64 [A] [B] [C] [D]	69 [A] [B] [C] [D]	74 [A] [B] [C] [D]	79 [A] [B] [C] [D]
60 [A] [B] [C] [D]	65 [A] [B] [C] [D]	70 [A] [B] [C] [D]	75 [A] [B] [C] [D]	80 [A] [B] [C] [D]

3

81 [A] [B] [C] [D]	85 [A] [B] [C] [D]	89 [A] [B] [C] [D]	93 [A] [B] [C] [D]	97 [A] [B] [C] [D]
82 [A] [B] [C] [D]	86 [A] [B] [C] [D]	90 [A] [B] [C] [D]	94 [A] [B] [C] [D]	98 [A] [B] [C] [D]
83 [A] [B] [C] [D]	87 [A] [B] [C] [D]	91 [A] [B] [C] [D]	95 [A] [B] [C] [D]	99 [A] [B] [C] [D]
84 [A] [B] [C] [D]	88 [A] [B] [C] [D]	92 [A] [B] [C] [D]	96 [A] [B] [C] [D]	100 [A] [B] [C] [D]

101
[A] _____
[B] — — — —
102
[A] _____
[B] — — — —

103
[A] _____
[B] — — — —
104
[A] _____
[B] — — — —

105
[A] _____
[B] — — — —
106
[A] _____
[B] — — — —

107
[A] _____
[B] — — — —
108
[A] _____
[B] — — — —

109
[A] _____
[B] — — — —
110
[A] _____
[B] — — — —

111
[A] [B]

113
[A] [B]

115
[A] [B]

117
[A] [B]

119
[A] [B]

112
[A] [B]

114
[A] [B]

116
[A] [B]

118
[A] [B]

120
[A] [B]

中国　　　　北京

国家汉语水平考试委员会办公室　G950264

中国汉语水平考试 [HSK]答卷
[高等]

<table>
<tr><td>姓名</td><td>中文</td><td></td></tr>
<tr><td></td><td>英文</td><td></td></tr>
<tr><td colspan="2">试卷号码</td><td></td></tr>
</table>

序号
[0] [1] [2] [3] [4] [5] [6] [7] [8] [9]
[0] [1] [2] [3] [4] [5] [6] [7] [8] [9]
[0] [1] [2] [3] [4] [5] [6] [7] [8] [9]
[0] [1] [2] [3] [4] [5] [6] [7] [8] [9]
[0] [1] [2] [3] [4] [5] [6] [7] [8] [9]

国籍／民族

代号
[0] [1] [2] [3] [4] [5] [6] [7] [8] [9]
[0] [1] [2] [3] [4] [5] [6] [7] [8] [9]
[0] [1] [2] [3] [4] [5] [6] [7] [8] [9]

▬▬ [B]

性别　□ 男　□ 女

考点代号

答题要求
1. 用铅笔按规定填写
2. 汉字要写得清楚工整
3. 修改时要用橡皮擦干净

1 1 1 1

1 [A] [B] [C] [D]　2 [A] [B] [C] [D]　3 [A] [B] [C] [D]　4 [A] [B] [C] [D]　5 [A] [B] [C] [D]
6 [A] [B] [C] [D]　7 [A] [B] [C] [D]　8 [A] [B] [C] [D]　9 [A] [B] [C] [D]　10 [A] [B] [C] [D]
11 [A] [B] [C] [D]　12 [A] [B] [C] [D]　13 [A] [B] [C] [D]　14 [A] [B] [C] [D]　15 [A] [B] [C] [D]
16 [A] [B] [C] [D]　17 [A] [B] [C] [D]　18 [A] [B] [C] [D]　19 [A] [B] [C] [D]　20 [A] [B] [C] [D]
21 [A] [B] [C] [D]　22 [A] [B] [C] [D]　23 [A] [B] [C] [D]　24 [A] [B] [C] [D]　25 [A] [B] [C] [D]
26 [A] [B] [C] [D]　27 [A] [B] [C] [D]　28 [A] [B] [C] [D]　29 [A] [B] [C] [D]　30 [A] [B] [C] [D]
31 [A] [B] [C] [D]　32 [A] [B] [C] [D]　33 [A] [B] [C] [D]　34 [A] [B] [C] [D]　35 [A] [B] [C] [D]
36 [A] [B] [C] [D]　37 [A] [B] [C] [D]　38 [A] [B] [C] [D]　39 [A] [B] [C] [D]　40 [A] [B] [C] [D]

2 2 2 2

41 [A] [B] _____　42 [A] [B] _____　43 [A] [B] _____
44 [A] [B] _____　45 [A] [B] _____　46 [A] [B] _____
47 [A] [B] _____　48 [A] [B] _____　49 [A] [B] _____
50 [A] [B] _____　51 [A] [B] _____　52 [A] [B] _____
53 [A] [B] _____　54 [A] [B] _____　55 [A] [B] _____

56 [A] [B] [C] [D]　57 [A] [B] [C] [D]　58 [A] [B] [C] [D]　59 [A] [B] [C] [D]　60 [A] [B] [C] [D]
61 [A] [B] [C] [D]　62 [A] [B] [C] [D]　63 [A] [B] [C] [D]　64 [A] [B] [C] [D]　65 [A] [B] [C] [D]
66 [A] [B] [C] [D]　67 [A] [B] [C] [D]　68 [A] [B] [C] [D]　69 [A] [B] [C] [D]　70 [A] [B] [C] [D]
71 [A] [B] [C] [D]　72 [A] [B] [C] [D]　73 [A] [B] [C] [D]　74 [A] [B] [C] [D]　75 [A] [B] [C] [D]
76 [A] [B] [C] [D]　77 [A] [B] [C] [D]　78 [A] [B] [C] [D]　79 [A] [B] [C] [D]　80 [A] [B] [C] [D]

3 3 3 3

81 [A] [B] [C] [D]　82 [A] [B] [C] [D]　83 [A] [B] [C] [D]　84 [A] [B] [C] [D]　85 [A] [B] [C] [D]
86 [A] [B] [C] [D]　87 [A] [B] [C] [D]　88 [A] [B] [C] [D]　89 [A] [B] [C] [D]　90 [A] [B] [C] [D]
91 [A] [B] [C] [D]　92 [A] [B] [C] [D]　93 [A] [B] [C] [D]　94 [A] [B] [C] [D]　95 [A] [B] [C] [D]
96 [A] [B] [C] [D]　97 [A] [B] [C] [D]　98 [A] [B] [C] [D]　99 [A] [B] [C] [D]　100 [A] [B] [C] [D]

101 [A] [B] — — —　102 [A] [B] — — —　103 [A] [B] — — —　104 [A] [B] — — —　105 [A] [B] — — —
106 [A] [B] — — —　107 [A] [B] — — —　108 [A] [B] — — —　109 [A] [B] — — —　110 [A] [B] — — —

111 [A] [B]　112 [A] [B]　113 [A] [B]　114 [A] [B]　115 [A] [B]

116 [A] [B]　117 [A] [B]　118 [A] [B]　119 [A] [B]　120 [A] [B]